개정2판

Hotel Housekeeping and Facility Management

호텔객실관리와 시설관리

박대환 · 유동윤
조보경 · 김영화 공저

백산출판사

머리말 Prologue

미래학자들은 21세기는 지식기반 서비스산업이 지구촌의 주력산업으로 부각될 것이라고 예측하고 있다. 다양한 서비스산업 중에서도 관광산업은 세계 3대 산업으로 성장하고 있으며, 환대산업이 그 핵심을 이루고 있다. 일반적으로 환대산업은 호텔, 항공, 여행, 외식, 컨벤션, 이벤트, 크루즈, 테마파크, 레저 등으로 구성되어 있으며, 그중에서도 호텔업은 숙박을 동반하거나 다양한 행사에 참석하는 많은 사람이 이용하는 시간적, 공간적 기능을 갖춘 현대인의 활동무대로 발전해 오고 있다. 호텔경영에서 객실부문은 호텔을 유지 · 발전시키는 중추적인 역할을 할 뿐만 아니라 이는 식음료, 연회행사, 국제회의, 레저스포츠, 부대업장 영업 등을 선도하여 호텔의 성장발전에 크게 기여하고 호텔수익의 원천이 되는 기본적 상품으로 자리매김하고 있다.

호텔서비스상품의 가치는 고객이 이용할 때 그 빛을 크게 발하고, 이용이 늘어남에 힘입어 보다 품격이 높은 서비스로 고객에게 다시 다가가게 된다. 호텔의 객실부문은 프런트오피스를 중심으로 객실영업과 고객서비스 분야, 그리고 하우스키핑과 시설관리를 중심으로 객실관리분야로 구분할 수 있으며, 전자는 매출을 책임지는 객실영업부서, 후자는 품질이 높은 객실상품을 생산하고 유지하는 객실관리부서와 시설관리부서로 나누어 경영을 하게 된다. 본 교재는 호텔객실관리와 시설관리를 효율적으로 경영하기 위한 방향을 제시하고자 출판하게 되었다. 객실관리부서 경영의 핵심은 호텔의 품격을 유지하기 위해 최첨단 장비를 갖추고, 이를 과학적으로 운영할 수 있는 양질의 인재를 양성하고 보유하며, 비용을 합리적으로 관리하는 데 있다. 집필에 참여한 필진은 20년 이상 국제적 체인호텔과 우리나라 초대규모 호텔의 객실부문을 경영해 온 경험과 대학원에서 호텔경영을 연구해 온 학문적 배경을 갖춘 교수진, 현업 간부들이며 교재 집필의 필요성을 느껴 뜻을 모아 참여하게 되었다. 본 교재는 4년제 대학에서 장차 호텔리어로 꿈을 키우는 학생, 현업에서 객실업무에 임하고 있는 국제적 호텔리어를 위한 전문서적으로 손색없도록 내용을 채웠다. 객실관리조직과 업무분장, 장비와 세제관리, 객실정비원 양성교육, 객실정비업무, 공공장소와 영업장관리, 객실관리의 행정지원, 리넨과 소모품관리, 객실관리부문의 인력관리, 객실관리부문의 비용관리, 세탁실관리, 호텔의 시설관리, 호텔의 설비관리 등 현업실무를 중심으로 구성하였다.

끝으로, 이 책의 출판을 위해 수고해 주신 백산출판사 진욱상 사장님, 진성원 상무님, 편집부 김호철 부장님, 성인숙 과장님, 그리고 출판부 모든 분들께 진심으로 감사드린다.

2022년 9월

저자 씀

차례 Contents

제9장 객실관리부문의 경영계획 수립 / 285

제10장 세탁업무 / 325

제11장 호텔의 시설관리 / 379

Hotel Housekeeping &
Facility Management

제 1 장

객실관리의 의의

제1절 객실관리 개요

1. 객실관리의 업무개요

사업여행이나 관광여행을 떠나는 사람이 여행 중 가장 중요하게 생각하는 것은 가정과 같은 안락감과 청결한 휴식공간이다. 여행전문잡지 『유로 머니(Euro-Money)』가 사업상 출장이 잦은 여행객을 대상으로 일류호텔의 조건을 묻는 설문조사를 하였더니 시설, 서비스를 제치고 청결함이 1위를 차지하였다고 한다. 이렇게 호텔의 청결을 책임지는 객실관리(housekeeping)의 어원은 Webster Dictionary에 따르면 "The keeping of the house"라고 하는데 건물의 유지 및 관리를 일컫는다. 따라서 현대적 객실관리의 의의는 호텔건물의 주된 시설인 객실정비는 물론이고, 식음료 영업장, 연회장, 대소회의실, 유흥장, 사우나 및 헬스, 공공장소, 서비스 공간, 정원, 주변 진입로, 외벽 등 호텔건물 내·외부의 모든 시설과 설치물, 조경을 최상의 상태로 유지 관리하여 고객만족을 이루며, 고급호텔의 이미지를 높이는 역할을 담당하는 매우 중요한 부서이다. 또한 많은 인원과 장비를 운영하므로 비용관리에도 세심한 계획이 필요하며, 모든 부서와 업무상 밀접한 연계를 맺고 있으므로 내부 커뮤니케이션을 활성화하여 업무효율을 높이는 것도 중요하다. 즉 객실관리부서는 필요한 인력과 장비를 동원하여 호텔의 여러 공간과 설비를 효율성 있게 최상의 상태로 유지 관리하여, 이를 이용객에게 제공하므로 쾌적하고 안전한 체류를 보장하여 재방문 고객(repeat guest)의 창출에 기여한다.

2. 객실관리부서의 기본업무

객실관리부서가 수행하는 기본업무는 객실청소와 정리정돈을 들 수 있다. 객실

내부에 있는 객실설비, 욕실설비, 가구, 비품, 장식의 정비 및 관리를 꼼꼼히 수행해야 하고, 객실용 리넨, 소모품류의 구입과 배치, 식음료 및 부대시설에 사용되는 리넨류를 관리한다. 주야를 가리지 않고 공공구역 정비 및 유지에 힘쓰며, 고객이 두고 간 휴대품의 분실과 습득물 관리(lost & found service)와 어린이를 대동하고 여행하는 고객의 어린이 돌봄 서비스(baby sitting service), 고객과 영업지원을 위한 세탁실 운영, 정원관리와 꽃가게 운영 등 실로 다양한 업무를 일일 24시간 이행하게 된다. 객실관리 부서를 책임지는 담당자는 주로 부지런하고 세심한 관찰력과 너그러운 성격을 지닌 사람이 맡으며 깨끗한 청소와 정비를 위해 인력관리에 많은 시간을 할애하게 된다.

3. 객실관리부서의 운영방향

객실관리부서는 시설관리부서와 함께 호텔의 영업이 원활히 진행되도록 건물 및 시설물을 쾌적하고 안전하게 유지관리하는 데 만전을 기한다. 업무 성격상 많은 인력과 장비를 동원하므로 이에 따르는 예산도 만만치 않다. 객실관리부서는 호텔의 이익관리에도 중요한 역할을 하므로 목표관리가 명확해야 한다. 객실관리부서 운영에 첫째로 고려되어야 하는 사항은 고객 만족이며, 둘째는 내부고객인 종업원 만족에 힘써야 하고, 셋째는 비용 절감으로 기업에 공헌해야 한다. 따라서 객실관리부서를 운영할 때에는 인력, 시간, 자재 등을 효율적으로 관리하고 각종 설비를 기능적이고 위생적으로 최상의 상태를 유지하며, 건축, 위생, 방재 측면에 관련해서는 세심한 배려와 안전에 유의하여 방문하는 고객에게 "가정을 떠난 가정(a home away from home)"의 편안함을 제공할 수 있는 역할을 충분히 발휘할 수 있도록 운영해야 한다.

4. 객실관리부서의 과학적 경영

스타틀러 호텔의 출현 이후 상업호텔의 역사가 100여 년이 지났지만 대부분 호텔들의 객실관리부서 운영은 건물과 주변을 깨끗하게 관리하는 것을 주목적으로 해 왔다. 그러나 최근 국제적인 대형 체인호텔들이 많이 세워지면서 치열한 경쟁자가 나타나고 있으며 시장을 선도하기 위해서는 고객에게 질 높은 서비스를 제공하고, 효율경영을 목표로 과학적인 경영관리기법을 발휘하여 부서를 운영하고 있다. 과학적 경영관리의 요체는 호텔서비스조직을 계획, 조직, 충원, 지휘, 통제라는 과정을 거치면서 더욱 효과적으로 부서를 운영하여 높은 생산성을 이룩하는 것이다. 예컨대 객실관리부서는 객실청결상태 유지, 욕실청소, 침대 꾸미기(bed making) 등의 기본업무도 중요하지만 더 중요한 것은 고객들이 많은 경쟁호텔 중에 우리 호텔을 선택해 준 의미를 잘 파악하고, 정성스러운 서비스로 고객의 기억에 오래도록 남을 호텔을 만들어 가는 것임을 강조하고 있다. 그러나 현실적으로 객실관리부문에 종사하는 사람들은 고등교육의 혜택, 고도의 기술, 자아실현의 의지 등이 강할 수 없는 약자의 위치에 있음을 부인할 수 없다. 따라서 회사의 목표를 달성하기 위해서는 이들의 생활문화, 기본욕구, 경제상태, 대인관계 등을 이해하고, 후생복리를 개선함으로써 투철한 서비스 정신이 행동으로 나타날 수 있는 분위기를 조성하는 내부마케팅 활동을 전개해야 할 것이다. 동기부여된 직원이 생산성을 높인다는 이론은 많은 경영학자들의 연구에 의해 검증된 바 있으며, 호텔현업에서 경영관리활동을 경험한 사람이라면 누구든 공감하는 원칙일 것이다. 동기부여된 장기 근속자가 많고, 직원의 사기가 충천한 직장 또는 조직에는 긍정적인 사고를 가진 사람이 많을 것이다. 이를 위해서는 회사는 선발과정에서부터 능력위주의 객관성 있는 인사를 이행하고, 양질의 교육과정을 이수하게 하며, 많은 부분의 권한위양이 이루어져야 한다. 토마스 아치손(Thomas A. Atchison)은 과학적 경영이란 창조적인 변화에서 이뤄지는 산출물이라고 하며 항상 변화를 준비해야 한다고 강조하면서 아래 그림과 같은 요소들을 제시하였다. 객실관리부서장은 중요한 경영관리의 요체인 통솔력(leadership) 증진에 역점을 두고 부서원들의 동기를 부여하며 성과에 대한 포상 프로그램도 설정하여 운영하여야 한다.

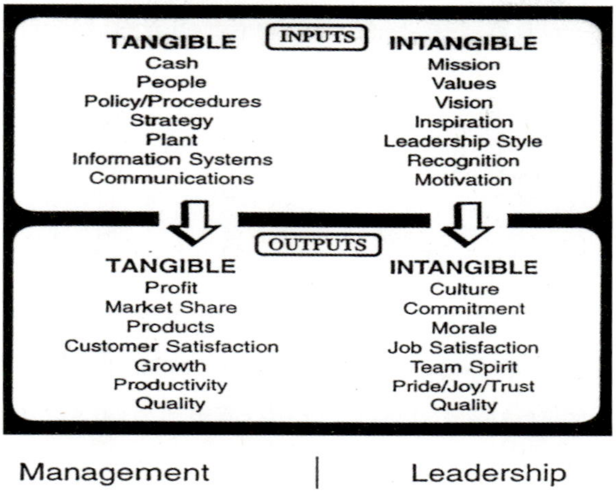

변화에 대한 준비, Thomas A. Atchison, "Tangibles vs Intangibles : Managing for Change." "Robert J. Martin의 Professional Management of Housekeeping Operations"에서 인용

제2절 객실관리부서의 중요성

간호사, 요양보호사, 비서, 객실관리직원 등은 일반적으로 여성의 업무라고 알려져 있다. 이러한 전문직에는 보다 섬세한 업무에 집중할 수 있는 여성의 성격상 특징과 재능이 적합하기 때문일 것이다. 다국적 호텔기업에서는 대부분의 상위직급이 남성으로 구성되어 있다고 하더라도 객실관리책임자는 여성으로 보직하는 경우가 많다. 물론 조직상 객실담당 임원의 지휘 아래에서 객실관리부서의 책임자라고 하는 한정적인 업무를 수행한다고 하더라도 업무범위는 매우 넓게 주어진다. Registry Hotel and Latch Key Inn 호텔 체인에서는 '객실관리는 경영층의 눈과 귀이다'라고 하며, 객실관리부서장의 의견과 제안은 매우 빠르고 신중하게 고려하고, 이를 일상업무에 반영하여야 함을 강조하고 있다. 왜냐하면 최고경영층은 호텔기

업을 경영하면서 고객의 불평과 고객이 이용하는 시설의 진부함을 제때 알기가 매우 어렵기 때문이다.

1. 호텔에 대한 호의적인 첫인상을 유도

호텔경영 측면에서 호텔이 제공할 수 있는 상품의 다양성, 상품의 품질과 가치, 그리고 고객이 기꺼이 지급할 수 있는 가격정책이 호텔기업의 성공과 실패를 가름하게 된다. 흔히 호텔이 상품이라고 부를 수 있는 객실, 식당, 연회장, 회의실, 부대시설, 로비, 객실복도, 화장실, 기념품점 가운데 가장 중요한 것은 객실일 것이다. 고객은 객실로 안내되는 입숙과정에서 로비, 엘리베이터, 객실복도를 지나면서 호텔에 대한 첫인상을 굳히게 된다. 호텔의 상품과 주변 환경이 잘 정리 정돈되어 있으면 호감이 가는 첫인상이 만들어질 것이다.

2. 호텔상품의 품질관리와 비용관리

고급호텔의 월등함은 객실관리부서의 품질관리로 결정이 난다. 앞에서도 언급했듯이 고객이 호텔을 선택할 때, 또는 다시 찾을 때 가장 먼저 고려하게 되는 요인은 건물의 디자인과 예술성, 위치와 편리성보다 아주 간단한 '청결(cleanliness)'이라는 것을 다양한 고객조사에서 밝히고 있다. 그뿐만 아니라 객실관리부서는 호텔 내 인력운영 면에서 보면 단일 부서로서는 식음료와 함께 가장 큰 부서이다. 따라서 인력의 운영비용도 많이 들어가게 되며, 이 부분의 시간별, 일별 관리는 호텔의 영업이익을 증가시키는 데 높은 기여를 하게 된다. 필요한 인력을 모집하고 훈련시키고 지휘하고 유지하는 것은 또 하나의 도전일 수밖에 없다. 잘 훈련된 양질의 인력을 보유하고 사기를 북돋우는 것은 호텔상품의 품질을 향상시키는 결정적인 요인이 될 것이다.

3. 지역사회 모임의 장을 세련되게 유지관리

사회가 다변화되고 고급화되면서 다양한 활동이 지역 내에서 이루어지고 있다. 경우에 따라서는 지역의 비즈니스 공간, 연회장, 결혼식장, 사교장의 역할을 호텔이 하게 되는데, 이때 호텔 로비의 우아함, 규모의 웅장함, 세련된 설치물과 예술작품 등은 주역민의 자긍심을 고취시키기도 한다. 위와 같은 행사를 위해 무대를 장식하고 장비를 진열하며, 청결을 유지하는 것은 행사를 성공적으로 이끄는 매우 중요한 요소가 된다. 그뿐만 아니라 각 부서가 분야별로 이행하는 행사와 업무에는 객실관리부서가 지원을 하고 행사의 종류에 따라 지원에 필요한 전문지식, 인력, 그리고 투입되는 시간은 모두가 객실관리부서의 비용으로 지급된다.

4. 체계적 경영관리가 필요한 부서

객실관리부서는 호텔의 규모에 따라 30~40여 개의 기능적 업무와 수백 명의 인원이 근무하는 부서이다. 이에 따른 업무매뉴얼도 다양하고 방대하게 개발되어 있다. 이러한 것을 고객의 입장에서 과학적이고 체계적으로 관리하는 것은 호텔의 생산성과 품질을 높이는 데 크게 기여하게 된다. 객실관리부서의 책임자는 마케팅부서에서 판촉지배인이 고객에게 호텔의 상품을 판매할 때 어떠한 약속을 하게 되는지를 알고, 고객에게 약속한 부분을 필히 이행하는 수준으로 부서를 운영하여야 할 것으로 본다. 세계적인 호텔체인인 홀리데이인의 교육기관인 HIU(Holiday Inn University)의 교육과정에 의하면 객실관리부서의 경영관리는 첫째, 인력, 장비, 소모품의 관리, 둘째, 건물마감재, 천(fabrics), 가구 등의 관리, 셋째, 비용관리, 넷째, 각종 기록의 관리 등으로 꼽고 있다. 최상의 인력과 장비를 확보하고 철저한 시간관리로 생산성을 높여 객실을 깨끗하게 관리하며 공공장소를 세련되게 유지하는 것은 호텔기업으로서 그 무엇보다 중요하다고 할 것이다.

제3절 객실관리부서의 책임

객실관리부서의 책임은 객실, 레스토랑과 바, 연회장, 회의실, 부대영업장과 레저스포츠 시설, 로비와 엘리베이터 등 고객접점부문(Front of the House)에 대한 청결의 유지와 보수, 가구의 교체 등이라고 할 수 있다. 또한 사무실, 조리실, 직원 휴게실, 라커룸 등 직원이 사용하는 공간, 즉 업무지원부문(Back of the House)의 청결도 유지한다. 위와 같은 업무를 무난히 수행하기 위해서 객실관리부서장은 다양한 분야의 이론과 실제를 충분히 학습하고 이에 대처할 수 있는 책임감을 가져야 한다. 그뿐만 아니라 청소정비와 유지관리에 필요한 기구, 장비를 사용할 수 있는 기술을 가진 사람을 선발하고, 교육하고, 배치하고, 평가하는 일에도 직·간접적으로 책임이 있다고 할 것이며, 이러한 기술을 가진 합당한 사람을 선발할 수 있는 기준을 세우는 데에도 많은 시간과 노력을 투입해야 할 것이다.

1. 합당한 사람의 선발과 관리

객실관리부서는 많은 인력이 함께 근무하는 부서이므로 부지배인과 파트별 관리자는 유능한 사람을 보유하여야 생산성을 올리고, 부서를 원활하게 운영할 수 있다. 기능을 보유한 사람의 잦은 퇴직은 서비스상품의 질적 관리에 차질을 주게 되어 앞선 호텔로서 고객과의 약속을 저버리게 됨을 유념하여야 한다. 선발은 공정한 절차에 의해 진행하고, 기술직의 이직률을 줄일 수 있도록 부하직원들을 동기부여 하는 데 최선을 다하며 이들의 유지관리를 위해 감성과 지성을 동원한 헌신적인 리더십을 발휘해야 할 것이다. 이때 장기근속에 따른 적절한 보상도 필요하며, 장·단기 계획에 따른 목표지향적 지휘가 필요하다.

2. 바람직한 리더의 양성

객실관리 부서를 운영하는 지배인은 항상 조직의 최고책임자처럼 말하고 최고책임자처럼 행동하여야 한다. 조직구성원에게 책임감이 강한 리더의 모습을 보여주고 필요시 실제적인 책임자가 되어야 한다. 리더십을 발휘할 때는 양질의 정보를 확보하고, 이를 공유하는 과정에서 인격적으로 존경을 받을 수 있는 리더가 되어야 한다. 그동안 호텔경영기법이 발달해 왔듯이 객실관리부서도 많은 발전을 해왔지만, 아직까지 이 분야의 인력관리에 전문성을 갖춘 리더가 부족한 것으로 파악되고 있다. 이것은 인력산업인 호텔업에서 특수한 분야의 전문가가 쉽게 길러지지 못하고 있음을 나타내는 것으로 서비스리더십, 동기부여, 혁신, 생산성, 자동화에 대한 지식을 보유하고 시간관리, 공정관리, 비용관리에 대한 분석력을 가진 인재가 필요하다고 할 수 있다.

3. 유용한 용역서비스 계약 체결

최근 우리나라 호텔도 객실정비원, 공공장소정비원, 세탁요원, 경비 및 안전요원, 집기관리원, 꽃꽂이 등은 외부 용역업체와 계약을 통해 업무를 수행하게 된다. 그뿐만 아니라 많은 기술이 필요한 외부 창문 닦기, 도색, 목공, 카펫 세척, 마블클리닝 등은 전문성과 비연속성에 따라 외부의 전문가를 활용하게 된다. 이때 당사에 최적의 조건을 제시하는 업체를 선정하여 운영하는 것도 내부자원의 활용만큼이나 중요한 일이다.

제4절 객실관리부서의 역할

고객이 긴 여행을 하면서 호텔에 도착했을 때, 피로에 지친 상태이므로 안락하고 쾌적한 휴식공간이 무엇보다 필요할 때다. 호텔에 도착한 고객은 섬세하고 다양하며 인간적인 서비스를 기대하므로 여기에 충실한 객실관리가 이뤄져야 한다. 호텔의 청결함은 고객이 그 호텔을 선택하는 데 가장 중요한 요소라는 것을 우리는 익히 알고 있다. 호텔의 청결함은 객실관리부서의 책임하에 이뤄지므로 부서의 능력은 투숙고객의 만족에 의한 반응(feedback)으로 평가받게 된다. 따라서 객실관리부서 종업원 한 명 한 명은 재방문고객 창출의 주역이 되며, 호텔업무 효율성을 높이는 역군이 된다. 호텔의 성공적인 영업활동을 지원하기 위해 객실관리부서가 수행하는 구체적인 역할은 객실상품의 생산자 및 창조자의 역할, 호텔운영경비 절감의 주역, 호텔수익 증대에 기여, 호텔재산관리의 책임자로서의 역할, 서비스 정신이 투철한 인재 양성의 선봉장 역할 등이 있다.

1. 객실상품의 생산자 및 창조자 역할

호텔의 주력상품으로서 객실은 효용을 갖는 것이지만 이것만으로는 훌륭한 제품이 될 수 없다. 고객에게 가장 편안하고 안락한 휴식공간으로서의 객실, 청결과 품위를 유지할 수 있는 호텔상품을 생산하기 위해서는 혼이 깃든 서비스 장인정신이 있어야 한다. 호텔의 명성에 걸맞은 객실상품을 창조할 수 있는 능력과 재방문고객을 창출할 수 있는 책임감을 요구한다.

2. 호텔운영경비 절감의 주역

호텔은 경영의 특성상 개업일부터 매출과 관계없이 비용이 고정적으로 발생한다. 최근 체인호텔을 선두로 객실수익률관리제도(yield management system)가 파급되고 있는 것도 매출과 이익을 동시에 관리하지 않으면 계속기업으로서 존폐의 위협을 받게 되기 때문이다. 객실점유율과 크게 관계없이 발생하는 인건비, 수도료, 광열비, 제세공과금 등의 고정비, 고객의 증감에 따라 발생하는 재료비, 단기 인건비 등의 합리적인 관리는 회사의 이익계획에 크게 공헌하게 된다. 매출을 극대화하는 것은 전사적 마케팅과 영업부서의 기본업무라고 할 수 있고 비용을 극소화하는 것은 실무부서의 노력에 기인한다고 볼 수 있다. 따라서 객실의 모든 설비와 비품을 관리하는 객실관리부서는 무엇보다 세심한 관찰과 예방관리로 비용절감에 힘써야 한다.

3. 호텔수익 증대에 기여

객실의 청결유지는 무엇보다 중요하며, 바르게 정비되지 않은 객실은 그 상품성을 잃게 되어 객실점유율과 객실가격에 부정적 영향을 미쳐 호텔수익에 막대한 지장을 초래하게 된다. 불결한 객실을 비싼 요금을 지급하면서 이용할 고객도 없거니와 만약 모르고 이용했다고 하더라도 재방문을 기대하는 것은 어리석은 일이다. 고객은 자기가 지급한 가격에 대한 기대가 크며, 지극히 민감한 반응을 보인다. 방문한 호텔의 객실은 물론이고 현관이나 복도 등의 청소와 정리정돈에 관해서 오래도록 기억하며, 이를 호텔의 이미지와 연계시켜 구전활동을 하게 되어 궁극적으로 매출에 악영향을 미친다. 이와 반대로 방콕의 오리엔탈 호텔처럼 오래된 건물일지라도 완벽한 유지관리로 오히려 고객에게 호평을 받고, 친근감을 제공하여 재고객을 창출함은 물론 호텔매출에 크게 기여하는 사례도 있다.

4. 호텔의 재산관리

대부분의 호텔들은 고정자산 담당자를 임명한다. 이는 호텔의 구성이 건물과 비품으로 이뤄져 있기 때문이다. 장부상의 자산관리는 특정인과 특정한 의사결정 과정을 거쳐 구입과 처분을 하게 되지만, 이를 오래도록 사용할 수 있도록 유지 관리하는 책임자는 객실관리를 맡고 있는 관리자들이 책임지게 된다. 고급스러운 가구가 종업원 출입구, 복도, 서비스지역에 방치되었을 때 이를 수거하고 수선하여 영업에 쓰여 매출을 증진할 수 있는 알뜰한 마음을 가진 사람이라면 객실관리 책임자로서 장래가 촉망된다고 하겠다.

5. 서비스 정신이 투철한 인재 양성

객실상품의 중요성이 크게 부각됨에 따라 경영자들은 이를 생산하는 인재 육성에 큰 관심을 갖고 있다. 흔히 호텔에서 청소를 담당하는 사람은 젊음과 패기가 넘치며 장래가 촉망되는 인재들과는 거리가 있는 것처럼 생각할 수 있지만, 장차 호텔을 경영할 수 있는 인재는 객실관리업무를 원활히 수행할 수 있어야 인력관리, 자재관리, 건물관리에 뛰어난 경영관리자로서의 자격이 있다고 하겠다. 아울러 현장에서 정비업무를 담당하는 고객접점 종사원에게 투철한 봉사정신이 깃든 서비스를 제공할 수 있도록 직무교육을 활성화시켜야 한다. 신입사원에게 서비스 기본예절, 직무교육(on the job training), 사례연구(case study) 등으로 철저한 서비스 교육을 해야 한다.

제5절 객실관리부서의 서비스리더십

객실관리부서는 인력과 장비를 동원하여 호텔의 객실과 시설을 유지관리하게 되므로 훌륭한 인력관리로 고객만족, 종업원만족, 회사만족을 구현해야 한다. 적절한 인원, 높은 생산성, 증대되는 호텔의 이미지는 재방문고객(repeat guest)을 창출하며 궁극적으로는 호텔이익에 기여한다. 인력계획은 무엇을, 어떻게 향상시킬 것인가에 목표를 두고 작업관리, 스케줄 관리, 업무의 질 관리를 하게 되는데, 객실관리부서장은 소속원이 무엇보다도 자발적이고 적극적인 근무태도를 취할 수 있는 분위기 조성에 힘써야 한다. 객실관리부문은 인력자원구성의 특성을 볼 때 리더의 일거수일투족이 서비스 생산성 향상에 매우 큰 영향을 미칠 수 있는 환경임을 감안할 때 부서장과 간부사원의 책무가 중요하다. 다음 그림은 삼성에버랜드 서비스아카데미에서 발간된 「에버랜드 서비스 리더십」에 제시된 모델로서 서비스 리더십의 결과는 만족유도행위와 만족훼손행위로 나타나는데 모범적인 서비스 리더는 만족유도행위를 많이 한다. 이를 위해서 서비스 리더는 서비스 신념, 태도, 능력을 갖추어야 하고 이를 실천할 수 있어야 한다고 제안한다. 그런데 여기에서 서비스 신념(service concept), 서비스 태도(service mind), 서비스 능력(service skill)은 더하기의 관계가 아니라 곱하기의 관계라고 한다. 이는 더하기는 전체의 합이 높으면 되지만 곱하기는 어느 한 영역이 영(zero)이 되었을 때 제로가 되므로 3가지 요소를 골고루 갖추어야 한다는 것이다. 위에서 소개되었던 모델을 전제로 객실관리부서장이 부서를 지휘하는 데는 부서와 부서원에게 애정을 가지고, 이들과 더불어 동고동락하는 것을 보람과 행복으로 여겨야 할 것이다. 지시, 통제, 감시, 견제, 처벌보다는 협력, 배려, 지원, 칭찬, 격려하는 방법을 연구하여 수평적 위치에서 리더십을 발휘하여야 할 것이다.

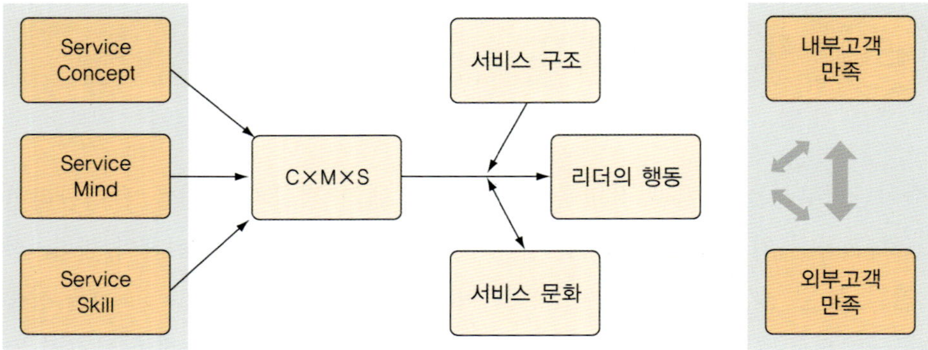

〈서비스 리더십 모델(에버랜드 서비스 아카데미)〉

제6절 객실관리부서의 타 부서 간의 협력관계

객실관리부서는 객실영업부서와 함께 부총지배인의 지휘하에 있는 객실부서이다. 객실영업부서가 고객에게 객실상품을 판매한다면 객실관리부서는 객실상품을 생산하는 부서이며, 호텔체류 고객에게 정성을 다해 서비스하는 업무를 담당한다. 객실관리부서는 프런트 데스크와 호텔의 다른 부서에 대해 정보를 제공하는 주요한 소식 채널이다. 객실마다 고객이 체류하고 있는지, 빈방인지, 고객의 신변에 문제가 발생했는지 등은 객실관리부서원이 파악한다. 따라서 객실관리부서에서 생산하는 고객관련 정보는 고객관리를 위한 내부 커뮤니케이션과 고객만족 서비스를 제공하는 데 주요한 역할을 한다. 또한 객실관리부서는 호텔의 타 부서들이 제 기능을 발휘하도록 하는 데 큰 역할을 담당한다. 식음료 영업장과 부대시설 등이 청결을 유지하고, 영업을 순조롭게 진행하게 되는 것과 연회지배인이 시간을 다투는 큰 행사진행에 관련된 장소관리가 차질 없도록 도움을 주는 것도 객실관리부서의 적극적인 협조에 의해 가능하게 된다. 그뿐만 아니라 객실관리부서는 호텔 전체를 근무지역화하고 있으므로 고객이나 종업원에 대한 사고를 미연에 방지하는 역할도 하고 화재예방이라든가 고객과 호텔의 재산을 보호하기 위해 안전관리부서와 업무연계도 맺고 있으며, 야간 근무자는 당직지배인에게 업무와 호텔의 안전 관련 보고도 함께 한다. 객실관리부서장은 구매부서와 물자구입에 대한 협조체계도 확보해야 하고, 인력관리부서와는 인원보충, 직원 복리후생 등에 대해서도 긴밀한 업무협조를 이뤄야 한다.

시설관리부서는 객실관리부서가 처리할 수 없는 기술적인 지원을 아끼지 않으므로 고객편의를 제공하게 된다. 객실관리부서가 고객서비스를 위해 협조하게 되는 부서 간의 업무내용은 다음과 같다.

1. 객실영업부서

① 객실상황에 대한 정보교류
② 체류 중인 고객의 행동파악에 대한 정보교류
③ 장기적인 개·보수 계획 공동수립
④ 객실부 예산 공동수립
⑤ 인적 교류

2. 식음료 및 케이터링 부서

① 리넨의 보급 및 세탁
② 룸서비스 집기 및 식기 철거 연락
③ 퇴숙고객 미니바 체크 연락
④ 유니폼 구입 및 관리

⑤ 정기적인 업장 청소와 긴급사태 발생 시 대응
⑥ 음향기기 설치 및 철수

3. 시설관리부서

① 작업요청서(maintenance order)에 의한 보수작업 협조
② 수시점검에 의한 예방정비 및 시설개수
③ 절수 및 절전 공동대처
④ 회의장비 설치 및 철수
⑤ 음향기기 설치 및 철수
⑥ 추가 전화 및 컴퓨터 모뎀선 설치 및 철거

4. 구매부서

① 청소용품과 고객 편의품 구매요청
② 외주 세탁물 위탁계약
③ 주요장비 구입요청

5. 인력관리부서

① 충원요청 및 승진, 승급관련 업무협조
② 종업원 후생복리
③ 노동조합 관련 업무

제7절 객실관리부서의 성공요건

객실관리부서의 업무범위는 호텔의 건물을 중심으로 호텔소유의 내 · 외곽 전체이다. 따라서 업무범위가 넓고 세세한 것과 관련하여 일은 끝없이 이어져 간다고 하겠다. 그러므로 타 부서원의 전사적 지원과 이해가 필요하며, 업무수행을 올바르게 평가하는 지침이 확립되어 있어야 한다. 객실관리부서는 업무의 막중함을 인식하고 유능하고 열성적인 책임자를 보직해야 하며 그 조직은 잘 훈련되고 적극적인 사고를 가진 직원으로 구성되어야 한다. 책임자는 조직적이고 적절한 작업계획을 수립함과 동시에 돌발사태에 대한 대비도 해 두어야 한다.

또한 객실관리부서의 성공을 위해서 부서를 지휘하는 책임자는 수준 높은 리더의 자질을 갖추고, 행정에 대해 능력을 발휘해야 하며 진실된 마음으로 부서를 이끌어 가는 고매한 인품과 취급하는 장비에 대한 해박한 지식과 기술이 있어야 한다. 객실관리부서장의 일상 업무는 약 75%가 인력관리이며 규정을 정비하고, 지시된 작업을 설명하고, 문제를 해결하며, 날마다 일어나는 다양한 상황들을 정리하고 조절한다. 이때 문제해결의 기본에는 인간적인 면을 바탕에 두고, 긍정적인 면을 보려는 자세가 매우 중요하다.

다음은 객실관리부서가 성공하기 위한 조건들로서 그 핵심에는 서비스리더십이 있다.

1. 효과적인 인력관리

제시간 내에 과업을 완수하기 위해서는 대폭적인 권한이양과 자율성을 보장해야 한다.

2. 업무보고는 간단하게 할 수 있는 방법 고안

과업의 결과는 쉽고 빠르게 확인할 수 있는 방법을 고안하고 이를 시스템적으로 운영한다.

3. 일상적인 업무는 표준을 설정하여 이행

업무의 표준을 개발하고 이를 공유함으로써 관리감독이 필요하지 않도록 제도화한다.

4. 과학적인 재고관리 방법 모색

매우 다양하고 많은 소모품, 비품, 안내용 인쇄물을 재고조사, 발주, 사입, 재고관리 절차를 거쳐 관리할 수 있는 시스템을 구축하여 관리한다.

5. 모든 구성원의 사기 진작

높은 사기는 생산성을 올려준다. 정당한 대우, 적절한 보상, 때에 맞는 농담(humor)은 부서의 분위기를 개선하는 데 큰 도움이 된다.

6. 최고경영층의 요청을 즉시 이행

지시된 사항은 제때 이행하므로 고객만족을 얻어 냄으로 매출을 신장시키고, 객실 또는 업장의 환경을 개선하는 데도 도움이 될 것이다.

7. 부하직원의 업무계획에 참여

더 좋은 업무성과를 위해서 또는 창의적인 제안을 위해서 직원들의 업무계획에 관심을 가지고 참여한다. 항상 더 나은 방법을 연구하는 자세를 조직 내에 심어간다. 그리고 좋은 제안은 구성원들 모두와 공유한다.

8. 구성원의 교육수준 향상에 애씀

외국어 교육, 교양 교육, 호텔의 홍보물 등에 대한 교육의 기회를 지속적으로 제공하므로 조직구성원이 성장 발전하는 데 도움을 준다.

9. 호텔 간부직 후보생에 대한 교육 프로그램 운영

내부 구성원이 사내에서 보다 주요한 직위에 올라갈 수 있도록 제도적인 지원을 아끼지 않는다.

10. 타 부서장과 협력체계를 구축

객실관리부서는 호텔의 전체 부서 중 하나인 동시에 고객을 위한 모든 부서가 될 수 있음을 유념하고, 각 부서와 고객지향적인 업무협조에 만전을 기한다. 따라서 객실관리부서장은 평소 각 부서의 고유 업무와 협조체계를 숙지하고, 필요시 이를 적극적으로 활용한다.

Hotel Housekeeping &
Facility Management

제 2 장

객실관리조직과 업무분장

제1절 객실관리조직 구성

객실관리부문은 호텔의 주 상품인 객실상품의 생산, 건물관리, 부대업장의 유지와 관리를 업무로 하기 때문에 조직은 실무형 또는 기능형으로 구성하고 있다. 객실관리부서의 책임자는 호텔의 규모나 그 호텔이 추구하는 서비스 방향에 따라서 객실관리부장 또는 차장(director of housekeeping, housekeeping manager, executive housekeeper)으로 보직하며, 업무지시와 보고는 부총지배인(executive assistant manager)과 연결되어 있다. 객실관리부서장은 객실부서의 예산편성, 비용관리, 인력관리, 건물관리, 정원관리, 아웃소싱 협력업체관리 등 다양한 업무를 추진한다. 객실관리부서의 조직은 아래 그림과 같으며 이 조직도는 우리나라의 500실 규모 호텔이 택하고 있는 실례를 바탕으로 설계한 것이다.

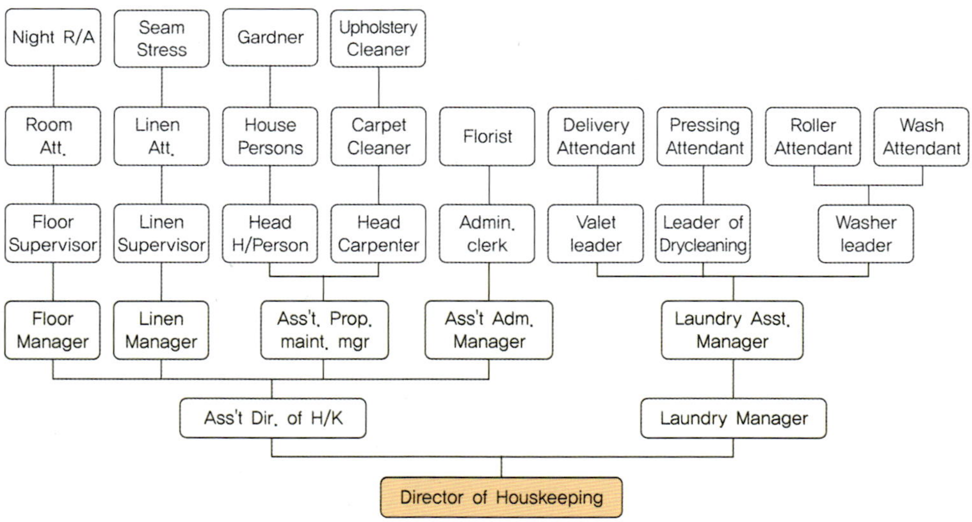

대규모 호텔 객실관리부서의 조직도

객실관리부서장이 관장하는 조직내부에는 객실정비, 공공장소와 영업장 정비, 세탁업무, 외주업체 관리, 바느질, 꽃꽂이, 정원사, 목공, 카펫 수선공 등 수많은 기능직이 집결되어 있으며, 업무지원 및 리넨을 담당하는 행정직도 보직되어 있다.

The World Best Smile Hotel, Busan

EMPLOYEE REQUISITION

Requisition no. ________

Date ______________________ Department ______________________

Position ______________________________________
(Number and Title)

New ________ Replacement ________ Number required ________

Classification ______________________________________
(Full-time, Part-time, Temporary, Pool)

Working hours __________ Estimated no. of hours/week __________

Desired starting date ______________________________________

Starting rate of pay ______________________ Base rate ________

Specification (General description of duties)

____
____
____
____
____
____

Special qualifications (desired or required)

____
____
____
____

____
Department Manager

인력충원요구서

제2절 객실관리의 인력충원과 교육

1. 충원요청업무

객실관리부서장은 부서의 원활한 관리를 위해 부서의 업무를 계획하고 조직하고 충원하고 지휘하고 통제하는 전통적인 방법에 의한 경영을 하여 왔다. 그러나 현대호텔경영에는 모든 소속구성원이 주체가 되어 부서 운영에 적극 동참하여 고객서비스를 제공하고, 그의 열매로 호텔의 재정적 성과나 이미지 향상을 이루게 된다. 이때 팀장은 조직의 중심에서 모든 소속원이 서로 간 관심과 배려, 칭찬과 격려를 주고받으며 상호이해의 폭을 넓히므로 조직을 활성화해 가게 된다. 호텔에서 대부분의 서비스는 사람에 의해 실행되므로 필요인원을 선발하여 적재적소에 배치하는 것은 부서장의 보편타당한 업무영역이며, 인력관리부서는 이런 일에 적극 협조한다. 따라서 객실관리부서장은 필요인력이 발생하면 인력충원요청서(employee requisition form)를 제출하여 충원을 요청한다. 이에 따라 인력관리부서는 공고를 내거나 인력공급회사에 적임자를 추천해 줄 것을 의뢰한다.

2. 필요한 인원 선발과정

객실관리부서는 호텔이 개관할 당시 대대적인 인력선발을 제외하면 수시모집 방법으로 인원을 선발한다. 지역의 인력공급회사, 지역신문, 잡지, 전단 등이나 사내 직원의 추천으로 채용하며 국가유공자, 장애인 관련기관에서 추천하는 경우도 있다. 이러한 일련의 과정은 인력자원부서의 고유 업무이기도 하지만, 관련부서와 협조로 최적의 인력을 확보하는 것도 서비스기업인 호텔경영에 꼭 필요한 사항이다.

The World Best Smile Hotel, Busan

PROCESSING RECORD FOR EMPLOYEE CANDIDATE

Name ______________________ Position desired ______________

Address ____________________________

Phone ______________________ Date of application ____________

Hours when can be reached ____________

Record of human resources department prescreening

Date __________ By __________ Recommended for ____________ (Position)

Screening code __________

Department interview endorsement

Date interviewed __________ Interviewed by __________________

Comments ____

____

Recommendation ____

Hire _________ Refer to _________ Department—File

References checked by interviewing department _________ (Yes/No)

Who was contacted?

1. ____________________________
2. ____________________________
3. ____________________________

Note: References will be checked on all people offered employment. The human resources department will make reference checks on all candidates before making offers *if requested by the interviewing departments*. No offers will be extended before completion of satisfactory reference checks.

Disposition

Offer extended _________ (Date)   Accepted/Denied ______________

Will report to work on ____________

Application filed ________________________________ (Date/By)

응모자 선발진행표

인력선발을 객관적, 과학적 방법으로 접근하고 투명성을 확보하기 위해 응모자 선발진행기록표를 작성하여 관리하면 편리하다. 인터뷰를 위해서 사전에 고려하여야 할 사항으로는 철저한 사전준비, 적당한 장소선정, 인터뷰 사전 연습, 친절한 태도, 고도의 업무지식, 정확히 듣고 이해하기, 정확한 지원자의 태도 관찰 등이 있다. 따라서 면접위원을 지정할 때는 위와 같은 내용을 감안하여 지원자들로부터 회사의 첫인상을 좋게 할 뿐만 아니라 회사가 보유한 인적자원의 우수성도 검증되도록 하여야 한다.

3. 신입사원의 오리엔테이션

과학적이고 객관적인 방법으로 가장 훌륭한 인재를 선발한 후 객실관리부서의 기본을 이해하는 기초교육으로 오리엔테이션을 실시한다. 성공적인 오리엔테이션을 위해서는 사전 준비를 철저히 해야 하며, 이를 단계적으로 보면 직원에 대한 인지(employee acquisitions), 호텔 안내 소책자(employee handbook) 설명, 시설방문(tour of facilities), 오리엔테이션 회의(orientation meeting) 등이 있다.

1) 직원에 대한 인지

새로운 직원이 선발, 배치될 때 그 직원에 대한 제반 사항을 관련 부서에 통보하여야 한다. 간단한 개인인적 사항, 경비실 통과에 따른 서류, 4대 보장보험에 관련된 정보, 급여 및 노동조합 관련 사항, 명찰 등을 관계자들이 인지하고 업무를 수행할 수 있도록 통보한다. 객실관리부서의 간부가 선발, 배치될 때는 객실관리부서장이 직접 메모하여 타 부서에 원활한 업무협조를 당부하기도 한다.

2) 호텔 안내 소책자

신입사원을 위해 호텔이 제공하는 종합안내서의 내용으로 총지배인의 환영인사, 호텔의 경영철학, 경영목표, 경영방침 등 조직구성원이 알아야 할 기본 소양과 직원

Orientation Check List

성명:________________________ 연월일:________________________

NO	내 용	교육 후 반응	비 고
1	환영인사		
2	동료 직원에게 소개		
3	객실관리 관련 구역 견학 : 사무실, 리넨실 등		
4	행정 : 게시판, 로그 북, 출근부, 열쇠함 등		
5	유니폼 지급 및 교환, 반환		
6	세탁실의 이용		
7	호텔 각 부서의 견학		
8	업무용 승강기 이용		
9	전화기 사용법 익히기		
10	흡연 및 음주에 대한 안내		
11	소란한 행동		
12	정직성		
13	인간관계와 사회성		
14	소방, 안전, 비상시 업무		
15	업무 유연성		
16	호텔의 조직기구표		
17	복장 및 근무 태도에 대한 기준		
18	개인위생에 대한 기준		
19	지시 전달, 로그 북, 근무 교대 인수인계, 회의, 게시판		
20	객실관리부서의 사용 언어 및 전문용어		
21	객실 출입 절차		
22	사규와 제 규정		
23	교육(기간, 교육 기대 효과, 고과, 모니터링제도)		
24	실무교육		
25	수습기간		

위 본인은 오리엔테이션 기간 동안 토의된 내용을 완전히 이해하였습니다.

성명 : 서명 :

담당지배인 : 서명 :

으로서 지켜야 할 규정, 규칙, 절차 등을 안내하는 책자이다. 오리엔테이션 기간에는 이 책자를 중심으로 교육을 한다.

3) 시설방문

호텔의 시설은 고객공간, 직원공간으로 분리되어 있어 시설의 차이가 크게 느껴진다. 가끔 신입사원이 서비스지역에서 목적지를 찾지 못해 헤매는 모습을 발견한다. 이는 오리엔테이션에서 동선교육을 철저히 받지 못한 경우에 다반사로 발생한다. 때문에 업무효율을 높이고, 빠른 적응을 위해서는 시설을 직접 방문하여 장소별 포인트를 익혀서 친숙도를 높여야 한다.

4) 오리엔테이션 회의

신입사원이 입사 후 약 2주가 지나면 나름대로 그 호텔에 대해 많은 탐색을 하고, 의문점을 갖게 마련이다. 이때 객실관리부서장은 신입사원들이 가장 편안한 마음으로 대화할 수 있는 시간과 장소를 마련하여 그들과 대화한다. 이 경우에는 가능하면 많은 시간을 듣는 데 할애하도록 한다. 조직에 적응이 덜 되어 있을 때 신선한 아이디어가 나올 수 있어 기존의 업무방법을 개선하는 중요한 자료로 활용할 수 있다. 따라서 많은 대화가 오고갈 때 서비스조직의 수평화가 가능해지고 쌍방향 커뮤니케이션의 기초를 마련하게 될 것이다.

4. 객실관리부서의 교육

객실관리부서는 호텔 내에서 가장 많은 업무를 도맡고 있다. 또한 교육의 필요성을 가장 많이 느끼는 곳이기도 하다. 객실관리부문에 채용, 배치된 직원을 대상으로 실시되는 교육은 호텔의 인력자원부서에서 실시하는 오리엔테이션을 제외하면 기능훈련(skills training), 용모와 태도훈련(attitudes training), 전문지식교육(knowledge education) 등으로 구분할 수 있다.

1) 기능훈련

각자 업무분장에 제시되어 있는 업무에 대한 기본적인 기능으로서 이것이 전체라고 할 수는 없지만 숙달 여부에 따라서 업무수행에 크게 영향을 미친다. 구체적인 내용을 보면 침대 꾸미기, 진공청소, 먼지 닦기, 유리청소, 가구 · 기구 · 편의품 배치 및 진열, 욕실청소, 장비운영방법(새로운 장비 포함), 작업안전 등에 대한 훈련을 하게 된다.

2) 용모와 태도훈련

호텔 직원들은 기본적인 용모와 태도를 갖추기 위해서 해당 호텔이 설정한 표준에 따라 훈련하게 된다. 즉 고객에 대한 친절과 예절, 상사에 대한 예의와 태도, 유니폼과 용모, 개인위생 등에 대한 소양교육일 수 있으며, 이는 호텔의 이미지를 높이는 데 크게 기여하게 되므로 표준에 따른 철저한 자기훈련이 필요하다.

3) 전문지식교육

호텔사업으로 보면 전반적인 서비스 교육일 수 있지만 호텔이 제공하는 각종 편의시설영업장, 부대시설 등을 안내할 수 있는 능력을 기르는 교육이라고 말할 수 있겠다. 이는 조직구성원으로서 생산에 참여하고 이익을 창출하며, 이에 따른 혜택도 받게 되므로 서비스조직 강화교육이 될 수 있다.

위와 같은 교육훈련 방법으로는 현장실무교육(on the job training), 모형실무교육(simulation training), 도제제도(coach-pupil method), 강의식 교육(lectures method), 회의식 교육(conferences method, workshop training), 시범식 교육(demonstrations training) 등이 운영되고 있다.

제3절 객실관리부서장의 업무분장

1. 객실관리부서장의 업무

1) 객실관리부서장의 책무

객실관리부서장은 호텔이 수립한 정책, 기준, 지침에 따라 객실관리부서를 유지 발전시키며, 호텔 전체에 걸쳐 청소와 청결 유지를 위한 계획, 조직, 감독에 주력한다. 청결을 유지해야 하는 구역의 구체적인 책임은 객실, 공공장소, 식음료 영업장, 부대시설, 사무실 및 서비스지역 등과 리넨과 유니폼, 분실물 취급 등이다. 객실관리부서는 많은 인원으로 구성되므로 부서원 개개인이 호텔기업의 철학과 정책 및 방침을 알 수 있도록 교육하고 주기적으로 간부회의, 전체 직원회의 등을 소집하여 부서원이 질 높은 서비스를 제공할 수 있도록 동기부여하고 독려하여야 한다.

2) 객실관리부서장의 주요 업무

① 체인본부의 정책과 절차에 따라 부서 내에서의 역할 수행

② 총지배인, 부총지배인 또는 객실담당 임원에 의해서 지시된 모든 업무권한 행사

③ 내 · 외 부서 간의 효과적인 상호 의사 · 정보소통을 자발적으로 추진하고 전달

④ 부서 내부 간, 부총지배인과의 효율적인 정보소통 체제를 유지

⑤ 모든 부서장 회의에서 우리 부서의 입장과 의견을 대표하여 전달

⑥ 부서 내의 인사, 교육, 업무 등에 관해 책임의 범위 내에서 감독, 용모상태를 계속적으로 유지하고 업무기준을 부서 내의 모든 사람에게 제시

⑦ 해당 관리직원으로는 객실관리과장, 행정지배인, 공공장소 관리지배인, 리넨 담당지배인, 세탁지배인 등이 있다.

3) 객실부서장의 기본업무사항

① 위의 책임분야에서 모든 직원을 감독, 지도, 훈련 그리고 평가한다.

② 책임분야 내에서 인력을 개발한다.

③ 리넨(linen)관리 프로그램을 수립하고 지속적으로 수행한다.

④ 객실관리 경영프로그램을 수립하고 지속적으로 수행한다.

⑤ 매일 할당된 객실(최소 10실)과 공공장소를 검사한다.

⑥ 주기적으로 모든 업무지침서를 검토한다.

⑦ 주기적으로 모든 업무지시 절차를 검토한다.

⑧ 추가구매가 필요한 물품을 조사검토하고 구매의견서를 작성한다.

⑨ 부서 내의 모든 물품을 검토하고 재평가한다.

⑩ 수리된 모든 물품과 서비스에 관한 송장을 승인하고 관리이사에게 보낸다.

⑪ 호텔경영진이 지정한 식음료 영업장의 청소 프로그램을 실시한다.

⑫ 경영승인에 대한 책임의 범위와 관련 분야에서의 자본적 투자향상을 위한 연간계획서를 준비한다.

⑬ 주기적으로 모든 유니폼, 리넨(식음료부 포함)과 물품의 재고조사를 실시한다. 해마다 모든 품목에 관한 필요 재고량을 보장하기 위해 경영진의 승인을 위한 요구서를 준비한다.

⑭ 필요하다면 주기적으로 재고물품, 유니폼과 리넨, 그 밖의 물량의 보관 및 조절에 관한 절차를 확인하고 보다 나은 방법을 강구한다.

⑮ 호텔과 손님들에 대한 보호 및 효율성을 최대화하기 위해 세탁물과 세탁물 배달절차를 검토한다.

⑯ 프런트 사무실과 기타 관련 부서의 업무와 절차를 이해한다.

⑰ 정기적으로 모든 직원과 함께 회의를 한다.

⑱ 모든 직원들을 위해 문턱 없는 방문체제로 의사소통을 잘 유지한다.

⑲ 안정대책과 보안작업이 모든 부서 및 책임분야(즉 열쇠, 리넨실 등)에 걸쳐 점검되었는지 확인한다.

⑳ 호텔운영의 향상과 새로운 기술적 발전을 위해 거래협회, 전문기관, 출판업계들과 계약 및 협약을 시도하고 유지한다.

㉑ 공공장소 정비부서를 총괄 감독한다.

㉒ 리넨 부서, 세탁실을 총괄 감독한다.

4) 객실관리부서장의 요건

① 인력을 유용하게 활용

② 업무보고의 용이한 방법 고안

③ 일상업무의 표준절차 개발

④ 재고조사관리(inventory controlling) 능력

⑤ 모든 종사원에게 동기부여

⑥ 최고경영진이 제안하는 도전을 기꺼이 수용

⑦ 계획성 있는 부하직원 육성

⑧ 종사원 교육수준 향상

⑨ 경영관리 실습생 발굴, 견습계획 수립

⑩ 타 부서 책임자와 업무협동 및 조정 역할

5) 객실관리부서장의 기능

① 부서 소속원의 채용, 교육, 평가, 통솔능력, 능력개발 등 인간관리술 확립

② 건물청소, 유지관리기술에 정통

③ 청소약품, 청소방법 및 청소장비 관리에 박식

④ 빌딩구조와 관리방법을 익힘

⑤ 간단한 엔지니어링의 원칙 이해

⑥ 실내장식에 대한 지식 확보

⑦ 회계, 재정, 구매기술을 습득

⑧ 타 부서와 협조체제 유지

⑨ 호텔 서비스맨으로서의 확고한 직무철학 확립

6) 객실관리부서장의 감독업무

- **예산관리**

① **예산목적** : 동 회기 내 운영비 예상, 실제 결과 측정

② **예산편성** : 각각 계정(single line account)을 바탕으로 자본적 투자예산(capital investment budget)은 단 · 중 · 장기별 계획

③ **예산집행** : 비용증감을 정확히 분석, 통제

④ **기록** : 비용, 생산, 품질을 함께 기록(작업시간, 초과시간, 구매품, 공급품 등)

- **생산관리**

① 일일 객실정비 업무보고(생산량 확인)

② 카펫, 샴푸 작업량

③ 마블관리 내용

④ 페인트 및 도장작업

⑤ 전등, 블라인더(blinder), 커튼 정비 및 세척

⑥ 일일장비 사용 내용

⑦ 세탁실 생산내역 및 매출액

⑧ 고장난 방(out of order room) 확인 및 작업지시

- **품질관리**

① 표준화 작업, 체크 리스트에 의한 작업내용 확인

② 작업방법 및 관리방법 연구

③ 현장 확인점검이 최선의 방법

④ 검사원의 업무교육 및 인성교육

7) 객실관리부서장의 호텔점검

시설관리부서장은 최소한 주 1회 이상 총지배인, 부총지배인, 객실담당 임원, 시설관리부서장, 영업부서장으로 이뤄진 운영팀을 구성하여 이들과 함께 호텔의 앞 · 뒷면을 점검하게 된다. 이때 호텔건물, 객실, 복도, 객실층의 리넨, 고객과 서비스 엘리베이터 등을 점검하고, 필요한 사항은 점검일지(tour minutes)에 기록하여 담당부서나 담당자로 하여금 일정에 의해 개선토록 한다. 그뿐만 아니라 주 3회 이상 객실관리부지배인과 함께 객실, 복도, 객실층 리넨룸, 엘리베이터의 청결, 작동상태 등을 점검하여 직원교육에 활용한다. 또한 공공장소와 업무지원부문(back of the house)의 점검도 매일매일 이루어져야 한다.

- **호텔 점검팀(house tour team) 구성**

① 총지배인/부총지배인/객실담당 임원

② 시설관리부서장/객실관리부서장

③ 객실부장/객실영업부서장

④ 인사부서장

⑤ 식음료부서장

- **호텔 점검 중점사항**

① 객실복도

② 객실복도 및 로비의 재떨이
③ 엘리베이터 문과 내부 카펫 등
④ 카펫과 바닥
⑤ 전등 및 샹들리에
⑥ 벽의 얼룩과 상태
⑦ 계단상태
⑧ 비상계단 표시 및 유도등 상태
⑨ 얼음기계 상태
⑩ 쓰레기통 및 리넨 슈터(shooter) 상태
⑪ 전반적으로 청결상태 확인
⑫ 사무실 지역 및 서비스 지역
⑬ 호텔 외곽 및 정원 정리정돈 상태

제4절 객실관리부서 부지배인의 업무

1. 객실관리 부지배인의 업무영역

1) 객실관리 부지배인의 역할과 기능

객실관리 부지배인은 객실관리부서장의 업무를 보조하며, 주로 객실과 공공장소의 청결유지 및 정비업무를 관장하고 현장에서 감독업무를 수행한다. 간혹 규모가 큰 호텔은 객실관리 부지배인을 두기도 하지만, 규모가 작은 호텔은 객실부서장이 직접 각 부문감독자(section supervisor)의 업무를 관장한다.

① 객실관리부서장에 의해 지시된 모든 업무의 영역 및 책임 아래에서 체인호텔의 객실부 규칙과 절차들이 실시되고 있는지를 확인한다.
② 객실관리부서장에 의해 지시된 객실관리업무 제반 책임 및 권한을 행사한다.
③ 내·외 부서 간의 효과적인 상호 의사·정보소통을 자발적으로 추진하고 유지한다.
④ 책임범위 안에서 부서 내의 모든 사람들의 인력선발, 교육, 감독, 재교육 또는 필요시 해고 및 업무종결 등의 책임을 실시함에 있어 객실관리부서장을 돕는다.
⑤ 객실관리부서장의 업무지침서에 따라 객실관리부서장의 업무를 정기적으로 돕는다.
⑥ 매일 VIP실 및 정규고객용 객실(최소 15실) 및 호텔 후면을 점검한다.
⑦ 부하직원들의 근무상태를 구체적으로 확인한다.
⑧ 협력업체를 관리하고 질 높은 객실관리를 하기 위해 필요한 조치를 취한다.
⑨ 직계감독은 객실점검주임, 객실점검담당 등이 있다.

2) 객실관리 부지배인의 업무내용

① 객실관리부서장에 의해 세워진 업무규칙과 절차를 준수한다.
② 객실관리부서장를 지원한다.
③ 부하직원들이 그들의 업무를 성공적으로 수행할 수 있도록 모든 업무 및 행사를 관리 감독한다.
④ 호텔 손님의 편의를 위하여 관계부서 간의 효율적 의사소통 체제를 유지한다.
⑤ 직원들의 책임소재를 잘 파악하여 그들의 업무수행 능력을 개발·향상·평가한다.
⑥ 객실점검 주임과 객실점검 직원들을 관리·감독하고 수시로 그들을 재평가한다.
⑦ 객실관리부서장의 지시에 따른 그 외 업무와 권한을 실시한다.
⑧ 그날의 객실점유보고서에 따라 객실점검 담당에게 업무지시를 하고, 그 내용을 객실점검 주임에게 알린다.

⑨ 직원들의 불평이 없도록 매주 업무 스케줄을 짠다.
⑩ 휴가 적체가 생기지 않도록 계획을 짠다.
⑪ 효율적인 업무를 위해 매일 객실점검 주임과 직원들과의 회의를 주재한다.
⑫ 객실점검 담당의 근무태도, 건강상태 그리고 각종 기자재 등을 체크하기 위해 자주 현장순시(site patrol)를 한다.
⑬ VIP용과 정규고객용 객실을 최소 15실 이상 점검한다.
⑭ 저녁근무조의 업무수행을 체크하고 감독한다.
⑮ 판매할 수 없는 객실을 점검하고, 빠른 시일 안에 객실판매가 가능하도록 조치를 취한다.
⑯ 비수기 동안 대청소(general cleaning)를 할 수 있도록 스케줄을 짠다.
⑰ 객실예상 점유율에 따른 노동경비 절감을 위해 인력(manpower)을 조절한다.
⑱ 객실영업부서, 예약부 그리고 시설관리부와 긴밀한 연대관계를 유지한다.
⑲ 객실에서 일어난 모든 종류의 문제를 직접 고객과 만나 해결하고 객실관리부서장에게 보고한다.
⑳ 객실관리부서장의 업무에 필요한 보고서를 준비한다.
㉑ 서비스 질 개선과 직원의 능력향상을 증진시키기 위해서 모든 종류의 계획을 수립한다.
㉒ 객실 보수 후 이에 따른 교육지침서를 갱신하고 표준을 다시 정한다.
㉓ 객실관리부서장이 부여한 모든 임무와 책임을 수행한다.
㉔ 분실물(lost and found)을 철저히 관리감독하고, 중요한 사항은 객실관리부서장에게 보고한다.

제5절 객실정비주임의 업무

객실정비주임(floor supervisor)은 객실현장에서 객실정비원(room attendant)이 생산한 상품이 고객에게 최상의 상태에서 제공될 수 있도록 하는 직책이다. 본인에게 주어진 업무를 추진하기 위해서는 업무는 엄격히 챙기면서 동료나 부하직원에게는 따뜻한 인간적인 배려가 있어야 한다. 객실정비주임의 역할과 기능, 기본업무, 핵심업무, 세부업무의 내용은 다음과 같다.

1. 객실정비주임의 역할과 기능

① 모든 객실층을 파트로 나누어서 각 층 주임이 당일 도착하는 객실고객수에 따라 3~4층을 관리한다.

② 매일 아침 객실관리 부지배인이 전달한 정보, 지시사항 그리고 할당된 객실 숫자를 객실정비원에게 알린다.

③ 매일 객실관리부지배인이 주재하는 회의에 참석한다.

④ 매일 아침 일과로 객실과 객실복도를 체크한다.

⑤ 스킵(skip)이 예상되거나 슬립 아웃(sleep out) 등 비정상이거나 수상한 객실을 체크하여 객실관리부서 사무실에 보고한다.

⑥ 매일 VIP용 객실과 도착고객 객실을 해당 객실정비원에게 알려서 손님이 도착하시기 전에 객실을 준비하도록 한다.

⑦ 객실관리부서 사무실로부터 고객편의품(guest amenity)이 지정된 고객도착 명단을 입수하여 객실청소가 완전히 끝난 후 편의품(amenities)을 지정된 장소에 정리 · 비치한다.

⑧ 매일 퇴숙(check out)한 객실, 비어 있는 객실(vacant room)과 사용 중인 객실(in house)을 포함해서 최소한 50실을 점검한다.

⑨ 객실관리부서와 긴밀하고 효과적인 정보소통을 한다.

⑩ 객실담당 임원 또는 부총지배인이 세운 정책과 절차에 따라 권한범위 내에서 객실정비원들을 평가, 훈계, 교육, 지시한다.

⑪ 정상영업을 하기 위해서 수리가 필요한 객실들을 체크하여 객실관리부서 사무실로 즉시 연락 보고한다.

⑫ 객실손님에게 모든 필요한 도움을 제공한다.

⑬ 객실 가구, 비품, 기자재의 파손이나 분실을 체크하여 이상이 있을 때에는 즉시 객실관리부서장이나 부지배인에게 보고한다.

⑭ 그 외 해당된 업무를 수행한다.

2. 객실정비주임의 기본업무

① 객실정비요원의 업무수행에 필요한 장비, 보급품의 확보 여부 점검

② 종사원 개개인 업무에 대한 작업상황 직접 감독

③ 신임 종사원 교육

④ 작업배정 및 재교육

⑤ 항상 비판적인 안목으로 점검

⑥ 부하직원에게 따뜻한 인간적 배려

⑦ 항상 솔선수범과 지도자 위치 유지

⑧ 객실정비원(room attendant)과 일체감 조성에 노력

⑨ 고객서비스를 제일의 목표로 업무수행

3. 객실정비주임의 핵심업무

① 매일 아침 상사로부터 업무상 작업지시 수령

② 야간 근무자로부터 보고 청취

③ 객실상황보고서(daily room's report) 작성

④ 객실 및 서비스지역 체크

⑤ 사용한 침대수 확인 기록

⑥ 객실상태 확인

⑦ 분실물 확인

⑧ 대출품목 확인 및 재배치

⑨ 기타 지시사항 이행

4. 객실정비주임의 세부 업무내용

① 객실 마스터 키(floor master key)의 인수 및 배정

② 객실정비원의 출근상태 확인

③ 객실정비원의 복장 확인 및 작업지시

④ 객실점검카드 제출

⑤ 복도 천장등, 벽등 각종 비상등 확인

⑥ 소화기 이상유무 및 청결상태 확인

⑦ 비상문의 개폐상태 확인

⑧ 카펫 청결상태 및 청소용품의 위치, 상태 확인

⑨ 각종 부착물 및 안내판 상태 확인

⑩ 어텐던트 왜건(wagon)에 보유된 리넨 및 보급품의 적정선 여부 확인

⑪ 계획에 의한 객실 점검 및 이상 유무 확인

⑫ 객실사용 현황 및 리넨 사용 기록 집계
⑬ 당일 완성된 객실 점검
⑭ 객실 비품 및 고정자산 상태 점검
⑮ 객실 내용물 점검, 카펫 및 커튼 확인
⑯ 냉장고 확인
⑰ 전일 투입된 기준 품목 이외의 비품처리
⑱ 경미한 고장사항 정리
⑲ 습득물 점검
⑳ 고객 소유물 이상 유무 및 흉기, 총기류 보유 확인
㉑ '방해하지 마십시오'(DND : Do not disturb) 객실 체크
㉒ 객실층의 순찰
㉓ 야간 준비물 확인
㉔ 청소완료 보고 확인
㉕ 전일 미완성 수리부문 점검
㉖ 금일 미완료된 수리내용 확인 기록
㉗ 전열기, 음식물 등 고객 개인물건 사용 체크
㉘ 세탁물 인수 · 인계 확인
㉙ 기타 지시된 사항 확인

호텔의 객실

BVLGARI
Eau Parfumée
BVLGARI
Eau Parfumée
BVLGARI
Eau Parfumée

호텔의 욕실

제6절 객실정비원의 업무

객실정비원(room attendant)은 호텔에서 가장 큰 상품인 객실을 깨끗이 정비하여 고객에게 제공하는 서비스상품의 생산자로서 섬세함과 친절성, 인사성을 고루 갖춘 고객접점 서비스요원임을 알 수 있다. 한정된 시간 내에 완벽하게 업무를 처리하기란 여간 힘든 것이 아니지만, 자그마한 실수가 투숙객의 마음을 상하게 하여 걷잡을 수 없는 상황을 일으킬 수 있다. 따라서 항상 업무를 수행할 때에는 기본에 충실하여 좋은 업무습관을 길러야 한다. 객실정비원의 역할과 업무내용은 다음과 같다.

1. 객실정비원의 역할

① 객실담당 임원 또는 부총지배인에 의해 세워진 정책과 절차를 준수한다.

② 객실관리부서 내에서의 긴밀하고 효과적인 의사 · 정보소통을 돕고 유지하는 데 힘쓴다.

③ 객실관리 부지배인 혹은 객실관리부서장이 지시한 임무와 책임을 수행한다.

④ 객실손님에게 필요한 모든 도움을 제공한다.

⑤ 객실손님의 물품은 물론 객실의 모든 가구, 비품, 기자재들을 최고의 상태로 유지시키는 데 최선을 다한다.

⑥ 객실의 가구, 비품, 기자재의 파손이나 분실 시 즉시 객실점검주임과 객실관리부 사무실로 보고한다.

⑦ 그 외 지시된 업무를 수행한다.

⑧ 마스터 키(master key)가 분실되거나 파손되지 않도록 유의한다.

2. 객실정비원의 업무영역

① 담당객실층 순찰

② 고객세탁물 수거

③ 침대 정돈

④ 욕실 청소

⑤ 객실 청소

⑥ 리넨 관리 및 소모품 보충

⑦ 보고서 작성

⑧ 객실확인 및 고객보안 유지

⑨ 고품위 고객서비스 제공

3. 객실정비원의 기능

① 고도로 숙련된 객실생산담당자

② 고품위 서비스의 실천자

③ 시력과 청력이 완벽한 육체노동자

④ 값비싼 건물과 객실의 관리인, 따라서 호텔의 객실정비원은 덕성, 예의, 건강, 청결, 정직, 성실한 사람으로 보직되어야 한다.

4. 객실정비원의 근무수칙

① 업무에 필요한 외국어를 익힌다.

② 항상 단정하고 명랑하게 고객과 직원을 대한다.

③ 신체를 건강히 관리하여 똑바른 자세를 유지한다.

④ 집기, 가구, 기구 등을 위생적으로 관리하며, 작업 시 비위생적인 처리를 해서는 안 된다.

⑤ 마주치는 고객은 물론 직원에게도 항상 먼저 인사한다.

⑥ 고객의 말씀을 들을 때에는 공손한 자세로 주의를 기울여 청취한다.

⑦ 고객과 대화를 나눌 때에는 고객의 기분을 헤아려 적극적으로 응대한다.

⑧ 고객의 사적인 일에 관한 것은 외부에 누설하지 않는다.

⑨ 고객을 평가하거나 흉을 보지 않는다.

⑩ 투숙객의 허락 없이 절대로 외래객을 객실에 안내해서는 안 된다.

⑪ 투숙객 명단을 허락 없이 외부에 누출하지 않는다.

⑫ 회사업무와 관련된 일을 외부에 발설하지 않는다.

5. 객실정비원의 일상업무

① 스케줄에 따라 객실관리 부지배인이 배당한 13~16객실을 청소 · 정리 · 준비한다.

② 객실관리 부지배인이 주재하는 회의에 매일 참석한다.

③ 객실관리 부지배인이 배정한 방의 마스터키를 리넨 담당으로부터 수령한다.

④ 절차에 따라 각 층의 서비스 구역과 객실복도를 확인하고 정리한다.

⑤ 일과로 배정된 객실을 확인한다.

⑥ 스킵(skip)이 예상되거나 슬립 아웃(sleep out) 객실 등 비정상적이거나 수상한 객실을 즉시 객실관리부 사무실에 보고한다.

⑦ 객실손님이 퇴숙(check out)을 하면, 곧 바로 미니바(mini bar)와 고객이 잊고 간 물품이 있는지 확인하여 객실관리부서에 알린다.

⑧ 객실손님에게 필요한 모든 도움을 제공한다.

⑨ 기본절차에 따라 객실을 청소하고, 모든 객실편의품을 공급한다.

⑩ 제일 먼저 VIP나 재방문 고객의 객실은 불편을 끼치지 않도록 고객이 도착하기 전에 완전히 청소를 끝낸다.

⑪ 객실을 청소하는 중에 발견된 보수할 사항을 객실관리부 사무실로 보고한다.

⑫ 객실관리부 사무실 직원의 요청에 따라 모닝콜(morning call 또는 wake up)로 고객을 깨워드린다.

⑬ 각 객실의 청소를 완전히 끝낸 후, 전화를 사용해서 객실관리시스템에 객실 현황을 입력해야만 하고, 참고로 객실정비기록장(room assignment sheet)에 그것을 기록해야 한다.

⑭ 언제든지 고객이 요구하는 서비스에 응한다.

⑮ 도난이나 손님의 안전을 위해 항상 객실의 출입자를 눈여겨본다.

⑯ 이상하거나 위험한 현상을 발견할 때에는 해당 부서에 보고하여 조치를 취한다.

⑰ 잠자리 준비 서비스(turn down service)를 한다. 고객이 편히 쉴 수 있도록 침대를 정리하고, 사용한 객실용품을 채워 놓는다.

⑱ 예상치 못한 늦은 퇴숙(late check out) 객실이나 주중 사용객실을 청소하고 정비한다.

⑲ 필요한 경우 다리미, 다리미대, 가습기, 선풍기, 충전기, 변압기, 분실물 등을 배달한다.

⑳ 객실관리 부지배인이 만든 매월 청소 스케줄에 따라 과외로 매일 지정된 업무를 수행한다.

㉑ 일과를 끝낼 때 리넨실, 서비스 구역, 그리고 모든 비품을 내일을 위해 정돈한다.

㉒ 모든 기자재들은 고장이 나지 않도록 예비한다.

㉓ 객실관리기록장을 기입한 후 분실물품을 함께 객실관리부 사무실로 가져온다.

㉔ 성공적인 하루를 위해 리넨실에 붙어있는 점검표(check list)를 확인한다.

㉕ 리넨실에 열쇠를 반납한다.

6. 객실정비원이 작업 중 상사에게 보고해야 할 사항

① 퇴숙일 전에 고객의 짐이 정리되어 퇴숙 가능성이 있는 방

② 숙박객이 전일 숙박한 흔적이 없는 방

③ 한 사람이 등록된 객실에 두 명 이상이 투숙하고 있을 때

④ 외부 방문객이 많은 방

⑤ 투숙객이 환자인 경우

⑥ 고객의 분실물이 발견된 경우

⑦ 고객이 호텔 기물을 파손한 경우

⑧ 객실 보수가 필요할 때

⑨ 기타 특이사항

제7절 공공장소부문의 업무

1. 공공장소 정비의 개요

공공장소(property maintenance)는 호텔에서 가장 번잡한 공간으로 모든 방문객이 왕래하므로 수시로 쓸고 닦고 광택을 내어 호텔을 찾는 고객에게 좋은 이미지와 청결감을 주어야 한다. 공공장소 정비담당자는 타일, 카펫, 대리석, 아스팔트 등을 전문적으로 관리하며 각 영업장, 연회장, 서비스공간 등 넓은 부분의 청소를 담당한다. 또한 객실정비원이 요청하는 목공, 가벼운 페인트칠, 카펫, 침대이동 등 객실정비원이 수행하기에는 힘겨운 일들을 지원하는 업무도 수행한다. 이 부문의 책임자는 최대 규모 호텔을 제외하면 대리, 계장급을 두고 대부분 경력이 많은 기능

보유자를 보직한다. 이 부서를 담당하는 지배인은 공공장소 정비주임(head houseperson), 공공장소 정비원(houseperson), 목수(carpenter), 정원사(gardener), 카펫 샴푸담당(carpet & shampoo attendant), 내부장식 정비담당(upholstery cleaner) 등을 지원하며, 이 업무를 총괄하면서 객실관리부서장을 보좌한다.

2. 공공장소 관리의 기본업무

① 폐품의 수거
② 간단한 보수작업
③ 힘든 객실정비원 업무보조
④ 건물 및 공공장소 화장실 청소
⑤ 외곽 청소
⑥ 복도, 엘리베이터, 영업장, 계단 청소
⑦ 복도의 화분 관리
⑧ 카펫, 타일, 마블, 아스팔트 관리

3. 공공장소 관리지배인의 업무

① 객실담당 임원 또는 부총지배인이 세운 정책과 절차를 준수한다.
② 부하직원들이 그들의 일을 성공적으로 수행할 수 있도록 지원한다.
③ 공공장소 관리를 위하여 연관되는 부서와 효율적인 의사소통, 정보교환을 유지한다.
④ 부서장과 부총지배인, 객실담당 임원이 부여한 영역 내에서 권한과 책임을 다한다.
⑤ 책임영역 내의 모든 부하직원의 감독, 근태관리 및 업적평가를 한다.
⑥ 체크 리스트(check list)에 따라서 청결상태가 최고의 수준으로 완벽하게 유지

되고 있는지 확인하기 위해서 공공장소, 호텔의 뒤쪽, 호텔 바깥쪽 등을 수시로 점검한다.

⑦ 회의를 주재하거나 참석한다.

⑧ 청소물품의 지출을 관리한다.

⑨ 청소물품들이 바로 사용되고 있는지를 확인한다.

⑩ 모든 청소기구들이 바로 사용되고 유지되고 있는지 확인한다.

⑪ 모든 부하직원들이 근무스케줄을 완벽하게 따르고 있는지 확인한다.

⑫ 정원사가 식물을 건강하게 잘 가꾸고 있는지 감독한다.

⑬ 리넨 담당 지배인(linen room manager)을 도와서 매월 청소부품 재고조사를 실시한다.

⑭ 요청된 가구 운반을 책임진다.

⑮ 모든 청소장비들이 잘 정리되어 있는가 확인한다.

⑯ 그 외에 지시된 과외 일을 수행한다.

4. 공공장소 정비주임의 업무

① 객실담당 임원 또는 부총지배인이 세운 정책과 절차를 준수하며, 공공장소 관리지배인의 지시를 받아 근무에 임한다.

② 모든 공공장소 정비원을 감독하고 그들이 공공장소와 호텔 뒤쪽을 청소할 때나 특히 가구를 운반할 때 그들과 같이 일한다.

③ 시간에 맞추어서 여러 곳을 순찰하고 청소상태와 질이 양호한지 체크한다.

④ 회의를 주재하고 참석한다.

⑤ 공공장소 정비원들이 지정된 청소스케줄을 따르는지 또 호텔정책과 법규를 준수하는지 관리한다.

⑥ 모든 청소물품이 제대로 쓰이는지 또는 올바른 장소에 있는지 확인한다.

⑦ 수리할 곳이나 청결하지 못한 지역, 설치물 등을 공공장소 관리지배인에게 보고한다.
⑧ 매일 작업일지를 기록한다.
⑨ 안전절차를 이행하고 있는지를 관리한다.
⑩ 수시로 작업수행을 평가한다.
⑪ 그 외 기타 지시된 임무를 수행한다.

5. 공공장소 정비원의 업무

1) 공공장소 정비원의 기본업무

① 화장실, 탈의실(locker room), 기숙사, 사무실, 공공장소 그리고 공공서비스 지역 등을 청소하고 정리한다.
② 관련 부서 요청 시 가구들을 옮긴다.
③ 바닥과 계단을 청소하고 필요한 부분은 광택을 낸다.
④ 각종 대리석과 놋쇠 장식의 광택을 유지한다.
⑤ 재떨이를 비우고 쓰레기를 치운다.
⑥ 진공청소와 걸레질을 한다.
⑦ 수리와 손질이 필요한 곳을 보고한다.
⑧ 그 외에 지시된 다른 임무를 수행한다.
⑨ 객실관리부서 사무실과 늘 긴밀한 연락을 취한다.

2) 공공장소 정비원의 아침조(AM shift, morning shift) 근무내용

① 스케줄대로 남 · 여 화장실을 청소하고 정비한다.
② 주기적으로 재떨이를 청소하고 정비한다.
③ 대리석 바닥을 기름걸레로 청소하고 먼지를 턴다.

④ 출입문의 유리를 닦는다.

⑤ 카펫을 청소한다.

⑥ 테이블과 의자다리를 스케줄에 있는 대로 자주 청소한다.

⑦ 공공장소의 바닥과 카펫의 얼룩을 지운다.

⑧ 요청에 따라 TV, 침대, 소파 등을 옮긴다.

⑨ 손님용 엘리베이터의 안쪽을 체크하고 청소한다.

⑩ 라커룸(locker room)을 청소하고 걸레질한다.

3) 공공장소 정비원의 오후조(PM shift, afternoon shift) 근무내용

① 주차장 위쪽을 포함한 호텔 외곽을 청소한다.

② 손님용 엘리베이터와 비상계단을 청소한다.

③ 저녁 6시에서 10시까지 사무실을 치우고 진공 청소한다.

④ 요청 시 TV, 침대, 소파 등을 옮긴다.

⑤ 옥상에서 지하까지 비상구 계단과 서비스 지역을 청소한다.

⑥ 남녀 화장실과 로비를 청소하고 광택을 낸다.

⑦ 주기적으로 재떨이를 비우고 재정비한다.

⑧ 라커룸을 청소한다.

⑨ 남녀 화장실의 변기를 청소한다.

⑩ 출입문의 유리를 닦고 계단의 놋쇠장식과 손잡이의 광택을 낸다.

⑪ 각 층의 모든 쓰레기통을 치운다.

⑫ 카펫과 대리석 바닥의 얼룩을 지운다.

6. 정원사

① 온실의 온도를 조절한다.

② 모든 식당과 공공장소의 식물들에게 물을 주고 먼지를 턴다.

③ 하루에 두 번 바깥정원을 체크한다.

④ 식물에 벌레가 생기지 않도록 하고, 잘 발육하도록 관리한다.

⑤ 필요시 식물에게 영양제를 준다.

⑥ 필요시 여분의 나무와 식물을 식당에 배치한다.

⑦ 늘 푸른 잎을 간직하도록 항상 관리한다.

⑧ 매일 추진한 업무를 일지에 기록한다.

⑨ 비료를 줄 때 그 양과 방법에 주의하여야 한다.

⑩ 나무의 이름, 구매 날짜 그리고 그 밖의 사항들을 기록한다.

7. 카펫청소 담당

① 모든 기자재와 화공약품을 사용할 때 안전절차를 준수한다.

② 작업일지를 기록하고, 이를 참조하여 업무를 이행한다.

③ 매일 아침 객실관리부 사무실에서 그날 꼭 추진해야 할 일을 전달받는다.

④ 객실층의 카펫을 진공 청소한다.

⑤ 객실과 복도의 카펫이나 벽에 있는 얼룩을 없앤다.

⑥ 객실관리부서 사무실 직원으로부터 요청받은 일을 수행한다.

⑦ 스케줄에 따라 사무실, 식당, 연회장, 공공장소, 복도 그리고 객실 카펫을 샴푸한다.

⑧ 비수기 객실의 대청소가 실시될 때 객실정비원을 돕는다.

⑨ 그 외 지시된 과외 일을 수행한다.

8. 내부장식 정비담당의 업무

① 모든 기자재와 화공약품을 다룰 때 안전절차를 준수한다.

② 작업일지를 기록한다.

③ 매일 아침 객실관리부서 사무실에서 그날 해야 할 일을 전달받는다.
④ 요청에 따라 객실 모든 영업장 그리고 사무실의 의자들을 샴푸한다.
⑤ 객실과 복도의 카펫이나 벽에 있는 얼룩을 없앤다.
⑥ 객실에 있는 부서지거나 더러운 의자는 즉시 좋은 것으로 교체하고, 파손된 것은 최대한 빨리 수리한다.
⑦ 입식 전등(lighting stand)과 등갓(lighting cover)을 수리하고 정비한다.
⑧ 고장난 청소장비를 수리한다.
⑨ 기계와 장비를 수리하고 최상의 조건으로 유지한다.
⑩ 비수기 객실 대청소가 진행될 때 객실정비원을 돕는다.
⑪ 그 외 지시된 과외 일을 수행한다.

9. 목공의 업무

① 모든 기계와 화공약품을 다룰 때 안전절차를 준수한다.
② 일일업무는 작업일지에 기록하고 유지한다.
③ 매일 아침 객실관리부서 사무실에서 그날에 꼭 해야 할 일을 전달받는다.
④ 객실의 전기수리, 전등이나 백열등을 갈아 끼우는 것, 벽지수리, 페인팅, 카펫 수리 등의 자투리 작업을 한다.
⑤ 객실관리부서 사무실 직원이 요청한 일들을 수행한다.
⑥ 어떤 문제가 발생하면 바로 고치든지, 아니면 시설관리부와 협력하여 조치하기 위해 즉시 객실관리부 사무실에 연락한다.
⑦ 비수기에 객실의 대청소를 하는 때에는 객실정비원을 돕는다.
⑧ 그 외 지시된 기타 업무를 수행한다.

제8절 객실관리부서의 행정업무

1. 객실관리부서 행정업무의 내용

객실관리부서의 행정업무는 객실관리부서장의 행정보조업무, 고객서비스업무, 부서원의 행정서비스업무로 이뤄진다. 객실관리부서의 행정직원은 객실관리부서장에게서 직접 업무지시를 받는 경우가 많으므로 부서의 살림살이를 가장 잘 아는 사람이다. 그들의 업무내용은 다음과 같다.

1) 객실관리 행정업무 내용

① 예산편성 및 실행계획서에 대한 행정업무
② 모든 공문 생산 및 배부
③ 전날 객실점유율과 룸 어텐던트 스케줄의 이상유무 확인
④ 우편 및 메시지 전달업무 이행
⑤ 고객요청(order taking) 이행
⑥ 객실수리요청서(maintenance order) 작성 및 시설관리부에 접수
⑦ 객실영업부서와 연계된 업무처리
⑧ 객실정비원과의 연락망 운영
⑨ 습득물 관리업무
⑩ 리넨류, 세제류, 소모품류의 주문, 입고, 지급, 재고조사에 따른 행정업무
⑪ 객실관리부서에 설치된 객실관리시스템 운용
⑫ 객실부문의 비용관리에 따른 행정보조
⑬ 부문별 근태표와 급여관련 보고서 작성
⑭ 리넨, 꽃, 급여 등 공통부문 경비 산출 및 할당업무 보조

⑮ 객실관리부서의 각종 행정업무 수행

2) 객실관리 행정요원의 업무자세

① 고객으로부터 각종 주문이 있을 때에는 객실번호, 고객요구사항을 복창하며 주문을 받고 기록하여야 한다.
② 친절하고 정확하며, 신속하게 전화에 응한다.
③ 주문을 받은 것은 즉시 관련 부서에 전달하고 정한 시각에 확인전화를 하여야 한다.
④ 처리결과는 기록유지하며, 미결된 것은 인계인수하여 고객서비스에 차질이 없도록 한다.
⑤ 고객과 연락하여 주문한 것이 마음에 들도록 완결되었는지 확인한다.
⑥ 고객을 위해 관련 부서와 항상 쌍방 커뮤니케이션을 갖는다.
⑦ 나를 제외한 모든 사람은 나의 고객임을 유념하여 남을 배려한다.

2. 행정담당계장의 업무

① 객실관리부서장에 의해 세워진 업무규칙과 절차를 준수한다.
② 객실관리 행정요원과 꽃방 직원을 감독 · 관리한다.
③ 객실예약부로부터 전달된 업무협조서에 따라 매일 VIP와 단골고객(repeat guest)용 편의품을 준비한다.
④ 객실관리부서의 모든 직원의 휴가계획을 관리 · 조정한다.
⑤ 근로원가계산서를 준비한다.
⑥ 출 · 퇴근부의 기록과 과외시간을 계산 검토하여 정확한 임금표를 유지한다.
⑦ 효율적인 분실물 서비스를 위해 분실물의 검토, 기록, 보관, 지급을 책임진다.
⑧ 다른 모든 부서와 연관된 서신, 각종 보고서와 메모를 준비한다.

⑨ 부서 내외의 효과적인 의사정보전달을 유지한다.

⑩ 행정사원이 효율적으로 일하도록 지원한다.

⑪ 부서 내의 서류철 시스템을 관리한다.

⑫ 모든 열쇠가 잘 관리되고 있는지를 확인한다.

⑬ 꽃 비용에 대한 기록을 관리한다.

⑭ VIP용 편의품과 분실물품을 매달 조사, 정리한다.

⑮ 부서 내의 비서 및 사무업무를 수행한다.

3. 행정담당의 업무

행정담당은 하우스키핑 사무실 내 대고객접점 데스크 역할을 하는 곳으로 전객실현황판(Room States Board), 객실요청시스템(GRS), 객실현황(Room Plan), 객실이력(Room History), 최신예약상황(Updated Reservation) 등의 호텔전산프로그램을 이용하여 업무를 수행한다.

전객실현황판

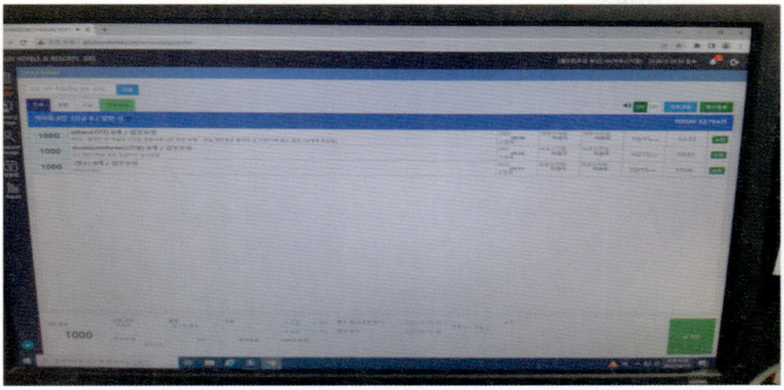

객실요청시스템

객실현황

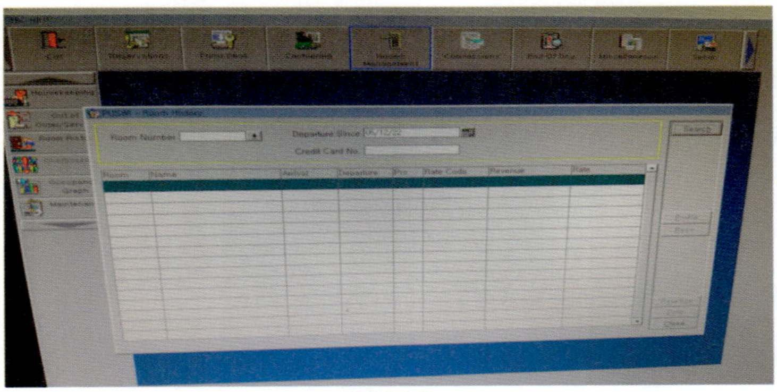

객실이력

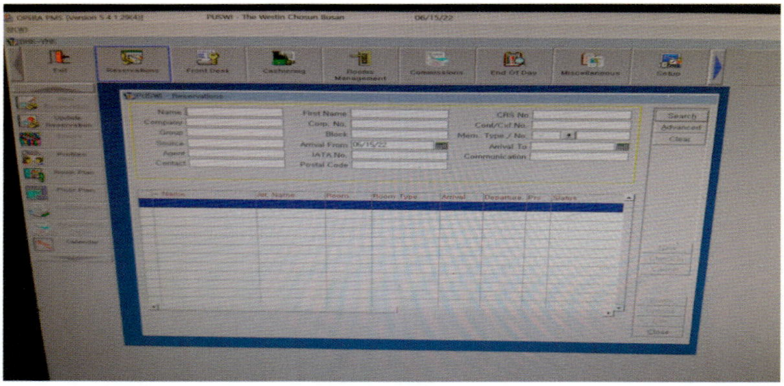

최신예약상황

1) 행정담당의 오전조(AM shift) 근무

① 객실영업부서로부터 객실관리보고서(housekeeping report)와 그날 도착할 손님의 명단(arrival list)을 가져온다.

② 그날의 객실관리보고서에 따라 각 객실정비원용 업무양식에 기재하고 준비한다.

③ 객실정비원의 업무일정표를 검토한다.

④ 손님용 편의품 요청서(amenity requisition form)에 따라 VIP와 재방문 고객용을 준비한다.

⑤ 각 층의 주임에게 일찍 도착할 고객과 그날 미리 준비해야 할 객실 숫자를 알려준다.

⑥ 모든 객실손님, 층별 주임, 객실정비원 그리고 다른 부서에 응대하고, 그에 따른 조치를 취한다.

⑦ 수리요청서(maintenance order)를 준비한다.

⑧ 객실관리시스템을 통해 계속 각 객실의 상황을 체크한다.

⑨ 이중 잠금(double lock)과 DND 객실상황을 객실영업부서에 통지한다.

⑩ 업무의 연속성을 위해 모든 상황을 기록장(log book)에 기록, 유지한다.
⑪ 전화기록장(order taking)을 검토하고 필요시 조치를 취한다.
⑫ 객실관리부서의 각종 문서를 관리 책임진다.
⑬ 그 외 필요한 업무를 때에 따라 수행한다.

2) 행정담당의 오후조 근무

① 아침조(AM shift)로부터 오전에 생긴 일을 인수받는다.
② 모든 전화(객실손님, 각 층 주임, 객실정비원, 그리고 다른 부서)에 응대하고 조치를 취한다.
③ 수리요청서(maintenance order)를 준비한다.
④ 객실관리 시스템을 통해 계속해서 각 객실의 상황을 체크한다.
⑤ 모든 객실정비원으로부터 수집된 객실의 자료를 입력한다.
⑥ 이중 잠금 객실(double locked room)과 DND 객실상황을 객실영업부서에 통지한다.
⑦ 참고로 모든 일지를 유지 관리한다.
⑧ 수리가 끝난 객실이나 시설에 대한 수리요청서를 관리한다.
⑨ 매일 분실물 관리물품을 정리하고, 사본을 복사해서 객실영업부서에 보낸다.
⑩ 오후 6 : 00에 각 객실정비원으로부터 근무 배치 시 배부했던 객실상황표(room status sheet)를 받아서 특이사항을 검토한다.
⑪ 각 층의 주임들로부터 수리 · 수선해야 할 품목을 정리하여 해당되는 시설관리부 접수창구에 전달한다.
⑫ 전화기록장(order taking)을 검토하고 필요시 조치를 취한다.
⑬ 그 외 필요한 업무를 때에 따라 수행한다.
⑭ 모든 열쇠가 제자리에 있는지 확인한다.

4. 꽃꽂이 담당의 업무

① 현재 있는 꽃을 관리한다.

② 매일 VIP용 및 재방문 고객용 꽃을 준비하여 해당 객실에 배달한다.

③ 연회부서로부터 주문된 연회 이벤트 발주서에 따라 매일 꽃을 준비한다.

④ 일주일에 두 번씩 각 식당용 꽃을 준비한다.

⑤ 모든 연회행사용 꽃을 준비한다.

⑥ 각 식당, 공공장소, 사무실과 객실의 꽃 상태를 체크하여 상태에 따라 조치를 취한다.

⑦ 업무수행일지를 기록한다.

⑧ 일주일에 한두 번씩 직접 꽃시장에 나가 확인하므로 최적의 구매활동을 하도록 돕는다.

⑨ 꽃 원가를 낮출 수 있도록 항상 연구하고 개선하도록 노력한다.

⑩ 때때로 외부 연회 때 식음료부서 직원과 함께 장식꽃을 준비한다.

⑪ 매일/매주 꽃 지출경비서와 매출보고서를 객실관리부서에 제출한다.

⑫ 현관이나 주요 지역에 장식할 꽃에 대해 연구하고, 이를 주기별로 실행한다.

제9절 리넨관리업무

대규모 호텔에는 리넨관리와 객실관리부서의 행정업무를 분리하여 수행하지만, 중소규모 호텔은 객실관리부서 사무실에서 이들을 통합하여 수행한다. 리넨관리 업무는 객실부서는 물론 식음료부서, 부대시설부서의 리넨도 함께 관리하게 된다.

1. 리넨관리주임의 업무

① 객실관리부서 내부 또는 타 부서 간 효과적인 의사소통체제를 유지한다.
② 리넨 룸 어텐던트(linen room attendant)가 유니폼을 지급하고 수령하는 것을 감독한다.
③ 모든 층의 마스터 키(master key)를 책임 관리한다.
④ 객실정비원(room attendant)들과 객실정비주임(floor supervisor)들에게 주어지는 모든 열쇠가 적절히 서명되는지를 확인한다.
⑤ 종업원 타월과 걸레를 엄격히 통제한다.
⑥ 재봉사가 필요한 재봉물품과 기계를 잘 보관하는지 감독한다.
⑦ 해당 창고를 관리하고 항상 청결하게 유지한다.
⑧ 항상 리넨장에 적절한 양의 다양한 리넨을 보유하고 있는지 재고를 관리한다.
⑨ 모든 소모품의 양과 소비량을 검토한다.
⑩ 월별, 연별 구매 스케줄을 준비한다.
⑪ 매달 객실용품, 테이블 리넨, 침대용 리넨의 재고조사를 실시한다.
⑫ 필요할 때마다 유니폼 재고조사를 실시한다.
⑬ 모든 창고는 습기와 좀도둑으로부터 보호되어야 하며, 정리정돈이 되어 있어야 한다.

⑭ 각종 보고서와 구매요청서(purchase requisition)들을 승인받기 위하여 준비한다.
⑮ 객실관리부의 예산을 수립한다.
⑯ 외부 공급업자들과 좋은 관계를 유지한다.
⑰ 항상 깊은 관심을 두고 리넨을 관리하며 외부 협력업체와 협조한다.
⑱ 프로호스트 시스템(ProHost system)이 문제없이 잘 운영되도록 지원한다.

2. 리넨관리담당의 업무

① 객실정비주임들과 객실정비요원들이 열쇠를 수납할 때 서명을 잘 하는지 확인한다.
② 각 부서별로 세탁된 유니폼을 챙긴 후 질서 정연하게 걸어 놓는다.
③ 유니폼의 상태에 따라 폐기 또는 수선하여 활용한다.
④ 세탁부서나 외부 용역회사로부터 세탁되어 온 타월류의 세탁물을 선별하여 각 선반에 정돈해 놓는다.
⑤ 유니폼은 일대일 교환을 원칙으로 바꾸되, 교환전표(uniform exchange slip)에 따라 지급한다. 인원부족으로 인하여 대부분의 종업원들이 유니폼실에 와서 직접 가져가는 경우에도 전표 수급은 정확히 하여 재고관리를 한다.
⑥ 종업원이 사용하는 타월을 잘 관리한다.
⑦ 객실청소가 끝날 무렵인 17 : 00~18 : 00경에 객실정비원과 객실정비주임으로부터 마스터키와 사용한 리넨을 인수한다.
⑧ 매달 말 객실용품, 객실 리넨, 식음료 영업장 리넨, 유니폼 등 재고조사를 위해 리넨주임을 돕는다.
⑨ 창고 안에 있는 리넨실과 리넨 창고 지역은 항상 청결히 하며, 최고의 상태로 유지 관리한다.
⑩ 필요시 모든 종류의 잡지, 팸플릿과 여분의 객실용품을 배달한다.

⑪ 모든 창고는 습기와 좀도둑으로부터 보호한다.

⑫ 호스트 시스템의 일환으로 리넨담당 중 2~3명에게 리넨, 타월, 세제 등 모든 객실용품을 실을 수 있는 물품차(mobile supplier)를 가지고 내려오게 한다.

⑬ 3명의 리넨담당은 물품차의 옆에 객실 편의품과 리넨을 미리 실을 수 있도록 준비해야 한다.

⑭ 매일 객실 점유율과 퇴숙 객실숫자를 물품차들을 채우기 전에 고려해야 한다.

⑮ 다음 날 객실정비를 위해서 리넨과 객실소모품을 객실 배당 수에 알맞게 실어야 한다.

⑯ 각 층에서 물품차가 내려오는 동안 모든 층의 슈퍼 서플라이어(super supplies)는 다시 채워야 한다.

⑰ 그 외에 지시된 과외 일을 수행해야 한다.

3. 재봉사의 업무

① 모든 객실과 식음료 영업장의 리넨을 수선한다.

② 객실과 식당의 여러 종류의 커튼을 수선한다.

③ 세탁부서나 객실손님이 요청하는 고객 옷을 수선한다.

④ 앞치마, 스카프, 트레이 매트(tray mat), 헌 타월, 냅킨, 걸레 등이 찢어지거나 실밥이 터진 것을 수선한다.

⑤ 쓸 수 없는 리넨이나 의복 등을 재활용할 수 있게 개조한다.

⑥ 분실이나 손상된 유니폼이나 리넨을 리넨관리주임에게 보고한다.

⑦ 재봉에 필요한 물품을 적정수준으로 유지하고, 여분의 품목이 필요할 때에는 리넨관리주임에게 보고한다.

⑧ 재봉틀을 청결히 하고, 기름을 잘 쳐서 최상의 상태를 유지한다.

⑨ 필요시 리넨 룸 담당들을 돕는다.

⑩ 그 외에 지시된 과외 일을 수행한다.

제 3 장

장비와 세제관리

제1절 장비와 세제관리의 개요

객실관리부서가 호텔의 청결과 시설물의 유지관리를 책임지고 업무를 추진하는 데는 유능한 관리자, 부지런하고 알뜰한 정비요원, 그리고 시설물의 유지관리에 알맞은 적절한 장비가 있어야 한다.

호텔이나 대형 건물을 관리하는 데는 인력도 중요하지만, 생산성과 정비관리의 능률을 올리기 위해서는 청소 장소나 대상물에 대해 적절한 장비, 세제, 청소방법이 필요하다.

카펫, 대리석, 나무, 타일, 장판 등에 따라 사용되는 장비와 세제도 다르며, 장비는 클리닝 카(cleaning car)에서부터 빗자루, 걸레 등까지 여러 종류가 있으며, 이들의 용도도 매우 다양하다.

제2절 장비

청소장비는 세계적으로 유명한 Clarke, 3M, Rubbermaid 제품 등이 있으며, 각 호텔마다 값싸고 질 좋은 장비를 보유하여 작업안전, 업무효율, 비용절감에 노력하고 있다.

최근 수년간 많은 장비들이 개발되어 규모, 면적, 건물형태에 따라 사용하는 장비를 다르게 선택할 수 있게 되었다.

1. 광택기

이 기계는 호텔의 로비, 연회장 입구, 식음료 영업장 입구, 부대영업장 입구 등의 마블바닥이나 타일바닥을 연마, 분무, 깔아내기, 샴푸, 갈기, 마무리 등의 작업을 하는 데 사용된다. 보통 120V 또는 220V의 전압 또는 휘발유를 이용하여 작동하게 된다. 작업반경이 360도이며, 손잡이에 스위치와 작동장치가 부착되어 있다.

광택기(polishers)

2. 수중광택기

광택기보다 성능이 강하여 수중작업이나 짙은 때를 벗겨 내는 데 사용하는 광택기이다.

수중광택기(burnisher)

고속광택기

3. 고속광택기

고객의 왕래가 많은 호텔 로비처럼 한정된 시간 내에 넓은 바닥을 깨끗이 청소하고 광택을 내려면 소형 광택기로는 곤란할 것이다. 대형 광택기로 마룻바닥, 케미컬, 마블, 타일 등을 반짝 반짝하게 광택을 내게 된다. 이런 기계는 원형 패드를 갈아 끼우게 되어 있고, 흔들림 방지(vibration free) 장치도 되어 있어 사용하기에 편리하지만 숙련이 필요하다.

4. 진공청소기

진공청소기

일반적인 진공청소기로서 호텔마다 적게는 몇 대에서 많게는 수십 대씩 보유하고 있는 기종이다. 일반적으로 객실, 식음료 영업장과 같이 카펫 바닥이나 먼지가 있는 곳을 청소하게 된다. 진공청소기는 모터가 위에 달려 있고, 케스타가 4개 달려 있으며 옆면은 벽에 부딪칠 때를 대비하여 고무보호대를 달았다. 그림에서 보는 것 외에도 여러 종류의 진공청소기가 있으며 시설구조에 따라 편리한 것을 사용한다.

5. 물기제거용 진공청소기

물기 제거용 진공청소기
(Wet/dry vacuum cleaner)

물기제거용 진공청소기는 카펫이나 마룻바닥에 짙은 먼지가 끼었을 때, 빗물이 스며들었을 때, 카펫 샴푸를 하였을 때 이 진공청소기를 이용하여 청소한다.

이 진공청소기는 강력한 흡입력으로 바닥의 물기를 짧은 시간 내에 빨아들인다.

6. 문지르기 기계

타일, 마블, 케미컬, 마룻바닥 등에 때가 많

이 끼었을 때 탱크 안에 있는 세척제를 투하하면서 바닥을 북북 문지르는 기계이다. 문지르기 기계는 작업여건에 따라 바닥의 브러시(brush)나 패드(pad)를 크거나 작은 것으로 갈아 끼울 수 있다. 이러한 기계는 통합압축기가 달려 있어 청소를 할 때 드라이 폼을 만들어 주므로 빠른 건조가 가능하여 청소시간이 단축된다.

문지르기 기계

7. 후진 문지르기 기계

몸체가 커서 주로 넓은 공간의 바닥 문지르기에 사용된다. 이 기계의 특징은 뒤로 가게 설계되어 있고 20인치의 패드를 사용한다.

케미컬, 타일, 마블 등의 때를 벗겨내는 데 사용하며 브러시의 속도는 분당 200회(RPM200) 정도이다.

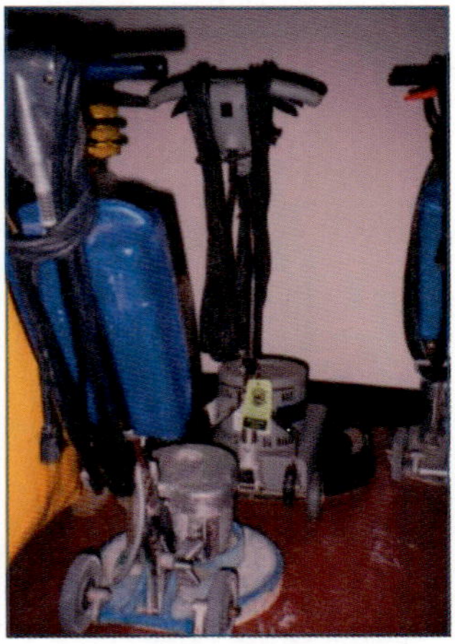

후진 문지르기 기계
(behind scrubber)

8. 콤비형 진공청소기

이 청소기는 소형이라서 이동이 간편하고 부분 진공청소, 의자의 위아래에 있는 휴지, 먼지 등을 간단히 제거할 수 있다. 뒷면에 먼지주머니가 붙어 있고 조작도 간편하다.

콤비형 진공청소기
(combination vacuum cleaner)

9. 카펫 세척기

카펫이 얼룩지거나 먼지가 끼어 세척이 필요할 때 샴푸 기계로 세척한다.

이 기계는 샴푸용 기계이므로 카펫용 약품이나 세제를 넣어 물 세척한다.

카펫 세척기(carpet cleaner)

10. 카펫 탈수기

카펫 세척기로 샴푸를 한 다음 물기를 제거하고 말려야 한다. 물기 제거 때 카펫 탈수기를 사용한다. 탈수기를 사용한 후에는 물기를 완전히 제거하고 문을 활짝 열어 곰팡이가 피지 않도록 통풍을 시켜야 한다.

카펫 탈수기(carpet extractor)

11. 대형 진공청소기

호텔의 내부 청소는 진공청소기, 마블청소기, 카펫 세척기 등의 장비를 동원하여 청소할 수 있지만 넓은 외곽이나 주차장 등은 대형 진공청소기를 이용하여 생산성을 높인다. 최근에는 자동차형 진공청소기도 등장하고 있다.

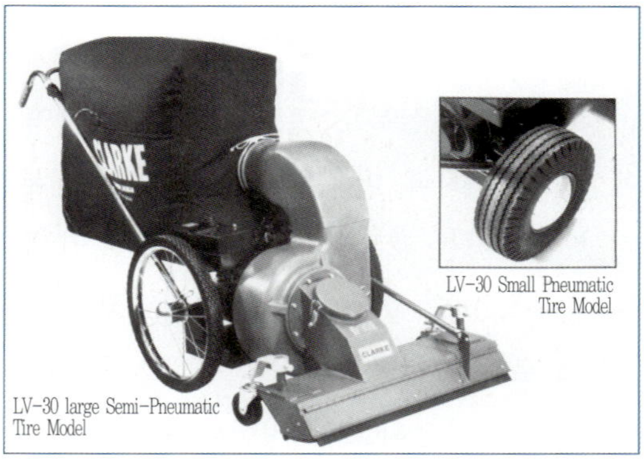

대형 진공청소기(suction sweeper)

12. 어깨걸이 진공청소기

계단, 소파, 의자, 사무실 등 장애물이 많은 곳은 어깨에 진공청소기를 메고 다니면서 청소를 할 수 있도록 고안한 소형 청소기이다. 아래 그림에서 보는 것이 보편적이며 용도는 같지만 모양은 다양하다.

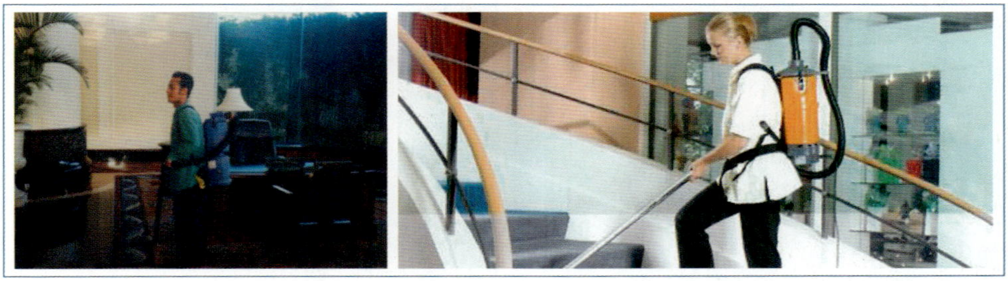

어깨걸이 진공청소기(CoachVac: coach vacuum cleaner)

13. 바닥 고르기

나무마루 바닥이나 계단의 끝부분을 깨끗이 고르거나 나뭇조각, 코르크 조각 등을 다듬는 마무리 작업을 할 때 필요한 기계로서 목재로 지은 호텔에는 꼭 필요한 기계이다. 옆 그림의 바닥 고르기는 중소형에 속한다.

바닥 고르기(floor sander)

14. 청소차

청소차는 객실복도, 로비지역, 외곽지역, 주차공간 등 넓은 지역을 짧은 시간 내에 청소를 할 때 이용된다. 아직까지 대부분 호텔들은 전통적인 청소차를 사용하지만 앞서가는 호텔들은 새로운 장비인 무인 로봇을 이용하는데 이는 자율주행을 통해서 청소를 실행한다. 건식청소로봇은 주로 객실복도의 카펫청소를 맡으며 습식청소로봇은 물탱크에 물을 주입하여 주로 로비지역 바닥청소를 담당한다. 이러한 장비는 안전사고의 위험이 높으므로 주의하여 운행하여야 한다.

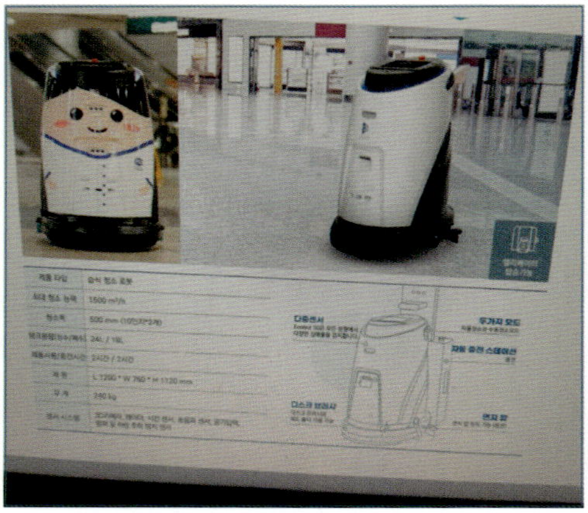

건식청소로봇

습식청소로봇

15. 매트

호텔의 로비바닥은 고급스러운 마블이나 나무, 타일, 카펫 등으로 장식되어 있어 깨끗하고 우아하게 관리되어야 한다. 그러나 가끔 비, 눈, 먼지, 모래, 흙, 오물 등으로 인해 유지관리가 어렵게 된다. 이때 아래 그림과 같이 굵고, 가는 올레핀 섬유로 만든 인핸스 매트(Enhance mat)나 고무로 만든 노매드(Nomad) 스크래퍼매트

(Scraper mat) 등을 깔아 현관입구나 로비지역을 안전하고 품위 있게 유지, 관리한다.

● 노매드TM카펫 8850(EnhanceTM850)

색상	규격	특징/용도
회색, 갈색 체커, 블루베리, 버건디, 스프러스그린	0.6m×0.9m 1.2m×1.8m 1.2m×3m 1.8m×18m	최상의 기능과 미관을 갖춘 매트로 뛰어난 내구성과 품격을 보장. 시간적으로 편안함 제공

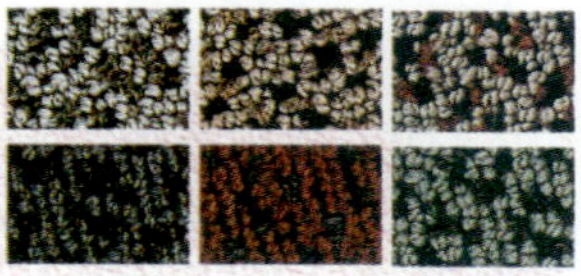

● 노매드TM카펫 6500(EnhanceTM500)

색상	규격	특징/용도
적색 회색 갈색	0.6m×0.9m 1.2m×1.8m 1.2m×3m 1.2m×18m 1.8m×18m	장마철인 여름, 눈오는 겨울에 특히 효과적이며, 호텔 등의 빌딩내부용 매트로 사용

● 노매드TM카펫 4000(EnhanceTM4000)

색상	규격	특징/용도
녹색 적색 회색 갈색	0.6m×0.9m 0.9m×1.5m 1.2m×18m	인텔리젠트 빌딩, 호텔 등의 내부용 매트로서 인핸스 500보다 다양한 색감을 제공

노매드TM스크래퍼 매트(NomadTMScraper Mat)

건물 외부 및 방풍실에서 주로 사용되는 노매드 스크래퍼 매트는 외부로부터 유입되는 오물, 흙, 먼지를 차단해 주는 첫 번째 단계이며, 3M 매팅 시스템은 ①독특한 비닐코일 구조의 매트와 ②오픈된 Z형 구조로 된 매트의 두 가지 솔루션을 제공한다.

첫 번째 솔루션, 노매드 스크래퍼 코일 매트는 독특한 비닐코일 구조로 되어 있어 먼지나 흙이 쉽게 떨어질 뿐 아니라 오물은 밑으로 모이므로 항상 깨끗하고, 새것처럼 사용할 수 있다. 탄력성 있는 소재로 접히거나 찢어지지 않으며 난연성 재료로 세균, 냄새, 불에 강하다.

외 부 용

● 노매드 스크래퍼 8100(Extra Duty)

색 상	규격/두	특 징	용 도
적색 진회색 진갈색 숲풀색 남색 연갈색	1.2M×6M /17mm	굵은 코일구조로 backing이 없으며 두께는 약 17mm 정도이다. 내구성이 가장 뛰어나며 UV코팅 처리가 되어 있으며, 기름에 노출된 지역에도 사용 가능하다.	호텔, 백화점, 학교, 사무실, 건물 외부 등 통행량이 많고 토사의 유입량이 많은 곳

기능성 Edge 별매(높은용)

● 노매드 스크래퍼 7100(Heavy Duty)

색 상	규격/두	특 징	용 도
적색 청색 녹색 회색 갈색	1.2M×18M /13mm	두께가 13mm의 코일로 구성되어 있으며, 기름에 노출된 지역에도 사용할 수 있다. 또한 공장라인 작업자의 피로 경감에도 큰 효과가 있고 UV코팅처리가 되어 있다.	엑스트라 듀티와 동일하나 집중적인 통행량이 요구되지 않는 부분의 내 · 외부용

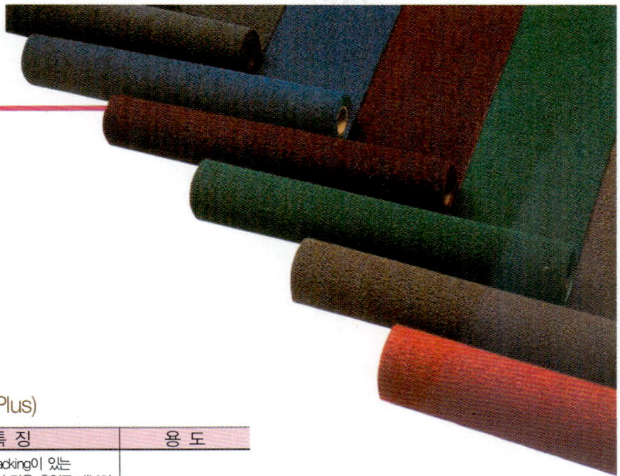

내 부 용

● 노매드 스크래퍼 6050(Cushion Plus)

색 상	규격/두께	특 징	용 도
적색 진회색 진갈색 숲풀색 남색 연갈색	1.2M×12M /13mm	특수한 코일에 backing이 있는 매트로서 통행량이 많은 출입구 내부의 로비, 쇼룸 등의 인도어에 적합 우천시 사용하면 실내에 유입되는 수분을 제거하고 오염물을 없애 미끄럼 사고를 방지하고, UV코팅이 되어 있어 탈색이 되지 않으며 강한 내구성을 발휘	로비, 쇼룸 등의 출입구 지역, 건물 내부 엘리베이터까지의 통행로 지역

● 노매드 스크래퍼 5850(#388)

색 상	규격/두께	특 징	용 도
갈색, 적색 회색, 녹색	1.2M×24M /12mm	통행량이 많지 않은 출입구 및 로비에 적합. 가장 경제적인 매트	쿠션 플러스와 동일하 며 통행량이 많지 않은 출입구에 적합

다양한 매트

제3절 세제 및 화공약품

호텔에서는 가정에서보다 더 많은 세제와 화공약품이 청소에 이용된다. 1980년대 이후 환경보존운동으로 인해 더 강화된 법규를 적용받게 되면서 환경 친화적인 세제가 많이 개발 보급되어 왔다. 특정 세제를 선택하는 데는 안전성, 경제성, 편리성, 농축성이 요구되며 청소의 성격, 대상품의 재질에 따라 다양한 품종이 이용된다.

1. 세제가 갖춰야 하는 조건

1) 안전성

세제는 사용자의 피부에 직접 닿으므로 무엇보다 안전에 이상이 없어야 한다. 환경 친화적인 이름의 상품이 많이 있지만, 실제로 안전이 보장되는 세제를 선택하므로 인간중시 경영을 실현하게 된다.

2) 경제성

세제를 구입할 때 포장단위에 따라 가격의 차이가 있다. 가장 적절한 단위를 선택함으로써 경제적 구입이 가능하다. 또한 가능하면 다용도 세제를 구입하여 여러 가지를 각각 구입할 때보다 가격경쟁에 있어 비용을 절약할 수 있는지도 검토하여야 한다.

3) 편리성

별도의 조작이나 용기의 이동 없이 사용이 가능한 제품인지 확인하여 사용자가 편리하게 사용할 수 있는지, 또는 유통구조가 복잡하지는 않은지 등을 사전에 확인하여야 한다.

4) 농축성

이동하기 편리하고 경제적인 세제로서 농축성이 강하다면 적은 양으로 소기의 목적을 달성할 수 있으므로 이를 면밀히 검토하여야 한다.

2. 용도에 알맞은 세제

호텔에서 사용되는 세제류는 그 용도에 따라 종류도 매우 많다. 유리에서부터 타일, 마블까지 세척에 필요한 세제류를 모두 갖추기란 어려운 일이지만, 고가품일수록 설치물과 가구류에 맞는 세제를 사용하므로 대상물의 수명을 연장하고 정비효과를 볼 수 있다.

호텔에서 사용하는 세제

세제명	단위	용도
유리용 세제	208리터(12말)	유리창/거울/전시용 케이스/책상/스테인리스 스틸/세라믹 타일/크롬제품
강력 다용도 세제	24리터(1.3말)	오염된 벽/바닥/장비/세척 가능한 표면/천으로 된 커버/카펫의 얼룩 제거
중성 세제	760리터(42말)	모든 세척 가능한 단단한 표면/바닥 청소/스크러빙 작업 시
욕실용 세제	100리터(6말)	세라믹 타일/플라스틱/석회석/유리 섬유/스테인리스 스틸/대변기 볼/소변기
살균, 소독제	410리터(23말)	살균/소독/항균/바이러스 박멸/악취 제거/살균소독을 요하는 집기류 및 표면 세척 시
초고속 박리제	30리터(2말)	실러 및 다층 왁스 제거용/ 빠른 박리효과
다용도 세제	128리터(7말)	모든 세척 가능한 바닥/벽/각종 집기류/시험관/피/기름기 제거
카펫 세정제	512리터(28말)	오염된 각종 카펫 세정
카펫 전처리제	300리터(17말)	심하게 오염된 카펫 세정작업 시 카펫 세정제 전에 사용
보닛용 세제	100리터(6말)	카펫의 가벼운 오염 제거 및 보호에 적합/스카치 브라이트 카펫 클리닝 패드와 함께 사용
방향제	114리터(6.5말)	향기롭지 못한 향의 관리가 필요한 모든 곳 화장실/회의실/라커룸/지하실 등
비산성 욕실용 세제	80리터(6말)	세라믹 타일/플라스틱/석회석/유리섬유/스테인리스 스틸/대・소변기/대리석 살균 소독기능 함유
소독제	318리터(18말)	벽/바닥/영업장/주방/집기/식판/테이블 등의 항균소독
강력 내부용 세제	15리터(1말)	벽/유리창/거울/테이블/플라스틱류/스테인리스 스틸/카펫/오븐기/실내외 벽 세척

3. 호텔정비에 이용되는 세제 및 화공약품의 구체적인 상표들

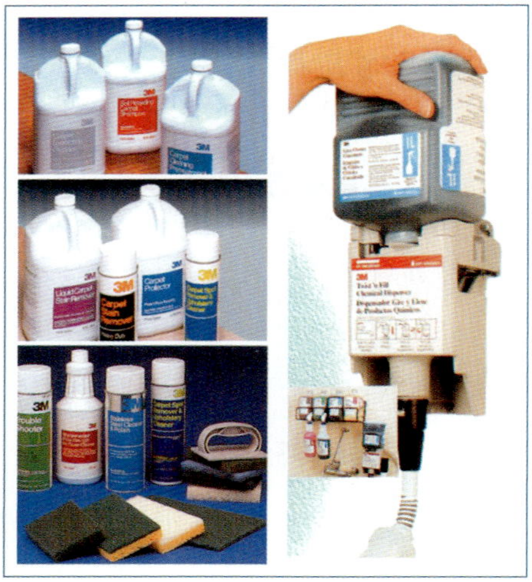
3M 세제들

① 나무바닥 광택용 제품 : 톱라인 플로어 피니시, 스탠스 플로어 피니시, 코너 스톤
② 놋쇠 광택약(brass cleaner) : 피칼
③ 대리석 바닥 관리제(floor wax) : 네버러스트, 타니실드, 왁스, 스톤실
④ 찌든 때 제거제 : 트러블 슈터, 샤프 슈터, 옥시크린
⑤ 카펫 관리제 : 카펫 프로텍터, 스테인 리무버, 스프레이 클리너, 프리픽 레인
⑥ 소변기 세척제(uniral cleaner) : 피비원, 물비누
⑦ 카펫 샴푸제 : 프리트리트먼트, 익스트랙션 클리너
⑧ 물비누(liquid soap) : 피비원, 퐁퐁
⑨ 가구용 왁스 : 폴리 왁스
⑩ 고속광택용 왁스 : 플로어 코팅, 피시피
⑪ 녹물제거제(rust remover) : 피칼
⑫ 유리 세척제(window cleaning spray) : 크린-업
⑬ 타일 크리너(tile cleaner) : 트러블 슈터
⑭ 화장실 바닥 세척제 : 솔파솔

※ 농축액 및 스프레이 용기액을 접촉하거나 흡입할 경우는 자극을 유발할 수 있으므로 주의하세요

4. 호텔정비에 사용되는 세제의 용도와 사용법

존슨 객실관리 세제와 용도

사용구역	상품명	용도	희석비율
욕 실	브레이크 업	일상청소	1 : 170
유리, 플라스틱	제이-필 글랜스	일상청소	1 : 40
나무, 가구	플레지	가구관리제	-
공기청향제	굿 센스	공기청향제	1 : 170
변 기	브레이크 업	변기세척제	1 : 170
변 기	제이 필 크루	변기세척제	-
바 닥	브레이크 업	일상청소	1 : 170
공기청향제	누수멜	화장실청향제	-
공기청정기	글래이드	객실청향제	-

지금까지 우리는 세계적인 체인호텔들이 사용하는 세제의 개략을 알아보았다. 아래에 언급된 세제는 우리나라에 현지법인이 있는 미국 존슨 앤드 존슨사의 제품으로 부산 P호텔에서 사용되고 있는 사례이며, 우리나라 대부분의 호텔들에 적용할 수 있으리라 본다.

1) 브레이크 업

욕실 전체를 청소하는 데 사용할 수 있으며 구체적으로 세면기, 욕조, 벽타일, 바닥, 변기에 사용된다. 2% 농축액(물 1리터에 세제 17밀리리터) 희석하여 사용한다. 천이나 스펀지에 분사하여 청소부위에 묻혀 사용하며, 수도꼭지, 비누접시, 콘센트 중 금속부위에는 접근이 되지 않도록 주의한다.

2) 제이-필 글랜스

유리, 거울, 창문, 사진액자, 각종 가구장, 전화기 등과 같이 단단한 표면청소용 세제이며, 1% 농축액(물 1리터당 세제 10밀리리터)를 배합한다. 천에 제이 필 글랜스를 묻혀 청소부위에 문질러 때를 제거한다.

3) 플레지

가구관리제로서 주기적으로 사용하면 가구에 광택이 난다. 주로 테이블, 침대, 게임테이블, 의자 등의 표면에 약간의 플레지를 스프레이 하고, 표면을 문질러 나뭇결이 살아나게 한다.

4) 굿 센스

바이오제품으로 담배 냄새를 제거해서 객실공기를 깨끗하고 상큼하게 한다. 2% 농축액(물 1리터에 세제 17밀리리터)을 배합하며, 준비된 디스펜서에 담아 스프레이 하여 사용한다. 객실에 냄새가 심할 때에는 리넨류나 카펫에 촉촉이 뿌려 향이 오래 가게 한다.

5) 누수멜

바이오제품으로 화장실에 질소 냄새가 강할 때 변기 주변에 2회 정도 뿌리면 상쾌한 냄새가 유지된다.

6) 글래이드

물을 기본 재료로 한 제품으로 꽃향기가 첨가되어 있어 담배냄새를 제거하는 데 효험이 있다. 청소 후 객실 중앙에 뿌리지만 냄새가 강하게 나는 부위에 집중적으로 스프레이 한다.

7) 제이 필 크루

변기에 다소 찌든 때가 있을 때 사용하며, 변기 테두리나 변기 내부에 돌아가며 바르고, 세정 성분이 스스로 작용하는 시간을 주어 약 5~10분 후에 솔로 문지른 다음 물로 씻어 내린다.

제4절 용구

24시간 영업이 계속되는 호텔의 청소는 적절한 시간과 작업량을 잘 조정하여 적시에 실시하여야 하므로 필요에 따른 장비와 청소용구는 생산성을 향상시키는 데 꼭 필요한 도구들이다. 일반적으로 객실정비원이나, 공공장소 정비원이 작업을 이행할 때 필요로 하는 청소용구는 수세미류, 카트류, 빗자루류, 안내표지판, 걸레류, 브러시류, 틸티 트럭, 메이드 카터 등이 있다.

1. 수세미의 종류

벽, 난간, 바닥, 계단, 카운터, 테이블, 의자 등을 닦을 때 편리하게 사용할 수 있는 것으로 파워 스펀지, 소프트 수세미, 고운 수세미, 강력 철수세미, 다목적 수세미 등 쓰임새에 따라 다양한 종류가 있다.

수세미(luffa)류

2. 청소용 카트류

청소용 카트류는 쓰레기 운반, 작업도구 운반 등의 카트와 자루걸레 물통, 자루걸레 짜는 기계 등이 있다.

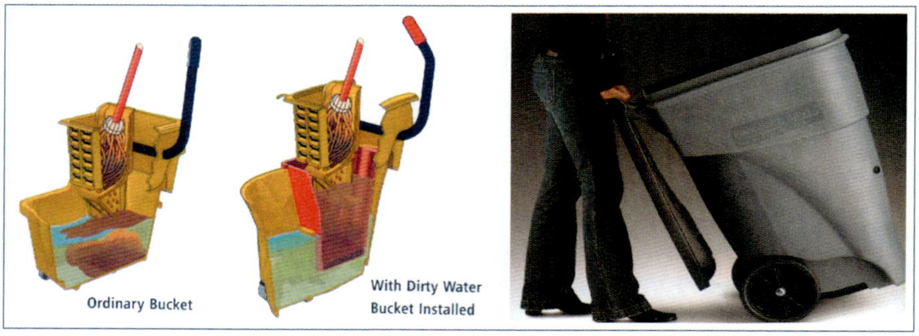

청소용 카트(cart)류

3. 빗자루의 종류

가정에서도 흔히 사용되는 빗자루들이 호텔의 청소에 이용되고 있다. 그 종류로는 옥수숫대 빗자루, 각진 빗자루, 바닥 청소비, 쓰레받기, 화장실용 브러시 등이 있다.

빗자루(broom)의 종류

4. 안내표지판

미끄럼 주의 안내표지판(caution board)

청소에 관련된 안내판은 가볍고 다양하며 이동 시 카트에 부착하기 편리하도록 제작되어 있다. 이것의 사용목적은 안전에 관한 표시를 하므로 고객에게 죄송함을 표시하는 판으로 '주의', '젖은 바닥 주의', '닫힘'의 메시지를 영어뿐만 아니라 투숙률이 높은 고객들의 모국어를 사용하여 많은 고객이 인지하도록 한다.

5. 걸레의 종류

면과 합성섬유의 적절한 혼합은 면 걸레의 흡수력을 4배 이상 향상시켜 주어 작업에 도움을 준다. 걸레는 용도에 따라 효용을 높이는 데 주안점을 두고 고안되며,

사용목적에 따라 그 종류는 젖은 자루걸레, 마무리용 자루걸레, 바닥 마무리용 자루걸레, 마른 면 자루걸레 등이 있다. 요즈음은 대형 로비를 빠른 시간 내에 청소할 수 있도록 모터카형 걸레도 사용되고 있다.

걸레(mop) 종류

6. 브러시의 종류

객실, 욕실, 공공장소 화장실, 바닥 등 일반 청소용구로는 근접이 곤란하거나 사용 목적에 따라 다양한 브러시가 있다.

다양한 브러시(brush)

7. 먼지떨이

높은 곳이나 벽의 먼지를 털기 위해 먼지떨이도 사용되며, 패드와 자루를 분리하도록 만들어진 경제형도 있다.

8. 청소기 패드

마블, 나무 마룻바닥, 타일, 카펫 등을 청소할 때 진공청소기, 연마기, 샴푸기계, 흡입기 등이 이용되는데, 이때 패드로 사용되는 것이 다이아몬드, 금강석, 원형 철 브러시, 면 패드 등이 있어 그 용도에 따라 사용된다.

다양한 패드(cleaning machine pad)

9. 다용도 트럭

부피나 중량이 큰 물질을 처리할 수 있도록 만든 운반구로서 청소용 발포성 틸티 트럭, 지레장치가 있는 자동배출 호퍼, 청소용구나 객실관리 용품을 실어 나르는 다용도 트럭, 음식재료나 쓰레기를 운반하는 부셜 트럭, 객실가구, 비품을 운반하는 플랫폼 트럭 등이 있다.

다용도 트럭(multiple truck)

10. 메이드 카트

룸 어텐던트가 객실정비를 위한 용품 즉 청소용구, 시트, 커버, 편의품, 소모품,

문구류 등을 싣고 다니며 작업할 수 있도록 제작된 수레이다. 이런 카트에는 룸 어텐던트 카트, 간단한 객실용품만 싣고 다니는 모빌 서플라이어(mobile supplier), 객실 정비용품의 대량공급용 카트인 모빌 수퍼 서플라이어(mobile super supplier), 야간 근무자가 사용하는 모빌 서플라이어 턴다운(mobile supplier-turndown) 등이 있다.

룸 어텐던트 카트(maid cart)

11. 마포걸레 짜개

타일로 마감된 공공장소 바닥이나 공중화장실 바닥은 마포걸레로 청소를 하게 된다. 이때는 물이 떨어지지 않고 간단히 빨아 짤 수 있는 용기라 필요하게 된다. 다음은 흔히 볼 수 있는 마포걸레 짜개이다.

마포걸레 짜개(mop squeezer)

12. 기름걸레

바닥제가 화학물질로 마감된 곳은 기름걸레(oil mop)를 이용하여 때나 먼지를 닦아내게 된다.

13. 플라스틱 버킷

물기 있는 걸레를 옮길 때나 갑자기 물이 새는 곳이 있을 때 요긴하게 쓸 수 있도록 플라스틱 버킷(plastic bucket)을 준비해 두고 활용한다.

14. 호텔정비에 사용되는 그 밖의 용품들

① 공기청향제(deodorant air fresher) : 악취 제거 및 공기 청량을 위한 약제
② 말이 타월기(long roll towel dispenser)와 종이타월 걸이(paper towel dis- penser)
③ 모기약(mosquito air spray)
④ 바퀴벌레 구충제(cockroach killer spray)
⑤ 분리수거 봉투
⑥ 고무장갑(rubber glove)
⑦ 위생솔(sanitizer brush)
⑧ 화장지(toilet paper)

제 4 장

객실정비원 양성교육

제1절 객실정비원 양성교육의 개요

객실관리부서 운영 가운데 가장 중요한 것은 무엇보다 깨끗하고 안락한 객실 꾸미기이며, 이로 인해 고객이 만족을 느끼고 따라서 호텔의 이미지가 올라갈 것이다. 호텔마다 객실의 고급화를 기하고, 이를 잘 유지관리하기 위해 세워둔 객실의 질적인 표준(quality standard)이 있게 마련이다. 이에 따라 객실관리부서장은 능력 있는 객실정비주임(floor supervisor)에게 투명하고 공정하게 선발된 신입 객실정비원(new hired room attendant)의 교육을 맡기며 신입 객실정비원은 실전적인 임무를 띠고 숙련공이 될 때까지 반복적인 현장교육(on the job training)을 받게 된다. 이 장에서는 실무에 임하는 객실정비교육을 현장 위주로 설명하도록 한다.

제2절 객실정비원 양성프로그램의 실제

유능한 객실정비원은 고객에게 계속적으로 감명을 준다. 가정을 떠난 가정으로서의 포근함과 불편함이 없는 객실 이용은 재고객 창출의 기본요소이다. 한편, 객실서비스 상품의 가치를 극대화하기 위해 능숙한 객실정비업무를 수행할 수 있는 인원은 많으면 많을수록 좋다. 따라서 능력 있는 객실정비원 양성교육 프로그램을 설계할 때 중점적으로 고려되어야 할 사항은 다음과 같다.

1. 프로그램설계 시 중점 고려사항

① 호텔의 역사를 바탕으로 지난 경험과 지식을 이용하여 업무에 알맞은 계획, 업무할당 및 스케줄을 짠다.

② 업무는 모든 이에게 공평하게 할당한다.

③ 업무분장, 분석, 현실화(up-to-date) 등을 하나하나 확인하고 어떤 사람을 보직하여 업무효율을 높일 것인지 연구한다.

④ 서비스 질 관리를 위한 프로그램을 충분히 인식시킨다.

⑤ 가장 적절한 사람을 면접하여 선발한다.

⑥ 신입사원에게 직무, 동료, 업무표준, 업무절차, 근무조건 등에 잘 적응되도록 관심을 보인다.

⑦ 새로 온 사람이나 기존직원의 재교육 시 적절한 업무분장을 참조하여 운영한다.

⑧ 목표, 표준, 절차 등에 정확한 지식을 갖추고 적극적으로 직원을 지원한다.

⑨ 부서 내 모든 업무와 활동, 진행되는 일, 문제점을 직접 파악하고 해결한다.

⑩ 부서 내 간부들의 업무표준을 설정하고 이행하도록 하며, 항시 무엇을 개선해야 하는지, 무엇을 잘 해야 하는지 등을 주지시킨다.

⑪ 급여수준과 임금정책을 이해하고 부하직원들에게 충분히 이해시킨다.

⑫ 직원들의 불평, 제안을 진심으로 청취하고 즉시 정확하게 해결한다.

⑬ 모든 재료나 기구에 익숙하고 직원들보다 앞선 능력을 기른다.

⑭ 직원들의 업무나 개인적인 일에도 조언, 협조, 충고할 수 있어야 한다.

⑮ 직원들의 건강, 개인위생, 적당한 복장, 두발, 화장 등에 관심을 표한다.

⑯ 최소한 주 1회 이상 부서회의를 소집하고 팀워크를 다지며 정보를 공유한다.

⑰ 개인의 탈선, 위법행위를 바로 잡아 위계질서를 세운다.

⑱ 부서 간에 업무협조, 유용한 건의, 개선방안은 적극 연구 전파한다.

⑲ 낭비를 없애고 시간, 물자, 방법, 장비 등을 유용하게 쓰는 데 민감성을 발휘한다.

⑳ 고객만족과 직원만족을 위한 아이디어를 활용하고 업무를 통해 만족을 찾으며 즐거움을 찾도록 프로그램을 개발한다.

2. 교육에 임하는 신입사원의 태도

① **긍정적인 사고** : 비평을 받아들일 수 있는 사람

② **외모** : 호텔의 상품이므로 호텔이 정한 규정에 의거하여 자신의 용모관리

③ **능력** : 고객과 회사와 본인을 위해 항시 연구하고 익혀 향상시킴

④ **주의력** : 물자절약, 업무능률, 안전사고 등을 고려해 정확히 익힘

⑤ **자신감** : 훌륭한 서비스상품 생산자로서의 자긍심

⑥ **예절** : 고객, 동료에게 친절한 태도, 반기는 마음, 협조하는 마음씨가 중요

⑦ **적성** : 협동심이 높고 침착하며 부지런한 사람

⑧ **믿음성** : 상사가 있든 없든 간에 열심히 업무에 몰입

⑨ **교육기회** : 끝없는 배움을 지향

⑩ **효율성** : 고객서비스에는 효율성이 재산(시간, 고객만족)이다.

⑪ **열정** : 열정적으로 일하면 보상과 지원이 따른다.

⑫ **추진력** : 망설이지 말고 일의 주도권을 잡자.

⑬ **정직성** : 현금, 수표, 귀중품 취급은 물론 잔업, 장비, 기구 등도 성심으로 취급

⑭ **청취력** : 'No, but'보다 'Yes, but'의 대화법으로 문제 해결(80% 이상)

⑮ **충성도** : 호텔의 명성을 높이기 위해 스스로 기여

⑯ **잠재력** : 어려운 업무해결능력, 비상시 대처능력, 불리한 것을 유리하게 전환하는 능력

⑰ **화술** : 즐거운 음성, 적당한 음정, 정확한 의사전달, 눈 맞춤과 몸짓 대화(eye contact & body language)

⑱ **포용력** : 고객이나 동료가 보는 관점을 잘 수용

제3절 객실정비원의 기본자세 역할연기

[상황 1]

고객이 객실 내의 의자에 앉아 있다. 객실정비원이 자신을 알리면서 문을 두드린다.

• 객실정비주임은 이런 사항을 관찰한다

① 이중 잠금장치 확인 여부

② 중간 손가락 또는 열쇠로 노크를 하는지

③ 목소리의 크기

④ 짜증스러운 목소리

⑤ 문열기 전 잠시 멈춤

⑥ "하우스키핑"이라고 두 번 말하는가?

객실출입요령

[상황 2]

고객이 객실 내의 의자에 앉아 있다. 고객이 몇몇 객실정비원에게 각각 다른 질문을 한다.

- **질문내용**

① 이 시내에 좋은 식당이 어디에 있습니까?

② 호텔 내에 레크리에이션 시설이 무엇이 있습니까?

③ 이발은 어디에서 할 수 있지요?

④ 혹시 저 시계를 사시렵니까? 아니면 동료 중에는?

⑤ 근무 후에 나와 함께 나이트클럽에 가겠습니까?

⑥ 술 한잔 사 드리고 싶은데요.

⑦ 비누 6개만 더 주시겠습니까?

객실 내에서 고객과 대화

- **객실정비주임은 이런 사항을 관찰한다.**

① 예의를 갖추고 대화를 하는가?

② 사려 깊게 행동하는가?

③ 음정은 예쁜가?

④ 호텔이 세운 표준은 알고 있는가?

제4절 직무교육 프로그램 관리

1. 실무교육에 필요한 기초자료

교육에 필요한 근무스케줄, 과정안내 소책자, 각종 법규와 내규 등을 준비하고 원칙에 의해서 단계별로 교육해 나아간다. 이 프로그램의 궁극적인 목적은 호텔의 값진 서비스상품인 객실정비를 신속·정확히 수행하는 데 있으므로 고객을 먼저 생각하는 마음과 업무의 기본에 충실해야 한다.

1) 근무 편성표(staffing roster)

호텔 직장을 선택하여 가장 먼저 이행해야 하는 것은 정확한 출퇴근이다. 그러므로 어느 부서이든 배치가 되면 가장 먼저 안내를 받게 되는 것이 근무편성이다. 따라서 잘 짜인 근무편성은 소속원의 사기앙양과 생산성 향상에 도움을 주게 되므로 원칙에 입각하여 짜고 안내해야 한다. 객실관리부서장은 부서원이 교육과정에 입문할 때 다음과 같은 근무편성표와 근무스케줄(working schedule)을 짜서 게시하고 이를 안내한다.

STAFFING ROSTER

Position	Associate	Start Date
Director of Housekeeping		
Assistant Managers, Housekeeping	1.	
	2.	
	3.	
	4.	
Room Attendant supervisors & Room Attendants	1.	
	2.	
	3.	
	4.	
	5.	
	6.	
Sewing Room Attendant	1.	
	2.	
Housepersons	1.	
	2.	
	3.	
	4.	
	5.	
	6.	
	7.	
	8.	
	9.	
	10.	

근무편성표

MONTH : September 2022

Name \ Day	Sun 23	Mon 24	Tue 25	Wed 26	Thu 27	Fri 28	Sat 29	Remark
Kim, Yong Sam	OFF	A	A	A	A	OFF	A	
Chung, Goo Hyun	A	OFF	A	A	OFF	A	A	
Chung, Song Hun	OFF	A	B	A	A	OFF	B	
Shin, Im Sook	OFF	A	A	OFF	A	A	A	
Choi, Young Ja	A	OFF	A	A	A	OFF	A	
Kim, Doo Sam	OFF	A	B	A	A	A	OFF	
Myung, Soon Im	OFF	A	B	A	A	B	A	-4
Choi, Son Man	A	A	OFF	OFF	B	A	A	
Lee, Won Do	B	OFF	A	A	A	OFF	B	
Park, Dong Sung	B	B	A	OFF	B	B	B	30 OFF
Woo, Yoon Ho	OFF	A	A	B	OFF	A	A	

근무스케줄

2) 환영 메시지(welcome to the team message)와 소책자(hand book)

교육이 시작되기 전, 해당 호텔이 지향하는 기업가의 철학, 경영방침 등과 아래 사항들이 담긴 소책자를 만들어 교육생에게 제공한다. 이때 경영자의 환영인사가 함께 제공되므로 이것을 잘 이해하면 근무에 많은 도움을 받을 수 있다. 호텔에서 제공하는 피교육자의 소책자에는 다음과 같은 내용이 포함된다. 출퇴근, 입숙과 퇴숙절차, 우편(소포) 전달, 휴식시간, 근무지, 화장실 이용, 흡연, 음주, 전화, 습득물 취급, 유니폼, 장식품 착용 및 꾸미기, 안경 및 선글라스(sunglasses), 급여, 일반사항, 안전수칙에 대한 사항 등.

3) 객실 품목에 대한 기본사항

- **객실출입문에 있어야 하는 물품 :**

  1 'privacy please' Card

  1 safety latch instructions

1 safety chain

1 hotel security/emergency door plaque

- **벽장에 있어야 하는 물품 :**

1 luggage rack, folded, in king and queen rooms and in parlors

2 luggage racks, folded, in double/double rooms

8 wooden pant hangers with small hooks

2 wooden skirt hangers with clips and small hooks

2 opaque plastic skirt hangers with clips and small hooks

2 laundry lists

4 plastic bags inside

2 telephone books(white/yellow pages)

- **서랍장과 책상 위에 있어야 하는 물품들 :**

1 Bible/ 1 Buddhist classics

1 ashtray with matches(except in non-smoking rooms)

1 notepad

1 pen/ 1 pencil

1 Directory of Guest Service including:

- in-room dining menu
- stationery and envelopes(in the front)
- American Express application

- **책상 옆에 있어야 하는 물품 :** 1 wastebasket

- **탁자 위에 있어야 하는 물품 :**

1 ashtray with matches(except in non-smoking rooms)

- **나이트 스탠드(night stand)에 있어야 하는 물품 :**

  1 clock/radio

  1 ashtray only per night stand(except in non-smoking rooms)

- **아모아장(armoire)에 있어야 하는 물품 :**

  1 television

  1 television remote control

- **침대 위에 있어야 하는 물품 :** 1 door knob menu

- **바(bar) 위에 있어야 하는 물품 :**

  1 ice bucket with tray

  2 glasses on coasters(rooms with refreshment centers will require additional glassware)

- **리넨류(linens) :**

  3 bath towels

  3 hand towels

  3 face cloths

  1 bath mat folded in half over tub

  1 rug on the floor in front of the vanity

  1 shower curtain with 10 hooks

- **욕실에 있어야 하는 물품 :**

  1 rubber mat, rolled

  2 rolls of toilet tissue with a V fold

  2 glasses on coasters

  1 box facial tissue with a V fold

  1 ashtray – no matchs

객실내부 Forms and Stationalies 위치도

BLACK NIGHT STAND SET-UP(KING OR QUEEN BED)

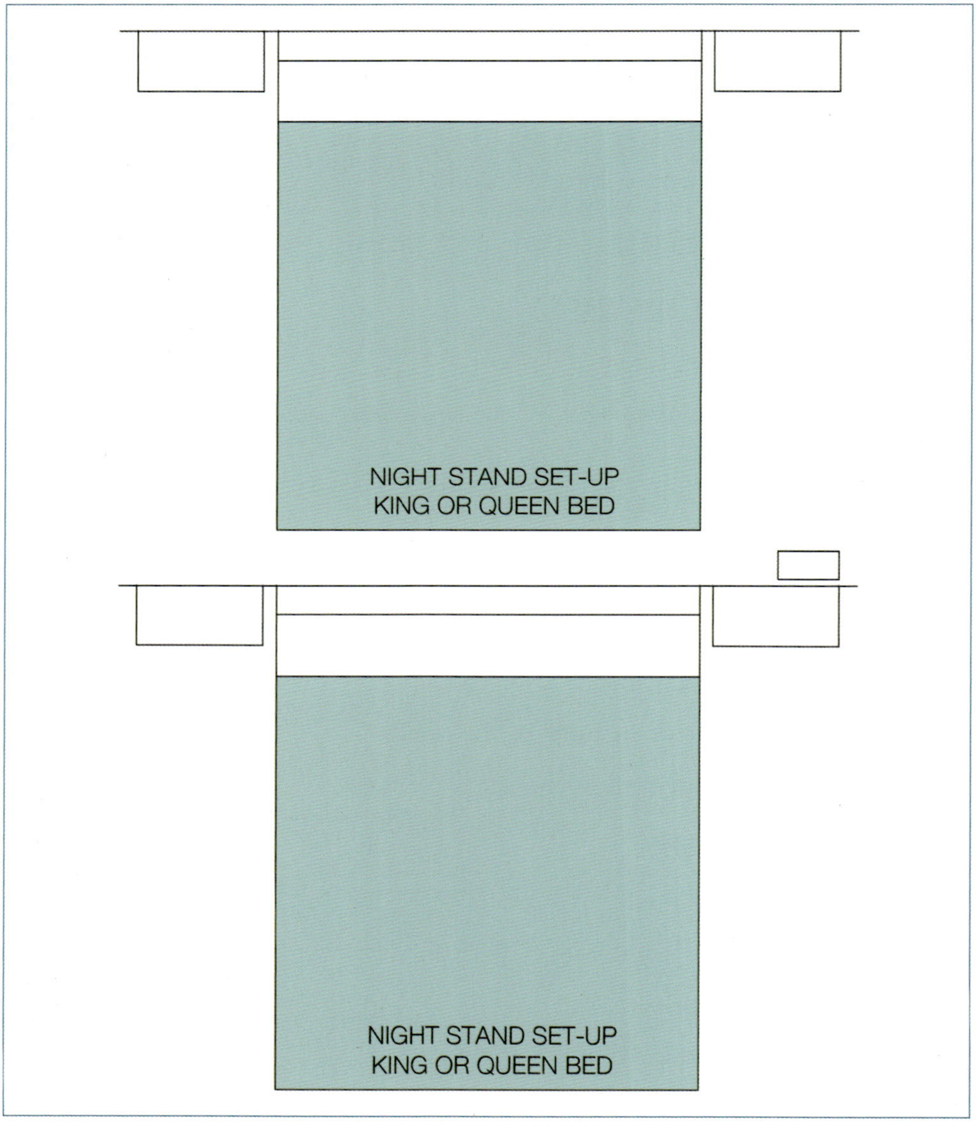

BLACK NIGHT STAND SET-UP(DOUBLE BEDS)

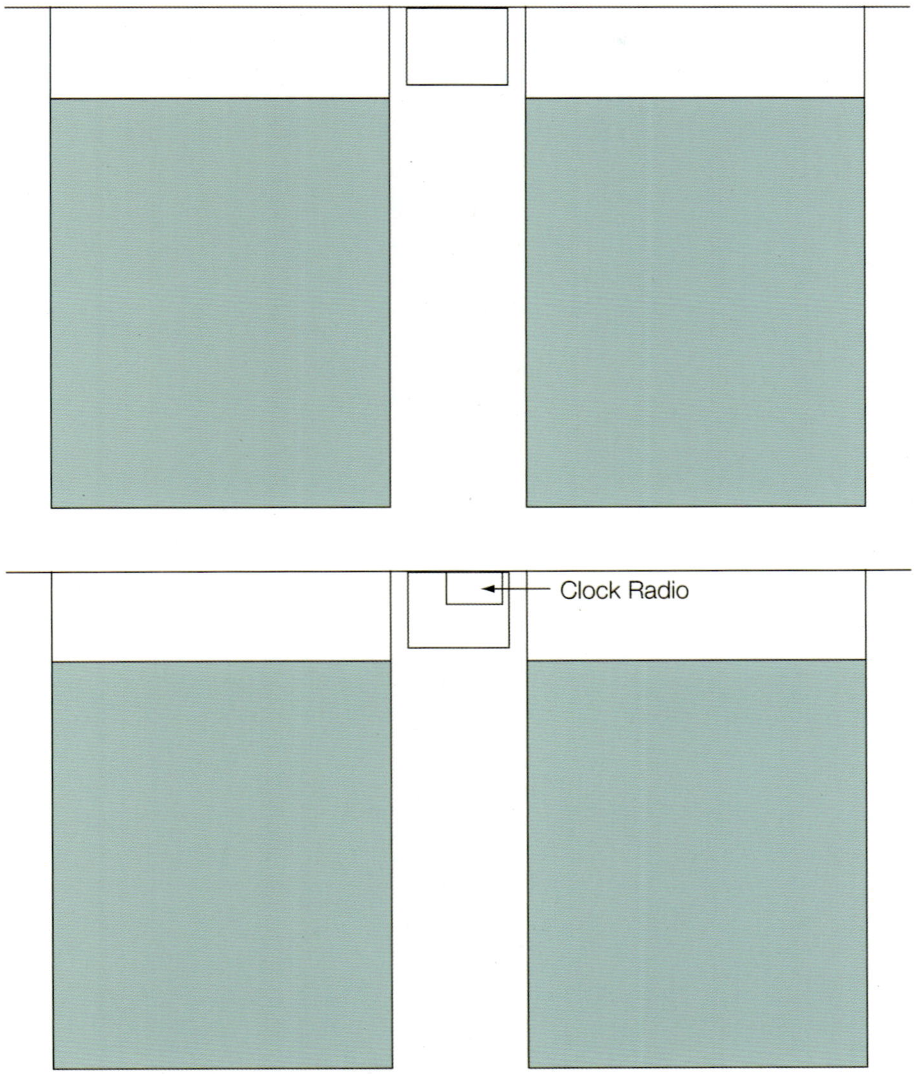

NIGHT STAND SET-UP
DOUBLE BEDS

BLANK DRESSER SET-UP

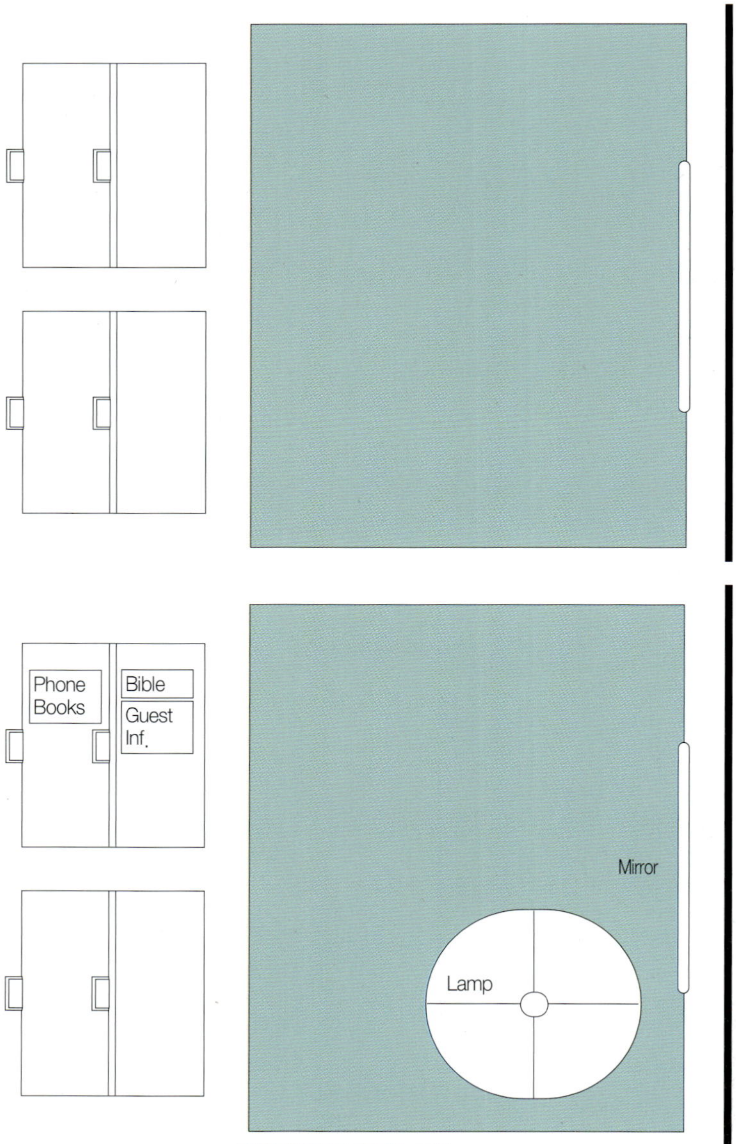

DRESSER SET-UP

BLANK GAME TABLE SET-UP

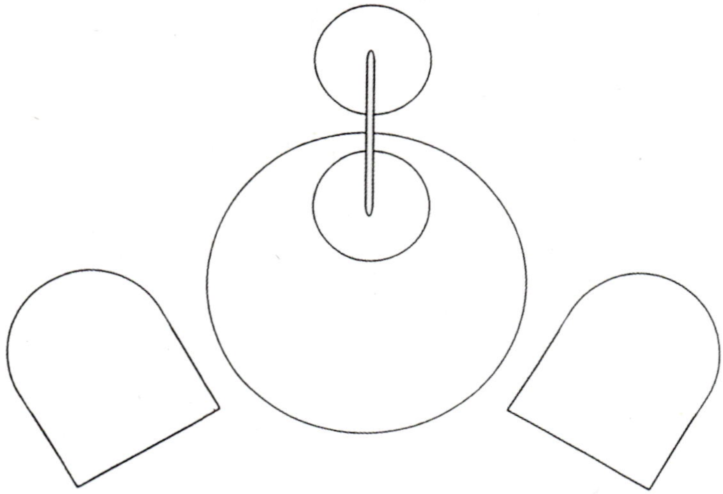

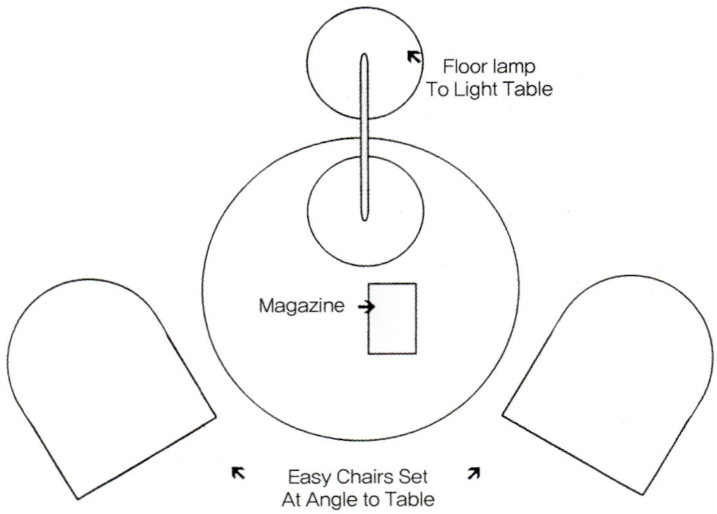

GAME TABLE SET-UP

BLANK WRITING TABLE SET-UP

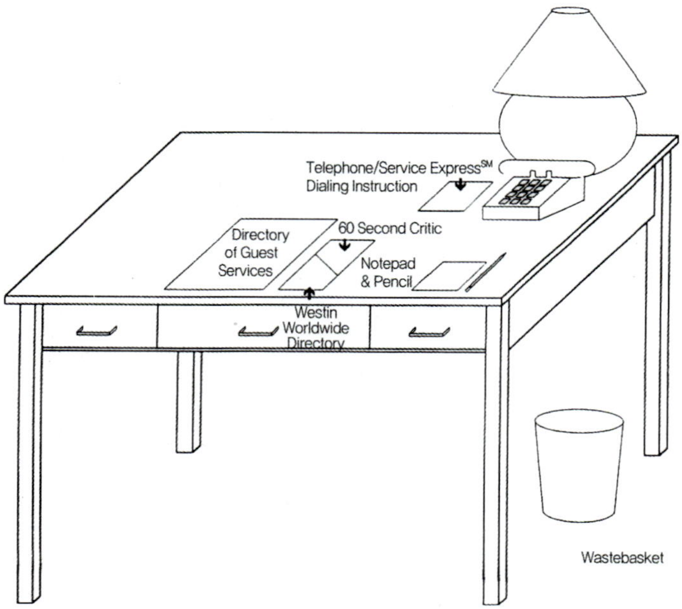

WRITING DESK SET-UP

SAMPLE CLOSET SET-UP

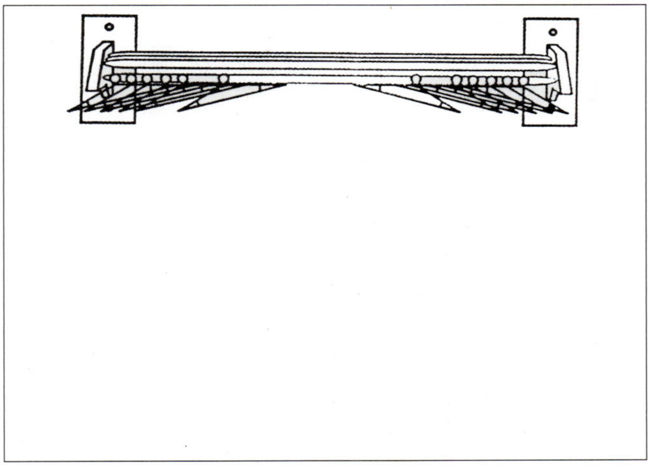

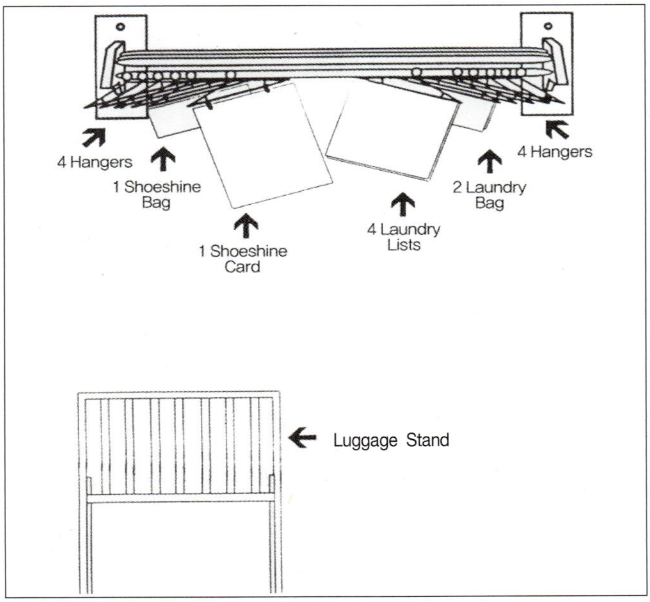

CLOSET SET-UP

SAMPLE BATHROOM SET-UP

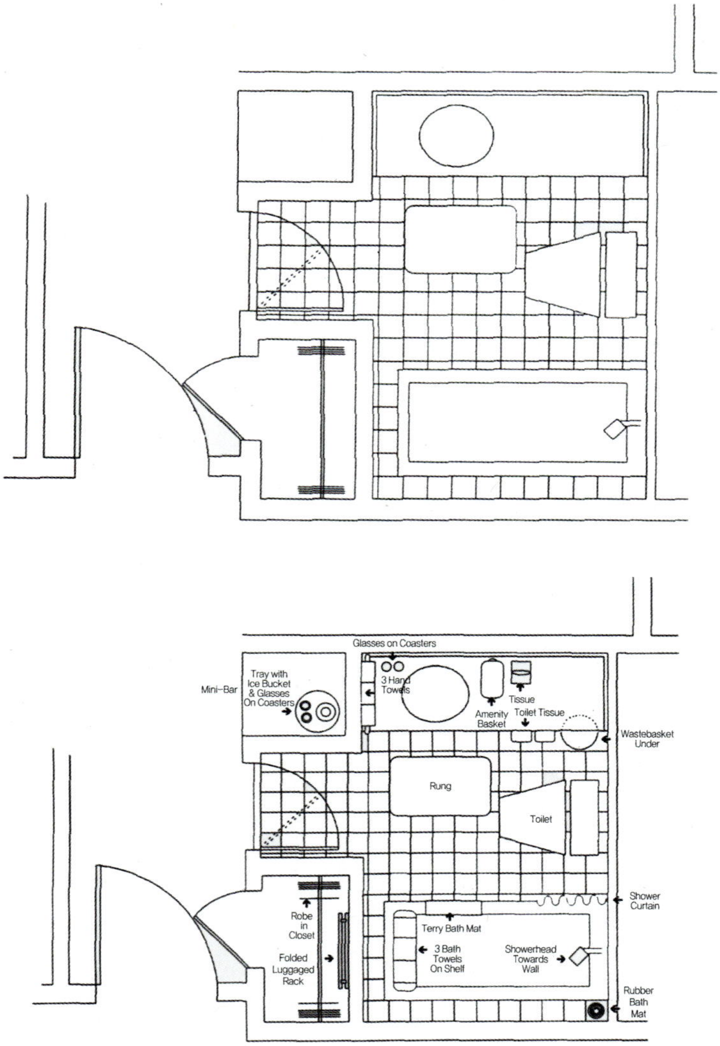

BATHROOM SET-UP

SAMPLE PILLOW SET-UP

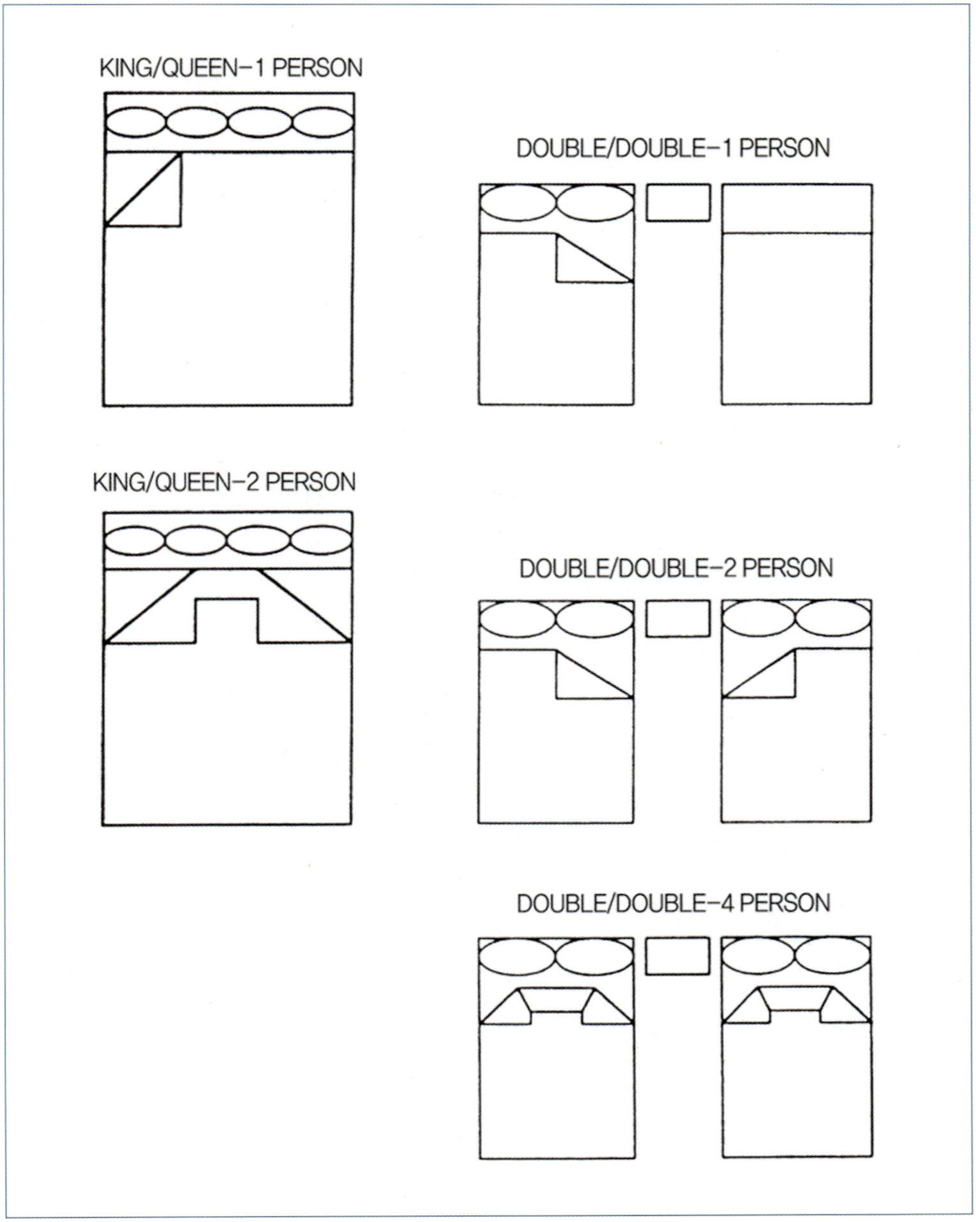

• 편의품(amenity basket) 내에 있어야 하는 물품들 :

1 shower cap

1 conditioning shampoo

2 anti-bacterial soaps

1 mouthwash

1 toothbrush & paste

1 shoe mitt

1 hand lotion

• 기타 사항(miscellaneous)

- 냉온방 스위치(thermostat switch)는 호텔시설관리부의 지침에 의해 적당한 온도에 고정한다. 그러나 고객이 원할 때에는 고객의 취향에 맞춘다.
- 커튼은 열어 두고, 안쪽의 이중창문은 1/3 정도만 열어 둔다.
- 등갓의 이음새는 벽 쪽으로 향하게 한다.
- 성냥은 재떨이의 오른쪽에 두고, 호텔의 로고(logo)가 위로 향하게 한다. 금연객실에는 재떨이를 비치하지 않는다.

2. 각종 물품의 위치 익히기 훈련

위에 나열된 품목들을 암기하면 아래 사항들은 제시된 그림에 직접 진열하므로 객실 내부에 필요한 물품의 위치를 정확히 알고 실무에 임하게 된다.

① 킹 베드의 나이트 스탠드 셋업(night stand set-up for King Bed)

② 트윈 베드의 나이트 스탠드 셋업(night stand set-up for Twin Bed)

③ 서랍장 셋업(dresser set-up)

④ 책상 셋업(writing desk set-up)

⑤ 게임 테이블 셋업(game table set-up)

⑥ 벽장 셋업(closet set-up)

⑦ 욕실 셋업(bathroom set-up)

⑧ 베개 배열(pillows arrangement)

⑨ **객실과 욕실의 설치물 상태 유지 요령**

㉠ 전등 : 끈다.

㉡ 에어컨디셔너 : 약하게 켠다.

㉢ 커튼 : 열어 둔다.

㉣ 벽장 : 닫아 둔다.

㉤ 텔레비전 : 끈다.

㉥ 라디오 : 끈다.

㉦ 탁상시계 : 알람은 끄고, 시각은 정확히 맞춰 둔다.

㉧ 창문 : 닫아 둔다.

㉨ 사이 문 : 잠가 둔다.

㉩ 수도꼭지 : 닫아 둔다.

㉪ 음용수 : 닫아 둔다.

㉫ 샤워 꼭지 : 닫아 둔다.

㉬ 하수구 : 열어 둔다.

㉭ 변기 뚜껑 : 내려 둔다.

㉮ 전등 : 끈다.

㉯ 샤워 커튼 : 욕조 밖, 한쪽에 모아 둔다.

㉰ 욕실 문 : 15cm 열어 둔다.

⑩ **턴다운 담당의 객실 점검표**(room quality inspection sheet for turndown service)

오후에 출근하여 객실마다 잠자리를 봐드리는 업무를 수행할 때 턴다운의 점검표에 따라 확인하고, 이를 객실관리주임에게 서면보고하므로 깨끗하고 안락한 객실상품을 고객에게 제공한다.

SAMPLE ROOM QUALITY INSPECTION SHEET FOR TURNDOWN SERVICE

Room Attendant ________________ Date ________________

Room Number ________________

CHECKLIST	✔	COMMENT	CHECKLIST	✔	COMMENT
Bathroom	☐	______	Toilet Paper	☐	______
Wastebasket	☐	______	Kleenex	☐	______
Vanity/ Mirror	☐	______	Rug	☐	______
Basin	☐	______	Bedroom	☐	______
3 Wash Cloths	☐	______	Drapes	☐	______
3 Hand Towels	☐	______	Lights	☐	______
3 Bath Towels	☐	______	In-Room Dining Trays	☐	______
Bath mat	☐	______	Waste Basket	☐	______
Rubber Mat	☐	______	T.V./ Radio	☐	______
Shower Curtain	☐	______	Turndown	☐	______
Tub	☐	______	Sheets & Blankets	☐	______
Soap (2)	☐	______	Pillows/ Slant	☐	______
Hand Lotion	☐	______	Door Knob Menu	☐	______
Toothpaste	☐	______	Candy (optional)	☐	______
Mouthwash	☐	______	Bedspread	☐	______
Shampoo	☐	______	Folded	☐	______
Shower cap	☐	______	On Luggage Rack	☐	______
Shoes Mitt	☐	______	Door Locked	☐	______
Bathrobe	☐	______			

턴다운 담당의 객실 점검표

SAMPLE ROOM ATTENDANT EVALUATION CHECKLIST

Room Attendant ______________ Date Observed ______________

품위있는 용모(APPEARANCE :) COMMENTS

- neatly dressed ______________
- clean uniform with name tag ______________
- enclosed shoes ______________
- hair tidy ______________
- personal hygiene ______________

깔끔한 업무(NEATNESS OF WORK)

- drapes correctly drawn ______________
- bedspreads and bed skirts properly placed ______________
- correct quantity and placement of supplies ______________
- carts and linen closets tidy ; vacuums emptied ______________

침대꾸미기(BED MAKING)

- corners correct ______________
- sheets properly tucked in ______________
- mattress pad clean ______________
- does not put linen on floor ______________
- correct placement of pillow and pillow cases ______________

재치있는 작업진행(METHODICAL WORKER :)

- cleans room and then bathroom or vice versa ______________
- takes bucket and basket into room ______________
- preparation : strips beds, removes linen and garbage and in-room dining tables first and empties ashtrays ______________ ______________
- takes proper care for cleaning

긍정적인 태도(ATTITUDE :)

- is able to accept criticism or correction ______________
- placement to guests ______________
- pleasant to supervisor ______________

근무시간 지키기(PUNCTUALITY)

- arrives on time ______________
- 15 minute break twice a day ______________
- 30 minute lunch observed ______________

신임 객실정비원의 교육평가서

- **룸 어텐던트 평가 체크 리스트(room attendant evaluation checklist)**

교육을 수료한 신임 객실정비원은 신임정비원 교육평가서에 따라 평가를 하므로 1차적인 직무교육을 성공적으로 마치게 된다.

Hotel Housekeeping & Facility Management

제 5 장

객실정비업무

제1절 객실정비업무

객실관리부서의 주요한 업무 중 하나가 깨끗하고 안락한 객실상품의 생산이다. 객실상품은 아래의 절차에 의해 이뤄지며 객실정비원은 고객접점에 있는 최일선 종사원이므로 호텔의 예절과 숙련된 실무를 몸에 익혀 항상 명랑하고 즐거운 마음으로 업무에 임하도록 교육이 잘되어 있어야 한다.

객실청소는 객실정비원에 의해 이루어지는데, 주간에 근무하는 객실정비원을 룸 어텐던트(room attendant) 또는 룸 메이드(room maid)라고 하며, 오후에 출근하여 야간 객실정비 및 잠자리 준비업무를 수행하는 객실정비원을 야간 담당(night duty), 또는 턴다운 어텐던트(turn down attendant)라고 한다. 객실정비 업무는 간단치가 않아서 객실에 들어가는 편의품(amenities)의 종류와 명칭, 침대 꾸미기(bed making), 타월 비치(towel set-up), 세제 사용법 등 많은 부분을 이해하고 익혀야 한다. 객실정비 시 객실정비원과 객실점검원(room inspector)은 먼저 객실상태를 점검하여 퇴실과 재실로 구분하고 그중에도 미리 청소해야 하는 방의 순서에 의해서 정비를 하게 된다. 객실 청소의 우선순위는 호텔마다 조금씩 다를 수도 있지만, 대부분 호텔은 고객이 요구하는 객실, VIP 객실, 퇴숙된 객실, 고객이 사용 중인 객실, 퇴숙이 예상되는 객실, 그 외 고객이나 객실영업부서 또는 객실관리부서에서 요구할 때 청소를 하게 된다. 또한 그들은 정비업무가 끝나면 일일점검표에 따라 청소상태를 확인하여 객실상품의 품위를 유지하는 데 최선의 노력을 다하게 된다. 우리나라 호텔들은 객실정비원에게 하루 작업량을 15실(30m^2) 정도로 배정하며, 객실 평수가 넓거나 특실 또는 온돌방 등은 작업량을 조금씩 감해주고 있다.

1. 객실정비원의 일일업무 준비사항

객실정비원은 객실정비를 하기 위해 출근과 동시에 객실정비 주임(floor supervisor or room inspector supervisor)으로부터 전일, 당일 객실상황과 특이사항 및 전달사항을 듣고 업무에 임하게 된다. 이때 객실의 담당구역에 대한 마스터 키(master key)를 수령하고 대장에 서명하게 된다. 객실 마스터 키는 고객의 생명과 재산을 보호하기 위해 매우 소중히 관리해야 하며, 이로 인한 사고는 즉시 보고되어야 더 큰일을 방지할 수 있다. 마스터 키를 인수하고 객실정비원 청소차(room attendant's cart)에 객실소모품과 침대보(bed sheets), 편의품, 청소용구 및 세제를 싣고 담당구역으로 가게 된다. 일부 체인호텔에서는 프로 호스트 시스템(ProHost System)을 이용하여 리넨을 중앙공급식으로 보급하는 곳도 있다.

마스터 키 관리대장

번 호	지급시간	인수자 본인서명	지급자 서명	반납시간	반납자 서명	인수자 서명
RA 01－01						
RA 01－02						
RA 01－03						
RA 02－01						
RA 02－02						
RA 02－03						
RA 03－01						
FM 01						
FM 02						

2. 객실출입절차

객실정비원이 청소를 위하여 객실을 출입할 때는 사전에 객실층의 직원 공간(service area) 벽에 설치되어 있는 각 층 객실현황판(floor room indicator)을 통해 객실 상황을 파악하고 객실에 접근한다.

1) 객실에 접근

① 객실정비원 수레와 청소기를 밀고 간다.

② 벽에서 10cm를 띄워 세운다.

③ 수레가 절대 복도나 객실문을 막지 않도록 한다.

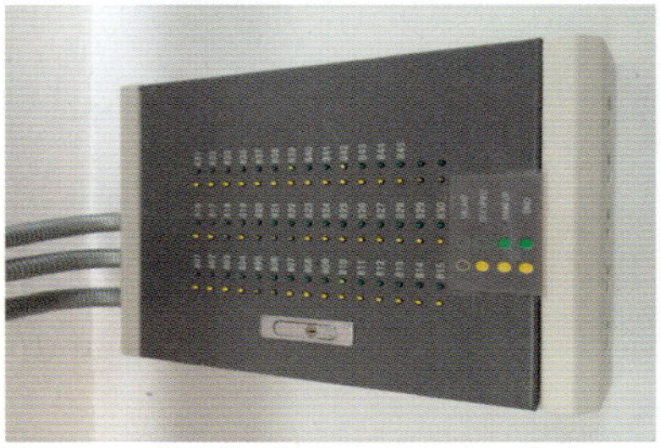

각 층 객실현황판

2) 출입문 벨 울림

① 객실에 들어갈 때는 꼭 노크를 하고 인기척을 기다렸다가 객실문을 열고 들어간다.

② DND표시가 걸려 있으면 벨을 울리지 않는다.

③ 벨을 울릴 때는 고객이 렌즈로 볼 수 있는 위치에 바르게 서서 룸 어텐던트임을 확인시켜 드린다.

④ "룸 어텐던트(Room Attendant)입니다"라고 말한다.

⑤ 벨은 2~3회 울린다.

⑥ 고객의 답을 기다린다.

⑦ 열(10)을 센다.

⑧ 천천히 문을 연다.

출입문 벨

⑨ 오후 4시까지 DND 카드가 걸려 있으면 사무실에 보고한다.

3) 고객의 재실 여부 확인

① 고객이 취침 중이거나 욕실에 계시면 재빠른 걸음으로 조용히 퇴실한다.

② 고객이 계시면 사과드린 후 "객실을 청소해 드릴까요?"라고 여쭤 본 다음에 답을 기다린다.

4) 객실출입문 관리

① 객실 안에서 청소 중일 때는 문을 일정 부분 열어둔다.

② 청소 중 객실을 잠시 떠날 때도 필히 문을 잠그고 떠난다.

3. 객실청소 준비작업

1) 출입문 센서를 작동

빈방인 경우 센서를 꽂으며 입구등이 작동하는지 확인한다.

2) 객실청소 준비

① 도어스토퍼를 장착한다.

② 청소 도중에는 객실문을 열어둔다.

③ 파열된 전등이 있는지 살피고 필요시 교체한다.

④ 천장등이 파열된 경우 사무실로 연락해서 교체하도록 한다.

⑤ 천장에 거미줄을 확인한다.

출입문 센서

⑥ 커튼을 활짝 열고 발코니 문을 열어 환기를 시킨다.
⑦ 파손된 가구 및 기물이 있는지 확인하고, 파손기물은 사무실로 연락한다.
⑧ 소파나 카펫에 오점이 있으면 사무실에 연락한다.
⑨ 바닥 샴푸가 필요한 경우 사무실에 요청한다.

실내온도조절과 조명제어

3) 쓰레기통 비움

① 재떨이에 든 꽁초가 완전히 소화되었는지 확인하고 이를 쓰레기통에 비운다.
② 쓰레기를 수레에 비우고, 재활용품을 분리한다.
③ 빈 재떨이, 휴지통을 화장실에 놓는다.
④ 청소용품들을 욕실로 가져간다.

4) 남긴 물건 확인

① 세탁물이 있는지 살펴보고 있을 경우, 세탁실에 연락한다.
② 룸서비스 그릇이 있을 경우, 서비스구역의 트롤리로 옮긴다.
③ 특실의 경우, 룸서비스 집기가 고가품이므로 룸서비스 직원이 직접 가지고 가게끔 한다.
④ 꽃이 재활용 가능한 상태이면 서비스구역의 트롤리로 옮겨 놓는다.
⑤ 퇴실인 경우, 고객이 잊어버리고 간 물건이 있는지 확인하고 'Lost & Found'에 연락한다.
⑥ 쿠션 뒤쪽 틈새, 침대 아래쪽, 시트 사이에 끼어 있는 물건이 있는지 확인한다.
⑦ 귀중품인 경우 즉시 사무실에 연락하고 반드시 물표를 작성한다.

5) 오점 확인 및 제거

① 가구 및 문 아래쪽/벽 아래쪽에 난 구두자국을 제거한다.
② 바닥에 샴푸가 필요하면 사무실로 연락한다.
③ 이불보, 침대보, 베갯잇을 벗긴다.
④ 베개를 의자에 놓는다.
⑤ 이불 또는 담요를 의자 위에 놓는다.
⑥ 베드 패드와 매트리스 커버를 살핀다. 커버에 오점이 있는지 확인한다.
⑦ 침대에 얼룩이나 손상이 있는지 확인한다.
⑧ 필요하면 교체한다.

6) 욕실 리넨 걷어냄

① 침실 리넨과 욕실 리넨을 한꺼번에 치운다.
② 목욕가운/베스타월/핸드타월/페이스타월/베스매트 등을 걷어낸다.
③ 목욕가운은 벨트를 분리한다.
④ 슈팅덕트에 조심스럽게 투입하며, 파손방지에 애쓴다.
⑤ 욕실리넨의 얼룩, 손상 여부를 확인하여 리넨 시트에 대장에 별도로 기재하고, 오점이 있으면 분리수거한다.
⑥ 사용한 리넨을 모빌에 넣는다.
⑦ 리넨은 귀중품이 없는지 확인하며 한 장씩 털면서 센다.
⑧ 침실 리넨을 세어 작업표에 기입한다.
⑨ 깨끗이 세탁된 리넨을 필요한 수량만큼 챙긴다.

4. 침대 꾸미기

1) 침대 꾸미기

① 허리를 보호하기 위해 인체 공학적 작업방법을 유념하여 준수한다.

침대 꾸미기(bed making) 업무

② 베갯잇을 씌워 의자 위에 둔다.
③ 베드 시트를 길게 2번 접힌 상태로 펴서 솔기가 위로 오게 오른쪽 중앙선에 맞추어 놓는다.
④ 시트를 침대 중앙선에 맞추는 것이 관건이다.
⑤ 시트를 펴 헤드보드 쪽으로부터 침대 주위를 시계 반대방향으로 한 바퀴 돌며 매트리스 각 코너를 싼다.
⑥ 두베 커버를 길이로 2번 접힌 상태로 펴서 중앙에 놓고 전체적으로 편다.
⑦ 끈 달린 쪽(트임)이 침대 아래쪽으로 오게 놓는다.
⑧ 두베 커버 위에 두베를 놓는다.
⑨ 헤드보드 쪽 상단 양쪽 끝을 두베와 커버를 함께 잡고 중앙으로 모아 삼각형이 되게 접어 내린다.
⑩ 나머지 아래 부분을 반을 접어 올린다.
⑪ 두 겹인 두베 커버 중 바깥쪽 한 겹을 잡고 전체를 들어 두베 바깥쪽으로 돌려 뒤집는다.
⑫ 뒤집은 두베 위쪽에서 솔기를 헤쳐 안에 숨어있는 중앙의 삼각뿔을 찾는다.
⑬ 양쪽 끝을 찾아 뺀다.
⑭ 솔기와 가장자리를 함께 잡고 위로 펴 모양을 잡는다.
⑮ 커버와 두베를 함께 잡아 빼면 서로가 따로 놀지 않는다.
⑯ 아래쪽 양 끝도 정리하고 아래쪽 중앙 매듭을 묶는다.
⑰ 아래쪽을 15cm 정도 안으로 접어 누르며, 들뜨지 않게 단정하게 정리한다.

2) 베개 정돈

베개 두 개를 겹쳐 올린다.

3) 러너 정리

러너는 이불(Duvet) 아래에서 7cm 정도 띄워서 올린다.

4) 침대 아래 정리

침대 밑 청결상태를 확인한다.

5. 객실청소 요령

1) 먼지 닦기

① 나이트 테이블로부터 시계방향으로 작업한다.
② 마른걸레, 젖은 걸레를 준비한다.
③ 전등갓과 전등을 닦고 재봉선을 뒤로 하여 정돈한다.
④ 침대 헤드 보드를 닦는다.
⑤ 가구 뒤를 확인한다.
⑥ 물건이 떨어져 있는지 확인한다.

2) 나이트 테이블

① 나이트 테이블 서랍 속을 닦고 손잡이를 확인한다.
② 성경, 불경, 전화번호부 등은 있는가?

3) 전화기

① 전화기 본체와 수화기를 닦는다.
② 전화기 옆에 메모지 5장, 메모 패드, 볼펜이 있는지 확인한다.
③ 다음 고객을 위하여 소독한다.

4) 티 테이블

① 티 테이블 위와 다리를 닦는다.
② 티 테이블 상판의 마름모 무늬가 객실 입구에서 정면으로 보이게 놓는다.

③ 슬리핑 체어의 팔걸이 끝부분과 티 테이블 앞다리가 나란히 되도록 놓는다.

객실청소 요령

5) 스탠딩 램프

① 스탠딩 램프의 전구, 전등갓, 다리, 받침을 닦는다.

② 램프는 슬리핑 체어 팔걸이 중앙에 둔다.

③ 커튼에 닿지 않도록 한다.

④ 재봉선이 뒤로 가게 놓는다.

6) 베니티 테이블 정리

① 서랍장은 외부와 서랍 속을 닦는다.

② 세탁물 봉투 2, 세탁리스트 3, 모기향, 모기향매트 3, 소방안전지침 1 등이 있는지 확인한다.

③ 투숙 중인 객실은 서랍을 열지 않는다.

④ TV 모니터를 닦는다.

⑤ 작동을 확인하고 소리 35로 맞춘다.

⑥ 램프는 램프 갓의 봉재선이 뒤로 향하게 한다.

⑦ 재떨이의 로고가 객실입구에서 똑바로 보이게 놓고 성냥은 유황이 위로 가게 놓는다.

7) 데스크 테이블

상판과 다리를 닦는다.

8) 인쇄물

룸서비스 메뉴, 조식메뉴 2부, 팩스 안내문을 놓는다.

9) 문구류 홀더

편지지 대 · 소 3, 봉투 대 · 소 2, 조깅지도, 엽서 4, 플래티늄 회원가입 안내문,

주변관광지도, 불편엽서 3, 길 안내, 볼펜, 고객설문지(한 · 영 · 일)를 비치한다.

10) 기기 비치

① 팩스기, 조개모양 램프를 비치한다.

② 바지 다리미 세트를 비치한다.

11) 침대 옆 정리

① 욕실 쪽 벽 먼지를 닦는다.

② 액자 먼지를 닦는다.

12) 차와 커피 기구

① 전기 포트/전선 상태를 확인한다.

② 플러그는 꼭 뽑아 둔다.

③ 커피잔과 비치된 차 종류를 점검한다.

④ 사용량만큼 다시 채운다.

⑤ 선입선출에 따른다.

13) 미니 바 정리

① 유리선반과 거울을 닦는다.

② 사용량만큼 다시 채운다.

③ 선입선출에 따른다.

④ 리스트의 순서로 진열한다.

14) 비품 정리

① 영수증, 영수증 받침, 볼펜, 얼음통, 얼음집게, 냉장고를 닦는다.

② 냉장고는 안팎을 닦는다.

③ 냉장고 문짝에 붙은 고무바킹을 닦는다.

④ 사용량만큼 다시 채운다.

⑤ 선입선출에 따른다.

⑥ 리스트의 순서로 진열한다.

⑦ 제빙접시에 물을 채운다.

15) 옷장 정리

① 옷장 선반을 닦는다.

② 옷걸이 봉을 닦는다.

③ 옷걸이를 닦는다.

④ 금고를 닦는다.

⑤ 금고는 열려 있는지 확인한다.

⑥ 금고사용 안내문은 부착되어 있는가?

⑦ 문 안쪽에 'M' 스티커가 붙어 있는가?

16) 옷장 속의 비품 정리

옷걸이(남 5, 여 5), 베스로브 2, 슬리퍼 2, 슈사인, 옷솔, 구두주걱, 배기지 체어, 슈 바스켓, 체중계 등의 상태를 확인한다.

6. 욕실 및 욕조 청소방법

1) 욕실 청소

① 수세미를 이용해 세면대를 씻는다.

② 세제를 이용한다.

③ 재떨이 → 유리잔(뜨거운 물) 순으로 씻는다.

④ 열기가 가시기 전에 글라스타월을 이용해 손자국이 나지 않도록 닦아둔다. 유리잔은 적당한 위치에 엎어둔다.

⑤ 비누 접시/소모품 접시를 씻는다.

2) 변기 청소

① 변기의 물을 내린다.

② 변기 세척제를 안에 붓는다.

③ 약품이 작용하도록 그대로 잠시 둔다.

④ 변기 주변에 세척제를 묻혀 놓는다.

3) 샤워 스톨

① 세면대에 뜨거운 물을 받아 약간의 세제를 풀어 수세미로 샤워스톨 유리, 벽, 바닥의 머리카락을 제거한다.

② 브러시를 이용해 샤워헤드/비누선반/하수구를 씻는다.

③ 샤워 스톨을 닦을 때 비누 선반 안쪽 위, Safety bar(물멈춤 장치), 꼭지 등을 닦는다.

④ 경첩과 문손잡이를 닦는다.

4) 샤워 스톨 헹굼

세면대에 받아둔 물로 헹군다.

5) 욕조 청소

① 수세미에 세제를 묻혀 벽을 위에서 아래로 닦는다.

② 샤워기 물 트는 손잡이를 닦는다.

③ 비누 받침을 닦는데 이때 안쪽 위를 닦는다.

④ 샤워 헤드, 수도꼭지, 욕조 마개, 물 넘침 방지 구멍, 하수구 마개를 닦는다.
⑤ 욕조의 안팎을 닦는다.
⑥ 욕조 바깥쪽에 있는 하수구를 닦는다.
⑦ 샤워 커튼의 오점을 점검하고, 필요시 부분 세탁을 한다.
⑧ 샤워 커튼을 욕조 안에 넣는다.

6) 욕조 헹굼

① 깨끗한 물을 사용한다.
② 벽, 샤워 헤드, 손잡이, 수도꼭지, 비누 받침2, 샤워 커튼봉, 빨랫줄, 욕조, 바깥 벽 등을 닦는다.

7) 욕조 물 닦기

벽, 크롬, 비누 받침, 욕조와 바깥벽 등을 마른걸레로 닦는다.

8) 변기 청소

① 변기 세척용 수세미로 변기 안팎과 비데바닥, 좌석, 물탱크, 플러시 레버를 문지른 후 헹군다.
② 변기 속 작은 구멍을 닦는다.

9) 욕실 바닥 청소

전체 바닥을 물로 씻어 낸다.

10) 욕실문 닦기

① 욕실문 안쪽과 문 안쪽에 부착된 후크를 닦는다.
② 세면대부터 순서대로 물기를 제거한다. 벽, 상판, 거울 아래쪽 면, 세면대, 수도꼭지, 배수구, 물넘침 방지구, 타월선반, 타월걸이, 배수구, 바닥, 변기, 물

탱크, 좌석, 변기테두리 등에 마른걸레로 물기를 닦는다.

11) 청소도구 철수

모든 청소도구를 욕실에서 철수한다.

12) 화장지 비치

① 화장지 사용 정도를 확인하고 필요하면 교환한 후 정해진 대로 화장지 끝을 접는다.

② 호텔의 로고(logo)를 압인한다.

13) 리넨 비치

① 정해진 숫자대로 타월류를 비치한다.

② 이때 깨끗한지, 해진 곳이 없는지, 실밥이 붙어 있지 않는지 확인한다.

③ 편의품 선반(Vanity table) 위에 놓을 비누 및 소모품 접시에 모든 물건을 비치한다.

14) 비품과 소모품 비치

① 유리잔2, 커버2, 꽃병, 비누2, 재떨이 등을 비치한다.

② 소모품으로 빗, 에머리보드, 샤워캡, 면봉, 바늘쌈지, 위생백

③ 화장품으로 샴푸, 린스, 바스폼, 로션 등을 비치한다.

15) 재점검

욕실입구에 서서 소모품, 리넨 및 시설 모두를 최종 확인한다.

16) 욕실문 닫음

1/3을 열어둔다.

7. 재실 중인 객실을 정비할 경우의 유의사항

① 고객의 칫솔과 치약을 컵에 담아 둔다. 이때 컵은 매일 씻는다.

② 고객의 욕실용품은 Face cloth를 한 장 깔고 그 위에 깔끔하게 정돈한다.

③ 비누를 매일 교체하지 않고 절반가량 사용했을 때, 한 개를 더 비치한다.

④ 고객이 남겨 둔 옷가지들을 개거나 옷걸이에 걸어둔다.

⑤ 고객의 잠옷을 개어서 베개나 침대 위에 둔다.

⑥ 신발은 한 켤레 짝지어 정리해 둔다.

⑦ 라디오, 자명종 고객용품은 먼지를 닦아둔다.

⑧ 객실 에어컨은 고객이 세팅해 둔대로 고정해 둔다.

⑨ 고객의 꽃을 꽃병에 꽂아둔다.

⑩ 호텔이 제공한 꽃이 시들었을 때에는 교체한다.

⑪ 고객이 요청한 특별한 사항이 제대로 준비되었는지 점검한다.

욕실의 편의품

8. 객실청소 완료와 자체점검

1) 발코니 청소

① 먼저 천장에 거미줄이나 먼지가 달려있는지 확인한다.

② 유리문 안팎에 손자국이 나 있으면 닦는다.

③ 유리문 틀 안팎의 먼지 쌓인 곳을 닦는다.

④ 탁자와 의자를 젖은 걸레로 닦는다.

⑤ 문틀을 꼭 닦는다.

⑥ 젖은 걸레로 헨드 레일을 닦는다.

⑦ 녹슨 경우, 수세미에 레몬을 묻혀 닦는다.

⑧ 바닥을 젖은 걸레로 닦는다. 프레지를 묻혀 닦고 마른걸레질한다.

⑨ 문틀 아래 쌓인 먼지를 닦는다.

2) 발코니 청소 마감

① 문에 붙어 있는 고무바킹 상태를 확인한다.

② 발코니 문을 닫는다.

③ 시건장치를 점검하고 도난 방지 안내문이 붙어 있는지 확인한다.

3) 커튼 정리

① 간격, 고리 상태를 확인한다.

② 파손된 부분이 있으면 사무실에 연락한다.

③ 간격을 맞추어 주름을 가지런히 정리한다.

④ 흐린 날은 평소에 비해 1.5배 정도를 열어둔다.

⑤ 발코니 출입문을 닦는다.

⑥ 문손잡이, 잠금장치, 문틀을 닦는다.

⑦ 비상대피도와 객실요금표는 잘 부착되어 있는지 확인한다.

4) 진공 청소

객실 안쪽에서부터 나오며 청소한다.

5) 청소 완료 보고

진공청소 도중 전화기쯤에 오면 청소완료 메시지를 입력한다.

6) 도구 재정리

진공청소기 및 각종 청소도구를 꺼내온다.

7) 냄새 확인

필요한 경우 방향제를 객실 중앙을 향해 뿌린다.

8) 실내 온도 확인

겨울에는 22℃, 여름에는 18~20℃에 맞추어 둔다.

9) 마지막 정리

전체적으로 정리정돈 상태를 한눈으로 확인한다.

10) 객실문 닫기

① 도어락 센서에서 마스터키를 뺀다.
② 도어 스토퍼를 뺀다.
③ 객실문을 정확하게 닫는다.

11) 다음 위치로 이동

Working Sheet를 근거로 다음 객실을 확인하고 이동한다.

9. 턴다운 서비스

턴다운 서비스(turn down service)는 호텔이 가정과 같은 친근감을 고객에게 제공하기 위해 특급호텔을 위주로 개발한 서비스의 일종이다. 고객의 잠자리를 돌봐 주는 방법으로 침대 깃을 벗기고 고객이 침대에 쉽게 들어갈 수 있도록 할 뿐만 아니라, 조식주문, 그린카드 활용, 호텔이나 호텔주변의 각종 행사 등에 대한 정보를 제공한다. 세계 제일의 호텔서비스를 자랑하는 방콕 오리엔탈 호텔에는 턴다운 서비스와 함께 매일 색다른 과일과 총지배인의 감사편지를 함께 제공하고 있어 매우 인상적이다. 또한 발 깔개를 침대 옆에 펴놓으므로 최상의 공손함을 표현하기도 한다.

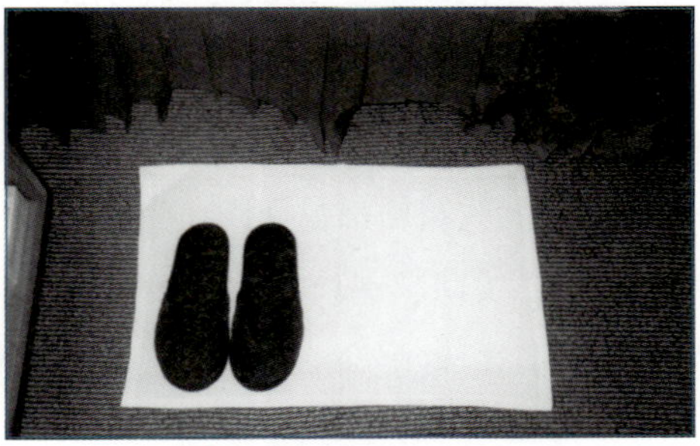

침대 옆의 발 깔개

1) 턴다운 서비스의 일반적인 요령

① 턴다운 서비스는 2인 1개조로 오후 6시부터 통신장비를 휴대하고 VIP, 장기 투숙객, 이그제큐티브 클럽(executive club), 각 층 특실(suite room) 순으로 서비스를 한다.

② 턴다운의 요령은 베개를 덮었던 베드 스프레드(bed spread)를 침대의 1/3가량 접고 다시 침대 끝까지 접는다. 침대 끝에 늘어졌던 스프레드를 위로 접고 좌 · 우 1/3가량 침대 중앙을 향해 접는다. 다시 중앙으로 포개어 접는다.

③ 턴다운 서비스를 할 때에는 손님이 쓰고 난 소모품의 교환 및 타월 보충, 비누, 로션 등을 충분하게 공급한다.

④ DND 또는 이중잠금(double lock)이 되어 있는 방은 퇴근 전에 한 번 더 확인하여 턴다운 서비스가 빠지지 않도록 한다.

⑤ 턴다운 서비스를 하기 전에 필히 객실의 손님 수를 확인하여 두 사람인 경우 더블침대는 양쪽, 트윈침대는 두 침대 모두 턴다운을 해야 한다.

⑥ 트윈침대 방에 손님 한 사람이 방을 쓰는 경우 턴다운 서비스는 화장실 쪽에 가까운 침대를 턴다운 한다.

⑦ 트리플이나 엑스트라 침대가 있는 방에는 객실소모품을 3명이 쓸 수 있도록 충분히 넣는다.

⑧ 늦게 퇴숙한 객실, 룸 체인지된 객실의 경우 객실점유율이 높은 날에는 이 객실들을 다시 판매해야 되므로 그 방부터 정비를 해놓고, 턴다운 서비스를 하고 객실점유율이 낮은 날에는 턴다운 서비스를 우선으로 한다.

⑨ 턴다운 서비스가 일찍 끝났을 때는 각 층의 재떨이 청소, 서비스 에어리어에 문이 꼭 닫혀 있는지 확인하고, 그래도 시간이 남으면 사무실에서 대기하면서 객실관리과 사무실 청소 및 소모품 정리를 한다.

⑩ 턴다운이 끝나면 "좋은 꿈꾸세요(Have a nice dream 또는 Have a good night)" 등의 메시지와 조식 메뉴를 베개 위에 보기 좋게 놓아둔다.

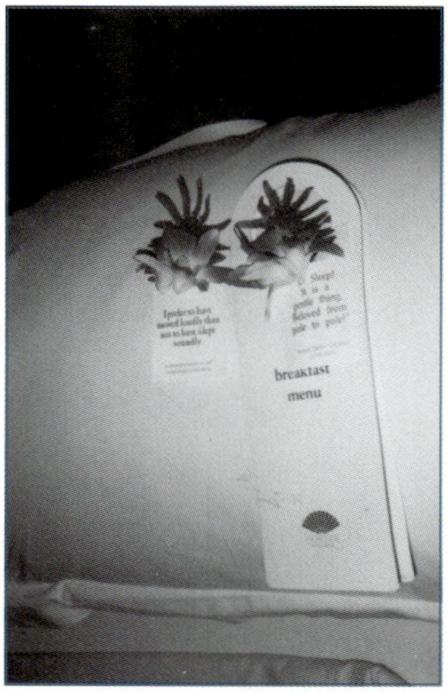

단꿈 메시지와 조식 메뉴

10. 객실복도 청소

① 담당층 근무자는 객실청소를 하기 전 객실층 전체를 둘러보고 이상한 사항이 발견되면 즉시 보고하고, 엘리베이터 앞의 재떨이를 비우고 진공청소기로 카펫 청소를 한다.

② 객실층 복도에 서비스 트레이, 카트 등 손님이 이용하였던 기물들이 있으면 즉시 치우고 깨끗하게 정리정돈 한다.

③ 벽지, 화병, 거울 등에 구두자국 및 청결하지 못한 것을 제거하도록 한다.

④ 객실층 복도에서는 손님의 안면방해가 되는 큰소리 대화를 하지 않아야 한다.

⑤ 소화기, 소화전, 비상등이 정상적으로 있는지 확인하며 이상 발생 시 즉시 보고한다.

11. 리넨 클로셋(linen closet)과 서비스지역 청소

① 리넨 클로셋에는 모든 비품이 깨끗이 정리정돈이 되어 있어야 하며, 문은 항상 잠겨 있어야 한다.

② 불필요한 물건, 음식 등은 보관하지 않도록 한다.

③ 종업원 엘리베이터 앞 주위에는 안전사고가 나지 않게 치워져 있어야 하며 바닥에 물기가 없도록 한다.

④ 화장실은 공동으로 사용하는 곳으로 청결하게 사용하도록 한다.

12. 객실정비원의 객실 화재, 위생, 안전에 대한 교육

1) 객실정비원의 화재예방

① 호텔건물 내에서 인화물질을 다룬다든지 화재의 우려가 있을 때에는 안전관리과로 즉시 연락을 하여 화재예방에 힘쓴다.

② 객실정비 시 고객이 사용한 재떨이의 꽁초는 쓰레기 봉지에 버려서는 안 되며, 변기 혹은 물을 담은 별도의 통에 버려 남은 불씨로 인해 화재가 발생되지 않도록 한다.

③ 화재가 발생되면 :

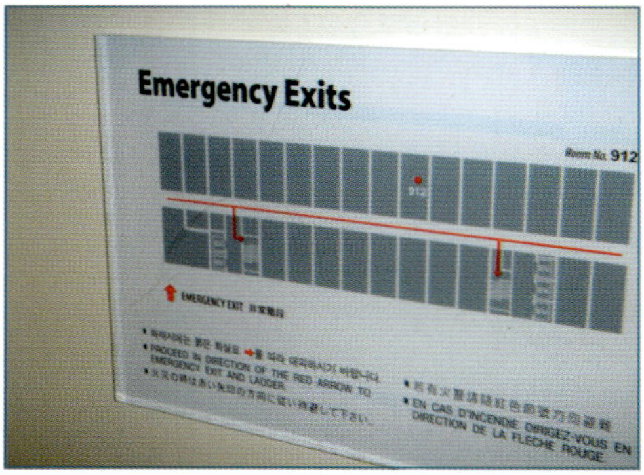

- 전화교환(0번) 혹은 당직지배인, 객실관리부 사무실로 즉시 현 위치, 화재 종류, 보고자를 통보한다.
- 초기진압을 위한 소화기의 사용은 안전핀을 뽑고 호스를 향해 손잡이를 눌러 비로 쓸 듯이 분출시킨다. 이때 바람을 등지고 한다.
- 객실 내의 화재 감지기는 연기에 의해 작동되는 감지기로서 작동되면 객실 문 밖 상단에 붉은 등이 켜지며 방재실에서는 스프링클러(sprinkler)가 터지면서 다량의 소화수가 뿌려진다.
- 객실관리과의 화재 시 임무는 우선 고객 대피를 위한 유도를 해야 하며 객실 마스터 키(master key)를 반출한다.
- 객실 대피방법은 각 층 양쪽 또는 중앙에 비상계단이 있고 서비스 구역에 완강기가 비치되며 각 객실에 비상로프, 방염 마스크, 손전등이 비치되어 있다.

2) 객실정비원의 위생

① 객실정비원은 고객이 이용하는 객실을 정비해야 하므로 위생에 유의한다.

② 근무복은 항상 청결하게 세탁된 것으로 착용해야 한다.

③ 머리의 상태가 깨끗하게 손질되어야 한다.

④ 손톱을 짧게 깎아야 하며 항상 비눗물로 세척한다.

⑤ 식사 후에는 반드시 양치질을 해야 하며, 고객에게 불쾌감을 주지 않도록 한다.

⑥ 특히 전염성 눈병 등이 발생할 때에는 휴가 신청 후 치료하여 타인에게 전염이 안 되도록 각별한 주의가 필요하다.

⑦ 객실뿐 아니라 서비스지역에 불필요한 음식물을 두어 해충이 발생하지 않게 하며 쓰레기통 주위도 항상 청결하게 한다.

⑧ 자신의 건강을 유지하기 위해 항상 신체를 청결하게 한다.

3) 객실정비원의 안전

① 객실정비 시 불안전한 요소는 없는가를 확인하고 주위를 관찰한다.

② 무거운 물건을 들 때에는 허리 힘을 사용하지 말고 무릎을 구부려서 들어 올린다.

③ 룸 어텐던트 카트를 밀 때에는 앞에 장애물이 있는지 확인한다.

④ 객실청소 시 높은 곳에 올라가서 일할 때에는 안전한 받침대를 놓고 한다.

⑤ 욕실청소 시 물기 있는 곳을 딛고 올라가서 미끄러지지 않게 유의한다.

⑥ 서비스 지역의 제빙기 주위에 얼음 및 물기를 제거하여 미끄러지지 않게 유의한다.

⑦ 인체에 해로운 세제를 사용할 때에는 안전한 복장 및 장비를 착용한 후 인체에 닿지 않게 작업에 임해야 한다.

제2절 객실점검업무

1. 객실점검원의 중요성

호텔은 주기적으로 자사의 상품이 가치를 유지하고 있는지 점검하여 이에 따른 개·보수 계획을 수립한다. 객실은 최소한 1년에 한 번은 대청소를 해야 하고, 벽, 천장, 환풍구, 에어컨, 온방기계, 창문, 욕실, 커튼, 침대 덮개, 베개, 의자의 천 등은 계획에 따라 3개월, 6개월 간격으로 세탁, 세척, 대청소를 하여야 한다. 이에 따른 리스트는 평소 객실상태에 대한 현장점검으로 이루어지며, 업무는 객실관리부서장, 부지배인, 객실 점검주임(room inspector supervisor) 등이 책임감을 가지고 수행한다. 점검계획(inspection plan)은 객실의 판매빈도, 청소의 수준 등에 의해 결정되지만, 청소점검의 눈높이는 객실점검주임의 능력과 일치한다고 볼 수 있다. 책임감 있게 원칙을 지키는 객실점검원이 많을수록 그 호텔의 객실상품관리는 잘될 수 있다. 이에 따라 고급화된 객실의 질이 가격을 결정하고 이는 바로 고객관리의 주요 항목이 된다. 왜냐하면 고객은 객실의 시설과 정성어린 청결서비스를 높은 값에 함께 구입하므로 세심한 배려가 필요하다.

2. 객실점검원의 기능

1) 객실점검원의 기본업무

① 객실정비원의 업무수행에 필요한 장비, 보급품의 확보 여부 점검
② 객실정비원 개개인의 업무에 대한 작업상황 직접 감독
③ 신임 종사원 교육
④ 작업배정 및 재교육

⑤ 항상 비판적인 안목으로 점검
⑥ 부하직원에게 따뜻한 인간적 배려
⑦ 항상 솔선수범과 지도자 위치 유지
⑧ 객실정비원과 일체감 조성에 노력
⑨ 고객서비스를 제일의 목표로 업무수행

2) 객실점검원의 업무내용

① 매일 아침 상사로부터 업무상 작업지시 수령
② 야간근무자로부터 보고 청취
③ 객실정비원 출근상태 확인
④ 객실정비원 복장 확인 및 작업지시
⑤ 객실층 마스터 키(FM Key) 인수 및 배정
⑥ 객실 및 서비스지역 체크
⑦ 사용한 침대수 확인 기록
⑧ 객실상태 확인
⑨ 분실물 확인
⑩ 대출품목 확인 및 재배치
⑪ 객실점검 카드 제출
⑫ 복도와 천장등 및 벽의 각종 비상등 상태 확인
⑬ 소화기 이상 유무 및 청결상태 확인
⑭ 비상문의 개폐상태 확인
⑮ 카펫 청결상태 및 청소용품의 위치, 상태 확인
⑯ 각종 부착물 및 안내판 상태 확인
⑰ 객실정비원 카트에 보유된 리넨 및 보급품의 적정선 여부 확인
⑱ 계획에 의한 객실 점검 및 이상 유무 확인

⑲ 객실사용 현황 및 리넨 사용기록 집계
⑳ 당일 완성된 객실 점검
㉑ 객실 비품 및 고정자산 상태 점검
㉒ 객실 내용물 점검, 카펫 및 커튼 확인
㉓ 객실 미니바(in room refreshment) 냉장고 상태 확인
㉔ 경미한 고장사항 정리
㉕ 습득물 점검
㉖ 고객 소유물 이상 유무 및 흉기, 불온문서 체크
㉗ DND 객실 체크
㉘ 객실층(guest floor) 순시
㉙ 야간 준비물 확인
㉚ 청소완료 보고 확인
㉛ 전일 미완성 수리부문 점검
㉜ 금일 미완성된 수리내용 확인 기록
㉝ 전열기, 음식물 등 고객 개인물건 사용 체크
㉞ 세탁물 인계 · 인수 확인
㉟ 객실상황 보고서 작성 및 배부
㊱ 기타 지시된 사항 확인

3. 객실의 배정

객실주임은 객실정비원이 출근하기 전에 먼저 출근하여 일일객실 종합현황(house status), 각 객실별 현황(room status), 층별 현황(floor plan)의 프로그램을 활용하여 개인별 작업량을 할당한다. 객실배정 기초자료를 컴퓨터로 출력하고 작업량을 근무인원과 객실의 상황에 맞게 근무시간을 조정하면 된다. 작업량 할당이 끝나면 전

달사항을 알려주고 하루의 작업이 즐거운 마음으로 이뤄지도록 동기부여한다. 어떤 호텔에서는 객실정비원이 근무지역을 고정적으로 배치하여 청결유지를 경쟁시키기도 한다.

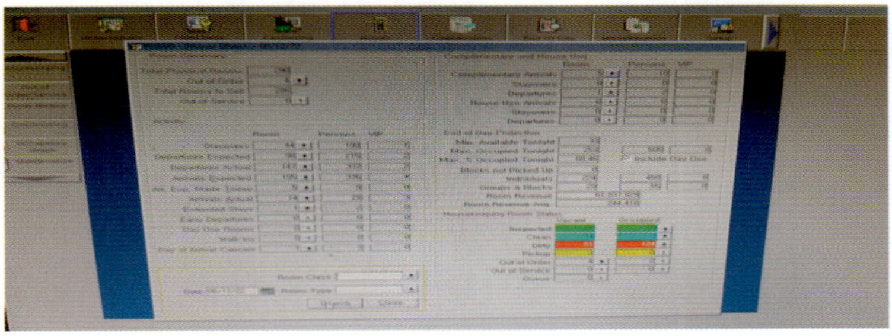

일일 객실종합현황

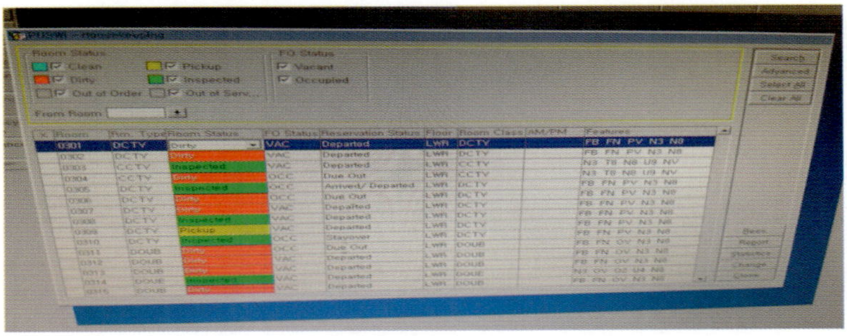

각 객실별 현황

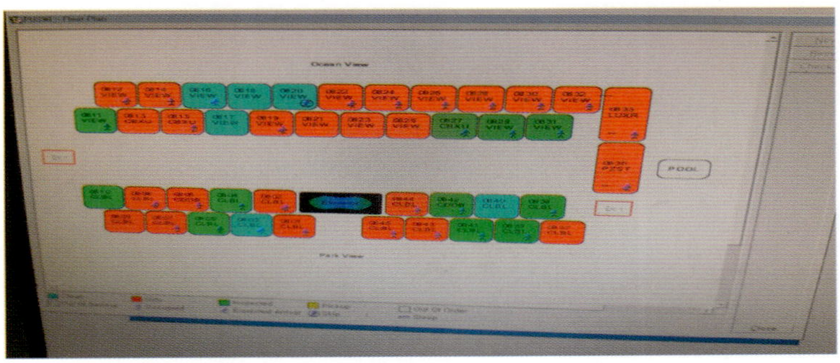

층별 현황

4. 객실점검과 사후조치

객실주임은 객실정비원에게 작업배정을 끝내고 객실층에 가서, 지난 밤 미판매된 객실을 체크하고 객실보고서(Housekeeping Report)를 작성하여 객실영업부서의 보고서와 대조하여 이상이 있는 방을 확인한다. 또한 오후에도 정비가 끝난 객실을 체크하여 보고서를 작성하고, 보고 또는 전달사항을 기록하고 일일업무를 마감한다. 그뿐만 아니라 매월 말에는 모든 객실을 정기점검 후 체크리스트를 작성하고, 시설관리부서와 협조하여 시설관리 측면에서 예산을 확보하고 영선하도록 업무협조를 한다. 이 모든 사항은 가정을 떠난 고객에게 가장 멋있고 깨끗하며 정감이 넘치는 가정을 제공하겠다는 장인정신을 발휘하여 업무를 추진할 때 가능해진다.

1) 객실점검

① 문, 문틀에는 먼지, 손자국, 구두자국이 없도록 깨끗하게 해야 한다.

② TV는 정상적으로 작동하며 스크린에 손자국, 먼지 등이 없어야 한다.

③ 전기 스위치, 램프의 작동이 정상이며 갓에 먼지 등이 없어야 한다.

④ 객실 벽은 얼룩이 없는지, 페인트할 곳은 없는지 점검한다.

⑤ 카펫 진공청소는 철저하게 해야 하며 얼룩이 있으면 연락하고 가구의 밑과 뒤에 먼지가 없어야 한다.

⑥ 창문틀에 먼지, 모래 등이 없어야 한다.

⑦ 호텔마다 시설의 차이는 있겠지만 완자문이 설치된 호텔은 완자문에 얼룩, 먼지, 찢어진 곳이 없어야 한다.

⑧ 침대 덮개(bed spread)는 규정대로 잘 덮여 있어야 한다.

⑨ 침대 꾸미기 규정에 맞게 되어 있는지 확인하고, 리넨, 베갯잇(pillow case)은 깨끗한 것으로 교체해야 한다.

HOUSEKEEPER'S REPORT

Total Rooms Occupied 147
Total Rooms Vacant ~~158~~ 190
Check Outs ~~45~~ 13
Stayovers
Out of Order 3

Date 11/4
Prepared By R. J. Housekeeper

Room	OCC	R	C/O	Room	OCC	R	C/O	Room	OCC	R	C/O	Room	OCC	R	C/O	Room	OCC	R	C/O	Room	OCC	R	C/O	Room	OCC	R	C/O	Room	OCC	R	C/O
1001	✓			1068		✓		1228		✓		2051		✓		2110		✓		3015		✓		3079		✓		3222		✓	
1002			✓	1071	✓			1229	✓			2053	✓							3016		✓		3080	✓			3223		✓	
1003	✓			1072		✓		1230	✓			2055		✓		2202		✓		3017		✓		3081	✓			3224		✓	
1004	✓			1073			✓	1231		✓		2057			✓	2204		✓		3019		✓		3083	✓			3225		✓	✗
1005		✓		1074	✓							2059	✓			2205	✓			3021	✓			3085		✓		3226	✓		
1006		✓		1075	✓							2061		✓		2206		✓	✗	3023	✓			3087		✓	✗	3227		✓	
1007	✓			1076		✓		2001		✓		2062		✓		2207	✓			3025	✓			3089	✓			3228		✓	
1008	✓			1077		✓		2002		✓		2063		✓		2208		✓		3027		✓		3091	✓			3229	✓		
1009		✓	✗	1078	✓			2003		✓		2064	✓			2209		✓		3031		✓		3093	✓			3230	✓		
1010		✓	✗	1079	O	O	O	2004			✓	2065		✓		2210	✓			3032	✓			3095	✓			3231		✓	
1011	✓			1081		✓		2005	✓			2066		✓	✗	2211	✓			3033		✓	✗	3096		✓		4070		✓	
1012		✓		1083	✓			2006	✓			2067		✓	✗	2212		✓		3035	✓			3097	✓			4071		✓	
1013		✓		1085		✓		2007		✓		2068		✓		2213	✓			3037	✓			3098		✓	✗	4072	✓		
1014	✓			1087	✓			2008	✓			2070	✓			2214		✓		3038		✓	✗	3099	✓			4073		✓	✗
1015		✓		1091		✓	✗	2009		✓		2071	✓			2215		✓		3039	✓			3100	✓			4074		✓	
1016	✓			1093	✓			2010		✓	✗	2072			✓	2216	✓			3040		✓		3101	✓			4075	✓		
1017	✓			1095		✓	✗	2011		✓		2073	✓			2217	✓			3041		✓		3102		✓		4076		✓	
1021		✓	✗	1096		✓		2012		✓		2074		✓		2218		✓		3043	✓			3103	✓			4077	✓		
1023		✓		1097		✓		2013	✓			2075	✓			2219		✓		3045		✓		3104		✓	✗	4078	✓		
1025		✓		1098		✓		2014		✓	✗	2076		✓		2220	✓			3046	✓			3105	✓			4079	✓		
1027			✓	1099		✓		2015		✓		2077		✓		2221		✓	✗	3047		✓		3106	✓			4080		✓	
1029		✓		1100		✓		2016		✓		2078	✓			2222	✓			3049	✓			3107		✓		4081	✓		
1031		✓		1101	✓			2017		✓		2079		✓		2223	✓			3051		✓	✗	3108		✓		4083	✓		
1032		✓	✗	1102	✓			2019	O	O	O	2080	✓			2224		✓		3053	✓			3110		✓		4085	✓		
1033		✓		1103		✓		2021	✓			2081		✓		2225	✓			3055	✓			3201	✓			4087		✓	
1034	✓			1104		✓	✗	2023	✓			2083	✓			2226		✓		3057		✓		3202		✓		4089		✓	
1036	✓			1105		✓		2025		✓		2085		✓	✗	2227	✓			3059		✓		3204		✓	✓	4091		✓	
1038		✓		1106	✓			2027	✓			2087		✓		2228		✓		3061	✓			3205	✓			4093			✓
1040	✓			1107	✓			2029	✓			2089	✓			2229			✓	3062	✓			3206		✓		4095		✓	
1042		✓		1108		✓		2031		✓		2091		✓		2230	✓			3063		✓		3207	✓			4096		✓	
1044	✓			1213		✓		2032		✓		2093	✓			2231	✓			3064	✓			3208		✓		4097		✓	
1046	O	O	O	1214		✓	✗	2033		✓	✗	2095		✓		3001		✓		3065		✓		3209	✓			4098	✓		
1049		✓		1215		✓		2034	✓			2096	✓			3002		✓		3066			✓	3210	✓			4099		✓	✗
1051		✓		1216		✓		2035		✓		2097		✓	✗	3003	✓			3067	✓			3211		✓		4100	✓		
1053	✓			1217	✓			2037		✓		2098	✓			3004		✓		3068		✓		3212	✓			4101	✓		
1055		✓	✗	1218	✓			2038	✓			2099		✓		3005		✓		3070	✓			3213	✓			4102		✓	
1057		✓		1219		✓		2039		✓		2100		✓		3006		✓		3071		✓		3214		✓		4103	✓		
1059	✓			1220		✓		2040	✓			2101	✓			3007			✓	3072	✓			3215	✓			4104		✓	
1061		✓		1221			✓	2041	✓			2102	✓			3008	✓			3073		✓		3216		✓		4105	✓		
1062	✓			1222		✓		2042	✓			2103	✓			3009		✓		3074	✓			3217		✓		4106		✓	
1063		✓		1223		✓		2043	✓			2104		✓		3010	✓			3075		✓	✗	3218			✓	4107		✓	✗
1064	✓			1224	✓			2045		✓		2105	✓			3011	✓			3076		✓		3219	✓			4108		✓	
1065		✓		1225		✓		2046	✓			2106	✓			3012		✓		3077		✓		3220	✓			4110		✓	✗
1066		✓		1226	✓			2047	✓			2107		✓		3013		✓	✗	3078		✓		3221		✓					
1067			✓	1227		✓		2049		✓		2108		✓		3014	✓														

하우스키핑 보고서

☺ The World Best Smile Hotel, Busan Guest Room Maintenance Checklist(Page 1 of 4)

Room Number

FORM "A"

Checked By : ______________________ Date : ______________________

Follow-up Inspection By : ______________________ Date : ______________________

		NATURE OF REPAIR NEEDED	DONE BY (INITIAL)	DATE
ENTRY DOOR	Door closer works			
	Locks automatically			
	Peephole in place			
	Chain on correctly			
	Door stop			
	Door strike			
	Security Plague			
ALL DOORS	Damaged			
	Thresholds			
	Handles			
	Locks work			
	Squeaking			
	Frames			
	Paint/Finish			
	Door strike fastened			
CLOSET	Hangers/hooks			
	Vale Pak hook			
	Shelf			
	Light/auto. switch			
	Clothes rod			
	Door fits/locks			
PAINT/VINYL	Walls: condition			
	Ceiling: condition			
	Inside closet			
ELECTRICAL	Lamps working			
	Switches in place			
	Cover plates/all sockets			
	A/C control			
	Clock/proper time/S hook			

Guest Room Maintenance Checklist(*cont.*) (Page 2 of 4)

Room Number

Checked By : ________________ Date : ________________

Follow-up Inspection By : ________________ Date : ________________

		NATURE OF REPAIR NEEDED	DONE BY (INITIAL)	DATE
ELECTRICAL(CONT.)	Message light			
	Electric blanket controls			
	Ligh bulbs (specify)			
	Electrical cords tied			
TV	Reception			
	Color			
	Antenna wire in place			
	Power wire plugged in			
	Control knobs			
RADIO	Working			
AIR CONDITIONER	Control buttons			
	Thermostat set			
	Unit clean			
	Covers in place			
DRAPERIES	Tracks working			
	Blackout when closed			
BASEBOARDS	In place			
WINDOWS	Frames			
	Handles			
SLIDING DOORS	Frames			
	Handles			
	Lock			
FURNITURE	Handles on drawers			
	Drawers slide properly			
	Headboards loose			
	Bedframe connected			
	Chair leg casters			
OTHER				

Guest Room Maintenance Checklist(*cont.*) (Page 3 of 4)

Room Number

Checked By : ______________________ Date : ______________________

Follow-up Inspection By : ______________________ Date : ______________________

		NATURE OF REPAIR NEEDED	DONE BY (INITIAL)	DATE
BATHTUB	Enamel			
	Grouting			
	Tile			
	Soapdish			
	Plug/drain stopper			
	Faucets/leaks			
	Shower head			
	Shower control			
	Water pressure/temperature			
	Does tub hold water			
	Clothesline			
	Shower rod			
	Shower curtain rings			
	Shower door			
	Shower door tracks			
TOILET	Flush			
	Water temperature			
	Seat			
	Seat bumpers			
	Water leaks			
	Water pressure			
	Cracks or discoloring			
	Grouting around stool			
VANITY	Grouting			
	Cracks			
	Metal soap dish			

Guest Room Maintenance Checklist(*cont.*) (Page 4 of 4)

Room Number

Checked By : ______________________ Date : ______________________

Follow-up Inspection By : ______________________ Date : ______________________

		NATURE OF REPALR NEEDED	DONE BY (INITIAL)	DATE
BASIN				
FIXTURES				
MIRROR				
TILE				
WALLPAPER				
PAINT				
OTHER				

☺ **The World Best Smile Hotel, Busan**
Guest Room Preventive Maintenance/Weekly Repot

Week Ending ______________________________

THIS WEEK					YEAR-TO-DATE			
Building	Rooms Scheduled	Rooms completed	Variance	Labor Cost Per Room	Rooms Scheduled	Rooms Completed	Variance	Labor Cost Per Room
Remarks :					Remarks :			

주별 객실유지관리 보고서

⑩ 가구는 정위치에 놓여 있고 먼지 등이 없어야 한다.

⑪ 객실소모품은 정위치에 놓아두고, 새것으로 교체해야 한다.

⑫ 재떨이, 성냥은 정위치에 놓아두어야 한다.

⑬ 서랍 안은 청결한지, 분실물이 들어 있는지 확인한다.

⑭ 휴지통은 깨끗하게 비워져 있어야 한다.

⑮ 그림은 똑바로 걸려 있어야 하고 테두리는 먼지 등이 없어야 한다.

⑯ 전화기는 정상작동하며 깨끗하게 닦아야 한다.

⑰ 시계는 정상적으로 작동하며 시각이 정확한지 점검한다.

⑱ 에어컨은 정상적으로 작동하며 주위는 깨끗하게 정비되어야 한다.

⑲ 옷장 안 바닥에도 진공청소는 철저히 해야 되며, 구둣주걱, 구두 닦는 천, 옷솔이 잘 정돈되어야 한다.

⑳ 연결 문(connecting door)은 잠긴 상태를 확인해야 한다.

2) 욕실 및 욕조 체크

① 욕실 안 전등은 작동하고 청결상태는 완벽해야 한다.

② 거울에는 물자국, 손자국 등이 없어야 한다.

③ 타월은 반듯하게 접어서 선반 위에 올려져 있어야 한다.

④ 물컵은 깨끗이 닦아 정위치에 비치되어야 한다.

⑤ 휴지 끝은 잘 접어서 호텔의 심벌마크를 찍어야 한다.

⑥ 철제품, 티슈 덮개, 문고리 등 신주 장식은 광택이 나야 한다.

⑦ 소모품은 정위치에 잘 정돈하여 비치해 두어야 한다.

⑧ 변기 안과 밖, 뒤는 깨끗하게 세척하고 물 내림 동작은 정상적인가 확인하여야 한다.

⑨ 샤워기, 세면대, 물마개, 수도꼭지 등은 광택이 나야 한다.

⑩ 비누접시는 깨끗하게 세척 후 비누를 놓아야 한다.

⑪ 고무매트(rubber mat)는 깨끗하게 닦아 잘 말아서 정위치에 두어야 한다.

⑫ 빨랫줄은 작동하는지 확인해야 한다.

⑬ 샤워커튼은 물기가 없이 깨끗하게 정위치에 걸려 있어야 한다.

⑭ 욕실 천장, 벽, 바닥의 타일은 깨끗하게 세척하며 물기가 없어야 한다.

⑮ 환기통은 깨끗하게 정비되어야 한다.

⑯ 욕실 문에 얼룩, 손자국이 없어야 한다.

⑰ 욕실 문은 약 15~20cm 열어 두어야 한다.

객실정비원 점검표

객실번호 ______________ 룸어텐던트 ______________ 일시 ______________ 점검자 ______________

No.	상 세 항 목	점수(0-5)
	객실 입구 점검	
1	문, 문틀(DND사인, 비상안내도, 객실요금표), 도어체인, 입구천장배기구	
2	옷장(옷걸이 10개 - 남 5개, 여 5개, 방독면, 완강기, 손전등, 금고/사용법, 구두바구니, 구두닦이, 구둣주걱, 옷걸이 봉, 잠옷 2벌, 슬리퍼 2켤레, 체중계), 문살, 문 개폐 상태 등	
3	에어컨 온도 - 겨울 20도, 여름 18~20도	
4	미니 바와 냉장고(품목, 청결상태, 선입/선출, 유통기한, 온도, 성에), 냉장고 문, 고무바킹, 유리컵 - 컵, 뚜껑, 받침, 얼음통, 얼음집게, 머들러, 냅킨, 병따개, 미니 바 안내문, 미니 바 영수증 홀더, 영수증, 볼펜, 종이 깔개 등	
	베드 룸 및 리빙 룸 점검	
1	상쾌한 향기	
2	전체 가구의 작동 및 청결, 짐 선반, TV 캐비닛, 티 테이블, 데스크, 나이트 테이블, 헤드 보드, 전체 서랍 내부, 바지다리미	
3	TV, 채널, 리모컨, 턴 테이블	
4	전화기: 메모지, 연필 한 자루, 전화선 정리상태, 모뎀	
5	테이블: 팩시밀리 안내문, 팩시밀리 자판	
6	인쇄물: 디렉터리, 룸 서비스 메뉴, 조식 메뉴 2장, DND 카드, 팩스 안내문, 호텔월간지	
7	문구류 홀더: 편지지 대·소 각 3장, 봉투 각 2장, 팩스 안내문, IDD 안내문, 엽서 3장, 볼팬 1개, 플래티늄 안내문, 조깅 안내도, 해운대 관광지도, 길 안내문, 마사지 안내문, 불편엽서 3장, 설문지, 카지노 안내문, 객실요금표 - 국어, 영어, 일어	
8	서랍 내부: 세탁물 봉투 2개, 세탁물 리스트 각 3장, 바느질 세트 1개, 침대 옆 서랍: 성경, 불경, 전화번호부, 옐로 페이지	
9	의자 천 부분과 소파 청결 정도	
10	벽, 벽 아래 나무 테두리, 천장, 배기구, 환풍구	
11	그림 액자, 거울, 조각품 등	
12	커튼, 얇은 커튼, 문 레일, 장식 천, 수목 먼지와 건강상태	
13	유리, 유리문 틀	
14	발코니: 바닥, 핸드 레일, 의자, 테이블, 문 시건장치, 도난방지 안내문, 고무바킹	
15	전등 갓, 조명, 스위치	
16	쓰레기통, 티슈 1통	
17	과일, 꽃, 그 외의 어메니티	
18	침대, 스프레드, 쿠션, 스커트, 침대 아래, 베개, 베개 커버	
19	카펫: 진공청소 상태, 오점 제거	
20	전체적인 정돈상태	
	재실 주인 객실 점검	
1	고객 신발 정리, 슬리퍼 청결상태	
2	고객 의류는 단정하게 개어져 옷장이나 서랍에 있는가?	

P호텔의 객실정비 점검표

제3절 프로호스트 시스템

각급 호텔들은 효율적인 인력관리와 고객접점지역의 깨끗한 환경유지를 위해 객실정비업무의 과학화를 시도하고 있다. 스타우드 호텔 그룹은 프로호스트(ProHost)사와 업무제휴를 맺고 객실정비 과학화에 힘쓰고 있어 고객으로부터 호평을 받고 있다. 외국을 여행하면서 젊은 여성과 남성이 객실정비를 하고 있는 것을 많이 보아 왔지만, 우리나라는 아직까지 객실정비는 기혼 여성의 전유물로 여기고 있다. 이런 측면에서 볼 때 프로호스트 시스템은 생산성 향상에 도움이 되리라 본다. 이 시스템의 특징은 객실정비원(room attendant)이 객실정비를 하기 위하여 모든 장비를 손수 챙기고 리넨류, 소모품, 세제 등 무거운 물품을 운반해야 하는 수고를 덜어주어 객실정비에만 열중하게 하므로 인력활용, 불필요한 자재를 쌓아 두지 않아 비용절감 면에서 효율성이 돋보이며, 항상 고객의 장소인 복도가 지저분하지 않고 깨끗이 관리될 수 있다는 것이다.

프로호스트 시스템의 서플라이어

1. 프로호스트 시스템의 주요 내용

① 객실정비원의 카트가 모빌 서플라이어(Mobile Supplier), 모빌 콜렉터(Mobile Collector), 슈퍼 서플라이어(Supper Supplier)로 구분되어 활용된다.

② 객실정비원은 더 이상 카트를 준비하거나 끌고 다닐 필요가 없다.

③ 객실정비원이 객실업무에 필요한 모든 품목은 모빌 안에 준비되어 있다.

④ 모빌에는 하루 종일 쓸 충분한 양의 리넨, 객실편의품, 객실소모품, 세제, 청소용구가 들어 있다.

⑤ 모빌은 매일 똑같은 방법으로 준비되고 보급된다.

⑥ 장비와 리넨이 든 모빌은 아무나 열 수 없게 제작되어 있다.

⑦ 사용한 리넨, 걸레, 쓰레기는 분리수거되어 깨끗하다.

⑧ 객실정비원의 업무가 단조롭고 효율적이다.

⑨ 청소장비와 도구들은 미리 준비되어 있다.

⑩ 객실복도가 깨끗이 관리되므로 고객의 기분 좋은 체류를 보장한다.

⑪ 고객은 더 이상 사용한 너절한 리넨을 보지 않아도 된다.

⑫ 자원배분이 체계적으로 이루어지므로 관리가 편하다.

⑬ 문제해결을 쉽고 체계적으로 할 수 있다.

2. 동원되는 장비

1) 모빌 서플라이어(ProHost Mobile Supplier)

모빌 서플라이어에는 객실정비원이 객실정비에 필요한 장비, 리넨, 소모품, 세제가 실려 있는 카트로서 보통 4실 정도를 청소할 수 있는 양이 적재되어 있다.

모빌 서플라이어

2) 모빌 슈퍼 서플라이어(ProHost Mobile Supper Supplier)

모빌 슈퍼 서플라이어에는 모빌 서프라이어보다 높이가 더 높아 더 많은 리넨, 소모품, 세제를 적재하여 객실정비원에게 추가적으로 공급하는 대형 모빌이다.

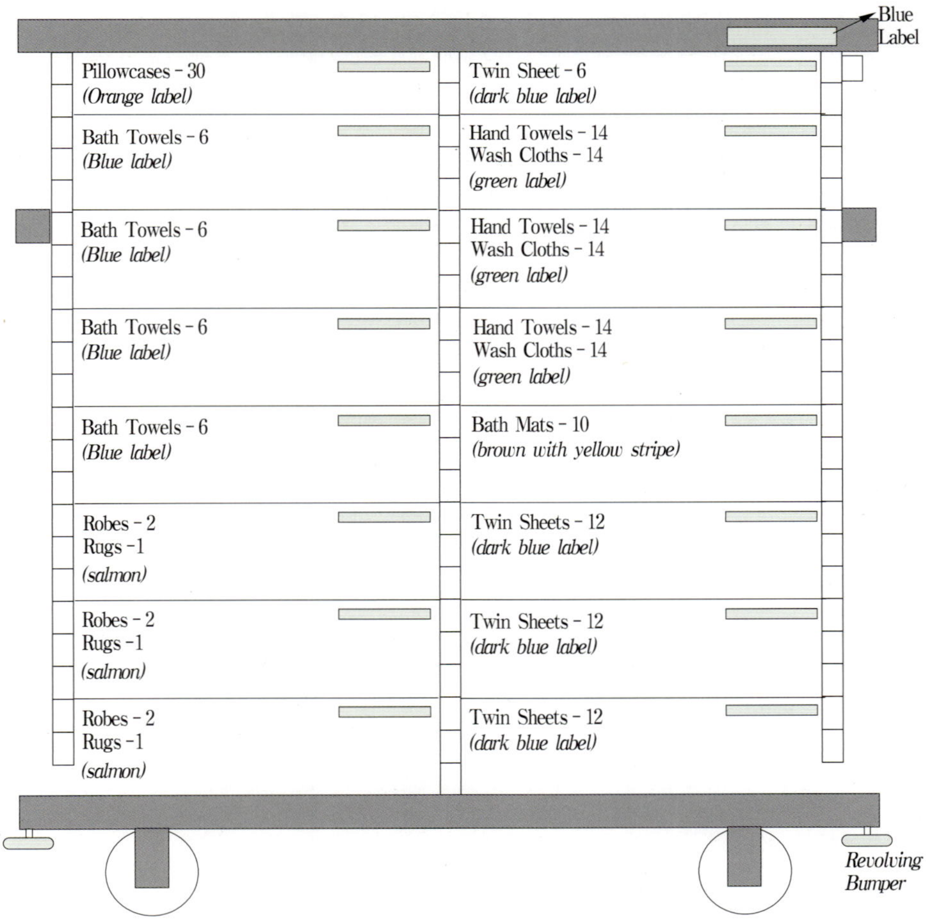

모빌 슈퍼 서플라이어

3) 턴다운용 모빌 서플라이어(ProHost Mobile Supplier-Turndown)

턴다운 서비스 어텐던트를 위한 모빌로서 주로 타월류와 턴다운에 필요한 물품만 적재한다.

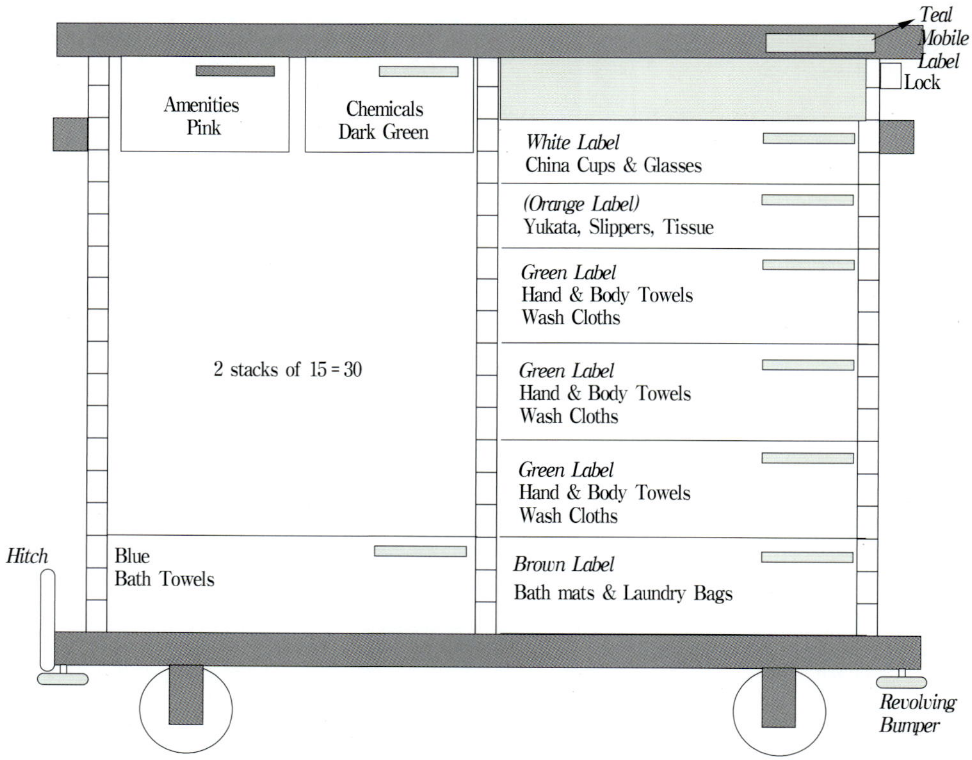

턴다운 모빌 서플라이어

4) 모빌 콜렉터(Mobile Collector)

객실에서 나오는 사용한 리넨, 쓰레기, 사용한 유리컵, 재활용품 등을 분리수거할 수 있는 모빌로서 다른 모빌보다 간편한 구조이다.

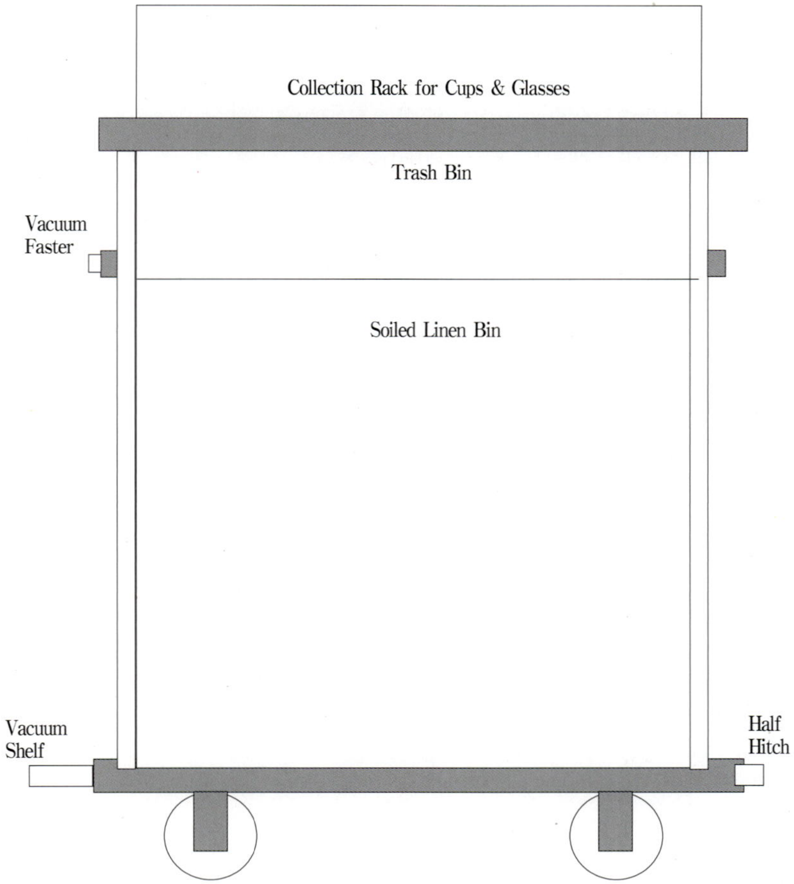

모빌 콜렉터

5) 리넨 및 소모품 창고(linen & supplies storeroom)

리넨, 소모품, 세제 등을 재장착하기 위해 만든 창고이며, 여기에는 모빌의 함(tote)에 보충할(refill) 수 있는 공간이 필요하다. 또한 세탁실과 가까워야 리넨 수급이 용이하며, 소모품의 재고관리를 할 수 있는 선반 등도 있어야 한다.

6) 모빌창고(floor Mobile storeroom)

적재된 모빌을 다음날 객실정비원이 쓸 수 있도록 임시 보관하는 창고를 각 층에 설치하여야 하고 시건장치가 되어 있어야 한다. 객실 층별 객실 보유수에 따라 다르겠지만, 대형 모빌 2대, 소형 모빌 3대 정도가 들어갈 수 있도록 공간이 확보되어야 한다.

7) 함(Tote)

함지박 같은 모양의 적재함으로 리넨, 소모품, 세제함 등으로 구분되어 있고 함에는 색상구분 코드(color code)가 붙어 있어 내용물의 식별이 편리하게 디자인되어 있다.

3. 함(Tote)에 적재

리넨, 객실소모품의 재고관리를 철저히 하고, 필요한 시기에 필요한 양을 객실층에 공급할 뿐 아니라 이동시간과 작업시간을 최소화하기 위해 리넨 담당(linen attendant)은 이 적재함에 필요한 시트(sheet), 타월(towel), 객실소모품(room amenities), 인쇄물과 문구류(printing & stationeries), 세제(soaps & chemicals) 등을 구분하여 넣는다. 함마다 색으로 구분하는 스티커가 부착되어 있어 구분이 용이하다. 모빌의 이동은 힘이 다소 센 남자직원이 담당한다.

1) 모빌 회수와 준비작업

① 오후조는 각 층에 있는 빈 모빌을 가져온다.
② 빈 편의품 함을 내려놓는다.
③ 빈 소모품 함을 내려놓는다.
④ 화공 세제를 병에 채운다.
⑤ 화장지, 티슈, 세탁봉투, 쇼핑백 등을 채운다.
⑥ 시트, 베개 피, 깔개 등을 채운다.

2) 모빌에 보충

① 일지(daily log book)를 꺼낸다.
② 모빌 보충지역에서 왜건을 청소한다.
③ 엘리베이터 근처에 있는 리넨을 모빌에 적재한다.
④ 유리컵, 휴지, 티슈, 세탁봉투, 쇼핑백 등의 적재 여부를 점검한다.

3) 객실층에 배치

① 준비된 모빌과 객실층의 빈 모빌을 교체한다.
② 교체할 함이 불충분할 때에는 모빌을 객실 층에서 내려오는 즉시 오후조 객실정비원과 턴다운 서비스요원이 빈 함을 채운다.
③ 적재가 끝나면 당일 지급된 리넨, 소모품, 세제 등의 수를 장부에 기록하여 당일 재고조사를 하고 주기에 미달되는 물품은 리넨실 행정요원을 통해 구매 신청하도록 한다.

4) 모빌 보충방법(mobile restocking guide)

모빌은 아래 그림과 같은 방법으로 보충한다.

① S-토트에 컬러 코드별로 깨끗한 시트, 타월, 편의품, 객실 및 청소용품을 적재한다.
② 모빌 서플라이어의 접기식 문(tambour door)을 연다.
③ 모빌 서플라이어의 H-토트에서 사용한 객실편의품을 교체한다.
④ S-토트를 열어 타월류를 채운다(이때 사용가능한 타월은 그대로 적재한다).
⑤ S-토트에 적재된 깨끗한 시트, 타월, 편의품, 객실 및 청소용품을 바꿔 끼운다.
⑥ 토트가 적재된 것을 확인하고 모빌을 잠근다. 이 작업은 끝나면 다른 모빌에 적재한다.

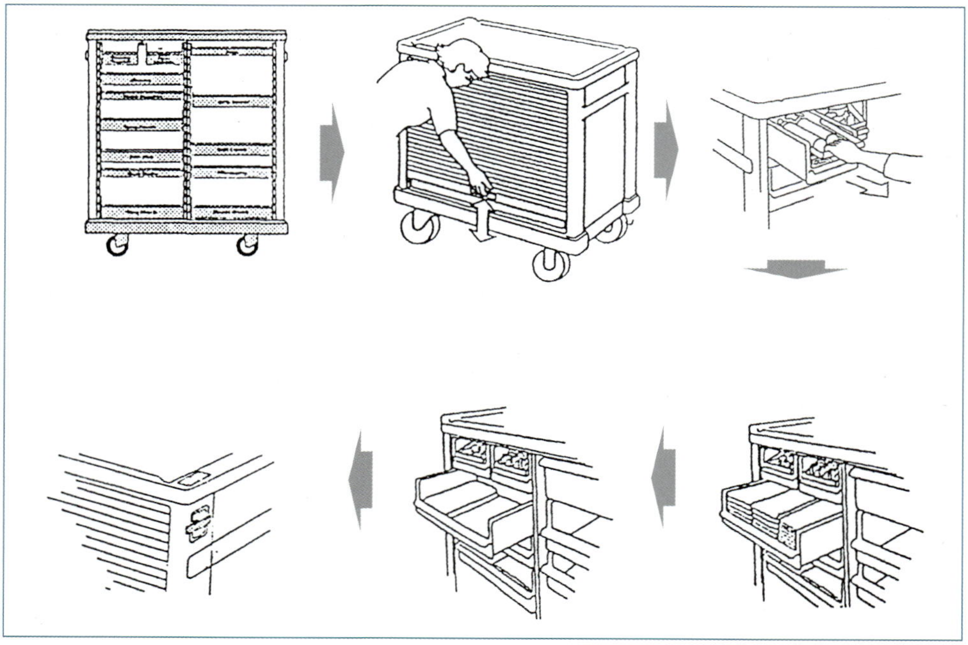

모빌 보충방법

4. 모빌을 이용한 객실정비 실무

프로호스트 시스템을 도입한 호텔에서는 객실정비원이 객실정비 업무를 수행할 때 객실관리부서의 아침 회의에 참석하여 마스터 키만 인수하고 배정받은 객실층에 가면 작업준비가 완료되어 있다. 객실정비원은 모빌이 준비된 객실층에서 모빌을 인수하여 작업에 들어가면 된다.

1) 일일업무와 장비의 위치

① 모빌 서플라이어, 대형 모빌 서플라이어, 모빌 콜렉터 등은 각 객실층 서비스 지역에 지난밤에 이미 도착해 있다.

② 보관창고 문을 열고 작업에 필요한 모빌을 객실 복도로 이동시킨다.

③ 복도로 이동했을 때 고객의 편의를 위해 대형 모빌은 서비스 지역 등 지정된 곳에 정지한다.

④ 모빌을 청소하고자 하는 객실 안으로 이동시킨다.

⑤ 진공청소기를 빼 내고, 모빌 콜렉터를 침대와 욕실 사이의 공간에 둔다.

⑥ 모빌 콜렉터에 사용한 리넨 등을 넣고 진공청소가 끝나면 복도에 밀어내는데, 이때 객실과 가장 가까이 있는 적재함이 객실로 향하게 고정한다.

⑦ 청소가 끝난 방을 나올 때, 장시간 모빌을 복도에 두더라도 고객이 지나가는데 지장을 초래하면 안 된다.

2) 객실정비 시 장비의 이용

① 청소 중에 고객이 볼 수 있는 위치에 사용한 물건은 아무것도 두면 안 된다.

② 모빌 콜렉터에서 화학세제와 걸레가 있는 H형 적재함을 꺼내어 화장실에 넣어 두고 청소에 활용한다.

③ 모빌 적재함에서 깨끗한 시트, 타월, 베갯잇을 필요한 만큼 꺼낸다.

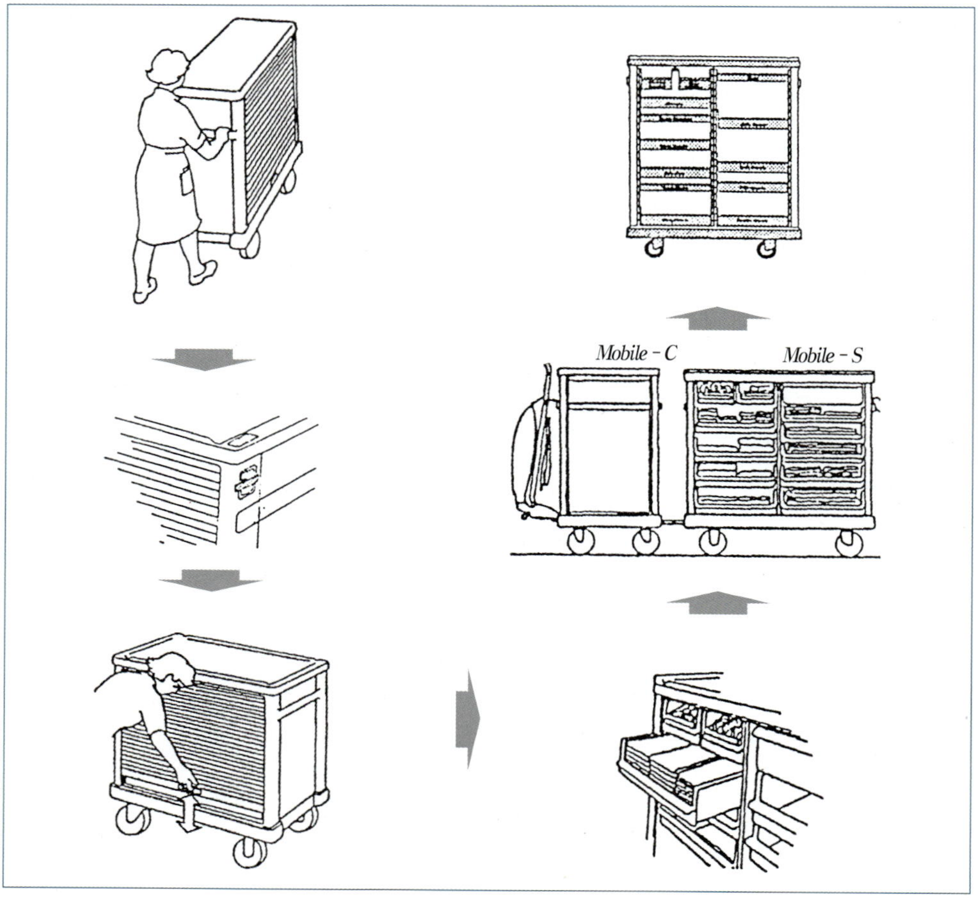

모빌이 준비된 객실층에서 작업준비 과정

④ 모빌 적재함에서 소모품과 편의품을 필요한 만큼 꺼낸다.

⑤ 객실에서 고객분실물이 발견되면 객실관리부서에 보고하고 적재함에 넣어 두었다가 사무실에 전달한다.

⑥ 객실청소를 위해 다른 방으로 이동할 때에는 모빌의 상단에 H형 적재함을 놓고 이동한다.

3) 적재함(Tote)의 이동으로 공급품 보충

① 5~6실 청소 후에 소모품, 편의품, 리넨류가 소진되면 서비스 지역에 있는 슈퍼 모빌에서 보충을 받는데, 이때에는 같은 색상의 적재함(Tote)만 옮기면 된다. 빈칸이 없도록 가득 채워 이동한다.

② 빈 대형 모빌은 서비스 지역에 고정해 두면 리넨 공급원이 이동해 간다.

③ 객실정비원이 두 개 층 이상에서 청소해야 할 때에는 사용하던 모빌은 그대로 두고 다음 층으로 몸만 이동하여 그 층에 있는 모빌을 배정받아 작업을 시작한다.

수퍼 서플라이어에서 모빌 서플라이어로 적재물 이동

4) 객실정비 마무리

객실정비가 끝나면 내일을 위해 모든 장비를 제자리에 두어야 한다. 그 전에 본인이 수거했던 세탁물은 리넨 슈터(linen shooter)에 넣어 세탁실에 보내고, 쓰레기는 분리수거하여 쓰레기통에 넣는다.

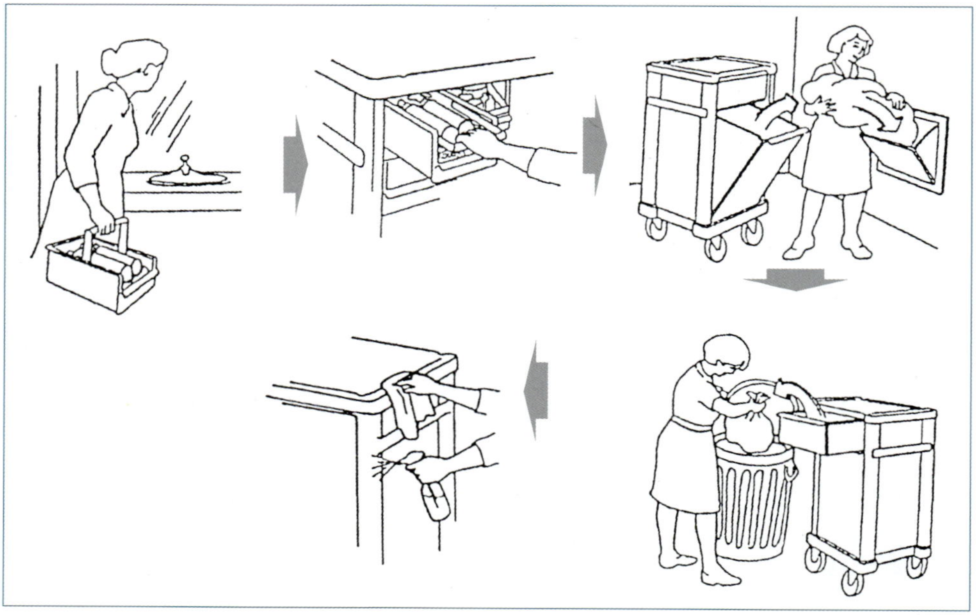

객실정비원의 일과 마무리

제4절 헤븐리베드 시스템

세계적인 호텔그룹들은 그룹 산하에 있는 브랜드별 서비스상품 차별화를 시도하고 있다. 호텔기업은 시설, 인테리어, 가구 등 'Hardware'와 각종 제도, 규정, 전산네트워크 등 'System'과 인적자원의 개발 및 후생복리제도 등 'Software'가 어우러져 서비스상품을 구성하게 되는데, 최근 각급 체인호텔 브랜드들은 고객지향적인 서비스를 제공하기 위해 객실상품 개발에 인체공학적 접근을 시도하고 있다. 그중에서도 돋보이는 프로그램이 Westin Hotels and Resorts가 개발한 Westin Heavenly

Bed Program이다. 웨스틴호텔은 가정을 떠나 비즈니스여행을 하는 고객에게 가장 중요한 것은 숙면을 취할 수 있는 아늑하고 포근한 잠자리임에 착안하여 편안한 침대를 개발하게 되었다고 한다.

침대는 침대 틀(boxspring), 침대 매트리스(bed mattress), 매트리스 패드(mattress pad), 침대 보(bed sheets), 이불(duvet), 베개(pillows), 침대 테두리(bed skirt) 등으로 구성되는데, 이 체인호텔은 체인본부에서 개발한 디자인을 중심으로 침대의 재질과 이불 및 베개에 필요한 천과 내용물을 주문제작하여 가맹점에 공급하므로 브랜드 이미지를 높이고 있다.

이로 인해 고객이 직접 포근한 잠자리를 경험한 후 재방문 횟수를 늘리므로 관계마케팅을 강화하는 도구로 활용되어 매우 바람직한 호텔서비스 상품의 개발사례를 보여주고 있다.

■ Westin Heavenly Bed

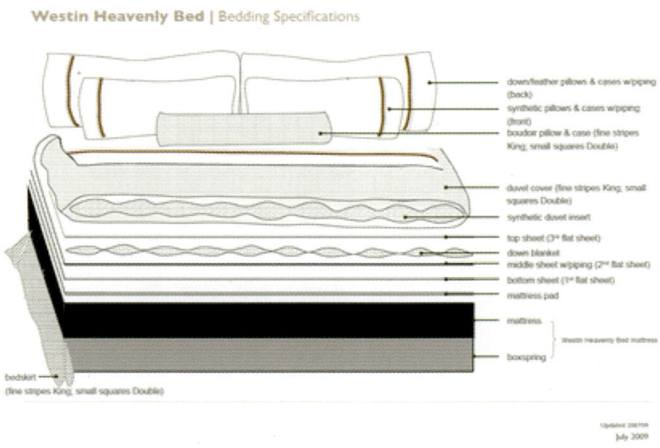

■ Westin Heavenly Bed

Westin Heavenly Bed | Bedding Specifications

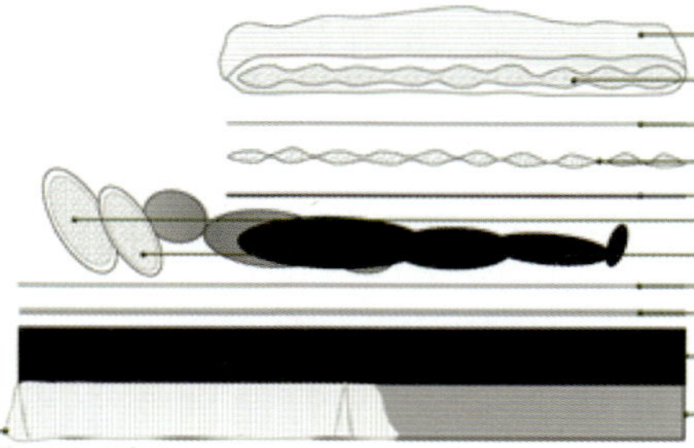

Updated 200709
July 2009

■ Westin Heavenly Bed

Westin Heavenly Bed | Bedding Specifications

Starwood AP

Category		Items	Size/Dimensions*		Westin Heavenly Bed Specifications (AP)	
					Specifications	**Fill Weight**
Pillows	 ¼" piping in warm sand (Pantone #15-1214)	**Feather & Down Sleep Pillows** (back row)	King Queen (for use on queen & double bed)	20x36in/51x91cm 20x30in/51x76cm	**Fill:** 30/70 white goose down & feathers; **Fabric:** 100% cotton; 233TC downproof woven cambric ticking **Edging:** double stitched seams with piping. Hypoallergenic.	56oz – 1600gms 47.6oz – 1350gms
		Cases for Feather & Down Sleep Pillows - with piping (back row)	King Queen (for use on queen & double bed)	21x37in/54x94cm 21x31in/54x79cm	250TC cotton poly fabric; 80/20 cotton blend; 40s yarn count; warm sand (Pantone #15-1214) for piping (and piping thread). 20cm hidden flap. Note: 4" hem + 1/4" piping (inserted into hem and stitched down with same color thread as piping.)	
		Synthetic Sleep Pillows (front row)	Standard (for use on all bed sizes)	20x26in/51x66cm	**Fill:** 100% premium polyfil **Fabric:** 100% cotton; 180 or 200TC white on white stripe ticking **Edging:** double stitched seams with piping. Nonallergenic.	26.5oz – 750gms
		Cases for Synthetic Sleep Pillows - with piping (front row)	Standard	21x27in/54x69cm	250TC cotton poly fabric; 80/20 cotton blend; 40s yarn count; warm sand (Pantone #15-1214) for piping (and piping thread). 20cm hidden flap. Note: 4" hem + 1/4" piping (inserted into hem and stitched down with same color thread as piping.)	

*bedding elements based on king mattress 80x80in/203x203cm, queen mattress 60x80in/152x203cm, double mattress 54x80in/137x203cm. bedding for other size mattresses available as needed upon request.

PLEASE NOTE: For new and conversion hotels, any deviations from approved specifications must be approved by Starwood Regional Tech Services Director and Divisional Brand Director. For existing hotels, any deviations must be approved by Divisional Brand Director.

Updated 200709
July 2009

Westin Heavenly Bed

Westin Heavenly Bed | Bedding Specifications

Starwood AP

Category		Items	Size/Dimensions*		Westin Heavenly Bed Specifications (AP): Specifications	Fill Weight
Pillows		**Boudoir pillow**	One size	14x36in/36x91cm	**Fill:** 100% premium polyfil; nonallergenic **Fabric:** 100% cotton; 200TC woven cambric ticking, white. **Edging:** double stitched with piping	20oz – 570gms
	 fine stripes (.5cm)	**Case for Boudoir Pillow**	King bed	14x36in/36x91cm	100% polyester; fine white stripes (.5cm); concealed zipper along bottom seam.	
	 small squares (1.5cm)		Queen/ Double bed	14x36in/36x91cm	100% polyester; small squares (1.5cm); concealed zipper along bottom seam.	
		Pillow Protectors	King	21x37in/54x94cm	50/50 cotton poly; 180TC; concealed nylon zipper	
			Queen	21x31in/54x79cm	50/50 cotton poly; 180TC; concealed nylon zipper	
			Standard	21x27in/54x69cm	50/50 cotton poly; 180TC; concealed nylon zipper	
Duvets		**Duvet Insert - Synthetic**	King Queen Double	113x95in/287x242cm 93x95in/236x242cm 87x95in/221x242cm	**Fill:** 100% bonded polyester; 415gms/m²; nonallergenic **Fabric:** 100% cotton 200TC woven cambric ticking, white. **Edging:** Single stitched w/1cm self-piping, 9" radius rounded edges on bottom end	101.7oz – 2883gms 83.6oz – 2370gms 78.3oz – 2220gms

*bedding elements based on king mattress 80x80in/203x203cm, queen mattress 60x80in/152x203cm, double mattress 54x80in/137x203cm. bedding for other size mattresses available as needed upon request.

PLEASE NOTE: For new and conversion hotels, any deviations from approved specifications must be approved by Starwood Regional Tech Services Director and Divisional Brand Director. For existing hotels, any deviations must be approved by Divisional Brand Director.

Updated 200709
July 2009

Westin Heavenly Bed

Westin Heavenly Bed | Bedding Specifications

Starwood AP

Category		Items	Size/Dimensions*		Westin Heavenly Bed Specifications (AP): Specifications	Fill Weight
Duvets	 fine stripes (.5cm)	**Duvet Cover**	King	114x96in/290x245cm	**Design:** fine white stripes (.5cm) **Fabric:** 100% polyester (fabric weight: 153gms/m²; warp 163, weft 112), white **Construction:** concealed 55" side zipper closure; 9" radius rounded edges on bottom end; 7" double string ties at inside four corners	
	 small squares (1.5cm)		Queen Double	94x96in/239x245cm 88x96in/224x245cm	**Design:** small squares (1.5cm) **Fabric:** 100% polyester (fabric weight: 153gms/m²; warp 163, weft 112), white **Construction:** concealed 55" side zipper closure; 9" radius rounded edges on bottom end; 7" double string ties at four corners	
Blankets	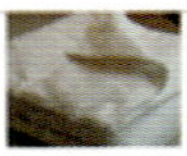	**Down Blanket**	King Queen Double	109x85in/277x215cm 88x85in/224x215cm 81x85in/205x215cm	**Fill:** 90/10 white goose down & feathers; 50gms/m² **Fabric:** 100% cotton 233TC downproof woven cambric ticking **Edging:** double stitched seams with piping **Construction:** 10 inch end to end box stitch Hypoallergenic.	10.5oz – 297gms 8.5oz – 241gms 7.77oz – 220gms

*bedding elements based on king mattress 80x80in/203x203cm, queen mattress 60x80in/152x203cm, double mattress 54x80in/137x203cm. bedding for other size mattresses available as needed upon request.

PLEASE NOTE: For new and conversion hotels, any deviations from approved specifications must be approved by Starwood Regional Tech Services Director and Divisional Brand Director. For existing hotels, any deviations must be approved by Divisional Brand Director.

Updated 200709
July 2009

■ Westin Heavenly Bed

Westin Heavenly Bed | Bedding Specifications

Starwood AP

Category		Items	Size/Dimensions*		Westin Heavenly Bed Specifications (AP): Specifications	Fill Weight
Sheets		**Bottom Flat Sheet** (1st Flat Sheet)	King Queen Double	122x120in/310x305cm 102x120in/260x305cm 94x120in/240x305cm	250TC cotton poly; 80/20 cotton blend; 40s yarn count; plain white Hem: 1in (2.5cm) top; 1in (2.5cm) bottom	
		Middle Flat Sheet with piping (2nd Flat Sheet)	King Queen Double	113x108in/287x275cm 93x108in/236x275cm 87x108in/221x275cm	250TC cotton poly fabric; 80/20 cotton blend; 40s yarn count; warm sand (Pantone #15-1214) for piping (and piping thread). Note: 4in (10cm) top hem + 1/4" piping (inserted into hem and stitched down with same color thread as piping.); 1in (2.5cm) bottom hem.	
		Top Flat Sheet (3rd Flat Sheet)	King Queen Double	111x88.6in/283x225cm 91x88.6in/232x225cm 85x88.6in/217x225cm	250TC cotton poly; 80/20 cotton blend; 40s yarn count; plain white Hem: 2in (5cm) top; 2in (5cm) bottom	
Mattress Pads		**Mattress Pad**	King Queen Double	80x80in/203x203cm 60x80in/152x203cm 54x80in/137x203cm	**Fill:** 100% bonded polyester; nonallergenic **Fabric:** 50/50 cotton/poly; 180TC, white **Edging:** single stitched seams w/1cm self piping Elastic bands at four corners. Size identification: king – gold thread queen – green thread double – blue thread	5.3oz - 150gms/m²

*bedding elements based on king mattress 80x80in/203x203cm, queen mattress 60x80in/152x203cm, double mattress 54x80in/137x203cm. bedding for other size mattresses available as needed upon request.

PLEASE NOTE: For new and conversion hotels, any deviations from approved specifications must be approved by Starwood Regional Tech Services Director and Divisional Brand Director. For existing hotels, any deviations must be approved by Divisional Brand Director.

Updated 200709
July 2009

제5절 실내장식 및 가구류 관리

호텔의 내부장식은 인테리어 전문가에 의해 설계되고 장식되지만, 이를 평가하는 사람은 안목이 높은 전문가에서부터 일반인까지 다양하다. 호텔의 실내장식을 우아하고 품위 있으며 고급스럽게 관리하는 사람은 객실관리부서장이라야 하며, 그는 장식과 가구에 대한 반전문가는 되어야 한다. 실내의 색상, 가구, 집기, 부착물 등이 균형있게 배치되고 전체가 아늑하고 정감이 넘치는 분위기를 연출해야만 훌륭한 공공장소로서의 역할을 할 수 있다. 따라서 호텔 건물의 모든 내부장식은 주제 또는 중심적인 구상을 가지고 있어야 하며, 고객들로 하여금 '가정과 같은 정감이 있고 편안함'을 느끼도록 분위기를 연출하므로 호텔의 경영감각이 손님을 기쁘게 하고, 고객이 그 분위기를 다시 찾도록 장식하여야 한다. 색채는 객실장식의 주요한 부분이므로 전문가와 협의하여 호텔의 이미지를 돋보이게 한다. 주도적인 색깔은 방의 벽, 바닥, 천장 등에 사용하고 강조하는 곳은 대조색을 사용한다. 가구는 재료, 색상, 크기 등이 사용목적에 적합하여야 하고, 그 외양의 성질은 객실의 분위기와 전반적인 객실 디자인과 조화를 이루어야 한다. 객실가구는 사용에 편리하고 쾌적한 모양으로 제작하며 넓이의 안배에도 신경을 써야 한다.

1. 실내 배색관리

색채는 객실장식의 가장 중요한 부분이다. 객실의 분위기를 결정할 뿐만 아니라 객실의 크기, 형태, 다른 인테리어와 조화를 강요하기도 한다. 호텔 객실에 사용하는 색채는 사용상 어떤 공식은 없지만 고객의 성향과 사용목적에 맞게 배색하는 것이 무난하다. 붉은색, 오렌지색, 노란색은 따뜻한 색깔로 햇볕을 등지는 객실에 잘 어울리며, 푸른색, 초록색은 남향, 서향에 잘 어울린다. 밝은 색채는 햇볕이 많은 방향에 어울리고 어두운 색상은 북쪽이나 구름이 많은 기후에 어울린다.

1) 실내 배색

① 벽의 색상은 밝은 중성계통이 쾌활하고 침착한 감을 나타내므로 천장보다 조금 무겁고 밝은 중간색을 택한다.

② 굽도리색은 벽이나 기둥의 아래쪽 굽도리에 쓰므로 벽과 같은 계통의 색이나 그보다 명도가 낮거나 진한 색을 사용한다.

③ 바닥 색은 벽과 다른 색을 쓰는 편이 좋다. 동색계열의 색은 명도의 대비를 강하게 하여 진한 색을 사용하면 무난하다.

④ 천장색은 백색 또는 가능하면 백색에 가까운 밝은 색이 좋으며, 실내의 조명효과를 높이기도 하므로 벽과 동일한 색일 때에는 벽보다 명도가 높은 편이 무난하다.

⑤ 사무용 책상, 의자 등의 가구색상은 종이보다 조금 어두운 색이 좋다. 책상, 바닥, 벽은 서로 조화로운 색상을 선택한다.

⑥ 커튼은 실내의 조화를 이루는 역할이 매우 크다. 난색과 한색의 배열이 중요하다.

2. 실내조명관리

실내조명은 너무 밝거나 어두우면 곤란하다. 전반적으로 사물을 확인할 수 있을 정도의 밝기와 분위기를 조성해 주는 조명이어야 하며, 필요에 따라서 부분조명을 사용한다. 객실의 크기에 따라 다르지만, 보통 객실에는 4개 정도 비치하면 좋을 것이다. 호텔에서 사용하는 전구의 광원은 백열등이 주로 사용되며 식당, 주방, 응접실, 침실 등에 사용하고 고객의 장소에는 형광등을 사용하지 않는다. 객실에 비치하는 조명의 종류는 다음과 같으며 불빛이 향하는 방향은 아래 그림과 같다.

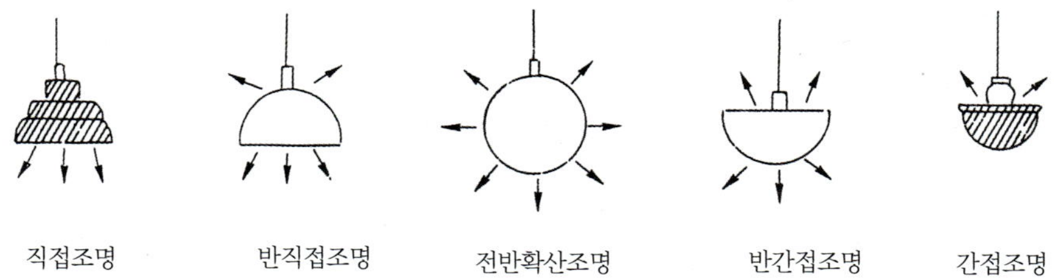

조명방향

1) 객실 내부의 위치에 따른 조명장식

① **전반조명** : 실내 전체 조명

② **국부조명** : 필요한 곳만 조명(응접세트, 사무용 책상, 화장대, 침대 머리맡, 벽장 내부 등)

③ **직접조명** : 광원으로부터 빛을 아래로 향하게 한다.

④ **반직접조명** : 대접형 갓으로 눈이 부시지 않게 일부 차단한다.

⑤ **전반확산조명** : 우유색 둥근 유리 갓으로 에워싸서 사방을 골고루 비치게 한다.

⑥ **반간접조명** : 빛의 일부는 아래로, 다른 일부는 천장으로 분산하여 실내가 부드러워지도록 한다.

⑦ **간접조명** : 빛이 천장이나 벽으로 향하게 한다.

2) 조명에 대한 점검사항

① 적절한 밝기

② 눈부심을 제거

③ 필요에 따라 적당한 그림자

④ 빛의 색이 적당할 것

⑤ 경제적일 것

⑥ 보수를 간단히 할 수 있을 것

⑦ 안전성이 높을 것

3) 객실조명과 에너지 관리

호텔은 객실이 판매되지 않더라도 건물 전체를 유지하기 위해 많은 전기료를 지불하게 된다. 경우에 따라서는 관리를 잘 한다면 크게 절약할 수 있는 부분이 전기료이다. 빈 객실의 소등은 물론이고 판매되지 않은 객실의 에어컨을 끄고, 투숙이 예정된 객실은 에어컨의 스위치를 절약형에 맞추어둔다. 직원이 주로 이용하는 서비스지역에 불필요한 전등을 소등하고, 각 사무실의 전기도 직원들이 자진해서 줄

인다면 비용이 크게 개선되리라 본다. 호텔들이 설정한 객실전등의 전압(voltage)은 아래 표와 같다.

전등 위치		전압
객 실	침대옆	40w (크립톤)
	벽등 또는 걸개	데코램프 T5 21w 또는 12w (오스람)
	옷장	데코램프 T5 14w * 2(F/S)
		데코램프 T5 21w (Normal)
	테이블/데스크용	40w (크립톤)
	샹들리에	40w (크립톤)
	입구	25w (크립톤)
	한실	40w (크립톤) 21w (T5)
화장실	벽등	21w (T5)
	세면대	50w (할로겐)
	변기/샤워장	7w (삼파장)

객실조명과 에너지 관리

3. 가구의 선택과 배치

가구의 색상 선택은 건축적 특색과 밀접하게 연관이 있으며, 객실 가구는 사용에 편하고 쾌적한 모양, 객실 내 분위기에 맞게 배열하고 일직선 배열은 피하는 것이 좋다. 특실은 주로 침실과 거실로 구성되므로 이들 두 방의 가구를 조화롭게 선택하여야 고급스러운 분위기를 연출할 수 있다.

객실의 가구배열

4. 가구류 관리

객실 가구류는 고가격, 고품질의 가구가 대부분이다. 가구류 관리는 객실정비원의 기본업무 중 중요한 부분이므로 가구의 재질에 따라 사용하는 세제를 잘 익혀 품위와 수명연장에 유념해야 한다.

① 목재, 철재, 플라스틱 등 그 재질에 맞는 왁스나 세제류를 사용

② 니스로 마감된 것은 왁스 스프레이(wax spray)를 사용

③ 어두운 색 나무가구는 솔벤트 오일로 광을 냄

④ 물기 있는 천으로 닦은 곳은 반드시 마른 천으로 마감

⑤ 흠집이 난 곳은 가구와 같은 색으로 수선

⑥ 플라스틱 제품은 마른 천으로 닦고 스프레이 왁스로 마감

⑦ 유리제품은 손자국이나 다른 마크가 없도록 유리세제로 닦음

Hotel Housekeeping &
Facility Management

제 6 장

공공장소와 영업장관리

제1절 공공장소와 영업장관리의 개요

공공지역은 크게 고객지역과 종업원지역으로 나눈다. 고객지역은 객실, 식음료 영업장, 대 · 소 연회장, 로비지역, 복도, 계단, 부대영업시설, 승강기 등 고객이 주로 이용하는 지역을 말하며, 호텔의 주요 상품으로 중요한 지역이다. 종업원 지역은 고객을 위해 서비스하는 종업원이 이용하는 시설로 기능이 중요시되는 지역인데, 사무실, 탈의실(locker room), 각 층 서비스지역, 비상계단, 직원숙소, 휴게실 등이 있다. 호텔은 복합 건물이므로 관리하기에 어려운 점이 많다. 특히 건물의 외벽, 내벽, 천장 등은 그 높이가 높아서 관리하는 데 전문적인 기술이 필요하다. 따라서 이런 위험지역의 관리는 호텔의 아웃소싱 전문용역회사에 맡기게 되며 공공지역의 청소와 유지보수는 공공장소 정비원(house person)이 맡아서 하게 된다. 공공지역의 유지관리는 아래와 같은 부문으로 나누어 설명할 수 있다.

제2절 공공장소 관리

1. 로비 및 복도

로비 및 복도의 청소는 일일 24시간 계속된다. 많은 사람들이 왕래하는 곳이므로 수시로 점검하며, 휴지통을 비우고 바닥을 청소해야 청결을 유지할 수 있다. 따라서 공공장소 정비원은 주 · 야간반으로 편성하여 업무를 수행하며, 공공장소담당 부지배인이 업무를 지원하게 된다. 비나 눈이 올 때에는 출입구에 매트나 헌 카펫을 깔아 내부에 유입되는 빗물을 차단하여 로비 바닥의 마블이나 카펫을 보호한다.

빗물이나 누수로 인해 공공지역이 젖었을 때 그 지역에 고객의 출입을 일시 통제하고, 긴급청소를 할 때에는 '미끄럼 주의' 안전경고판을 먼저 비치한 후 작업에 들어가야 한다.

공공지역의 긴급정비

2. 계단 및 엘리베이터 관리

계단과 엘리베이터는 많은 고객이 항상 이용하게 되므로 보다 깨끗이 유지관리되어야 한다. 놋쇠로 된 계단은 주기적으로 광택을 내며 엘리베이터 내부의 장식, 거울, 벽면은 먼지와 손자국을 남겨서는 안 된다.

3. 공공지역의 꽃꽂이와 화분 관리

대부분의 특급호텔들은 로비 중앙에 생화로 된 꽃꽂이, 조형물, 조각품 등으로 장식하여 로비의 화려함을 더한다. 호텔마다 꽃꽂이 전문가를 두어 로비, 식음료 영업장,

연회 및 파티에 필요한 꽃 장식을 하고 있다. 호텔의 투숙객이나 식음료 영업장 이용객은 특별한 날을 축하하기 위해 별도의 꽃꽂이를 주문하기도 하여 호텔에서의 꽃 수요는 매우 높다. 대규모 호텔들은 자체 꽃방을 로비지역에 운영하므로 장식과 수입을 함께 고려하기도 한다. 한편, 호텔의 로비에 자연감을 부여하고 구획(partition) 역할을 하는 천장까지 높은 나무와 길 가장자리를 연상하는 낮은 키의 식물들을 볼 수 있다. 이러한 식물은 호텔이 농장을 소유하거나, 한두 명의 정원사(gardener)가 온실(greenhouse)을 두고 이를 관리하거나 외부 용역에 의해 주기적으로 교체되기도 한다. 그러나 꽃꽂이, 조형물, 조각품, 화분 등의 상태나 관리의 책임은 로비를 담당하는 지배인이 책임지고 각 파트의 협조를 얻어 유지 관리해야 한다.

4. 화장실

호텔의 화장실은 그 어떤 공중화장실보다 깨끗하게 유지 관리되어야 한다. 실내 분위기도 깔끔해야 하고, 실내장식도 세련되어야 한다. 화장지도 곱게 준비되어 있어야 하며, 냄새가 나지 않도록 방향제도 설치되어 있어야 한다. 쾌적한 분위기가 되도록 화려한 꽃 장식과 여성들의 옷매무새를 다듬을 수 있는 양면거울도 필요하다. 어떤 호텔은 여성화장실에 화장용 의자를 비치한 곳도 있다.

비누나 물비누에도 향을 넣어 기분 좋게 사용할 수 있도록 하고, 손을 씻은 후에 물기를 닦는 종이수건도 준비하고 있다. 가끔 화장실에 촛불을 켜서 담배 냄새를 제거한다. 호텔마다 장애인을 위한 시설을 계단, 주차공간, 공중전화, 화장실을 지정하여 이들을 위한 편의시설도 운영하고 있다. 화장실의 밑바닥과 변기를 자주 닦아 윤기가 나도록 하므로 청결을 상징하기도 한다. 호텔에는 로비뿐만 아니라 식음료 영업장, 연회장, 부대시설 등 곳곳에 공중화장실이 있으므로 충분한 인력을 투입하여 상쾌한 공간이 되도록 이들을 관리해야 고급호텔로서의 이미지관리가 가능하다.

5. 직원지역

호텔은 고객구역과 직원구역이 확실히 구분되어 있어 자칫하면 이 부분을 소홀히 하기 쉽다. 직원구역이 청결하지 못하면 직원들이 무의식적으로 청결에 대한 의식이 흐려져 고객공간까지 영향을 미치게 되므로 호텔 서비스에 차질을 빚을 수 있다. 따라서 이 구역도 고객의 공간과 같은 위치에서 청결을 유지해야 한다. 라커, 휴게실, 숙소, 직원화장실은 물론이고 사무실도 깨끗이 청소하고 정리정돈이 되어 있어야 한다. 특급 호텔들은 주로 사무실 청소를 객실관리부서에서 책임져 왔지만, 최근에는 바닥의 광택, 왁스작업을 제외한 일상청소는 호텔 자체에서 하는 곳이 늘고 있다.

제3절 식음료 영업장 및 연회장 관리

식음료 영업장은 호텔의 품위를 결정짓는 공간이므로 음식의 맛 이상으로 깨끗한 분위기 연출이 선결되어야 한다.

식음료 영업장의 청소는 영업시작 전과 후에 이뤄지며, 점심영업이 끝난 시점에 업장 바닥을 진공 청소하여 저녁영업을 준비한다. 저녁영업 종료 후 야간 청소 담당자(night house person)가 출근하여 카펫 샴푸, 창문, 출입문, 의자, 테이블, 장식품,

가구류, 선반 등을 청소하게 된다. 이때 영업장 내의 꽃꽂이나 화분 등을 점검하여 시든 것은 들어내어 다음 날 영업에 새로운 것으로 교체되도록 조치를 취한다.

연회장은 거의 모든 지역에 카펫이 깔려 있어 진공청소기를 이용하여 청소를 실시하여야 한다. 진공청소는 행사 전후에 하게 되고 가끔 야간에 샴푸도 해야 하며, 행사 시 더러워진 부분은 가장 빠른 시기에 약품이나 세제로 부분 샴푸를 하여 상태가 더 나빠지지 않도록 조치를 취한다. 입구에 깔린 대리석은 광택기를 이용하여 항상 반짝반짝 빛이 나도록 광택질을 하여야 한다.

1. 식당 청결의 주요 과제

① 호텔서비스의 기본은 청결이다.
② 호텔의 품위는 공공장소와 식음료 영업장의 청결에서부터 시작된다.
③ 깨끗한 정리 정돈은 고가격의 기초가 된다.
④ 흔히 평상시에 눈에 잘 띄지 않는 곳도 고객의 눈에는 잘 보인다.
⑤ 장식용품(샹들리에, 화병, 수반)을 비롯하여 전등갓, 벽, 문짝, 식탁, 의자 밑이나 다리, 창문, 유리, 커튼 등 구석구석 세심한 부분까지 청소가 철저히 되어 있어야 한다. 샹들리에와 벽등은 화려함만큼이나 깨끗하게 유지 관리되어야 고급스러운 호텔의 품위를 유지할 수 있다.

항상 깨끗이 관리되어야 하는 샹들리에와 천장등

2. 시설관리 측면에서 식음료 영업장 관리

① 사람과 장비와 소모품을 함께 투입
② 일별, 주별, 월별 계획표 작성
③ 계획표에 의해 지속적으로 관리

제4절 마블 관리

1. 대리석의 생성

호텔이나 대형 건물에서 사용되는 돌의 대부분은 형성과정에 따라 3가지로 구분할 수 있다. 첫째는 화성암으로 불에 의해 만들어진 것이다. 불에 용해되면서 불순물이 모두 타고 난 다음 식어 덩어리가 된 것이라서 밀집도가 매우 강하다. 일반적으로 이것을 화강암이라고 한다. 둘째는 수성암으로 오래된 강바닥이나 홍수지역에서 미네랄과 진흙이 쌓여서 형성된 것이다. 수성암은 다른 대리석이나 화강암에 비해 구멍이 더 많고 입자가 덜 밀집되어 있다. 이 종류의 대표적인 돌은 석회암과 사암이 있다. 셋째는 변성암으로 지구의 변화에 따라 강력한 압력과 열로 인해 변화된 진흙, 탄소, 미네랄 등이 혼합된 형태이다. 변성암이 여러 가지 혼합과정에서 생성된 수정조직체가 일반적인 대리석이다. 이것은 화성암보다는 밀집도가 약하지만 수성암보다는 밀집도가 강하다.

2. 대리석의 특성

돌은 자연의 산물이다. 그래서 일반적으로 돌을 자연석이라 한다. 그러나 보다 더 중요한 것은 돌은 아직 자연상태 그대로인 상품이다. 그것이 타일이나 어떤 형태의 건축물 재료이든 그것이 생기게 된 자연의 현상과 각종 미네랄에 의해 완전히 결정된다. 따라서 어떤 목적으로 어디에 쓰려고 하든 그 돌의 특성을 알아야 한다. 좀더 세분화하면 화강암, 수성암, 변성암, 석회암, 점판암, 사암 등으로 불린다. 돌에 광택이 나면 대리석이라고 부르지만, 정확한 명칭은 아니다. 왜냐하면 지구상에는 8,000여 종류의 돌이 있기 때문에 그 성향을 일괄적으로 정의할 수는 없다. 일반적으로 모든 돌에는 구멍이 있어 유공성이라고 한다. 돌은 숨을 쉬며 바람이 잘 통하지 않거나 습기가 많은 곳에서는 구조가 분해되거나 돌 안에 있는 칼슘, 석회, 산화물이 반응을 일으킨다. 흔히 대리석이 검어지거나 하얗게 보일 때 풍화작용이 일어나고 있음을 알 수 있다. 따라서 객실관리책임자들이 알아야 할 것은 돌의 이름이 아니라 대리석의 성향을 알고 있어야 관리가 가능하다는 것이다.

3. 마블의 설치

멋진 대리석으로 장식된 천장, 벽, 바닥은 고급스러운 건물의 상징이다. 또한 자연미 넘치는 천연 대리석은 건물의 부가가치를 높여주어 호텔마다 우아하고 고상한 대리석 마감에 많은 전문가들의 도움이 필요하다. 호텔건물의 모양, 실내 분위기에 따라 대리석의 색상, 무늬, 모양, 크기를 선택하고, 이를 설치할 때에는 전문가에 의해 고급장비가 동원되고 있다. 마블의 설치작업은 실내 디자이너에 의해 작업이 먼저 이뤄지게 된다. 현관지역의 마블 설치작업은 출입문, 프런트 데스크의 위치, 영업장의 입구, 엘리베이터의 위치 등을 고려한 동선의 흐름이 원만하여야 하며, 마블의 문양과 크기도 주위 분위기와 조화로워야 한다. 아래 그림은 호텔들이 즐겨 선택하는 마블의 문양이며 천장, 벽, 바닥에 맞게 선택된다.

마블의 문양

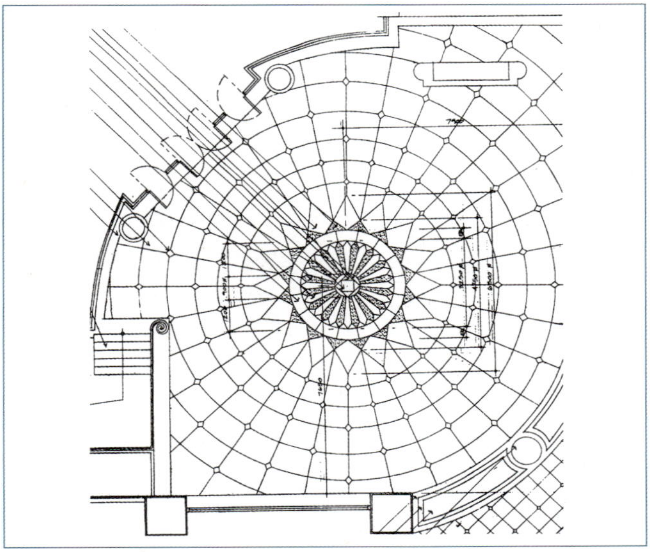

마블의 설치 디자인

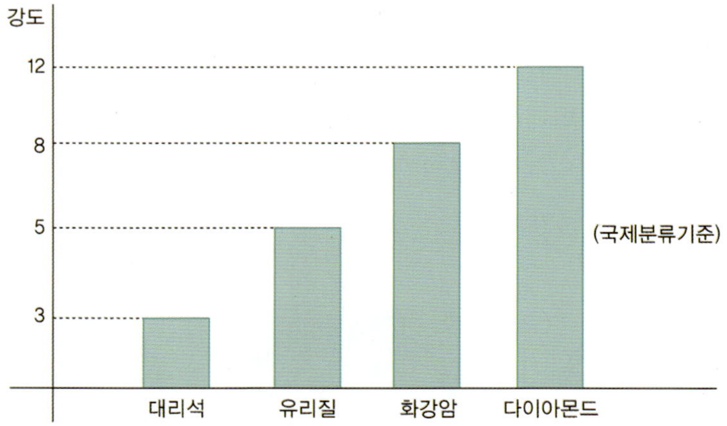

마블의 강도 비교

4. 마블관리

흔히 마블(marble)이라고 하면 대리석, 화강암이라고 하여 고급 호텔의 천장, 로비, 벽면의 마감재로 사용한다. 마블은 고액의 설치비를 요구할 뿐만 아니라 강도도 다른 건축재료에 비해 약하므로 특별히 관리하지 않으면 금이 가거나 깨어져 품위를 유지하기가 매우 어렵다. 마블은 세제나 약품에 민감하게 반응하며, 대리석은 약품에 약하다. 화강암은 오물에 약하여 연마제를 사용하지 않으면 오점을 제거하기 어렵다. 따라서 이들을 잘 관리하기 위해서는 제3장에서 학습하였던 선진 청소장비가 동원되고, 이 분야의 기능에 뛰어난 숙련공을 보유하거나 아웃소싱에 의존하여 관리하지 않으면 안 된다.

1) 마블의 특징

① 강도가 약해서 관리가 조금만 소홀해도 쉽게 손상된다.

② 주성분이 석회질(CaCo3)인 관계로 각종 오염물질이 쉽게 침투한다.

마블의 관리방법

관리방법	장점	단점	비고
자연상태 유지 (물걸레만 사용)	별도의 유지비가 필요 없음 (단순 인건비만 소요)	• 대리석의 훼손이 극심함 • 광택이 전혀 없음 • 대리석 고유의 화려함과 우아함을 전혀 느낄 수 없음	시멘트 바닥과 같은 느낌
기름걸레 사용	별도의 유지비가 필요 없음 (단순 인건비만 소요)	• 바닥이 심하게 미끄러움 • 변색이 심함(황 변화) • 기름이 스며들어 원상회복 불가능	선진국에서 사용 기피
왁스 사용법	비교적 비용이 저렴함	• 통행에 따른 긁힘 현상이 심함 • 미끄러운 현상 발생 • Wax를 바르고 벗겨내는 작업을 자주 해야 함(사용 전면 통제) • 기계작업 시 다량의 분진 발생 • 폐수발생(중금속 알칼리 등) • 오래 사용 시 대리석의 변색 현상	선진국에서 사용 기피
연마법	고광택이 가능함	• 비용이 매우 비쌈 (8~15만 원/평) • 수명이 짧음(1~4개월마다 부분 연마 작업, 연 1회 정도 전체 재연마 작업 필요) • 장기간 이용 시 바닥이 얇아질 수 있음	
네토크라 액체 처리법	• 미끄럽지 않음 • 연마법에 비해 비용이 저렴 • 고도의 광택을 장기간 유지 • 대리석의 표면 강도 향상 및 천연 광택유지 • 항상 일정한 광택유지 가능	• 고도의 전문기술이 필요 • 초기 작업 시 많은 장비와 시간, 인력이 소요됨	

③ 화학적 반응에 아주 민감하여 쉽게 변색되고, 훼손된 부분은 원상복구가 거의 불가능하다.

④ 정상적인 유지관리에 고도의 기술이 필요하다.

⑤ 유지관리에 많은 비용이 든다.

2) 마블의 관리방법

마블의 관리방법에는 자연상태 유지, 기름걸레 사용, 왁스(wax) 사용법, 연마법, 네토크라(nettoklar) 액체 처리법 등이 있으며, 최근에는 포트폴리오 약품 처리법도 도입되고 있다. 우리나라 대부분의 호텔들은 독일 헨켈(Henkel)사가 개발한 네토크라 액체 처리법을 쓰고 있으며, 이는 마블을 연마한 후에 약품을 발라 미세한 솔로 문질러 말리는 방법으로 적은 비용으로 오래도록 광택을 유지할 수 있다.

3) 마블의 광택복원과 유지관리방법

(1) 기존오염의 제거

① 왁스를 바른 바닥의 경우

왁스를 완전히 제거한 후 왁스 잔유물 및 박리제 잔유물이 남지 않도록 충분히 헹구어 준다.

② 일반 바닥의 경우

바닥 오염 제거제를 사용하여 바닥의 각종 기름기, 오염 등을 완전히 제거한 후 충분히 닦아준다.

(2) 건조작업

작업상황에 따라 차이가 있으나, 30분~2시간 정도 건조시켜 바닥의 물기를 완전히 제거한다.

(3) 광택복원 작업방법

① 마블 광택기에 얇은 철사 패드(steel wool pad)를 붙인다.

② 대리석 바닥에 약품을 분무한다.

③ 약품을 분무한 바닥에 대리석 광택기를 천천히 돌려준다.

④ 광택이 올라올 때까지 작업을 수회 반복한다.

⑤ 바닥표면의 긁힌 자국(scratching)을 완전히 제거하고 광택을 내고자 할 경우 표면 다듬기 작업을 시행한 후 광택작업을 시행하면 뚜렷하고 깨끗한 광택효과를 얻을 수 있다.

⑥ 광택작업이 끝난 후 청소기나 밀마포를 이용하여 바닥에 떨어진 마블가루나 패드가루를 완전히 제거한다.

(4) 일상관리

① **밀마포 청소** : 바닥의 모래, 쓰레기 등을 제거

② **물마포 청소** : 대리석 바닥관리용 세정제를 물에 희석하여 물마포를 이용하여 깨끗이 닦는다.

(5) 광택보수작업

① 오랫동안 사용을 통해 광택이 소멸될 경우 보수작업을 통하여 원상 복원하게 되며, 이때의 작업방법은 위의 (3)번과 같이 한다.

② 이때는 초기작업 시 소요된 시간이나 비용에 비해 훨씬 빠르고 저렴하며 쉽게 간단히 할 수 있다.

③ 광택이 많이 소멸된 부분만 골라 작업을 시행한다.

제5절 카펫 관리

1. 카펫의 기원

석기시대 동굴생활에 사용한 동물의 가죽이나 풀로 된 깔개를 카펫의 원조로 볼 수 있으며, 기원전 40년경 이집트나 기원전 3세기경 고대 바빌로니아의 직물기술 발달로 상품으로서 시장에 유통되었다. 기원전 7세기경 로마시대에는 색상을 첨가한 제품이 출현되어 융단산업이 크게 발달하였다. 근세에 와서 필트나 누르기식 편면직물로부터 파일(pile)에 두께감 있는 직물로 발전하고 있다.

2. 카펫의 효용성

카펫은 호텔에서 꼭 필요한 실내장식 자재로서 그 효용성이 매우 뛰어나다. 보행 시 안전을 보장하며 실내분위기를 따뜻하게 할 뿐만 아니라 소음을 흡수하고 설치물, 가구류, 인테리어와 함께 좋은 실내장식을 이루고 다른 바닥재에 비해 저렴하여 경제적이기도 하다.

1) 보행안전

① 보행은 바닥의 종류에 따라 감촉이 달라진다.
② 너무 딱딱하거나 부드럽고 미끄러워도 보행에 안전하지 못하다.
③ 따라서 제반 요건에 가장 합당한 것이 카펫이다.

2) 보온성

① 카펫은 단열재로서 효과가 크다.
② 섬유를 사용하므로 촉감이 좋고 맨발이라도 따뜻한 감촉이 있다.

3) 흡음성

① 걸음걸이, 말소리, 기구이동 등에도 소음을 흡수해 준다.

② 부드러운 것이 흡음성이 높으며, 실내 음향의 50~60%가 낮아진다.

4) 장식성

대리석과 나무결은 그대로의 자연미가 있고, 카펫은 풍부한 색채, 품위, 촉감이 있어 정신적 충족감을 준다.

5) 경제성

① 융단은 손질이 쉽고, 다른 마루보다 보수비가 50~60% 선에서 유지가 가능하다.

② 손질이 간편하고 관리시간이 절약되며 오래 쓸 수 있다.

3. 카펫의 설치

카펫은 아늑하고 우아한 실내분위기 조성과 보온 및 안전장치를 목적으로 설치된다. 따라서 호텔건물에서 카펫은 그 효용가치가 높아 많이 이용되고 있다. 카펫은 장소에 따라 색상, 재질, 모양(pattern)이 각각 다르게 선택되며, 관리방법에 대한 것도 사전에 검토되어야 한다. 설치방법은 마블과 같이 전문가에 의해 디자인되고 설치되어야 하는데 주로 시멘트 바닥에 나무로 된 졸대를 일

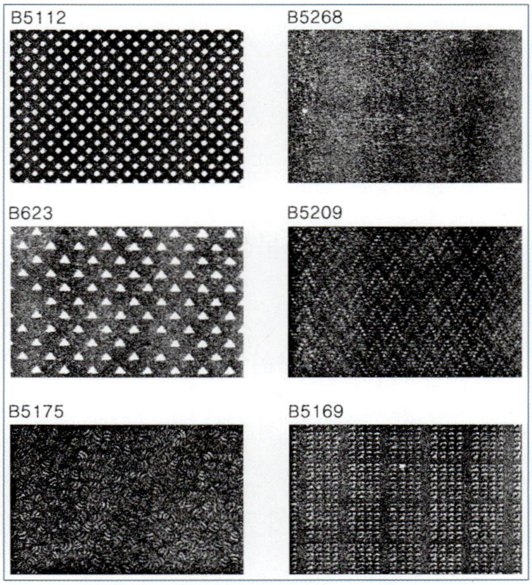

호텔의 카펫

정한 간격으로 바닥에 고정시켜 설치하고, 펠트를 깐 후 카펫을 깔아 가장자리 부분을 고정한다. 카펫은 신축성이 강하여 내·외부 온도와 습도에 민감하게 반응하므로 재질에 세심한 신경을 써서 선택하여야 한다.

4. 카펫의 청소요령

카펫의 종류로는 양모, 화학섬유, 혼방으로 직조된 것이 있으며, 이들을 관리하는 방법도 각각 다르다. 카펫의 청소방법에는 진공청소와 샴푸가 있는데, 고급스러운 카펫일수록 취급에 신중을 기하여야 한다. 호텔에서는 많은 카펫이 설치되어 있는데 샴푸작업 그 자체가 기술이고 기계를 사용하여야 하므로 카펫샴푸 담당자(carpet shampoo attendant)는 기술직으로 분류하여 관리한다. 카펫의 수명은 제품 자체가 중요하지만, 관리를 어떻게 하느냐 하는 것도 수명을 연장하는 데 큰 영향을 미친다.

1) 일반청소

① 일일청소 때 진공청소기를 사용하여 실시하며 복도는 3~4회 정도 실시한다.
② Hand Cleaner 또는 Carpet Sweeper로 부분청소를 실시한다.

2) 오점제거 및 부분청소

① 카펫에 껌이 붙었을 경우 휘발유나 벤젤을 걸레나 솔에 흠뻑 묻혀 닦아낸다.
② 음식물이 엎질러졌을 때에는 마른걸레로 닦아낸다.
③ 커피, 우유 등이 묻었을 때에는 더운물과 비누를 사용하여 그 부분만 집중청소한다.
④ 위의 것으로 깨끗해지지 않으면 허락된 약품(카펫 프로텍터, 스테인리무버, 스프레이 클리너, 프리트리트먼트, 익스트랙션 클리너)을 이용해서 제거한다.

3) 샴푸를 이용한 청소

① 연간계획을 세워 실시하며 비수기에 실시하므로 객실판매에 지장이 없도록 한다.

② 객실은 반기별, 복도는 분기별로 실시한다.

③ 탈색, 변질된 카펫은 교체하여 항시 깨끗이 유지 관리한다.

④ 작업은 훌륭한 기계와 좋은 약품 및 노련한 기술이 필요하므로 평소에 이런 자원을 확보한다.

5. 매트와 러너관리

호텔의 현관, 로비, 영업장에 모래, 흙, 불순물이나 먼지, 물기가 유입되는 것을 방지하는 방법은 매트나 러너를 깔아 두는 것이다. 매트나 러너는 사용목적과 주위의 분위기에 맞는 고급스러운 것을 선택하여 호텔의 이미지 관리에 세심한 배려가 필요하다.

1) 매트(mats)와 깔개(runner)의 필요성

① 미끄러움을 방지하여 안전에 대비한다.

② 모래나 흙, 신발의 먼지로부터 카펫이나 마블을 보호한다.

③ 호텔입구의 분위기를 살려준다.

제6절 공공장소와 식음료 영업장의 청소계획 및 점검계획

1. 청소계획 및 점검계획

공공장소의 청소계획과 점검계획은 장소별, 주기별로 이뤄져야 하며 집중관리 분야는 별도계획에 의해 관리하므로 보다 효과적인 청결유지가 가능하다. 세계적인 체인호텔들은 보다 정확한 관리를 위해 점검을 구체화하고 있다. 아래 표는 호텔의 공공장소부문에서 일별, 주별, 월별, 연별, 일정 주기별로 청소계획과 점검을 실제적인 계획서와 체크리스트(check list)에 따라 관리하게 되어 있어 현업실무에 도움을 준다.

① 식당정비일정표 1(restaurant cleaning schedule 1)
② 식당정비일정표 2(restaurant cleaning schedule 2)
③ 6주간 예방정비 일정표(prevent schedule 6 weeks rotation)
④ 월별 예방정비 체크리스트(monthly preventive maintenance check list)
⑤ 일별 정비일정표(daily cleaning schedule)
⑥ 적절한 작업시간 배정표(approximate time schedules)
⑦ 장소별 작업시간 배정표(working time schedule)
⑧ 작업지역 배정표 1(area assignment 1)
⑨ 작업지역 배정표 2(area assignment 2)
⑩ 일일 업무배정표(daily job assignments)
⑪ 일일 정비점검표(daily inspection check list)
⑫ 작업계획표(plan of action)
⑬ 공공지역 작업개략표(public activity area summary)
⑭ 고정자산 위치도 1(property locator 1)

⑮ 고정자산 위치도 2(property locator 2)

⑯ 특정지역 집중관리표(frequency Chart)

⑰ 연간 대청소계획표(general cleaning annual planning)

Work To Be Done	Frequency
1. Dust lower walls	Daily
2. Dust furniture(move all furniture and replace)	Daily
3. Clean chairs	Daily
4. Clean table bases	Daily
5. Dust baseboard and clean corners	Daily
6. Spot walls	Daily
7. Vacuum carpet	Daily
8. Clean mirrors and rails	Daily
9. Wash down serving tables	Daily
10. Polish Brass	Daily
11. Sweep exit stairs	Daily
12. Clean seams of banquettes and chairs	Daily
13. Polish baseboards	Weekly
14. Polish furniture	Weekly
15. Clean vents	Weekly
16. Mop exit stairs	Weekly
17. Clean sealing lights	Monthly(at least)
18. High dust	Monthly
19. Spot shampoo carpet and upholstery	Weekly / when needed
20. Full carpet shampoo	bi-annually / when needed
21. Windows cleaned	Monthly / when needed

식당정비 일정표 1

Day	Week Ⅰ	Week Ⅱ	Week Ⅲ	Week Ⅳ
Sunday	Locker Rooms / Male	Informal Restaurant	Locker Rooms / Male	Executive Offices
Monday	Locker Rooms / Female		Locker Rooms / Female	
Tuesday	Pool Deck	Courtyard	Entertainment Lounge	
Wednesday	Oriental Restaurant	Tennis Courts 1 & 2	Fine Dining Restaurant	Front Entrance
Thursday	Outdoor Walkways	Tennis Courts 3 & 4	Associate Cafeteria	Ground Floor Lobby
Friday	Function Rooms 1-2-3 and 4	Walkways Shopping	Back Elevator Landing 1-10	Function Rooms 5-6-7-8
Saturday	Back Elevator Landing Floors 10-20	Back Elevator Landing Floors 20-25	Upper & Lower Pkg / Freight Landings / Stairwells	

식당정비 일정표 2

<table>
<tr><th></th><th>SUNDAY</th><th>MONDAY</th><th>TUESDAY</th><th>WEDNESDAY</th><th>THURSDAY</th><th>FRIDAY</th><th>SATURDAY</th></tr>
<tr><td>1st Week</td><td>1. Speciality Restaurant 2×4 Hrs
2. Deweys 2×3 Hrs</td><td>1. Acct Office 1×2 Hrs
2. Security Office 1×2 Hrs
3. Fine Dining 2×3 Hrs</td><td>1. Telephone Room 2×2 Hrs
2. Fine Dining 2×5 Hrs</td><td>1. Open
2. 32 Flr Landing 2×3 Hrs</td><td>1. Ice Room 2×1 Hrs
2. 3-Meal Restrant 2×3 Hrs</td><td>1. Code 1 2×4 Hrs
2. 3-Meal Restrant 2×6 Hrs</td><td>1. F&B Cashiers Office 2×2 Hrs
2. Lobby Lounge 2×5Hrs</td></tr>
<tr><td rowspan="2">2nd Week</td><td rowspan="2">1. BSMT-High Dusting 2×4 Hrs
2. Lobby Lounge 2×3 Hrs</td><td colspan="3">Restrooms</td><td rowspan="2">1. Guest Entrance 2×7 Hrs
2. Upholstery / Chairs</td><td rowspan="2">1. Westin Executive Club® 2×7 Hrs</td><td rowspan="2">1. Sales & Catering 2×7 Hrs
or
2. Hallways 2nd & Mezzanlne 2×7 Hrs</td></tr>
<tr><td>1. Main Ladies
2. Men & Ladies
3. Mezz mens
2×7 Hrs</td><td>1. DK Men & Ladies
2. 2nd Flr Mens & Ladies
3. 3rd Flr Mens & Ladies
2×7 Hrs</td><td>1. 4th Flr F&B
2. Mens & Ladies
3. Entertainment Lounge
2×7 Hrs</td></tr>
<tr><td>3rd Week</td><td>1. Laundry 2×7 Hrs</td><td>1. Valet 2×7 Hrs</td><td>1. Library 2×7 Hrs</td><td>1. Carrlage Entrance 2×7 Hrs</td><td>1. Carrlage Entrance 2×7 Hrs</td><td>1. Open
2. Associates Ent 1×4 Hrs</td><td>1. cat walks 2×7 Hrs or
2. Housekeeping 2×7 Hrs</td></tr>
<tr><td>4th Week</td><td>1. Service Elevators
2×7 Hrs</td><td>1. Guest Elevators
2×7 Hrs</td><td>1. Lobbies
2×7 Hrs</td><td>1. Lobbies
2×7 Hrs</td><td>1. BSMT Waxing
2×7 Hrs</td><td>1. Storeroom 2×2 Hrs
2. Open</td><td></td></tr>
<tr><td>5th Week</td><td>1. 2nd Fl Restrooms
2×7 Hrs</td><td colspan="5">Mezz & 2nd Floor Banquet Rooms
Mezzanlne : Meeting Rooms
2nd Floor : Meeting Rooms</td><td>1. Open
2. 14th Fl Shampoo or Chairs</td></tr>
<tr><td rowspan="2">6th Week</td><td rowspan="2">1. FO & Resv
2×7 Hrs</td><td rowspan="2">1. Lobby
2×7 Hrs</td><td colspan="2">Awnings & Granlte
Hotel Sidewalks and Entrances</td><td colspan="2">Men's & Ladies Locker Rooms</td><td rowspan="2">Ladies #2 / #3 & Mens #4
2×7 Hrs</td></tr>
<tr><td>3×8 Hrs</td><td>3×8 Hrs</td><td>Mens : #1
2×7 Hrs</td><td>Ladies #1 / Mens #3
2×7 Hrs</td></tr>
</table>

6주간 예방정비 일정표

월별 예방정비 체크리스트(monthly preventive maintenance check list)

Area Days	1	2	3	4	…	…	…	29	30	31
A. Restaurant										
1. Specialty										
2. Fine Dining										
3. 3-Meal Restaurant										
B. Restrooms										
1. Lobby Lounge										
2. Main Ladies' Lounge										
3. etc.										
C. Mezz & 2nd Flr Bnqt										
Grand Ballroom										
etc.										

일별 정비 체크리스트(daily cleaning schedule)

Lobby Attendant 3:00—11:00 p.m

LOCATION	DUTIES	EQUIPMENT	TIME
A. 3rd Floor Lobby level 1. Specialty Restaurant Restrooms 2. Fine Dining 3. Area in front of Specialty Restaurant B. Executive Offices C. Guest Elevators D. Game Room	1. Sweep or vacuum 2. Empty ash urns 3. Clean planters 4. Clean glass drs. 5. Clean / Sanitize toilets / urinals 6. Clean basins 7. Clean mirrors 8. Empty trash 9. Replenish supplies in restrms 10. Remove chewing gum and other spillage from lobby floor 11. Spot check and ash urns 12. Spot check and clean guest elevators	1. One regular broom 2. One push broom 3. One vacuum cleaner 4. One dust mop 5. Mop bucket / wringer 6. spray bottle w/ all-purpose cleaner 7. spray bottle w/ stainless steel cleaner 8. spray bottle w / window cleaner 9. spray can furniture polish 10. One tilt dust pan 11. cleaning rags 12. One johnny mop	

적절한 작업시간 배정표(approximate time schedules)

Floor Operation

Sweeping	1000 sq.ft
Halls & Corridors	10 min
General Rooms	20 min

Mopping	
Dust Mop(unobstructed)	5 min
Dust Mop(obstructed)	10 min
Damp Mop(unobstructed)	16 min
Damp Mop(obstructed)	30 min
Wet Mop & Rinse(unobstructed)	35 min

Scrubbing	
hand Scrub 12-inch Brush	300 min
Deck scrub	100 min

Machine Scrubbing	
Machine Scrub 12-inch Diameter	48 min
14-inch	40 min
16-inch	36 min
18-inch	31.5 min
19-inch	30 min
21-inch	27 min
23-inch	25 min
24-inch	24 min
32-inch	18 min
36-inch	16 min
Automatic Scrub machine (24 inches)	6 min
Rectangular (48-inch plate)	6.3 min

Spray Buffing	
Spray Buffing (unobstructed)	30 min
Spray Buffing (obstructed)	45 min

Carpeting	
Vacuuming (unobstructed)	20 min
Vacuuming(obstructed)	30 min
Spot Vacuuming	16 min
Shampoo (dry-foam)	60 min
Pile Lift	30 min

General Washroom Cleaning	
General Cleaning / 100 sq.ft	120 min

Wax	
Wax 30 min	
Machine Polish(19-inch Machine)	15 min
Rectangular(48-inch plate)	3.5 min
Buff with Steel Wool	20 min
Strip & Rewax(1 person)	150 min
Dry Strip & Rewax(1 person)	120 min

작업시간 배정표(working time schedules)

A. Grand Ballroom — 94 feet × 114 feet ; 10,716 square feet ; nine chandeliers

1.	Vacuum	3 hours, 30 min
2.	Dust	1 hours, 30 min
3.	Shampoo	20 hours, 30 min
4.	Chandeliers	9 hours, 00 min
	Total	34 hours, 30 min

B. Restrooms — (Based on 120 minutes per 1000 sq. ft as shown on previous chart)

1.	3-Meals Restaurant, 12 feet × 13 feet	20 min
2.	Fine Dining, 12 feet × 24 feet	24 min
3.	Mezzanine, 5 feet × 16 feet	15 min
4.	Second Floor 10 feet × 25 feet	30 min
5.	Convenience B, 6 feet × 7 feet	10 min
6.	Meeting Rooms, Second Floor 10 feet × 30 feet	40 min
7.	PBX, 8 feet × 9 feet	15 min
8.	Sales & catering(4), 8 feet × 10 feet	15 mineach ; total one hour
9.	Xerox, 5 feet × 5 feet	10 min
10.	14th Floor(2) M. 15 feet × 16 feet	35 min
	9 feet × 23 feet	25 min
	Total	4 hrs, 44 min

작업지역 배정표 1(working area assignment 1)

Date : ______________________

Night Shift : 11 : 00 pm to 7 : 30 am	COMMENTS
ZONE I Lower Level — ______________ 1. Engineering 2. Mechanical Room (Main) 3. 3-Meal Restaurant and Restrooms 4. Fine Dining Restaurant 5. Restroom, Kitchen Area 6. Entertainment Lounge Restaurant & Restrooms	
ZONE II Lower Level — ______________ 1. Associate's Cafeteria 2. Health Club 3. Laundry	
ZONE III Lower Level — ______________ 1. Offices 2. Locker Rooms 3. Public Restrooms 4. Corridors and Walls	

작업지역 배정표 2(working area assignment 2)

Night Shift : 11 : 00 pm to 7 : 30 am	COMMENTS
ZONE Ⅳ Lower Level — ____________________ 1. Public Telephones 2. Elevators — 6 guest, 4 serv. 3. Escalators — three 4. Front Office / PABX 5. Lobby Restaurant / Bell DeskRestrooms	
ZONE Ⅴ Lower Level — ____________________ 1. Lobby, Lobby Court 2. Door Entrance / Car Port 3. Pre-function Area 4. Plaza Ballroom A 5. Plaza Ballroom B 6. Plaza Ballroom C	
ZONE Ⅵ Lower Level — ____________________ 1. Translation Booth 2. "3" 3. "4" 4. "5" 5. "6" 6. "7A" 7. "7B" 8. Hallway	

일일 업무 배정표(daily job assignment)

ZONE Ⅲ

Location — Lower Level	DUTIES
1. Office : Human Resources, Security, Uniform Control, Associate, Relations, Chef's Office, Purchasing	Empty trash, dust furniture, vacuum weekly, wipe desk and ashtrays, sweep daily.
2. Locker Rooms	Pick up trash, clean commodes, sinks, showers, tile, lockers, empty ash urns, restock supplies.
3. Public Restrooms	Empty trash, clean mirrors, light bulbs, chrome, sinks, commodes, tile, etc.
4. Corridors and Wall	Sweep, mop floors, spot walls, clean ash urns.

Equipment

1. Janitor cart with supplies
2. Vacuum cleaner
3. Toy broom and large broom
4. Dust pan
5. Rags (15)
6. Bucket
7. Mop
8. All-purpose cleaner

Note : Instead of putting the House Attendant's name and date on this schedule, it is recommended that it be laminated and issued to Attendant assigned to Zone Ⅲ. It shall be returned to the supervisor at the end of the shift.

일일 정비 점검표(daily inspection check list)

Following are examples of Daily Inspection Checklists for Housekeepers

Name : ____________________

Date : ____________________

Office Areas	Clean	No	Comts
Doors			
Carpet			
Baseboards			
Desk Tops			
Pictures Dusted			
Ashtrays			
Telephones			
Desk Chairs			
Trash Cans			
Walls			
Picture Frames			
Cabinet Tops			
Plans Dusts			
Ceiling			
Light Fixtures			
Vents			
Windows / sills			

Name : ____________________

Date : ____________________

Specialty Restaurant	Clean	No	Comts
Table Tops			
Table Bases			
Chairs / Banquettes			
Upholstery			
Banquette & Chair seams / undercushions			
Floor			
Carpet			
Walls			
Baseboards			
Brass			
Ceiling			
Light Fixtures			
Vents			
Windows			
Sills			
Marble			
Exit Stairs			

작업계획표(plan of action)

A generic listing of :

a. All areas to be cleaned
b. The primary activity
c. Tasks to be performed to achieve primary activity
d. Frequency of cleaning
e. Estimated time needed for each task

Plan of Action
This is a Planning Format that may be helpful

Area	Activity	Tasks	Frequency	Time Involved
List of all to be serviced : i.e. Lobby Restrooms Ballroom Offices	List the Primary Activity : i.e. General Clean Pick up Patrol	List all Related Tasks : i.e. Wipe Sweep Mop Dust Polish Clean Vacuum	Indicate the frequency : i.e. Daily Hourly Per Shift Weekly Monthly Semi-annual Annual	Estimate / or actual hours involved : i.e. 2.0 1.5 1.0 0.5 0.25

공공지역 작업 개략표(public activity area summary)

Date : ____________________

Hskper : ____________________

Time Frame	Associate #1	Associate #2	Associate #3	Associate #4	Associate #5	Associate #6	Associate #7	Associate #8	Associate #9	Associate #10
Name :										
	Pager ____	Pager ____	Pager ____	Pager ____	Pager ____	etc.				
	Runner	7 am Start Time	Lobby Lounge 6–7 am (GC)	Restaurant (C) 6–9:30 am (GC)	7 am Start Time	7 am Start Time	Window Washer Public Areas 6–2 pm	7 am Start Time	7 am Start Time	7 am Start Time
6 : 00	Runner									
6 : 30	Runner									
7 : 00	Runner	Runner	Restaurant (A) 7–9 am (GC)		Tennis/ Golf Pro Shops Guest Restaurant 7–2 pm	Carpet Shampooer Rooms/ Public Areas 7–3 pm (List the Room Numbers)		Window Washer Guest Rooms 7–3 pm (List the Room Numbers)	Arrival Lobby/ R/R Small Meeting Rooms Foyer/ Exec. Offices Glass Doors 7am–3pm (PU)	House Attendant Corridors 7am–3pm (GC/PU)
7 : 30	Runner	Runner								
8 : 00	Runner	Runner								
8 : 30	Runner	Runner								
9 : 00	Runner	Runner	Restaurant (B) 9–11 am (GC)							
9 : 30	Runner	Runner								
10 : 00	Runner	Runner								
10 : 30	Lunch	Runner	Lunch	Lunch			Lunch			
11 : 00	Runner	Lunch	Lockers	Meeting Room(A) 12–2 pm (GC)	Lunch	Lunch	Window Washer Cont'd	Lunch	Lunch	Lunch
11 : 30	Runner	Runner	Meeting Room(A) 12–2 pm (GC)		Masters Cont'd	Carpet Shampoo Cont'd		Window Washer Cont'd	Palace Washer Cont'd	House Attendant Cont'd
12 : 30	Runner	Runner								
12 : 30	Runner	Runner								
1 : 00	Runner	Runner								
1 : 30	End Shift	Runner	End Shift	End Shift	Visitor C Admin Off		End Shift			
2 : 00		End Shift			End Shift	End Shift		End Shift	End Shift	End Shift
2 : 30										
3 : 00										

Repairs Needed :

Light Bulbs Needed :

Safety Concerns :

공공장소 정비원 작업위치도

House Attendant – day　　　Date : ____________________

Property Locator　　　Hskper : ____________________

<table>
<tr><th>Time Frame</th><th>Performance 1</th><th>Performance 2</th><th>Performance 3</th><th>Performance 4</th><th>Etc.</th></tr>
<tr><td>6 : 00 am</td><td>Runner</td><td rowspan="7">Restaurant
6 : 00 – 9 : 30</td><td rowspan="11">7 AM
Start time
Window
Washer
Guest Rooms
7:00 – 3:00 pm</td><td rowspan="9">Special
Project
6:00–2:00</td><td rowspan="20"></td></tr>
<tr><td>6 : 30</td><td>Runner</td></tr>
<tr><td>7 : 00</td><td>Runner</td></tr>
<tr><td>7 : 30</td><td>Runner</td></tr>
<tr><td>8 : 00</td><td>Runner</td></tr>
<tr><td>8 : 30</td><td>Runner</td></tr>
<tr><td>9 : 00</td><td>Runner</td></tr>
<tr><td>9 : 30</td><td>Runner</td><td rowspan="3">Restaurant
9 : 30 – 11 : 00</td></tr>
<tr><td>10 : 00</td><td>Runner</td></tr>
<tr><td>10 : 30</td><td>Runner</td><td rowspan="2">Lunch</td></tr>
<tr><td>11 : 00</td><td>Lunch</td><td>Lunch</td></tr>
<tr><td>11 : 30</td><td>Runner</td><td rowspan="5"></td><td rowspan="6"></td><td rowspan="5">Project
Continued</td></tr>
<tr><td>12 : 00 pm</td><td>Runner</td></tr>
<tr><td>12 : 30</td><td>Runner</td></tr>
<tr><td>1 : 00</td><td>Runner</td></tr>
<tr><td>1 : 30</td><td>Runner</td></tr>
<tr><td>2 : 00</td><td>End Shift</td><td>End Shift</td><td>End Shift</td></tr>
<tr><td>2 : 30</td><td rowspan="3"></td><td rowspan="3"></td><td>End Shift</td><td rowspan="3"></td></tr>
<tr><td>3 : 00</td><td rowspan="2"></td></tr>
<tr><td>3 : 30</td></tr>
<tr><td>Repairs Needed</td><td colspan="5"></td></tr>
<tr><td>Light Bulbs Needed</td><td colspan="5"></td></tr>
<tr><td>Safety Concerns :</td><td colspan="5"></td></tr>
</table>

The above work has been completed as ____________

장소별 작업내용 구분

Name : ______________________ Date : ______________________

Associate #3

Time Frame	Location	Activity	Work Done	Not Done	Hkpr Verif	Equipment Control
6 : 00 am 6 : 30 am	Lobby Lounge 6 am－7 am (GC)	Furniture－Dust/wipe daily. Polish W liquid Gold every month. Sweep floor/steps daily. Brass－polish brass fool rail daily.				Check Times Issues
7 : 00 am 7 : 30 am 8 : 00 am 8 : 30 am	Restaurant (A) 7 am－9 am (General Clean)	Chairs－Dust and vacuum all chairs and banquettes. Tables－Damp wipe tops and table bases. Brass－Polish brass handrails. Dust－Wooden walls, shutters and window sills. Vacuum－All carpeted areas. Doors－Spot as need and clean all glass areas. Stage－Sweep and damp mop.				Clarke 540 (room att. vac) Clarke 577 (house att. upright) TM－50 (wet vac.)
9 : 00 am 9 : 30 am 10 : 00 am 10 : 30 am	Specialty Lounge 9 am－11 am (GC)	Dust－Art work, bar stools, back top of banquettes, table bases, leg, wooden shutters, columns and walls. Brass－Polish brass hand and foot rails, daily. Mirror/Glass－Clean as required. Woodwork－Polish w/Liquid Gold once per month. Carpet－Vacuum all carpet areas daily. Dance Floor－Dust mop daily / spray buff E.O.D.				Clarke SpaceVac L.A.V. (battery space vac.) Clarke Space Vac. Rotowash
11 : 00 am	Lunch					
11 : 30 am	Lockers	Clean and resupply as required.				
12 : 00 am 12 : 30 am 1 : 00 am 1 : 30 am	Restaurant (B) 12 pm－2 am (GC)	Dust－Art work, pictures, wooden shutters, banquettes, back top and light fixtuers. Tables－Move and sweep under tables, damp wipe table tops, check under tables for chewing gum. Brass－Polish all brass rails. Carpet－Vacuum all carpeted areas / spot as needed. Tile Surfaces－Sweep and damp mop daily.				Assert Brass Polish Broom Carry Caddie Chamois Dazzle Doodle Bug
2 : 00 am 2 : 30 am 3 : 00 am 3 : 30 am 4 : 00 am 4 : 30 am	End Shift	Parquet Floor－Dry and mop daily. Restroom－Seep, mop, dust, resupply and clean daily. Mirrors / Glass－Spot clean and wipe as needed. **** 1st Sunday every week－Clean air vents and egde carpets. **** 1st Monday of each month, dust all high ledges, cross beams, light fixtures, sound systems, ceiling fans and hanging canoes at verandah royal boat house and paddling club.				Double O Deodorant Dust Pan Glass Cleaner Gum Solv Johnny Mop Lambs Wool Duster Liquid Gold Mop/Bucker/Wringer Putty Knife Squeegee 3M Metal Polish Wypalls

Repairs Needed :

Light Bulls Needed :

Safety Concerns :

The above work has been completed as assigned. Sign : ______________________

특정지역 집중관리표(frequency Chart)

Date : ______________________

Sign : ______________________

☺ The World Best Smile Hotel, Busan

Area	Jan		feb		Mar		Apr		May		……		Sep		Oct		Nov		Dec	
Ice Machines																						
Carpet Shampoo																						
Lanais/Metal Tracks																						
Corridor/Cleaning																						
Guest Elevators																						
Performers Elevators																						
Escalator																						
Restrooms & Restaurant																						
@3-Meal Restaurant																						
@Ballroom																						
@Retail																						
@Registration Lobby																						

연간 대청소 계획표(general cleaning annual planning)

Date : ______________________

Sign : ______________________

☺ The World Best Smile Hotel, Busan

	Jan		feb		Mar		Apr		May		......		Oct		Nov		Dec	
Weeks	1	2	1	2	1	2	1	2	1	2	1	2	1	2	1	2	1	2	1	2
	3	4	3	4	3	4	3	4	3	4	3	4	3	4	3	4	3	4	3	4

Task / Area

Actual Work Performed

January	1	2	3	4	5	6	7	…	…	…	…	25	26	27	28	29	30	31
February																		
March																		
April																		
May																		
June																		
July																		
August																		
September																		
October																		
November																		
December																		

제 7 장

객실관리행정과 리넨관리

제1절 객실관리행정과 리넨관리의 의의

객실관리부서에서 수행하게 되는 행정업무는 고객관련업무, 객실관리부서장의 행정보조, 소속부서원의 행정업무 지원, 리넨 및 소모품 재고관리와 구입요청, 분실물 관리, 리넨 관리, 유니폼관리 등 많은 업무가 진행된다. 객실관리부서원이 현장에서 차질 없이 일할 수 있도록 지원을 아끼지 않는 것은 가족 같은 분위기에서 생산성과 효율성을 높이는 팀워크가 이뤄질 때 가능하다.

대체로 객실관리부서의 구성원은 저학력과 풍요롭지 못한 가정사정으로 인해 택한 일자리임을 감안할 때 타 부서에 비해 인간적인 배려와 헌신적인 행정지원을 필요로 하는 곳이다. 따라서 구성원들의 휴가신청, 의료보험, 급여 등 많은 부분의 행정업무를 사무직원들이 감당하고 있는 것도 현실이며, 이런 것들이 부서의 결집력을 더 돈독히 하고 있다.

이 분야의 조직은 초대형 호텔을 제외하면 대부분의 호텔들이 행정요원과 리넨관리요원의 업무를 통합 운영하게 되며, 행정과장, 대리, 계장 밑에 행정요원과 리넨 요원을 두어 상호 업무를 보완 협조하도록 하고 있다.

제2절 고객요청 접수

객실관리부서 행정요원의 고객요청접수업무는 객실요청시스템(GRS: guestroom request system)의 프로그램을 통해 이루어진다. 서비스 익스프레스 고객안내센터(command center) 또는 종합안내센터를 운영하는 호텔은 객실전화기로 "0"번을 누르면 센터에서 고객의 요청사항을 접수하게 된다. 일반적인 호텔에서는 고객이 직접 객실관리부에 필요한 물품 또는 편의품을 요청한다. 치약, 면도기, 면봉, 타월, 어린이용 침대, 보조 침대, 다리미 세트, 커피 메이커, 청소요청, 어린아이 돌보기 등 수많은 요구사항이 접수된다. 그뿐만 아니라 객실영업부서, 식음료영업부서, 시설관리부서, 업무지원부서 등 호텔 내부 타 부서에서도 청소 요청, 긴급상황 발생 등의 업무가 접수된다. 이때는 객실요청시스템에 빠짐없이 기록하여 담당자에게 서면 · 구두로 업무요청을 하고, 그 결과에 대해 고객, 타 부서 등에게 연락하여 문제를 해결한다. 일반적인 행정업무가 바빠서 고객의 요청사항을 뒤로 미루게 되면 내 · 외부 고객의 불만을 살 수 있으므로 업무 중에서 가장 먼저 처리해야 하는 사항은 바로 고객 요청사항임을 명심하여야 한다.

호텔은 어느 부서를 막론하고 서비스 기본예절을 익히고 실천해야 하므로 객실관리부서에 걸려온 전화라도 행정요원이든 리넨담당이든 전화로 업무를 접수하거나 회신할 때는 꼭 규정과 원칙에 따라서 업무를 진행하도록 한다.

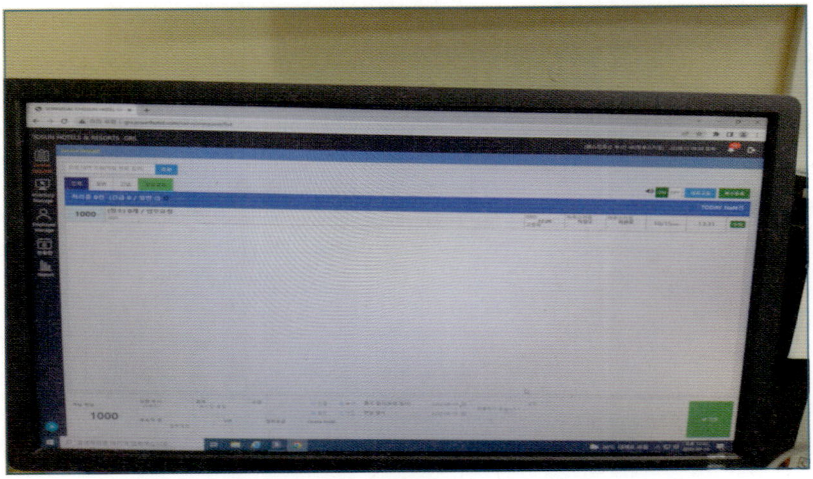

객실요청시스템

GUEST REQUEST ITEM LOG BOOK					
Room	Item	Date/Time out of Linen Room	Initial	Date/Time into Linen Room	Initial

업무기록장(log book)

제3절 부서원의 업무스케줄 관리

객실관리부서 행정요원은 각 객실정비, 공공장소정비, 카펫, 목공, 정원사, 꽃꽂이, 바느질 등 파트별로 짜여진 스케줄을 통합관리하며, 객실관리과장이나 부서장에게 통합하여 보고하게 된다. 객실정비는 객실점유율 현황과 대청소 계획에 의해 인력이 투입되므로 원활한 스케줄 관리로 과로를 방지하고 근무효율을 높이며 궁극적으로는 비용관리에 힘쓰게 된다. 각 파트는 근무 스케줄을 짜게 되고, 이것을 토대로 당일 투입된 근무인원에 대해 보고서를 작성하게 된다. 이때 작성되는 근태표는 월말 급여의 기본자료로 활용된다.

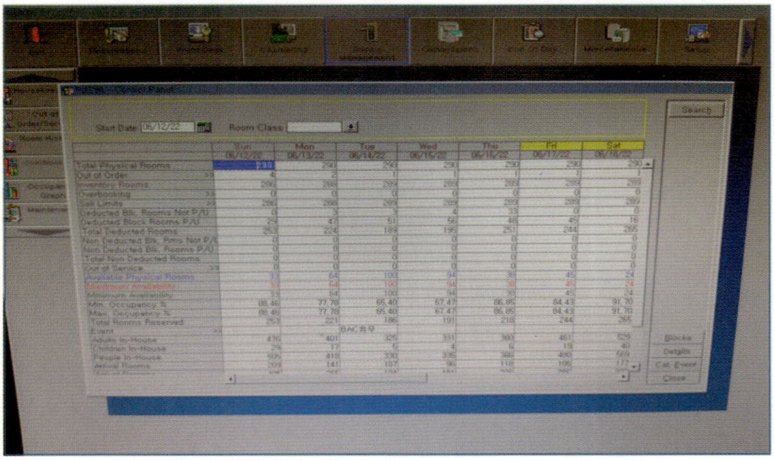

객실점유율 현황

일일 부서원 업무스케줄(DAILY ASSOCIATE ASSIGNMENT SHEET)

☺ **The World Best Smile Hotel, Busan**

Date ____________ Room Count ____________ Forecast ____________
Actual ____________

Floor/ Section	Rooms to be done	Assigned Rooms	Name	No Shows	
				Name	Reason
				On Call	
				Supervisors	
				Linen Room	
				Lobby	
				House persons	
				P.M. Crew	

Housekeepers	Over Rooms
1.	
2.	
3.	

주별 부서원 업무스케줄(WEEKLY ASSOCIATE ASSIGNMENT SHEET)

☺ **The World Best Smile Hotel, Busan**

Department ______________________ Position ______________________

Week of ______________________

	Name	Sunday	Monday	Tuesday	Wednesday	Thursday	Friday	Saturday
1								
2								
3								
4								
5								
6								
7								
8								
9								
10								
11								
12								
13								
14								
15								
16								
17								
18								
19								
20								
21								
22								

☺ **The World Best Smile Hotel, Busan**

근태표(Attendance Record)

기간 : ______________________________

소속 : ______________________________

사 번/성 명		1	2	3	4	5	6	7	8	9	10	11	12	13	14	15	16	17	18	19	20	21
	근무일정																					
	연장근무																					
	야간근무																					
	휴무시간																					
	근무일정																					
	연장근무																					
	야간근무																					
	휴무시간																					
	근무일정																					
	연장근무																					
	야간근무																					
	휴무시간																					
	근무일정																					
	연장근무																					
	야간근무																					
	휴무시간																					
	근무일정																					
	연장근무																					
	야간근무																					
	휴무시간																					
	근무일정																					
	연장근무																					
	야간근무																					
	휴무시간																					
	근무일정																					
	연장근무																					
	야간근무																					
	휴무시간																					
	근무일정																					
	연장근무																					
	야간근무																					
	휴무시간																					
	근무일정																					
	연장근무																					
	야간근무																					
	휴무시간																					
	근무일정																					
	연장근무																					
	야간근무																					
	휴무시간																					

근 무 일 : WORK DAY : W
비근무일 : DAY OFF : O
무단결근 : ABSENCE W/O APPROVAL : AW
휴일근로 : HOLIDAY WORK : HW
휴일 : HOLIDAY : H
연차 : ANNUAL LEAVE : A
생리휴가 : SPECIAL LEAVE : S
특별휴가 : SPECIAL LEAVE : SL

확 인

22	23	24	25	26	27	28	29	30	31	근무시간	비근무시간	총근무시간	휴일근로/ 주휴근로	연차휴가	비고

출 산 휴 가	: MATERNITY LEAVE	: ML
예 비 군	: RESERVE TRAINING	: RT
출 장	: BUSINESS TRAVEL	: BT
산 재	: WORKER'S COMPENSATION	: WC
연 장 근 로	: 시간	
야 간 근 로	: 시간	
휴 일 근 로	: 시간	
주 휴 근 로	: 시간	

제4절 고장난 방 처리

객실이 고장이 나서 판매하지 못한다는 보고를 받으면 객실정비계장(floor supervisor)은 즉시 현장 확인을 하고, 이에 따른 조치를 하여 가장 빠른 방법으로 판매가 가능하도록 원상복구를 하여야 한다. 당일 고장으로 판매가 불가능할 때에는 객실영업부서에 연락하여 컴퓨터 시스템에 고장난 방을 입력하여 판매를 막아야 한다. 또한 대청소 등 스케줄에 의한 객실 블로킹(blocking)은 객실부서 부지배인의 책임하에 객실영업부서와 협의하여 컴퓨터에 입력하여 예약에 지장이 없도록 사전에 조치를 취한다. 고장난 방의 컴퓨터 시스템 입력은 "HOUSEKEEPING" 화면에서 "Enter Tesk"에서 6번 "PLACE OUT-OF-ORDER" 와 객실번호를 넣고 "Enter"를 누른 다음 "START DATE" 와 "END DATE", "REASON FOR" 에 시작일, 끝나는 날, 이유 등을 기록하여 입력해 둔다. "CHANGE", "CANCEL" 란도 있는데, 변경과 취소를 할 수 있도록 프로그램이 짜여져 있다. 입력할 때에는 객실 하나, 또는 한층, 일정 구역 내를 동시에 입력할 수도 있고, 이유란을 선택하여 한꺼번에 변경도 가능하다. 이렇게 컴퓨터작업이 끝나면 객실행정담당은 "ROOM OUT OF ORDER" 슬립(slip)을 작성하여 시설관리부서에 고장수리 의뢰를 하게 된다. 이때 슬립의 원본은 객실영업부서에, 부본은 객실관리부서에서 보관하고, 마지막 장은 시설관리부서에 보내어 언제까지 어떻게 고쳐주겠다는 확약과 접수자의 확인을 받아 철하고 계속 관리한다.

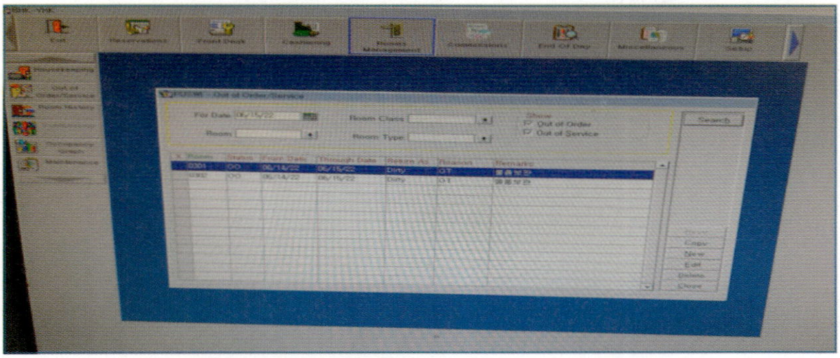

객실판매 불가능 현황(Out of Order / Out of Service)

1) 고장난 방의 처리과정

① 객실의 고장난 방(O.O.O.: out of order)은 객실관리부서장이나 부지배인이 결정할 수 있다.

② 용지에 서면으로 된 고장난 방 보고서를 시설부서장에게 전달하고 설명한 다음 서로의 동의하에 작업완료일을 받는다.

③ 데스크 행정요원은 컴퓨터 단말기에 고장난 방을 입력하고 객실영업부서에 새로운 O.O.O.나 작업이 완료된 방 번호를 알려준다.

④ 리넨 어텐던트와 주임 또는 계장은 처음에 지정된 작업완료일이 지켜지도록 시설부서에 수시로 확인한다.

⑤ 객실의 하자상황이 객실관리부서의 능력으로 할 수 있다면 빠른 시간 안에 객실을 다시 팔 수 있도록 계획을 짜고 작업을 수행하도록 한다.

⑥ 시설부서에서 수행해야 할 근본적인 수리나 작업이 필요하게 될 때에는 객실의 모든 리넨류나 침대 덮개, 침대, 가구 등을 적절히 못 쓰는 시트로 덮고, 카펫도 시트로 덮고 난 다음 일을 하도록 한다.

☺ **The World Best Smile Hotel, Busan**

Room Out of Order

Room # ______________________ Date ______________________

Reason ____

____

Time to be O.O.O ______________________________________

Building Superintendent

Authorized by ______________________ Date ______________________

(Font Office)

Inspected by ______________________ Date ______________________

(Housekeeping)

Blue : Front Office
Yellow : Director of Housekeeping
White : Engineering Management

고장난 방 보고서

제5절 습득물 처리

객실정비를 맡고 있는 룸 어텐던트와 공공지역 청소를 맡고 있는 공공지역정비원은 업무 중 발견된 고객의 소지품을 발견 즉시 객실관리부 행정담당에게 신고하고, 습득한 물건은 빠른 방법으로 객실관리 사무실로 보낸다. 접수받은 행정담당은 물품을 고객에게 찾아 돌려 줄 수 있는 방법을 모색하게 된다. 고객이 밝혀진 물품은 모니터에 고객의 위치를 조회하거나 객실영업부서에 연락하여 고객이 호텔 내에 있다면 찾아서 이를 전달하도록 한다. 만약 고객이 출발한 후라면 절차에 의해 보관하고 고객과 연락이 닿도록 노력한다.

1. 습득물 처리절차

① 객실이나 공공장소에서 습득한 모든 물건은 객실관리부서 사무실로 신고를 해야 한다. 이때 습득물보고서(lost & found slip)를 작성하여 습득물과 함께 전달한다.

② 객실관리과 운영시간 외에 발생되는 습득물은 당직 지배인에게 신고를 한다.

③ 습득한 물품을 부득이 객실관리부서로 가져올 수 없을 때에는 보관장소, 품목 및 신고자의 성명을 통보하고 후에 접수를 하도록 한다.

④ 접수를 받은 객실관리부서는 관리장부에 기록한 후 90일간 보관을 하였다가 찾아가지 않으면 습득자에게 줄 수 있다.

⑤ 분실물에 대한 고객의 조회가 있으면 보고서를 작성하여 관리한다. 물품이 있든 없든 간에 행정담당 지배인은 3일 내에 고객에게 가부의 답을 드려야 하며, 만약 물건이 없을 때에는 부총지배인이나 객실담당 임원이 편지로 유감의 뜻을 전달한다. 분실물이 있다면 본인을 확인하고 고객의 주소로 우송한다.

⑥ 변질된 물건이나 마개가 열린 술 종류는 며칠 후 습득자에게 줄 수 있다.

⑦ 90일 경과하여 받은 습득물을 호텔 밖으로 반출할 때에는 객실관리부서장의 확인이 있는 반출증을 발급 받아 경비실에 제출하고 반출한다.

⑧ 귀중품, 귀금속은 손님의 주소를 확인하여 돌려줄 수 있도록 최대한 노력을 하여야 한다.

Lost and Found Slip

☺ **The World Best Smile Hotel, Busan**

No. 2251

Date ______________________ Item # ______________________

Where found : ______________________

Who found : ______________________

What (complete description) : ______________________

____

____

____

____

Received by: ______________________

습득물 보고서(lost & found slip)

Lost and Found Log

☺ **The World Best Smile Hotel, Busan**

Ref.#	Date Found	Place Found	Found By	Recd. By	Item	Claimed By	Date Claimed	Released By

습득물 관리대장

Lost and Found Conformation Slip

☺ **The World Best Smile Hotel, Busan** No. 2251

Date ______________ Item # ______________

Where found : ______________

Who found : ______________

What (complete description) : ______________

____

____

____

____

____

____

Received by ______________

습득물 조회보고서

☺ **The World Best Smile Hotel, Busan**

Parcel Pass

Associate's Name ______________

Date ______________ Department ______________

Articles Authorized to be Removed From Premises

____

____

Authorized Signature ______________

Time Date By Security

습득물 반출증

2. 습득물 처리관련 주의사항

1) 규정 준수

호텔이 설정한 습득물 처리규정을 잘 숙지하고 그 절차에 따라 이행하므로 혼선을 막는다.

2) 귀중품에 대한 정보 공유

귀금속, 지갑, 여권 등은 접수된 즉시 당직지배인과 프런트데스크에 연락을 해 둔다. 이때 발견 위치, 시각, 내용 등을 정확히 알려 물품을 찾는 고객과 커뮤니케이션이 정확히 되도록 한다.

3) 습득물이 휴대폰일 경우

고객의 이력카드(history card)를 보고 연락처를 찾아 연결하거나 전화에 입력된 직장번호를 찾아 연락한다. 다만, 고객이 남성일 때는 남자 직원이, 여성일 때는 여자 직원이 연락하므로 필요 없는 오해를 미연에 방지한다.

4) 습득물 우송이 필요할 때

우송하여야 하는 곳이 국내일 경우에는 습득물을 택배에 전달하여 수취인 부담으로 처리하고, 국외인 경우에는 믿을 수 있는 국제적인 우편물류회사인 페덱스, 디에이치엘 등에 의뢰하여 발송하고, 요금은 신용카드로 결제하도록 유도한다.

5) 확인절차

이러한 업무는 고객이 높은 수준의 호텔 서비스를 평가하는 바로미터가 되므로 고객을 안심시키면서 진행을 신속, 정확히 하여야 한다. 도착 위치, 일자, 배달회사를 빠짐없이 알려 드리고, 배달이 완료되면 유 · 무선으로 연락하여 실수 없이 전달되었는가를 확인하고, 그 결과를 기록해 둔다.

제6절 리넨 관리

객실관리부서 사무실에는 사무행정과 함께 호텔 전체의 리넨을 관리해야 하는 업무도 주어져 있다. 이들은 리넨뿐만 아니라 객실 및 공공장소에 필요한 소모품 관리도 함께 하여야 한다. 객실에서 사용되는 리넨은 침대 시트(bed sheet), 이불(duvet or bed quilt), 베개와 베갯잇(pillow & pillowcase), 대 · 중 · 소 타월류(towels), 잠옷(bath robe), 방석(cushion), 커튼(curtain) 등이 있고, 식음료 부서가 식음료 영업장에서 사용하는 리넨으로는 테이블보(table cloth), 테이블보 깔개(under cloth), 냅킨(napkin), 의자 덮개(chairtop), 연회 테이블용 드래퍼리(drapery) 등이 있다. 이는 호텔 양식에 따라 지급받는다.

리넨실

헬스와 사우나에서 사용되는 헬스 가운(health gown), 체육복(training shirts & pants), 운동용 신발(sports shoes), 대 · 중 · 소 타월류(towels) 등이 있다. 이런 것들은 구입에서 마모로 못 쓰게 되어 폐기처분할 때까지 모든 과정이 객실관리부서를 통하여 이루어지게 되어 있으며, 여기에 따른 보고서 관리 또한 만만치 않다. 대부분의 체인호텔들은 리넨류를 5벌(5 par) 보유하며 세탁실의 업무와 객실점유율을 감안하여 4벌(4 par) 정도로 운영하는 호텔도 있다. 이를 세분화하면 현장에 1 내지 1.5벌, 세탁실에 2벌, 리넨룸 1 내지 1.5벌로 배치하고 적은 양으로 운영할 때에는 현장과 리넨룸에 있는 것을 각각 1벌씩 투입한다.

Rooms Devision

	Nomal Room			Full Suite			
품 목	규 격	무 게	직 조	규 격	무 게	직 조	색 상
Bath Towel	68×140	610g	30수	68×145	610g	40수	White
Hand Towel	45×88	200g	30수	45×93	200g	40수	White
Wash Towel	30×30	56g	30수	30×33	55g	40수	White
Mat Bath	50×80	390g	30수	50×80	390g	30수	White

Leisure Sports

품 목	규 격	무 게	직 조				색 상
Rest Towel	140×210	1400g	30수				White
Hand Towel	40×85	180g	30수				White
Sleeping Towel	70×150	160g	30수				Sky Blue
Massage Towel	30×90	90g	30수				White

호텔이 사용하는 리넨

Rooms Devision

	Nomal Room			Full Suite			
품 목	규 격	무 게		규 격	무 게		
Bath Towel	68×140	610g	30수	68×145	610g	40수	White
Hand Towel	45×88	200g	30수	45×93	200g	40수	White
Wash Towel	30×30	56g	30수	30×33	55g	40수	White
Mat Bath	50×80	390g	30수	50×80	390g	30수	White

Leisure Sports

품 목	규 격	무 게					
Rest Towel	140×210	1400g	30수				White
Hand Towel	40×85	180g	30수				White
Sleeping Towel	70×150	160g	30수				Sky Blue
Massage Towel	30×90	90g	30수				White

타월의 규격과 무게

프로호스트 시스템에서 소개했듯이 리넨 관리는 회사의 재산관리이므로 효율적인 운영과 좋은 상태로 유지하는 것이 무엇보다 중요하다고 하겠다. 따라서 일일 재고관리를 목표로 꾸준한 개선을 하고 있으며, 월말에는 관리부서와 합동으로 실사에 의한 재고조사를 할 뿐 아니라 분기별로 체인 본부에 결과보고도 하게 된다. 월말재고조사는 아래에 제시된 양식에 의해 객실부서와 식음료부서의 재고를 파악하여 필요량에 미달될 경우 구매절차를 거쳐 부족부분을 보충하게 된다.

☺ **The World Best Smile Hotel, Busan**

TABLE LINEN REQUISITION

Department　　　　　　　　　　　　　　　　Date　　.　.　.

Number Requested	Number Issued	Item, Type and size	Color	Special Requirements

Issued By　　　　　　　　Approved By

식음료 리넨 청구 양식

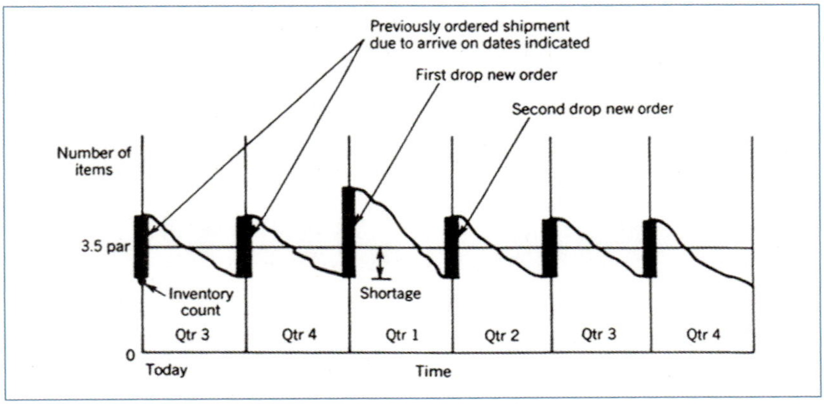

리넨 보유량 예측

☺ **The World Best Smile Hotel, Busan**

FOOD & BEVERAGE LINEN TALLY SHEET

Outlet Venetian
Date Oct 31 2021

ITEM	AMOUNT
Napkins	
Green/White Checked	
White	
Rust	
Tablecloths	
54" × 54"White	
54" × 72"White	
54" × 90"Whtie	
54" × 90"Rust	
90" × 90"White	
90" × 90"Rust	
Conference Cloths	
36" × 90" Emerald Green	
Table Skirting	
18" × 29"White(Snap Drape)	
18" × 29"White Gold Imprint (Continental)	

Supervisor ______________

식음료 리넨 재고가격 산출양식

☺ **The World Best Smile Hotel, Busan**

DAILY DISCARD LOG

Date	Quantity	Discard Item	Purchase Date Mark	Discarded or Converted Into the Following Items

일일 리넨 폐품처리 기록장

☺ **The World Best Smile Hotel, Busan**

QUARTERLY DISCARD SUMMARY

Date ______________________________

	QUANTITY	ITEM	DATE MARK	CURRENT $ VALUE
A. DISCARDS				
B. ADDED TO INVENTORY				
C. SOLD				

분기별 리넨 폐품처리 요약서

☺ **The World Best Smile Hotel, Busan**

Inventory Control Card

Item : ______________________

Supplier : ______________________

Amount Per Case : ______________________

Cost Per Case : ______________________

Cost Per Gallon : ______________________

Delivery Time Required : ______________________

Reorder At : ______________________

Date	Amount Ordered	Amount Received	Withdrawn	On Hand	Initial

리넨 재고조사관리 카드

☺ **The World Best Smile Hotel, Busan**

ROOM ATTENDANTS' TALLY SHEET FOR LINEN INVENTORY(A)

Name ______		Floor ______	Section ______	Date ______	
Room Type	Sheets Twin	Sheets Double	Sheets Queen	Sheets King	Pillow Cases
TOTAL					

☺ **The World Best Smile Hotel, Busan**

ROOM ATTENDANTS' TALLY SHEET FOR LINEN INVENTORY(B)

Name ______		Floor ______	Section ______	Date ______	
Room No. Bed Type	Bath Towels	Hand Towels	Wash Cloths	Bath Mats	Bath Rugs
TOTAL					

룸 어텐던트 보유 리넨 재고가격 산출 양식

☺ **The World Best Smile Hotel, Busan**

ROOM LINEN INVENTORY WORKSHEET(A)

Hotel ______________________

Form A ______________________

(H-E=I)

	A +	B =	C −	D =	E	F ×	G =	H	I
Rooms Linen	Circulating Inventory	Reserve Inventory	Total Inventory on Hand	Estimated Inventory Shrinkage	Projected Inventory	Inventory Par Factor	One Par Quantity	Inventory Requirement	Need to Purchase
Sheets 770"×113 "									
Sheets 81"×113 "									
Sheets 90"×113 "									
Sheets 108"×113 "									
Pillowcases									
Terry Hand Towels									
Bath Towels									
Washcloths									
Bath Mats									
Shower Curtains, Nylon									
Shower Curtains, Plastic									
Shower Curtains, Hooks									
Rubber Bath Mats									
Glass Towels									

ROOM LINEN INVENTORY WORKSHEET(B)

Hotel

Form A (cont.)

(H－E＝I)

	A +	B =	C −	D =	E	F ×	G =	H	I
Rooms Linen	Circulating Inventory	Reserve Inventory	Total Inventory on Hand	Estimated Inventory Shrinkage	Projected Inventory	Inventory Par Factor	One Par Quantity	Inventory Requirement	Need to Purchase
Mattress Pads 42"×80"									
Mattress Pads 52"×80"									
Mattress Pads 60"×80"									
Mattress Pads 78"×80"									
Blankets, Electric Twin									
Blankets, Electric Dbl/Single Control									
Blankets, Electric Dbl/Dual Control									
Blankets, Electric Queen									
Blankets, Electric King									
Pillows, Feather/Down									
Pillows, Synthetic									
Shower Curtains, Hooks									
Rubber Bath Mats									
Glass Towels									

객실부 리넨 재고조사 양식

FOOD & BEVERAGE LINEN INVENTORY ANALYSIS SHEET

Hotel
Previous Inventory Date
Present Inventory date

Quarter Being Reported
(circle one)
1 2 3 4

G × Unit Cost = J(Discard $ value)

H × Unit Cost = K(Unaccountable Loss $ Value)

A + B + C = D − E = F − G = H

Name	Previous Inventory	Purchase in Between Inventory	Converted Linen	Total Previous Inventory plus Purchase in Between Inventories	Inventory On Hand	Inventory Shrinkage Overage	Discards	Unaccounta pf Age Lessons/ Overage	Unk Coat	Inventory Shrinkage $Values Inventory Period	Inventory Shrinkage $Values
										Inventory Period	Year-To-Date
										J	
										K	
										J	
										K	
										J	
										K	
										J	
										K	
										J	
										K	
										J	
										K	
										J	
										K	
										J	
										K	
										J	
										K	
					Linen Discard $ value Totals:					J	
					Linen Unaccountable Loss $ Value Totals:					K	
					Loss Grand Totals: (Total J & K in each column)						

식음료 리넨 재고조사 양식

제7절 객실 소모품 관리

객실관리부서는 리넨 관리와 함께 객실소모품과 고객편의품도 취급한다. 객실에 비치하거나 공공장소에 비치하는 품목의 수는 매우 많아 정확한 재고 파악이 어렵지만, 만약 재고가 부족하다면 필요시에 낭패를 당하므로 신중하게 취급해야 한다. 간혹 고객편의품을 직원들이 사용하는 경우도 있으며 목적 외에 낭비되는 경우도 있어 교육과 주의를 환기시켜 재고파악이 잘 되도록 해야 한다. 고객편의품과 객실소모품은 계속 쓰는 것들이어서 객실관리부서의 예산으로 정기적인 납품을 받게 되는데, 이들의 재고조사는 소모품 재고조사표에 의해 이뤄지며 월말에 조사된 양을 당월 비용으로 장부 정리한다. 이러한 고객편의품과 객실소모품은 리넨 어텐던트에 의해 객실정비원과 공공장소 정비원에게 지급되며, 프로호스트 시스템을 운영하는 호텔에서는 리넨 어텐던트가 토트(tote)에 담아 객실정비원의 모빌에 적재해 준다. 이러한 관리시스템은 비용관리를 철저히 할 수 있고, 당일 소모량이 곧 바로 파악되는 장점이 있다. 고객편의품은 호텔마다 특색있는 디자인으로 고객의 시선을 끌며, 호텔 이미지를 각인시키는 마케팅 도구(marketing tool)로 활용하고 있다. 따라서 필요 이상으로 소모되는 경우도 생긴다. 한편, 호텔마다 고객이 쓰다 남긴 비누나 샴푸 등은 고아원이나 양로원에 공급하여 어려운 사람들을 돕는 데 요긴하게 사용되고 있다. 객실소모품 외에 객실관리부서에서는 고객이 자주 찾는 컴퓨터 잭, 어댑터, 소형 변압기, 다림질 세트, 커피 메이커, 가습기 등도 준비해 두고 고객의 요청에 응하고 있다. 객실소모품과 고객편의품은 제4장 제4절 직무교육 프로그램(OJT program)에서 언급되었던 품목들이며, 예산편성 때 객실비용부문의 객실용품(guestroom supplies)과 청소용품(cleaning supplies), 그리고 잡비(miscellaneous) 계정에서 지출된다. 객실관리부서에 비치하여 공급하는 객실소모품은 아래표와 같은 것들이 있다.

GUEST ROOM SUPPLIES INVENTORY ANALYSIS SHEET

Hotel
Previous Inventory Date
Present Inventory Date

Month
Total Occupancy
Double Occupancy

FORMULA: A + B = C - D = E + F = G × H = I

Item	A Previous Inventory	B Purchases Between Inventory	C Total Prev. Inv. + Purch. B/t Inv. (A+B)	D Inventory on Hand	E Amount Used (C-D)	F # of Occupied Room Nights	G Usage Per Occ. Room Night (E+F)	H Unit Cost	I $ Value Per Occ. Room Night (G×H)
Alarm Clocks									
Ashtrays									
Bath Mat, rubber									
Battle Openers									
Coasters									
60-Second CriticSM									
"Privacy Please"Sign									
Glasses: Bathroom									
Glasses: Bar									
Hangers:(ladies'/men's)									
Hangers:									
Hangers:									
Ice Bucket									
Ice Tray									
Ice Tongs									

Item	A Previous Inventory	B Purchases Between Inventory	C Total Prev. Inv. + Purch. B/t Inv.(A+B0	D Inventory on Hand	E Amount Used (C-D)	F # of Occupied Room Nights	G Usage Per Occ. Room Night (E+F)	H Unit Cost	I $ Value Per Occ. Room Night (G×H)
Soap:									
Soap:									
Soap Diches									
Stationery: Envelopes									
Stationery: Letterhead									
Stationery: Postcards									
Stationery Folder, vinyl									
Stationery Folder, paper									
Toothpaste									
Toilet Paper									
Trash Cans, room									
Trasg Cans, Bathroom									
Turn Down Mints									
Turn Down Request Card									

객실 소모품 재고조사표

Product	Annual Volume per Product	Size (ml, gram, oz)	Price (US$)	Case Pack
① Room Att. Name Card	10,000	10×10cm	2.60	w / logo
② Memo Pad	5,500	13.2×11.4cm	0.01	w / logo
③ Doily for Glass	58,900	9×9cm	0.01	w / logo
④ Additional Amenities information Card	500	14.7×8cm	0.10	w / logo
⑤ Letter Head	19,500	29.5×19cm	0.05	w / logo
⑥ Envelope	14,400	18.7×9.4cm	0.07	w / logo
⑦ 60 Second Critic	3,600	9.6×21.8cm	0.14	w / logo
⑧ Hotel Directory Insert	500	17.5×27cm	0.36	w / logo
⑨ Bathrobe Sales Card	950	19.5×10cm	0.18	w / logo

Product	Annual Volume per Product	Size (ml, gram, oz)	Price (US$)	Case Pack
① Turn Down Service Card	900	16.2×10.3cm	0.13	w / logo
② Laundry List	4,900	30×21cm	0.09	w / logo
③ Telex Form	8,700	27×10.2cm	0.02	w / logo
④ Good Night Card	9,900	17×10cm	0.13	w / logo
⑤ No Smoking Card	100	10.2×9.9cm	1.14	w / logo
⑥ Green Card	2,000	21.7×10.5cm	0.78	w / logo
⑦ Paper Bend for Hair Dryer	14,400	14×4.1cm	0.04	w / logo
⑧ Suttle Service Inf. Insert	1,930	22.2×10cm	0.04	w / logo
⑨ Tips for Traveler	300	25.5×5.4cm	0.10	w / logo

Product	Annual Volume per Product	Size (ml, gram, oz)	Price (US$)	Case Pack
① Laundry Bag	37,410	40×70cm	0.06	w / logo
② Shoe Shine Bag	6,650	30×47cm	0.24	w / logo

Product	Annual Volume per Product	Size (ml, gram, oz)	Price (US$)	Case Pack
① Jogging Map	1,200	21×10cm	0.20	w / logo
② International Telephone Service	600	17.2×23cm	0.50	w / logo
③ TV Information Card	600	17.2×23cm	0.25	w / logo

Product	Annual Volume per Product	Size (ml, gram, oz)	Price (US$)	Case Pack
① Amenities Basket	10	43×21×8.5cm	8.46	
② Hanger for Men's	400	43.5×28cm	2.86	
③ Slipper	735	28×10.5cm	2.02	w / logo
④ Rubber Mat	156	39.5×21cm	4.95	
⑤ Tarsh Can in room	50	25×21.2cm	10.15	w / logo
⑥ Hair Dryer	80	19×19cm	17.57	
⑦ Cloth Brush	50	18.5×8.5cm	1.83	
⑧ Friction Towel	100	88×93cm	0.81	Viny 1
⑨ Ice Bucket	30	18×19.5cm	208.82	
⑩ Shoes Horn	20	35×3.5cm	0.46	w / logo

Product	Annual Volume per Product	Size (ml, gram, oz)	Price (US$)	Case Pack
① Glass	430	5.4×6.2×11cm	1.43	
② Ice Tong E/f	50	19×6.5cm	1.82	
③ Ice Tong D/F	50	16.5×8cm	1.04	
④ Soap Dish	470	12×11.3cm	2.34	w / logo
⑤ Flower Vase	55	5×2×14.5cm	1.76	
⑥ Ashtray	445	12.8×2.5cm	1.69	

Product	Annual Volume per Product	Size (ml, gram, oz)	Price (US$)	Case Pack
① Toilet Paper	46,660	9.5×10cm	0.18	
② Tissue	8,700	21.5×21.5cm	0.42	

Product	Annual Volume per Product	Size (ml, gram, oz)	Price (US$)	Case Pack
① Standcard for message ser.	500	12×8.2×2.9cm	1.43	w / logo
② Privacy Please Card	290	19.5×9.8cm	1.04	w / logo
③ Non smoking in bed	500	9×6.5cm	1.17	w / logo
④ Additionary Amenity stand	100	15×8.5cm	1.30	w / logo

Product	Annual Volume per Product	Size (ml, gram, oz)	Price (US$)	Case Pack
① Cotton Bud	24,100	8.5×4cm	0.12	Paper
② Sewing Kit	670	8.5×4cm	0.36	Paper
③ Shower Cap	25,000	10.3×4cm	0.11	Paper
④ Emery Board	190	12×2.5cm	0.11	Paper
⑤ Shoe Shin Mitt	1,500	21×2.5cm	0.23	Cloth
⑥ Garglin (Mouth Wash)	10,612	30ml	0.58	P.V.C
⑦ Comb	180	14.2×3.8cm	0.25	Paper
⑧ Hair Dryer Bag	100	29×27cm	4.92	Cloth
⑨ Soap	5,000	50gr	0.33	Paper
⑩ Detergent	500	8.5×4cm	0.08	Paper

Product	Annual Volume per Product	Size (ml, gram, oz)	Price (US$)	Case Pack
① Chocolates	36,750	4×2.3cm	0.06	

Product	Annual Volume per Product	Size (ml, gram, oz)	Price (US$)	Case Pack
① Bath form	12,500	16ml	0.26	Plastic
② Milk Lotion	12,620	16ml	0.26	Plastic
③ After Shave Lotion	12,660	16ml	0.26	Plastic
④ Soap	58,900	40gr	0.17	Paper

Product	Annual Volume per Product	Size (ml, gram, oz)	Price (US$)	Case Pack
① Ball Point Pen	6,600	18.5×0.8cm	0.22	w / logo
② Hanger for Woman's	760	40×21.5cm	0.63	w / logo
③ Match	38,400	5×3.7×1cm	0.43	Paper
④ Directory	100	29.5×21.5cm	3.51	w / logo
⑤ Memo Pad Cover	300	18×23cm	3.5	w / logo
⑥ Tissu Box	20	22×22cm	6.5	w / logo

객실 및 욕실 편의품 리스트

체인호텔 욕실 편의품의 디자인

제8절 유니폼 관리

1. 유니폼과 호텔의 이미지

예로부터 복장은 신분과 계층에 따라 다양하게 차려 입었다. 사람이 옷을 입는 것은 자연환경에 대한 적응과 사회환경에 대한 대응이며, 인간 내면에서부터 우러나오는 예술성과 정신적 요소가 물질화, 형상화된 것이다. 의복은 사람이 입는 것이므로 외관과 인체의 형태, 활동에 편하도록 디자인되어야 한다. 호텔의 유니폼은 일반적인 복장과는 다르게 무형인 서비스를 유형화하여 이미지를 중요하게 고려해야 하므로 그 선택에서 매우 신중해야 한다. 또한 호텔의 유니폼은 각 호텔그룹의 표상을 나타내며, 단독호텔의 상징성을 나타내는가 하면, 업장별로 전달하고자 하는 이미지를 담고 있어야 한다. 그러하면서도 전체가 조화롭고 통일된 형상을 표출하며, 직위에 대한 구별을 할 수 있어야 하고, 소속원의 책임감과 자신의 위치에 대한 올바른 인식을 갖게 하기도 하여야 한다.

2. 유니폼의 특성

① **기능성** : 사람은 항상 행동하므로 정적인 행태, 동적인 행태에 맞는 의복이 필요하다. 특히 유니폼은 업무를 이행할 때 갖춰야 하는 모양새이기도 하지만, 업무에 따라서는 장시간 착용해야 하므로 활동량과 계절에 맞게 디자인되어야 한다.

② **상징성** : 유니폼은 일정한 모양과 색상으로 통일된 의식을 이행하는 데 필요하므로 단체의 상징성을 강조한다. 유니폼을 착용할 때 그 복장은 자신이 소속된 곳을 상징하고 자신의 신분을 나타내며, 직위를 나타내어 스스로를 규제하게 된다.

호텔의 유니폼, 객실과 식음료 부문

③ **심미성** : 유니폼은 상징성, 기능성, 경제성을 위주로 선택하지만 최근에는 각 업장의 성격을 감안하고 고객과 직원이 함께 보는 즐거움을 느낄 수 있도록 모양과 색상을 선택할 때 심미적인 부분을 크게 고려한다.

3. 유니폼의 선택 및 관리

호텔서비스에서 유니폼은 또 하나의 호텔이미지이다. 유니폼을 외부에서 맞출 때에는 디자인, 색상, 패턴이 그 영업장과 잘 맞아야 하므로 객실관리부서장이 가지고 있는 체인의 표준을 근거로 최적의 제품을 납품받도록 한다. 가능하면 많은 시간을 가지고 샘플을 만들어 사전에 세탁도 해 본다.

샘플은 담당 부서장과 경영진, 종업원이 함께 참석하여 품평을 하며, 그 옷을 입고 서브하는 사람과 고객의 입장, 경영진의 입장에서 꼼꼼히 따져 결정해야 한다. 이렇게 사입된 유니폼의 관리업무는 객실관리부서에서 맡는다.

유니폼은 각 부서의 인원이 갈아 입어야 하는 주기 등을 고려하여 제공하지만, 보통 영업장의 유니폼은 2벌, 이에 따른 드레스 셔츠는 4벌, 스카프와 보타이는 3벌, 주방복은 4벌씩 준비하면 큰 무리가 없다. 효과적인 유니폼관리를 위해 리넨룸에 유니폼 걸이 시스템(uniform hanger system)을 운영하는데, 충분한 공간을 확보하여야 각 부서별 통제 및 관리가 용이하다.

유니폼 걸이 시스템(uniform hanger system)

유니폼을 교환할 때는 유니폼 교환전표(uniform exchange slip)를 2부 작성하여 원본은 유니폼과 함께 교환하고, 사본은 리넨룸에 보관한다. 이는 월말에 요약집계를 내어 유니폼에 대한 경비 산출과 재고조사에 활용되므로 잘 보관해야 한다.

☺ **The World Best Smile Hotel, Busan**

Uniform Slip

No.

Date ______________________________

Item ______________ Q'ty ______________

Features ______________________________

____

____

____

Required by : ______________________________

Received by : ______________________________

유니폼 교환전표(uniform exchange slip)

☺ **The World Best Smile Hotel, Busan**

Uniform Summary

Department　　　　　　　　Date

Position	Uniform No.	Name	Fitting Date & Time	Items				

Signature ______________________________ Date ______________

Phone ______________________________

유니폼 요약표

1) 유니폼 지급장의 정리와 지급절차

① 구입된 유니폼은 지급에 편리하도록 각 영업장별로 고유번호를 붙여 보관한다. 구매량은 근무자에게 2~4벌이 지급되도록 충분하게 한다.
② 보관하는 구역은 쉽게 식별할 수 있도록 구획을 정한다.
③ 정해진 구획 내에는 선반, 옷장, 테이블과 의자를 준비한다.
④ 지급구 근처에 남·여 탈의실을 준비하고 전신 거울도 설치한다.
⑤ 바늘과 실을 준비해 둔다. 재봉사가 일할 수 있는 장소를 제공한다.
⑥ 유니폼 신청서와 교환전표를 비치하고 볼펜, 가위, 옷걸이 등도 비치한다.
⑦ 유니폼 걸이에 걸 수 있도록 긴 막대기를 준비해 둔다.
⑧ 유니폼 지급안내판을 게시해 둔다.
⑨ 유니폼 교환전표 2부를 작성하여 원본은 유니폼과 함께 바꾸고, 사본은 리넨룸에 보관한다.
⑩ 본인 서명을 필히 확인하고 난 후에 액세서리와 함께 지급한다.
⑪ 유니폼을 분실했을 때에는 사규에 의해 처리한다.
⑫ 퇴직 시에는 지급된 유니폼을 회수하며 미회수된 부분은 급여과에 통보한다.
⑬ 상태가 양호한 유니폼은 후임자에게 물려주되 재봉사가 수선을 담당한다.

2) 유니폼 세탁 의뢰와 재고조사

① 수거된 유니폼은 마커를 붙여 세탁실에 보낸다.
② 세탁된 유니폼은 마커를 제거하고, 영업장별 구획에 정리해 둔다.
③ 유니폼을 바꿀 때에는 세탁 의뢰 시 슬립이나 꼬리표(claim tag)를 가져온다.
④ 타 영업장에 보조 근무할 때에는 일시적으로 맞는 사이즈의 유니폼을 지급하고 사용 후 회수하여 세탁을 의뢰한다.
⑤ 세탁 의뢰 시 해진 부분을 살펴 정비 후 재지급한다.

⑥ 폴리에스터나 면은 세탁할 때 세제, 옥시겐, 크로린을 적당히 사용해야 한다.

⑦ 세탁물은 섭씨 50도가 적당하다.

⑧ 기름에 찌든 유니폼은 별도 세탁을 하여야 한다.

⑨ 짙은 색의 유니폼은 별도로 세탁한다.

⑩ 줄어드는 것을 방지하기 위해 드라이는 고열을 피하고 짧은 시간에 끝낸다.

⑪ 스팀 다림질은 고열을 피한다.

⑫ 유니폼은 최소한 1년에 한 번은 교체해야 하며, 이때는 수량, 상태, 스타일 등을 정확히 살펴 그 결과는 담당부서장과 의논하고 교체할 수 있는 예산을 확보해야 한다.

Hotel Housekeeping & Facility Management

제 8 장

객실관리부문의 인력관리와 아웃소싱

제1절 객실관리부문 인력관리의 의의

호텔업은 종업원이 활력의 근원이다. 인적 서비스를 제공하는 종업원을 배제하고는 영업활동과 관리활동이 이루어질 수 없음은 주지하는 바이다. 따라서 호텔기업은 심성이 바르고 분야별로 능력을 발휘할 수 있는 올바른 직원을 채용하고, 그들이 업무를 잘 이행할 수 있도록 교육하며, 사기를 최상으로 북돋우는 데 최선을 다해야 한다. 호텔이 세운 표준에 알맞거나 이를 능가하는 기능과 기술을 보유하는 호텔은 경쟁력을 갖춘 호텔로 평가받을 수 있다.

호텔의 객실관리부서는 젊고 학력이 높은 것을 배경으로 신입사원을 채용하고, 배치하는 것과는 거리가 먼 부서이다. 객실관리부서 종업원들은 대부분 연령이 높고 이론보다는 실제 능력을 더 높이 평가하고 인정한다.

객실관리부서의 인력관리는 선발과 교육 외에도 조직의 목표를 달성하기 위해서는 효율적으로 종업원들의 스케줄을 관리할 필요가 있다. 종업원들이 본인의 직무에 최선을 다할 의욕이 있다면 목표는 더욱 쉽게 달성할 수 있을 것이다. 따라서 효율적인 스케줄 관리와 적절한 동기부여는 객실관리부서 종업원에게 더욱더 필요하다.

객실관리부서에서 필요한 인력을 공급받기 위해서는 다양한 인력시장을 활용해야 하며 아웃소싱을 포함한 노동시장은 다수의 여성 가장, 중년의 실직자 또는 퇴직자, 유입된 해외인력, 장애인, 일부 근로학생 등으로 볼 수 있다. 간부직으로는 대부분 타 부서와 교류에 의해 이루어지고 있다.

1. 여성 가장

생활수단을 잃어버린 주부는 보통 성인 이후의 생활을 주부로 보낸 여성 가장을 말한다. 그러므로 그들은 일반적으로 경력이나 취업에 필요한 기술이 부족하다고 볼 수 있다. 호텔기업은 이들에게 일거리를 제공하고, 적응할 수 있는 프로그램과 사기를 북돋울 수 있는 프로그램을 다양하게 개발하게 되며, 이러한 프로그램에서는 일, 배움, 그리고 가족에게서 동시에 요구되는 일들을 어떻게 균형을 잡아 갈 것인지에 대해서도 교육한다.

2. 중년의 실직자 또는 퇴직자

근래에 들어 많은 퇴직자들은 점점 더 길고 건강한 인생을 즐기고 싶어 한다. 늘어나는 퇴직자들은 무료함을 달래거나 제한된 퇴직연금과 양로연금을 늘리기 위해 직장을 찾는다. 이러한 직원들에게서는 젊은이들로부터 받지 못하는 이익을 받을 수 있다. 예를 들면, 퇴직자들은 젊은이들이 선호하지 않는 업종이나 시간대에 배치할 수 있으며 상대적으로 인건비가 저렴하다. 그리고 종종 모든 종업원들 사이에서 가장 신뢰가 높은 사람으로 인정받기도 한다. 물론 많은 퇴직자들이 객실관리부서에서 요구하는 육체적 노동을 감당할 수는 없지만 리넨실, 유니폼 수선실 또는 행정업무를 맡을 수 있다.

3. 유입된 해외인력

우리나라는 산업연수생 명목으로 수십만의 해외인력이 유입되어 있고, 이들은 대부분 단순반복적인 업무에 종사하고 있다. 호텔의 객실관리업무에는 이러한 인력을 활용할 수 있어서 인건비 관리에 도움이 되고 있다. 대부분의 해외인력은 성실히 일하는 경향이 있고, 그 자리에 적합한 영어 실력도 갖추고 있어 선호도가 높은 편이지만, 인력시장의 완전한 개방에는 사회적 동의가 필요하다.

4. 장애인

경험에 따르면 많은 서비스업계에서 정신적, 신체적 장애가 있는 직원들이 활기차고 열정적으로 일을 즐긴다고 한다. 정신적인 장애가 있는 직원들은 바닥이나 벽, 접시를 닦는 일을 할 수 있다. 어떤 호텔은 이런 장애가 있는 사람들을 모아 객실 정비에 투입하기도 한다. 일부 휠체어를 타야 하는 종업원은 객실관리부서의 행정이나 리넨부서에서 근무할 수 있으며 세탁실에서 수건을 접는 일을 할 수도 있다. 장애인의 고용은 법으로도 권장되고 있어서 이의 확대는 가능하리라고 본다.

5. 일부 근로학생

현대 호텔기업에서 대학생들은 또 하나의 노동력을 제공하는 원천이 되어 가고 있다. 그들은 겨울방학, 여름방학과 같은 성수기에 아르바이트 형태로 일을 할 수도 있다. 특히 전공분야 학생들은 산학실습으로 객실관리업무를 익히므로 장차 호텔간부의 소양을 기르기도 한다. 또한 학생들은 몇몇 서비스업계에서 요구하는 인턴십 프로그램에 참여하므로 학업과 연계된 업무를 익히면서 인력을 제공하기도 한다.

제2절 객실관리부문의 인력채용

종업원 채용은 이직이 발생했을 때 업무에 적임자를 선발하여 보직하는 과정이다. 이 과정은 적절한 정보채널을 통하여 빈자리를 알리고, 그 자리에 맞는 지원자를 가리기 위해 면접을 보고 평가한다. 대규모 호텔에서는 인력관리과에서 객실관리담당자를 위한 적절한 인력을 찾는 데 도움을 주고 있다. 하지만 많은 중소규모 호텔들은 인사부서를 별도로 운영하기보다 관리부서에서 인력관리를 함께 진행하고 있어 체계화되지 못하고 있는 것이 현실이다. 그러므로 객실관리책임자는 가끔 종업원 선발을 위한 인터뷰, 지원자의 신원보증인, 교육에도 시간을 할애하여야 한다.

1. 사내 채용

호텔은 종업원의 공석이 있을 때 사내 모집으로 전 직원에게 전배의 기회를 주므로 또 다른 혜택을 제공한다. 그것은 객실관리담당자가 호텔에 익숙하고, 이미 그간의 행적으로 보아 지원자가 어떠한 기술과 기능을 갖추었으며 인간관계가 파악되므로 부서화합에 도움이 되기 때문에 선호하는 것으로 파악된다. 가끔 전배는 승진을 동반하므로 사내모집은 직원의 입장에서도 매력적이라고 할 수 있으며, 회사의 입장에서는 생산력 향상과 인사적체를 해소할 수 있다. 사내 모집 방식은 교차훈련(cross-training), 승계계획, 직무수행에 따른 임금지급, 사내공고 게시, 예비자원(callback list)의 확보 등을 고려할 수 있다.

1) 교차훈련

가능할 때마다, 모든 직원들은 한 가지 직책 이외의 것을 수행하도록 업무 교차훈련을 시킨다. 종업원들은 각각의 객실관리업무에서 교차훈련을 통해 이를 수행할 수 있는 능력을 기르며, 객실정비담당자가 휴가나 공직 시 완벽한 스케줄을 짜는 데 도움을 준다. 직원들도 교차훈련의 이점을 알고 있으며 이를 통해 다양한 기술을 얻을 수 있고, 직업에 변화를 줄 계기가 될 수도 있다. 궁극적으로 자신의 가치를 더 높이며, 승진의 기회를 얻을 수도 있다.

2) 승계계획

승계계획에서 객실정비담당자는 중요한 자리라는 것을 확인하고, 그 자리를 하루 동안 맡을 객실정비원을 지명한다. 객실정비부서에서는 그 직원이 교육을 더 받아야 하는지 결정하고 그/그녀가 받아들이는지를 확인하게 된다. 객실관리책임자는 교육이 이루어질 때 누가 승계될 것이며, 언제 새로운 직책을 맡게 될 것인지 계획한다.

3) 직무수행에 따른 임금지급

직원이 교차훈련과 스스로의 노력을 통해 더 많은 경험을 쌓는다면, 그에 따라 임금 또한 조정되어야 한다. 만약 종업원들이 성실함과 생산력에 대한 상금을 지급하는 임금 인상 프로그램이 있다는 것을 안다면 더욱 열정적으로 일을 할 것이다. 수행 능력과 관계없이 모든 직원의 임금이 똑같이 인상된다면 이를 싫어하는 종업원도 있을 수 있음을 간과하여서는 아니 된다.

4) 사내 모집공고

사내 모집공고는 이직률을 줄이는 데 기여하며, 이미 알고 있는 지원자의 면면을 파악할 수 있게 된다. 다른 부서의 종업원들이 객실관리부서로 옮기고 싶어 할 수 있다. 현재의 객실관리부서 종업원들도 부서 내에서 승진을 원하고 있을 수 있다. 이런 경우에 객실관리책임자가 꼭 기억해야 할 것은 어느 한 자리에서 일을 잘 한다고 다른 자리에서 같은 수준으로 직무를 해낼 수 있다는 것은 아니라는 것이다. 내부에서 승진을 할 때, 객실관리부서장은 그 종업원이 새로운 직책에 대한 기술과 기능을 보유하고 있다는 것을 전제로 하며, 현 직위에서 좋은 고과를 받고 있어야 하는 것은 당연한 일이다.

객실관리부서 책임자는 사내 모집이 공식적으로 가능할 때 각각의 공석을 공고해야 한다. 그 자리는 외부 지원자의 지원을 받기 이전에 사내 종업원들에게 먼저 제공되어야 한다.

5) 예비자원의 보유

모든 객실정비담당자들이 알고 있듯이 채용은 지속적으로 이뤄지는 과정이다. 객실관리책임자는 직원 배치를 좀더 쉽게 하기 위해 현재 종업원과 지원자들에 대한 예비자원 보유현황을 파악하고 있어야 한다. 더 나아가서 위기에 직면했을 때 도와줄 수 있는 퇴직자들의 명단을 보유하는 것도 하나의 대책이 될 것이다.

2. 외부 채용

객실정비원의 공석에 종종 외부 지원자들을 채용하기도 한다. 이는 신입사원들은 새로운 아이디어나 새로운 방식을 조직에 유입시켜 활력을 줄 수 있기 때문이다. 외부 채용활동은 계약된 경로를 통해 연락하거나 인터넷 구직 사이트를 이용할 수 있다.

1) 네트워킹

네트워킹은 친구나 지인, 동료, 사업상 연관된 사람들과의 개인적인 연결과 지역학교를 통해 정보를 공유하는 통로이다. 이런 네트워킹은 호텔의 유통경로에 참여하는 대부분의 관련자를 활용할 수 있으며, 네트워크 멤버들과 평소에도 연락을 하고 지내는 것이 중요하게 작용할 수 있다. 객실관리부서와 호텔은 항상 좋은 직원들을 채용하는 데 관심을 두고 있다는 것을 외부 네트워킹 채널에 알려 두는 것도 필요한 방법이다.

2) 임시로 이용하는 직업소개소

임시 직업소개소는 넓은 범위의 직책을 채울 직원들을 제공한다. 종종 특별한 요구를 채울 직원들을 교육시키기도 한다. 일시적으로 채용하는 직원들의 시급은 정직원들의 시급과 비교했을 때 좀더 높을 수도 있지만 이런 비용들은 보통 다른 방법으로 차감 계산이 된다.

임시로 이용하는 직업소개소는 필요할 때 완벽하게 교육된 종업원들을 제공받을 수 있다.

반면에 부정적인 측면에서 임시 고용원들은 일반적으로 적절하게 교육이 되어 있지 않거나, 특정 호텔의 매뉴얼에 의해 교육이 되어 있지 않다. 이것으로 인해 호텔의 종업원들보다 덜 생산적일 수 있다는 문제점도 내포하고 있다.

제3절 객실관리부문의 동기부여와 후생복리

1. 동기부여

호텔경영조직은 조직구성원이 전문가로서 성장과 발전을 할 수 있도록 안정된 근무환경을 만들어 가야 할 책임이 있다. 여기에는 직무훈련, 호텔생활 안내, 업무지시, 평가, 보상, 징계, 리더십 등을 포함하여야 한다. 만약 경영관리자가 이러한 기본적인 기능을 충실하게 이행하지 못할 때 경쟁자로부터 비교우위에 설 수 없음을 인지하여야 한다. 동기부여가 되지 못한 종업원은 이직, 결근, 비생산적일 수밖에 없으며 이는 기업 성장에 큰 걸림돌이 될 것이다. 따라서 호텔서비스에서 가장 먼저 고려하여야 하는 인력관리는 동기부여이다. 이를 해결할 수 있는 방법은 종업원이 스스로 업무에 흥미와 애정을 가지고 관찰력을 키우며 업무에 몰입하고, 목표를 달성함으로써 성취감을 가질 수 있도록 북돋워 주며, 결과에 대한 적절한 보상이 따라야 할 것이다.

객실관리부서의 동기부여 방법으로는 직무훈련, 교차훈련, 인지, 의사소통 등을 고려할 수 있다.

1) 직무훈련

종업원의 동기부여 방법으로 가장 확실한 것은 직무교육이다. 직무교육은 본인이 맡은 업무를 명확히 이해하고, 실행능력을 길러 주는 것으로서 조직의 다양한 업무에 개입할 수 있는 기본적은 조건을 갖추게 해 주는 것이다. 이는 종업원 개인의 성공을 위해서 조직이 호텔의 기본적인 사항을 전달하는 강력한 메시지와 경영방향을 전달하는 효과가 있을 것이다. 직무교육은 좌절감을 무력화하는 힘이 있고, 업무를 잘 이행할 수 있도록 한다. 객실관리부서장은 부서의 구성원들이 직무훈련에 의해 보다 생산적이고, 효과적으로 업무를 추진하고 있는지를 평가함으로써 보다 성공적으로 프로그램을 운영할 수 있다.

2) 교차훈련

교차훈련은 종업원의 업무영역을 넓히는 과정으로 타인의 업무를 한시적으로 배우고 익히는 과정이다. 이는 동료 종업원의 업무를 실제적으로 이행하면서 본인의 업무와 연계시켜봄으로 업무의 상승효과를 낼 수 있고, 많은 업무를 접해 봄으로 상위직급으로 승진할 수 있는 좋은 기회를 가지게 된다. 경영관리 측면에서 볼 때 업무의 유연성을 발휘하므로 인력관리에 도움을 주게 된다. 교차훈련은 매우 가치 있는 동기부여의 방법으로 부서 내의 의사소통의 장애물을 제거한다.

3) 인지 프로그램

고객이 제공하는 긍정적인 코멘트는 종업원의 사기를 올려주며, 이는 보다 더 친절하게 고객을 대할 수 있는 동기를 부여해 준다. 그뿐만 아니라 고객을 인지하고 친절하게 접객하는 것은 재방문고객을 창출하는 가장 기본적인 요인이 되어 장차 매출신장에 도움을 준다. 가끔 호텔의 직원게시판에서 친절한 직원, 모범사원과 단골고객을 알리는 프로그램을 볼 수 있는데, 이러한 제도는 고객지향적인 서비스로 고객을 만족시키겠다는 전사적 경영방향과 부합되어 널리 이용되고 있다.

4) 의사소통

의사소통은 제반 동기부여 프로그램의 핵심이 된다. 조직이 좋은 결과를 만들어 갈 수 있는 것은 전 구성원이 원활한 의사소통 채널에서 상하좌우 막힘없는 의사소통을 함으로써 가능하다. 호텔에서 일어나는 크고 작은 행사를 숙지하고 근무에 임하는 것은 고객에게 좋은 서비스를 제공할 수 있는 기본을 갖추게 되며, 그 결과는 매우 긍정적으로 평가될 수 있다. 따라서 객실관리부서가 전 구성원이 알기 쉽게 소식지를 만들어 배부한다든지 타 부서에서 요청하는 협조사항을 제때 전달하는 것도 이 프로그램을 성공적으로 운영하는 방법이 될 수 있을 것이다. 또한 부서 내에서 일어나는 각종 소식으로는 승진, 전배, 신입사원, 퇴직자 등도 포함할 수 있다.

2. 후생복리

고급인력을 고용하고 유지하기 위해서는 호텔의 인사부서와 객실관리부서는 모두가 총체적으로 매력적으로 보이도록 최선을 다해야 한다. 전형적인 보상제도를 넘어서는 특별한 직원혜택을 제공함으로써 종업원 후생복리에 일조할 수 있다. 객실관리부서의 구성원은 주로 여성이기 때문에 교통수단 지원, 보육시설 지원, 자녀 장학금 등이 후생복리의 가장 큰 영역일 수 있다.

1) 교통수단 지원

호텔에서는 종업원들에게 교통지원을 해줄 수 있다. 이러한 정책을 시행하면 다음과 같은 이익이 따른다. 직원용 주차장을 위해 많은 주차 공간을 따로 두지 않아도 되고 회사에서 제공되는 교통수단은 직원들의 피로와 결근율을 낮춘다. 같은 차를 타고 오는 종업원들은 서로에 대해 잘 알게 될 것이고, 직원 간 유대감이 형성된다. 교통체증과 씨름을 하지 않아도 되는 직원들은 더 좋은 기분으로 출근할 것이다. 직원들의 자동차 유지비와 운영비를 절감해 준다. 교통지원 프로그램은 공기오염을 낮추고 교통체증을 줄이며 에너지를 절약함으로써 환경 보존에도 도움이 될 것이다.

2) 육아시설 지원

최근 우리나라도 모성보호법이 발효되면서 종업원을 위한 육아시설, 수유시설 등을 지원해주는 회사에 세금 감면 혜택을 제공하고 있다. 육아지원 프로그램은 젊은 부부들과 여성 가장들의 관심을 끌 수 있을 것이다. 그것은 직원들의 출근율을 높이고 피로와 이직률을 낮추는 데 기여한다. 이러한 것이 문제가 될 때에는 대안으로 육아휴가나 스케줄의 편의를 제안할 수 있을 것이다.

3) 새로운 제도의 도입

제도는 시대의 흐름에 따라 변형이 가능하다. 더욱더 중요한 것은 우리가 가지고 있는 패러다임을 바꾸는 것이다. 훌륭한 종업원을 보유하기 위해 후생복리의 진행절차에 대해 다시 생각해보고, 스케줄을 융통성 있게 짜거나 임금이나 이익 계획을 수정할 필요가 있을 것이다. 또 다른 아이디어로는 잘 디자인된 유니폼 제공, 식사와 간식 제공, 명절선물, 출근 교통비 보조, 경쟁 호텔보다 높은 임금의 지급, 제안제도에 참여한 종업원의 포상 등 보다 다양한 제도를 창출할 수 있을 것이다.

제4절 객실관리부문의 아웃소싱관리

1. 호텔 아웃소싱의 의의

1) 아웃소싱의 개요

아웃소싱은 저비용, 고효율의 경영효과를 목적으로 자사가 추구하는 핵심사업이나 업무를 제외한 특정업무를 외부의 전문가나 전문업체를 통해 지원받는 외부자원 활용방법이다. 아웃소싱은 광의와 협의로 구분하여 설명할 수 있다. 광의는 외부(out) + 자원(sources)의 합성어로서 외부자원(outsourcing)이 명시화된 단어이며, 외주, 하청, 도급, 근로자파견, 업무대행, 분사화 등의 뜻이 있다. 협의는 전략적 아웃소싱(strategic outsourcing)을 말하며, 외부의 전문가에게 업무의 일부를 맡기는 것이다. 아웃소싱업체는 다방면에 다양한 업종이 있으며, 이들은 주로 고급두뇌, 특정분야의 전문경력자, 단순반복에 의한 숙련공 등을 보유하고 필요한 기업체의 요청에 의해 용역을 제공한다. 고급인력을 대상으로 하는 헤드헌터, 번역, 통역, 출판대행, 디자인, 컨설팅, 프로젝트, 인력교육, 무역대행 등의 프리랜서 그룹이 있는가 하면, 경비용역, 청소용역, 시설용역, 공동주택관리용역 등의 인력파견업무 등도 있다. 최근에는 기업의 핵심분야인 인사관리, 노무관리, 판매관리 등도 아웃소싱에 의존하는 시대가 오고 있으며, 나이키사와 같은 다국적 기업은 제조와 광고 부문을 아웃소싱에 의존하고, 디자인과 마케팅만 본사에서 직접 운영하는 체제를 구축하므로 경영의 효율을 높이고 있다.

2) 아웃소싱의 목적

기업의 목표나 사업목적에 따라 차이는 있을 수 있으나 기업의 궁극적 목표인 이익창출과 위험부담을 분산하기 위해 아웃소싱을 택하고 있다. 아웃소싱을 고려하는 목적으로 첫째, 전략적 아웃소싱, 둘째, 경제적 아웃소싱, 셋째, 기술적 아웃소싱이 있다.

(1) 전략적 아웃소싱

① 핵심역량 강화로 경쟁사와 차별성 극대

② 외부 전문성 및 기술활용

③ 조직의 슬림화로 경영체질의 강화

(2) 경제적 아웃소싱

① 운영비용 및 경비 절감

② 현금 흐름의 예측용이

③ 자원의 효율적 활용 및 관리

④ 위험부담의 분산 효과

(3) 기술적 아웃소싱

① 최신 기술의 지속적 확보

② 새로운 사업 도입에 따른 위험 방지

③ 주력업무의 전문성과 품질 향상

④ 정보시스템, 법무, 디자인 등 전문분야의 신속성과 전문성 향상

3) 아웃소싱의 형태

(1) 비용절감형 아웃소싱

① 오직 비용절감만을 위하여 기업 내에 비핵심분야를 외부에 용역

② 단순관리분야로서 고객관리, 해외출장, 자료정리, 행사대행 등을 용역

(2) 분사형 아웃소싱

① 기업 내에서 전문성이 확립된 분야를 분사시켜 외부와 경쟁

② 조직의 슬림화 목적

(3) 네트워크형 아웃소싱

① 복수의 주체가 각각의 경영자원을 공유하고 상호 보완적으로 활용

② 핵심역량이나 핵심제품 이외의 모든 기능을 아웃소싱하고, 이들의 공급업체와 네트워크를 형성하여 시너지효과 창출

4) 아웃소싱의 추세

날로 심화되어 가는 경쟁경영에서는 인력의 유연성이 사업의 성패를 좌우하며, 한 기업체가 모든 인력을 확보해야 하는 자기완결형 경영보다는 핵심역량경영을 하지 않으면 살아남기 힘들 것이다. 회사의 사활이 걸린 핵심 중요업무에만 주력하고 나머지 업무는 아웃소싱에 의존하여 몸체를 가볍게 이끌어 가는 경영이 필요한 시기가 도래했다. 따라서 각급 기업은 핵심업무 외의 중요도가 낮은 업무를 비정규 인력을 활용하는 방안을 적극 추진해 왔으며, 우리나라는 1998년 7월 1일부터 근로자파견법이 발효되면서 그동안 불법적으로 운영해 오던 용역업이 합법화되었다. IMF 구제금융시기를 계기로 아웃소싱업이 크게 확산되었으며, 이들은 자체 개발한 교육프로그램으로 전문인력자원을 정예화하는 데 심혈을 기울여 왔다. 미국에서는 1980년대 후반부터 기업의 생존과 발전을 위해 기업의 다운사이징(downsizing)

과 리스트럭처링(restructuring), 리엔지니어링(reengineering) 등 경영혁신 방법으로 아웃소싱을 활용하였으며, 일본 또한 이 방면에 관심을 두고 추진하고 있다. 우리나라 기업의 약 60%가 아웃소싱을 하고 있거나 경험이 있어 시대의 흐름으로 받아들이고 있다.

2. 호텔업의 아웃소싱

대규모 특급호텔에는 총지배인에서부터 보조웨이터에 이르기까지 120여 직종에 300여 개의 업무분장(job description)이 있다. 이들 모두는 고객을 만족시키므로 회사를 발전시키기 위해 필요한 일자리(work positions)이며, 이들의 조화로운 업무가 고객을 만족시키고 일류호텔기업으로 성장하는 원동력이 된다. 그러나 시대의 흐름과 경영의 효율을 전제로 단순반복업무를 수행하는 객실관리, 기물관리, 차량관리, 안전관리, 시설관리부서 등을 대상으로 외부자원을 늘려 나가고 있는 것이 호텔업계의 현실이다. 호텔기업의 아웃소싱은 70년 전 미국 시카고에 본부를 둔 서비스마스터사에 의해 최초로 개발되고 보급되었다. 우리나라에는 1977년 록산개발이 설립되어 객실정비, 공공장소정비, 안전관리, 기물관리, 시설관리 등에 전문인력파견업무를 시작하였으며 약 60여 개 업체가 성업 중인 것으로 조사되었다. 이 제도는 전문가의 집합으로 또다른 창업을 유도하고 경직된 호텔고용에 유연성을 부여하며 호텔기업들이 어려운 경영환경을 개선하는 방법으로 이용되고 있다. 그러나 기존 호텔직원의 입장에서는 고용의 불안을 초래하므로 내부고객의 사기에 영향을 미치고 있으며, 또한 외부고객의 서비스에 지장을 초래하여 호텔의 가격을 결정하는 이미지에 악영향을 미칠 수 있는 원인으로 작용할 수 있다.

호텔명	아웃소싱 업무	호텔명	아웃소싱 업무
르네상스	객실관리	리베라	세탁업무, 객실관리
그랜드 하얏트	안전관리, 기물관리, 객실관리(일부)	코리아나	식당, 주차관리, 안전관리, 객실정비
쉐라톤 워커힐	셔틀버스, 원예 · 조경, 외곽정비관리	타워호텔	직원식당, 셔틀버스(운전기사), 객실정비, 안전관리, 공공장소정비, 조경업무
웨스틴 조선	주차 및 경비, 객실관리, 기물관리	올림피아	객실정비, 시설보수
레디슨 프라자	객실정비, 기물관리, 주차관리, 세탁업무, 서울역 양식당*	아미가	안전관리, 객실관리, 주차관리
인터컨티넨탈	외관정비관리, 주차관리	파라다이스비치 부산	안전관리, 공공장소관리, 객실정비, 식당관리
호텔신라	디자인, 객실관리*, 주차관리, 기물관리, 외식사업부, 전산관리, 직원식당	해운대그랜드	객실정비, 셔틀버스, 공공장소정비, 안전관리*
리츠칼튼	기물관리, 주차관리, 시설관리	대구 호텔금호	객실정비
뉴월드	주차관리	대전 호텔리베라 유성	객실정비
로얄호텔	객실관리	호텔현대	객실정비, 안전관리, 공공장소관리, 시설관리(일부)
프레지던트	공공장소정비(임대부분)	호텔현대	객실정비, 안전관리, 공공장소관리, 시설관리(일부)
홀리데이인서울	객실관리, 기물관리, 주차관리	경주 코오롱호텔	세탁업무, 객실정비, 공공장소정비
팔레스호텔	객실관리, 공공장소관리	강원 설악파크	세탁업무, 객실정비
소피텔앰버서더	시설관리*, 객실관리	제주그랜드호텔	객실관리(일부)
세종호텔	객실관리, 연회장	제주 신라호텔	디자인*
노보텔	주차관리, 시설관리*, 객실정비 직원식당, 안전관리	칼호텔	안전관리(일부)
남서울호텔	객실관리(일부)	오리엔탈호텔	객실관리(일부)

* 분사형 아웃소싱

호텔업의 아웃소싱 현황

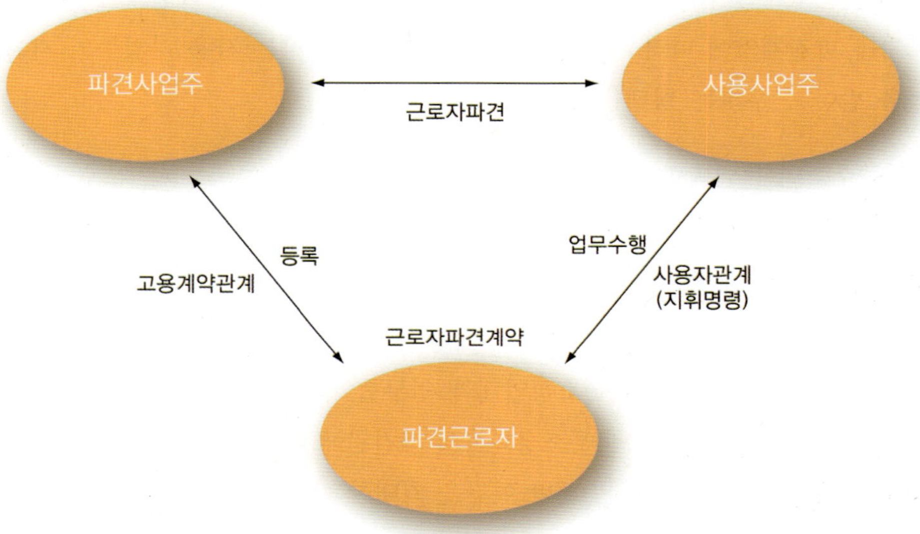

인력파견의 계약 및 고용관계 체계

3. 객실관리부문의 아웃소싱관리

우리나라 호텔업계에서는 호텔신라가 최초로 분사형태의 독립된 법인으로 객실관리부서를 분리시켜 저비용 · 고효율의 기저를 실현하고 있다. 이런 관리형태는 기존의 객실관리책임자를 자회사격인 협력업체의 대표이사로 선임하고, 부서 자체를 확대 개편하는 모양새를 갖추게 되므로 호텔객실관리업무 유지에는 전혀 문제가 없었지만, 타 호텔에서 실시하고 있는 아웃소싱 시스템은 외부 전문용역업체와 계약함으로써 기존의 호텔문화에 접목하는 것이므로 현재 종사원의 승계 또는 새로운 직원의 채용, 교육, 배치 등으로 인한 문제점을 안고 있다. 많은 호텔기업들이 아웃소싱을 통해 객실관리업무를 수행하고 있지만, 핵심부문인 객실관리부서장, 각 파트별 책임자, 리넨 및 행정요원은 자사의 종업원으로 보직하고 아웃소싱에 의한 파견근무자를 관리 · 감독하는 형태를 유지하고 있다. 즉 파견회사가 고용한 근로자를 파견계약에 따라 사업주에게 파견하고, 근로자는 사용 사업주의 지휘 · 감독을 받아 근무하는 형태를 취하고 있다.

1) 아웃소싱의 운영방향

① 업무능력이 뛰어나고 신뢰성이 있는 아웃소싱업체를 선정하고 그 업체에 직무분석자료 제공 및 견적을 의뢰한다.

② 직무분석 후 향후 경영방안과 업무대행 단가표를 제시받아 가장 우수하고 적절한 가격을 제시한 아웃소싱업체와 업무협약에 관한 계약을 체결한다.

③ 업무협약을 체결한 후 아웃소싱회사의 파견원에 대한 면접을 실시한다. 이때 호텔에서 근무할 수 있는 제반 여건을 최대한 반영하여 면접하고, 그 결과를 아웃소싱업체에 통보한다.

④ 공급받은 외부자원은 호텔의 제반규칙에 관한 교육을 실시하고 현장에 투입한다. 엄격히 말해 호텔의 직원이 아니므로 일차 감독자를 함께 파견 받기도 한다.

⑤ 객실관리부서장은 근태평가표를 바탕으로 업무에 대한 지휘 · 감독을 행사한다.

⑥ 객실관리부서장이 작성한 근태평가표를 바탕으로 파견근무자에 대한 인사조치와 적당한 교정교육을 아웃소싱업체에 요청한다.

⑦ 적절한 금액으로 급여가 지급되는지 확인하기 위한 보고서를 요청한다.

2) 요청해야 하는 준수사항

(1) 파견근무자는 호텔의 규칙을 준수하고 단정한 복장으로 근무하여야 한다. 고객에게 예의를 갖추고 감독자의 요청에 적극 응하여야 한다.

(2) 청소작업 진행상의 주의 및 유의사항

① 작업준비는 누락되는 사항이 없도록 철저히 할 것

② 작업순서에 의하여 작업할 것

③ 주변에 대한 영향에 유의할 것

- 쓰레기의 운반과 처리방법은 위생적으로 처리되었는가?
- 쓰레기 작업장은 청결한가?
- 함부로 먼지를 내거나 소음을 내서 작업을 하지 않는가?
- 세제가 건재를 손상시키지는 않는가?
- 세제의 오수액 등은 외부에 악영향을 끼치지 않는가?
- 기자재 창고와 보관소는 청결한가?
- 연마제 등을 함부로 사용하여 건재에 손상을 입히거나 연마제를 배관시설에 함부로 흘려보내 배관의 흐름을 막히게 하거나 퇴적물을 만들지 않는가?
- 청소작업 자체가 주변의 사람에게 미치는 영향으로 피해가 되지 않는가? 어떠한가?
- 기계 등이 노후하여 소음을 내지 않는가?

④ 정비작업 후 작업경과의 점검과 확인을 철저히 하여야 한다.

- 빠뜨린 부분은 없는가?
- 뒷마무리 작업은 완전한가?
- 마무리 작업은 기대한 것만큼 되었는가?
- 자신이 있는 청소작업이 되었는가?
- 기대치에 미치지 못한 점은 어떠한 것이며 그 원인은 무엇인가?

⑤ 작업 후의 정리를 확실하게 하여야 한다.

- 직업상 필요에 의하여 옮긴 가구류 등은 정확하게 제자리에 바르게 놓아두어야 한다.
- 책상 위의 재떨이 등은 반드시 확인하여 사용자가 뒤에 불쾌감을 느끼지 않도록 하여야 한다.
- 사용한 기계와 가구는 잘 청소하고 손질해서 즉시 사용할 수 있도록 해 두어야 하며 기자재창고에 정돈해 두어야 한다.

- 기계 및 기구는 고장 유무를 조사하고 필요하면 수리를 의뢰하여야 한다.
- 자재가 남은 것은 잘 정리하여 기자재창고에 정리해 놓아야 한다.
- 기자재의 정리정돈은 그대로 다음 작업에 즉시 사용할 수 있는 준비상태로 보관 관리되어야 한다.

3) 전문경영인의 지원요청사항

① 전문적인 교육을 이수한 관리자의 근무

② 아웃소싱업체의 전문적인 전산프로그램 활용 유도

③ 호텔에 최고의 서비스를 제공하기 위하여 효율적인 위생관리 문제와 최신의 과학적인 방법들을 사용할 것을 요청

4) 파견근로자의 교육훈련 관여

① 각 근로자들이 각종 상황에 따라 장비 및 도구 등을 정확하고 안전하게 사용할 수 있도록 교육훈련 실시 여부

② 관리감독자 교육 프로그램 이행 여부

- 전문적 이미지관리
- 품질관리 및 검사
- 인사관리
- 기술적 문제 해결법
- 직무관련 전문관리기법
- 각종 데이터의 전산관리
- 생산성 향상
- 파견근무자의 사기향상과 보상 프로그램
- 장비 관리

5) 파견근무자의 사기앙양 프로그램 개발

① 파견근무자의 사기앙양, 생산성 향상, 이직률 줄이기를 위한 프로그램을 개발하여 운영하도록 유도한다.

② 호텔, 아웃소싱업체, 파견근로자와의 원활한 의사소통을 통해 노사문제를 해결하도록 도와준다.

③ 파견근로자와 관리감독자는 문제가 발생하면 대화를 통해 문제점을 해결하도록 유도한다.

④ 호텔 종업원과 인간적 유대강화로 공동운명체의 정신과 가족적인 분위기 조성으로 상호 협력관계를 강화한다.

4. 객실관리부문의 아웃소싱 계약내용

호텔과 아웃소싱업체는 쌍방의 이익을 위해 협상하여 아래와 같은 근로자 파견 및 객실정비용역 계약을 체결하게 된다.

객실/공공장소정비 용역계약서

도급인(갑) –소재 : 부산광역시 해운대구 우동 001번지
상호 : 월드베스트스마일 호텔
대표 : 최 무 룡

수급인(을) –소재 : 부산광역시 사하구 괴정동 001번지
상호 : 베스트 클리닝 아웃소싱 코퍼레이션
대표 : 김 지 미

위 "갑""을" 당사자 간에 용역계약을 체결함에 있어 "을"은 "갑"이 지정하는 구역 내에 대한 객실정비용역 업무를 성실하게 수행키로 하고 "갑"은 "을"에게 용역도급료를 지급할 것에 각각 동의하여 다음과 같이 계약을 체결한다.

제1장 총 칙

제1조 【목적】 본 계약은 "을"은 "갑"이 위탁한 객실정비대상시설 및 장소에 대하여 성심성의껏 청소작업을 하여 대상물의 청결을 유지하고, 항상 깨끗한 내부의 쾌적한 환경을 조성하는 데 목적이 있다.

제2조 【대상물】 "을"이 "갑"에게 제공하는 용역대상 시설은(소재 : 부산광역시 해운대구 우동 001번지, 월드베스트스마일 호텔 객실정비 및 공공장소관리)로 한다.

제3조 【용역인원】 용역인원은 "갑""을" 상호 협력하에 조정하며 필요에 따라 용역인원을 증감할 수 있다.

제4조 【용역도급료】

1. 용역도급료는 월 370,000,000원(부가가치세 별도)으로 한다(인원 15명).
2. 용역도급료는 용역원의 급료, 상여금, 퇴직금 등 직접노무비와 산재보험료, 국민연금, 교육훈련비, 복리후생비 기타 경비원에게 지출되는 제 비용 등의 간접노무비 이외에 일반관리비, 제세공과금, 위험부담금, 기업이윤 등을 포함한다.

제5조 【계약기간】

1. 용역 계약기간은 2022년 9월 1일부터 2023년 8월 31일까지 1년으로 한다.
2. 본 계약의 계약기간 만료 30일 전까지 "갑" 또는 "을"이 상대방에 대하여 계약만료에 대한 서면해약 통고가 없는 한 계약기간은 1년간으로 하며 매년 임금인상, 물가상승률을 고려하여 용역비를 조정한다. 다만, 계약금액은 "갑"과 "을"의 협의조정으로 결정한다.

제6조 【계약의 해지】 "갑"은 "을"에게 다음 각 호의 사유가 발생하였을 때에는 예고기간 없이 구체적 사유를 명시한 서면통고로서 계약을 해지할 수 있다.

1. "을"이 파산선고를 받았거나 파산신청을 하였을 때
2. "을"이 해산명령을 받았거나 해산의 결의를 하였을 때
3. "을"이 용역경비업 허가를 자진 반납하거나 허가 취소처분을 받았을 때
4. "을"이 영업정지의 행정처분을 받았을 때
5. 청소상태가 불량할 때 30일 전에 서면통보 계약

제7조 【용역도급료의 청구 및 지급】 "을"은 용역도급료를 매월 말일까지 "갑"에게 청구하여야 하며 "갑"은 청구금액에 대하여 접수일로부터 10일 이내에 용역도급료를 현금으로 "을"에게 지급하여야 한다.

제2장 용역업자의 의무

제8조 【규정 등의 준수】 "을"은 용역업무를 수행함에 있어 "갑"의 제 규정과 규칙을 준수하며 안전과 용역업무에 필요한 지정된 교육을 받아야 한다.

제9조 【권리와 의무】

1. "갑"은 본 계약의 효율적인 시행을 위하여 용역원의 조직 및 근무편성, 근무요령, 용역원의 교체 등 용역업무에 대하여 "을"과 협의하여 조정할 수 있다.
2. "을"은 "갑"의 관리권행사 범위 내에서 대상시설의 용역업무를 성실히 이행할 의무를 가진다.
3. "을"은 파견근로자의 인사에 관한 사항 중 채용, 징계에 관한 사항에 대하여는 이를 "갑"에게 통보하여야 한다.

제10조 【기밀의 보존】 "갑"과 "을"은 본 계약체결 및 실행과정에서 취득한 상대방의 기밀사항을 일절 제3자에게 누설하여서는 아니된다.

제11조 【양도의 금지】 "을"은 "갑"의 서면 승인 없이 본 계약서상의 권리와 의무의 일부 또는 전부를 제3자에게 양도하거나 계약에 따라 행할 일절의 업무를 하도급할 수 없으며 담보의 목적물로 할 수 없다.

제12조 【준수사항과 금지사항】

1. "을"은 통일된 복장을 항시 착용하여야 한다.
2. "을"의 종업원은 복장과 외모를 항상 단정하게 하여야 한다.
3. "을"의 종업원은 근무시간 중에는 배치된 현장에서 이탈하거나 근무를 태만히 하여서는 아니된다.
4. "을"의 종업원은 건물 내에서 습득한 문서, 금권 또는 기타 물품에 대하여는 지체 없이 "갑"에게 신고하여야 한다.
5. "을"의 종업원은 다음 각 호에 해당하는 행위를 하여서는 아니된다.
   가. 건물 내 근무자의 업무진행에 지장을 주거나 내방객에게 불편을 주는 행위
   나. 본인의 업무와 관계없이 배회하거나 출입 및 간섭하는 행위
   다. 업무와 관련하여 투숙객 또는 이용객에게 금권을 요구하는 행위

제13조 【을의 면책】 "을"은 다음 각 호의 사항에 대하여는 책임을 지지 아니한다.

1. 천재 · 지변, "갑"의 쟁의행위 기타 불가항력으로 인하여 발생한 손해
2. "을"의 파견근로자가 본 계약이 정하는 업무 이외에 "갑"의 요구에 의한 행위로 발생한 손해
3. 기타 "갑"이 이 계약서에서 정한 규약을 위약하여 발생한 손해

제3장 용역업무 실시

제14조 【파견근로자 채용】 "을"은 본 계약에 의한 용역업무 수행을 위하여 신원 결격사유에 해당하지 아니한 자로서 신체 건강하고 사상이 건전한 자로를 선발하여 파견, 배치하여야 한다.

제15조 【파견용역근무】

1. "을"은 고용 파견근로자로 하여금 "갑"이 지정한 근무수칙을 준수케 하며 일일상황과 이상유무를 "갑"이 정하는 담당 부서에 보고한다.
2. "을"은 청소근무 중 청소원으로 하여금 정기 또는 비정기적으로 청소구역에 대한 점검을 하도록 하며 이상이 있을 때에는 즉시 "갑"에게 통보한다.
3. "을"은 업무수행 중 발생하거나 발생이 예상될 때에는 지체없이 "갑"에게 통고하며 "갑"은 이에 대하여 충분한 조치를 강구하여야 한다.
   또한 "갑"은 청소작업의 위험이 있는 곳에 대하여는 사전에 "을"에게 관리방법과 사고억제를 위한 주의사항 등을 서면 통보함과 동시에 "을"과 충분히 협의하여야 한다.
4. "갑"은 본 계약업무의 적정한 이행을 위하여 필요한 경우에는 "을"에게 주문상의 지시나 요구를 할 수 있다.

제16조 【운용, 감독】 "을"은 계약상의 용역업무를 수행하기 위하여 필요한 일절의 권한을 "갑"으로부터 위임받으며, 용역업무의 운용과 지휘의 권한을 "을"이 갖는다.

제17조 【파견근로자의 통제】

1. "을"은 "갑"이 서면 또는 구두로 지적하는 파견근로자의 불성실이나 근무 태만, 비위사실 등의 사안에 따라 교체하거나 "을"의 징계절차에 따라 처리하고 그 결과를 "갑"에게 통보하여야 한다.
2. 전항의 근무태만이라 함은 근무지 이탈, 근무 중 음주, 숙면, 빈번한 무단결근 및 기타 "갑"의 지시사항을 태만히 하는 행위로 용역업무 수행에 지장을 초래할 우려가 있는 경우를 말한다.

제18조 【파견근로자의 고용책임】 "을"은 본 계약 이행을 위하여 고용하는 파견근로자에 관련된 다음 각호의 사항에 대하여 단독책임을 진다.

1. 근로조건 및 근로기준법상의 일절의 책임
2. 노동쟁의와 관련된 일절의 책임
3. 산업재해보상에 관한 책임
4. 파견근로자의 임면에 관한 책임
5. "갑"의 업무에 대하여 취득한 비밀의 유지 보전에 대한 책임

제19조 【상호협력】 "갑"과 "을"은 신의 성실의 원칙에 입각하여 본 계약의 이행에 상호 협력한다.

제20조 【업무의 정지】 "을"은 천재 · 지변, 기타 불가항력적인 경우 또는 "갑"의 책임있는 사유에 의하여 계약상의 업무실시가 불가능할 경우에는 그 사유를 "갑"에게 통보하고 사유 소멸시까지 업무의 실시를 정지할 수 있으며, 정지기간 동안에는 "갑"에 대한 의무를 지지 아니한다.

제4장 파견근로자의 후생복지

제21조 【장비, 시설지원】

1. "갑"은 "을"에게 용역업무에 필요한 휴게실 및 청소기계 및 기구 등 기타 장비시설에 대하여 "을"에게 제공한다.

제22조 【급여】 "을"은 "갑"으로부터 수령한 용역도급 중 적정한 직접노무비를 파견근로자에게 지급하여 저임금으로 인한 이직률을 방지하고 철저한 용역업무를 수행할 수 있도록 한다.

제23조 【후생복지】

1. "을"은 "갑"의 용역대상 시설에 근무중인 파견근로자에 대하여 다음 각 호의 후생복지제도를 실시한다.
   가. 건강진단 연 1회 실시
   나. 산업재해보상보험 가입
   다. 의료보험 가입
   라. 국민연금 가입

제5장 보 칙

제24조 【계약의 발효】 이 계약은 계약체결일로부터 효력을 발생하며, "갑"의 피해를 위한 계약금액 1/1000에 해당하는 보증보험을 부보하여야 한다.

제25조 【분쟁의 해결】 "갑"과 "을" 사이에 분쟁이 발생하였을 때에는 "갑""을" 상호 간 협의에 의하여 해결하고 협의가 이루어지지 않을 때에는 제3자에게 조정을 요청할 수 있다.

제26조 【합의 관할】 이 계약에 관한 합의관할은 "갑"이 지정한 관할법원으로 한다.

이 계약의 성립을 증명하기 위하여 계약서 2통을 작성 각자 서명날인 후 "갑" "을" 각 1통씩 보관한다.

계약체결일 2022년 8월 일

도급인(갑) -소재 : 부산광역시 해운대구 우동 1번지
상호 : 월드베스트스마일 호텔
대표 : 최 무 룡

수급인(을) -소재 : 부산광역시 사하구 괴정동 1번지
상호 : 베스트 클리닝 아웃소싱 코퍼레이션
대표 : 김 지 미

5. 아웃소싱의 기대효과

아웃소싱은 내부자원을 배제하고 외부자원을 활용하여 호텔을 운영한다는 부정적인 측면도 있지만, 궁극적으로는 핵심분야를 제외한 부서는 외부인력으로 운용되므로 조직의 유동성을 심화시켜 경영에 부담을 덜게 하는 점과 정식직원이 단출하므로 봉사료라든가 후생복리에도 도움을 줄 수 있어 어떻게 활용하는가에 따라 긍정적일 수 있다고 볼 수 있겠다. 아웃소싱의 기대효과는 경영측면, 조직관리 측면, 비용측면, 종업원 측면, 손해보상 측면에서 조명해 볼 필요가 있다.

1) 경영상의 효과

① 외부 전문업체의 전문기술을 활용할 수 있다.
② 인력투자에 대한 위험(risk)이 전가된다.
③ 공급자의 네트워크를 통하여 새로운 사업기회를 마련할 수 있다.
④ 저비용 · 고효율 경영을 할 수 있다.

2) 조직관리 측면의 효과

① 핵심기능의 역량강화에 주력할 수 있다.

② 경직된 조직구조가 유연성 있는 구조로 바뀌어 구조조정이 자유롭다.

③ 정규직으로 하여금 더 높은 성과를 내도록 자극한다.

④ 조직구조의 변화를 추구하는 계기가 된다.

⑤ 직접적인 노사분규의 갈등을 줄일 수 있다.

3) 비용 측면의 효과

① 인사관리에 대한 비용이 감소된다.

② 고정비가 변동비로 전환되어 비용이 줄어든다.

③ 파견근로자의 4대 보험에 직접적인 책임이 없다(의료보험, 고용보험, 국민연금, 산재보험)

4) 근로자 측면의 효과

① 실업의 공백을 없애준다.

② 재충전의 기회로 활용된다.

③ 새로운 기능, 지식, 업무에 대한 견문이 넓어진다.

④ 도전의욕을 불러일으킨다.

5) 손해배상의 보장

① 대상시설에서 담당업무 수행 중 고의 또는 과실로 인한 손해를 보험으로 보상받을 수 있다.

② 보험에 대한 직접적인 책임이 없다.

6. 아웃소싱의 추진전략

1) 아웃소싱 추진전략의 검토

아웃소싱의 필요성과 기대효과 등을 검토한 결과 아웃소싱이 기업경영에 유리할 것이라는 확신이 섰다고 해서 무조건 도입을 서두르면 실패할 확률도 높다. 먼저 아웃소싱을 도입하기 전에 자사의 핵심역량(core competences)이 무엇인지 정확한 판단이 있어야 한다. 따라서 아웃소싱을 성공적으로 이끌기 위해서는 다음과 같은 전략적 검토가 선행되어야 할 것이다.

① 아웃소싱의 도입목적 정립
② 아웃소싱의 필요성의 구체화
③ 아웃소싱의 대상 분야를 사전에 결정
④ 아웃소싱 공급업체 선정에 신중
⑤ 업무감시 및 평가 시스템의 설치
⑥ 비용절감도 중요하지만 가치창출에 더 큰 비중을 둠
⑦ 자사의 핵심역량을 키워 나갈 비전 제시

2) 아웃소싱의 추진절차

① 아웃소싱의 목적 및 필요성 조사
② 아웃소싱 대상분야의 결정
③ 아웃소싱 관련 내부계획서 작성
④ 대상업체와 업무 상담
⑤ 아웃소싱업체로부터 업무 제안서 접수
⑥ 아웃소싱 실행/평가 시스템 구축
⑦ 실행에 착수에 따른 계약과 업무 시작
⑧ 일정 기간 후 평가 및 결과에 따른 협상

Hotel Housekeeping &
Facility Management

제 9 장

객실관리부문의 경영계획 수립

제1절 객실부문 경영계획수립의 의의

고객에게 깨끗하고, 편안한 휴식공간과 사업상 필요한 시설, 장비 등을 제때 제공하기 위하여 호텔의 객실관리부서는 호텔시설관리에 대한 세심한 계획을 세워야 한다. 신설 호텔은 물론이거니와 기존 호텔들도 고객편의 위주의 행정과 서비스가 호텔경영의 충족요건이므로 고객안내에 필요한 자료를 한 자리에 모아 두고 고객안내, 종업원교육의 기초자료로 활용하게 된다. 또한 객실관리에 필요한 인력, 물자, 비용에 관한 계획을 세워서 이를 집행하므로 효과적이고 효율적인 경영을 하게 된다. 궁극적으로 객실영업부서와 상호 업무협조 및 확인으로 친절, 정확, 신속한 서비스를 통해 고객을 만족시키고, 합당한 이익을 내어 계속기업으로서 존속할 수 있도록 노력한다. 이를 위해서 갖춰야 할 여러 가지 경영계획과 실행계획을 서류상으로 정리할 필요가 있다.

1. 인력계획 수립

객실관리부서는 객실관리에 필요한 인력을 최적의 수준으로 유지관리하며, 경영이익을 창출하기 위해 관리하는 것보다는 고객서비스를 위해서 보다 바람직한 경영을 하도록 하는 것이 객실부문의 궁극적인 목표인 재고객 창출에 기여하게 된다. 인력계획은 부서원 개인에게 지급되는 인건비를 줄이는 것에 주안점이 맞춰지는 것이 아니라 서비스리더십을 발휘하여 내부고객을 만족시키므로 외부고객에게 진정한 서비스를 제공하도록 하는 수준 높은 전략과 일인 다역의 통합적 시스템을 운영하므로 효율경영체제를 구축하는 것이 효과적일 수 있다. 또한 구체적인 인력계획은 자연이직과 사업확장 등을 감안하고, 객실영업부서에서 세운 판매객실수와 매출액에 따라 연간(365일 또는 366일), 일별로 구체적으로 세워야 하며, 이를 일별로 분석하여 경영에 반영하여야 한다.

2. 물자계획 수립

객실관리부서는 부서의 성격상 객실영업부서, 식음부서, 부대사업부서 등이 영업에 필요한 공간을 제공하는 기능을 한다. 즉 호텔의 서비스상품을 생산하는 부서이다. 그러므로 이 부서에서 구입하는 물자는 호텔상품의 구성요소가 되므로 가장 적절한 물자를 제때, 제값에 구매하도록 하여야 한다. 이를 위해서는 과학적인 구매계획과 관리계획을 세우고, 지속적인 관리활동을 통해 재고관리를 하여야 한다. 또한 구매 사이클을 놓치지 않도록 일일점검 체계를 갖추는 것을 권장하고 있다. 객실관리부서에서 구매하는 물자는 그 수를 헤아리기가 힘들 정도로 다종다양하며, 크게는 대형 장비로부터 작게는 휴지와 같은 소모품도 있다.

3. 비용계획 수립

객실관리부서는 객실영업부서와 함께 객실부로서 같은 예산을 사용한다. 호텔에 따라 체계는 조금씩 다를 수 있지만 대개 수입부문은 객실영업부서, 비용부문은 객실관리부서에 경영관리권을 부여하고 있다. 따라서 객실관리부서장은 연간 비용계획을 수립하여 객실영업부서장과 협의하고, 부총지배인과 조정을 거친다. 주요 항목으로는 객실부문의 인건비, 객실과 공공지역의 음악제공비, 세탁비, 객실부문 직원 유니폼비, 리넨과 침구류, 청소장비와 청소소모품비, 객실소모품비, 통신 및 우편물비, 여행사 수수료, 여행 및 출장비, 예약과 지역판촉비, 고객파일관리비, 잡비계정이 있다.

제2절 객실 및 부대시설 안내계획 수립

객실영업부서, 고객서비스부서, 객실관리부서, 시설관리부서, 마케팅부서 등에 종사하는 종업원은 호텔시설의 위치, 이용 내역, 실내외 장식 등에 대한 지식과 정보를 숙지하고, 이를 고객에게 안내함으로써 고객편의에 최선을 다한다.

1. 호텔시설안내 자료집

객실관리부서는 호텔이 보유하고 있는 자원을 일목요연하게 정리하여 각 부서에 제공하고 객실관리부서의 교육용으로 활용한다. 호텔시설안내는 객실, 부대시설, 회의실, 편의시설과 서비스, 장애인시설, 식음료 영업장, 호텔의 위치, 자랑할 만한 수상경력 등에 대한 안내자료집을 만든다. 호텔의 객실관리부서에서 제작하여 비치하거나 배부하여야 할 시설부문의 내용은 다음 표와 같은 것이 있을 수 있다. 최근에는 많은 호텔들이 인터넷 홈페이지를 개설하여 호텔의 여러 정보를 제공하고 심지어는 각종 예약까지 인터넷으로 받고 있다.

① 호텔 객실 및 시설 안내

② 회의실 공간

③ 제공되는 편의시설과 서비스

④ 장애인시설

⑤ 식음료 영업장

⑥ 호텔의 위치 안내

⑦ 자랑할 만한 수상경력

☺ **The World Best Smile Hotel, Busan**

HOTEL ACCOMMODATIONS & FACILITIES INFORMATION SHEET

Number of Available Rooms:					
Total Guest Rooms					
Non-Smoking Rooms		Floors/Location			
Accessible Rooms		Room Numbers			
Junior Suites		Room Numbers			
Luxury Suites		Room Numbers			
World Best Executive Club Rms		Floors/Location		Lounge/Location	
World Best Royal Vacations Rms		Floors/Location		Lounge/Location	
World Best Premier Rms		Floors/Location		Lounge/Location	

HEALTH/FITNESS CENTER
(Facilities that are available)

Aerobic Training		Basketball Court	
Weight Training		Tennis Courts	
Swimming Pool		Jogging Path/Track	
Squash Courts		Water Sports	
Racquetball Courts		Golf Driving Range	
Whirlpool		Golf Putting Green	
Sauna		Golf Course	
Steam Room		Marina	
Daily Fee			

호텔객실시설안내

☺ The World Best Smile Hotel, Busan

MEETING SPACE

Total square feet of meeting space [ ]

Exhibit Hall square feet [ ] Location [ ]

	Name	Location
Junior Ballroom		
Grand Ballroom		
Board Room (s)		
Other Meeting Rooms		

회의실 시설

☺ The World Best Smile Hotel, Busan

HOTEL SERVICES : (✔items that are available)

Services ExpressSM	☐				
Concierge	☐	Hours of operation	☐	Location	☐
Refreshment Centers	☐				
Business Center	☐	Hours of operation	☐	Location	☐
Personal Computer Rentals	☐	Price	☐		
Photocopy Service	☐	Price	☐		
Secretarial Services	☐	To arrange, contact :	☐		
Voice Mail	☐				
In-Room Data Ports	☐				
Facsimile Service	☐	Price	☐	Location	☐
In Room Facsimile Service	☐	Rm. Nos.	☐	Price	☐
Teleconference Services	☐	Audio	☐	Video	☐
AT&T Language Line	☐				
Distinguished Guest Services	☐				
Valet Parking	☐	Price	☐		
Self Parking	☐	Price	☐		
Check-Out Time		☐			
Other Services	☐				
	☐				

제공되는 편의시설과 서비스

☺ The World Best Smile Hotel, Busan

ACCESSIBILITY AIDS AND ROOM FEATURES

Hearing Impairment Kits which include : (✔items that are available)

TDDs		Contact Department	
Telephone Alert			
Telephone Amplifier			
Telecaption Decoder			
Visual Smoke Detector			
Door Knob Alert			
Wake-Up System			
Total No. of Kits Available			

Portable Mobility Impairment equipment to include : (✔items that are available)

Tub Transfer Bench & Clamp	
Tub Guard Rail	
Hand-Held Shower	
Raised Toilet Seat & Rails	

Accessible Room Numbers

Other Room Features :

장애인시설

☺ The World Best Smile Hotel, Busan

FOOD AND BEVERAGE FACILITIES

	Name	Location	Hours
3-Meal Restaurant			
Specialty Restaurant			
Fine Dinning Restaurant			
Other Restaurant			
Lobby Lounge			
Entertainment Lounge			
Other Lounge			
24-Hour In-Room Dining		Other In-Room Dining Hours	

NEARBY FACILITIES/ACTIVITIES

	Name	Location	Hours
Shopping			
Shopping			
Pharmacy			
Medical Facility			
Movie Theater			
Restaurant			
Restaurant			
Sports Facility			
Bank			
Bank			

식음료 영업장

☺ The World Best Smile Hotel, Busan

Hotel Location

Minutes from the airport	
Cab fare to/from the airport	
Airport Shuttle fare	
Address	
Telephone No.	
Facsimile No.	
Directions to the hotel	

Hotel Awards

AAA Four Star Award	
Mobil Four Diamond Award	
Pinnacle Award	
Gold Key Award	
Other Hotel Awards	

호텔의 위치 및 자랑할 만한 수상경력 안내

2. 객실 및 부대시설 자료정리

객실, 회의실, 현관지역시설, 식당의 위치, 객실코드 등에 대한 정확한 정보를 자료화하여 고객에게 안내자료로 활용할 뿐만 아니라 종업원 교육용 또는 제반 행정업무의 기초자료로 활용한다. 이 자료는 주기별로 현실화 작업(up-to-date)이 이뤄져 있어야 자료로서의 가치가 있다.

① 객실 종류별, 위치별 개략(guest room mix summary)

② 객실 층별 개략(guest room vertical mix summary)

③ 특실 종류별 현황(suite list & room types)

④ 식음료 업장 및 연회장 시설 개요(hotel facilities description-F/B & function space)

⑤ 대연회장 배치도(ballroom layout)

⑥ 객실 가구 배치도(guest room furniture layout)

⑦ 객실층 배치도(guest room floor layout)

☺ The World Best Smile Hotel, Busan

ROOM MIIX SUMMARY

This chart illustrates the type of room and location by floor.

	Color Scheme	Room Type	Floors 5-7	Floors 8-18	Floors 19-20	Floors 21	Floors 22	Floors 23	Quan-tity	Key	Module
TYPICAL DOUBLE		D-1	15	50	10	4	3		82	82	82
CONNECTING D/D		D-2	12	40	2	2			56	56	56
PERSON W/DISABILITY D/D		D-3	6	20	4				30	30	30
CORNER D/D		D-4	6	20		2			28	28	28
TYPICAL KING		K-1	15	50	10	3	4		82	82	82
CONNECTING KING		K-2	9	40	2	2			53	53	53
PERSONS WITHA DISABILITY KING		HK	3						3	3	3
CORNER KING		K-3	6						26	26	26
JUNIOR SUITE		SJ			4	2	3		9	9	18
EXECUTIVE SUITE		SE			4	2	2		8	16	24
PRESIDENTIAL SUITE		SP						1	1	1	6
CHAIRMAN'S SUITE		SC						1	1	1	6
SUBTOTAL									379	387	414
1 BR APT 5 TYPE								18	28		36
2 BR APT 4 TYPE								4	4		12
3 BR APT 1 TYPE								1	1		4
CLUB LOUNGE						1	5				6
								GRAND TOTAL	402		470

객실 종류별, 위치별 개략

ROOM MIX

東

北								南								
4100 SC			4103 SC	4104 BD	4105 BT	4106 SC		4110 PB					4115 DT		4117 SB	S/L
3900 SB			3903 SC	3904 BD	3905 BT	3906 SC		3910 RA							3917 DT	
3800 SB			3803 SC	3804 BD	3805 BT	3806 SC		3810 PA					3815 DT		3817 SB	S/L
3700 XK	3701 ED	3702 ED	3703 ED	3704 ED	3705 ED	3706 ED	3707 ED	3710 XL	3711 XT	3712 XT	3713 XT	3714 XT	3715 XT	3716 XT	3717 XT	EFL
3600 XK	3601 ED	3602 ED	3603 ED	3604 ED	3605 ED	3606 ED	3607 ED	3610 XL	3611 XT	3612 XT	3613 XT	3614 XT	3615 XT	3616 XT	3617 XT	EFL
3500 CD	3501 BD	3502 BD	3503 BD	3504 BD	3505 BD	3506 BD	3507 BD	3510 CT	3511 DT	3512 DT	3513 DT	3514 DT	3515 DT	3516 DT	3517 DT	3518 KT
3400 CD	3401 BD	3402 BD	3403 BD	3404 BD	3405 BD	3406 BD	3407 BD	3410 CT	3411 DT	3412 DT	3413 DT	3414 DT	3415 DT	3416 DT	3417 DT	3418 KT
機械室						3306 BD	3307 BD	3310 CT	3311 DT	3312 DT	3313 DT	3314 DT	3315 DT	3316 DT	3317 DT	3318 KT
3200 CD	3201 BD	3202 BD	3203 BD	3204 BD	3205 BD	3206 BD	3207 BD	3210 CT	3211 DT	3212 DT	3213 DT	3214 DT	3215 DT	3216 DT	3217 DT	3218 KT
3100 CD	3101 BD	3102 BD	3103 BD	3104 BD	3105 BD	3106 BD	3107 BD	3110 CT	3111 DT	3121 DT	3113 DT	3114 DT	3115 DT	3116 DT	3117 DT	
3000 CD	3001 BD	3002 BD	3003 BD	3004 BD	3005 BD	3006 BD	3007 BD	3010 CT	3011 DT	3012 DT	3013 DT	3014 DT	3015 DT	3016 DT	3017 DT	
2900 CD	2901 BD	2902 BD	2903 BD	2904 BD	2905 BD	2906 BD	2907 BD	2910 CT	2911 DT	2912 DT	2913 DT	2914 DT	2915 DT	2916 DT	2917 DT	
2800 CD	2801 BD	2802 BD	2803 BD	2804 BD	2805 BD	2806 BD	2807 BD	2810 CT	2811 DT	2812 DT	2813 DT	2814 DT	2815 DT	2816 DT	2817 DT	
2700 CD	2701 BT	2702 BT	2703 BT	2704 BT	2705 BT	2706 BT	2707 BT	2710 CT	2711 FT	2712 FT	2713 FT	2714 FT	2715 DT	2716 DT	2717 DT	
2600 CD	2601 BT	2602 BT	2603 BT	2604 BT	2605 BT	2606 BT	2607 BT	2610 CT	2611 FT	2612 FT	2613 FT	2614 FT	2615 DT	2616 DT	2617 DT	
機械室						2506 BT	2507 BT	2510 CT	2511 FT	2512 FT	2513 FT	2514 FT	2515 DT	2516 DT	2517 DT	
2400 CD	2401 BT	2402 BT	2403 BT	2404 BT	2405 BT	2406 BT	2407 BT	2410 CT	2411 FT	2412 FT	2413 FT	2414 FT	2415 DT	2416 DT	2417 DT	
2300 CD	2301 BT	2302 BT	2303 BT	2304 BT	2305 BT	2306 BT	2307 BT	2310 CT	2311 FT	2312 FT	2313 FT	2314 FT	2315 DT	2316 DT	2317 DT	
2200 CD	2201 BT	2202 BT	2203 BT	2204 BT	2205 BT	2206 BT	2207 BT	2210 CT	2211 FT	2212 FT	2213 FT	2214 FT	2215 DT	2216 DT	2217 DT	
2100 CD	2101 BT	2102 BT	2103 BT	2104 BT	2105 BT	2106 BT	2107 BT	2110 CT	2111 FT	2112 FT	2113 FT	2114 FT	2115 DT	2116 DT	2117 DT	
2000 CD	2001 BT	2002 BT	2003 BT	2004 BT	2005 BT	2006 BT	2007 BT	2010 CT	2011 FT	2012 FT	2013 FT	2014 FT	2015 DT	2016 DT	2017 DT	
1900 CD	1901 BT	1902 BT	1903 BT	1904 BT	1905 BT	1906 BT	1907 BT	1910 CT	1911 FT	1912 FT	1913 FT	1914 FT	1915 DT	1916 DT	1917 DT	
1800 CD	1801 BT	1802 BT	1803 BT	1804 BT	1805 BT	1806 BT	1807 BT	1810 CT	1811 FT	1812 FT	1813 FT	1814 FT	1815 DT	1816 DT	1817 DT	
1700 CD	1701 BT	1702 BT	1703 BT	1704 BT	1705 BT	1706 BT	1707 BT	1710 CT	1711 FT	1712 FT	1713 FT	1714 FT	1715 DT	1716 DT	1717 DT	
1600 LA		1602 BT	1603 BT	1604 BT	1605 BT	1606 BT	1607 BT	1610 CT	1611 FT	1612 FT	1613 FT	1614 FT	1615 DT	1616 DT	1617 DT	
1500 LA		1502 BT	1503 BT	1504 BT	1505 BT	1506 BT	1507 BT	1510 CT	1511 FT	1512 FT	1513 FT	1514 FT	1515 DT	1516 DT	1517 DT	
1400 OS		1402 OB	1403 0B	1404 0B	1405 OB	1406 OB	1407 OB	1410 OK	1411 OA	1412 OA	1413 OA	1414 OA	1415 OA	1416 OA	1417 OA	
	SUITE 58								DOUBLE 157							
	RESIDENTIAL SUITE 2								TWIN 482							

西

北								南							
4120 SC		4122 BD	4123 BT	4124 SC		4126 CS		4130 SB			4133 SB	4134 SB		4136 SC	4137 DT
3920 SC		3922 BD	3923 BT	3924 SC		3926 SC		3930 SA			3933 DT	3934 SA			3937 CS
3820 SC		3822 BD	3823 BT	3824 SC		3826 SC		3830 SB			3833 SB	3834 SB		3836 DT	3837 CS
3720 EH	3721 EH	3722 EH	3723 EH	3724 ET	3725 ET	3726 ET	3727 ET	3730 XD	3731 XD	3732 XD	3733 XD	3734 XD	3735 XD	3736 XD	3737 XS
3620 EH	3621 EH	3622 EH	3623 EH	3624 ET	3625 ET	3626 ET	3627 ET	EFL LOUNGE			3633 XD	3634 XD	3635 XD	3636 XD	3637 XS
3520 BH	3521 BH	3522 BH	3523 BH	3524 BT	3525 BT	3526 BT	3527 BT	3530 DD	3531 DD	3532 DD	3533 DD	3534 DD	3535 DD	3536 DD	3537 CS
3420 BH	3421 BH	3422 BH	3423 BH	3424 BT	3425 BT	3426 BT	3427 BT	3430 DD	3431 DD	3432 DD	3433 DD	3434 DD	3435 DD	3436 DD	3437 CS
3320 BH	3321 BH	3322 BH	3323 BH	3324 BT	3325 BT	3326 BT	3327 BT	3330 DD	3331 DD	3332 DD	3333 DD	3334 DD	3335 DD	3336 DD	3337 CS
3220 BH	3221 BH	3222 BH	3223 BH	3224 BT	3225 BT	3226 BT	3227 BT	3230 DD	3231 DD	3232 DD	3233 DD	3234 DD	3235 DD	3236 DD	3237 CS
3120 BH	3121 BH	3122 BH	3123 BH	3124 BT	3125 BT	3126 BT	3127 BT	3130 DD	3131 DD	3132 DD	3133 DD	3134 DD	3135 DD	3136 DD	3137 CS
3020 BH	3021 BH	3022 BH	3023 BH	3024 BT	3025 BT	3026 BT	3027 BT	3030 DD	3031 DD	3032 DD	3033 DD	3034 DD	3035 DD	3036 DD	3037 CS
2920 BH	2921 BH	2922 BH	2923 BH	2924 BT	2925 BT	2926 BT	2927 BT	2930 DD	2931 DD	2932 DD	2933 DD	2934 DD	2935 DD	2936 DD	2937 CS
2820 BH	2821 BH	2822 BH	2823 BH	2824 BT	2825 BT	2826 BT	2827 BT	2830 DD	2831 DD	2832 DD	2833 DD	2834 DD	2835 DD	2836 DD	2837 CS
2720 BT	2721 BT	2722 BT	2723 BT	2724 BT	2725 BT	2726 BT	2727 BT	2730 DT	2731 DT	2732 DT	2733 DT	2734 DT	2735 DT	2736 DT	2737 CS
2620 BT	2621 BT	2622 BT	2623 BT	2624 BT	2625 BT	2626 BT	2627 BT	2630 DT	2631 DT	2632 DT	2633 DT	2634 DT	2635 DT	2636 DT	2637 CS
2520 BT	2521 BT	2522 BT	2523 BT	2524 BT	2525 BT	2526 BT	2527 BT	2530 DT	2531 DT	2532 DT	2533 DT	2534 DT	2535 DT	2536 DT	2537 CS
2420 BT	2421 BT	2422 BT	2423 BT	2424 BT	2425 BT	2426 BT	2427 BT	2430 DT	2431 DT	2432 DT	2433 DT	2434 DT	2435 DT	2436 DT	2437 CS
2320 BT	2321 BT	2322 BT	2323 BT	2324 BT	2325 BT	2326 BT	2327 BT	2330 DT	2331 DT	2332 DT	2333 DT	2334 DT	2335 DT	2336 DT	2337 CS
2220 BT	2221 BT	2222 BT	2223 BT	2224 BT	2225 BT	2226 BT	2227 BT	2230 DT	2231 DT	2232 DT	2233 DT	2234 DT	2235 DT	2236 DT	2237 CS
2120 BT	2121 BT	2122 BT	2123 BT	2124 BT	2125 BT	2126 BT	2127 BT	2130 DT	2131 DT	2132 DT	2133 DT	2134 DT	2135 DT	2136 DT	2137 CS
2020 BT	2021 BT	2022 BT	2023 BT	2024 BT	2025 BT	2026 BT	2027 BT	2030 DT	2031 DT	2032 DT	2033 DT	2034 DT	2035 DT	2036 DT	2037 CS
1920 BT	1921 BT	1922 BT	1923 BT	1924 BT	1925 BT	1926 BT	1927 BT	1930 DT	1931 DT	1932 DT	1933 DT	1934 DT	1935 DT	1936 DT	1937 CS
1820 BT	1821 BT	1822 BT	1823 BT	1824 BT	1825 BT	1826 BT	1827 BT	1830 DT	1831 DT	1832 DT	1833 DT	1834 DT	1835 DT	1836 DT	1837 CS
1720 BT	1721 BT	1722 BT	1723 BT	1724 BT	1725 BT	1726 BT	1727 BT	1730 DT	1731 DT	1732 DT	1733 DT	1734 DT	1735 DT	1736 DT	1737 CS
1620 BT	1621 BT	1622 BT	1623 BT	1624 BT	1625 BT	1626 BT	1627 BT	1630 DT	1631 DT	1632 DT	1633 DT	1634 DT	1635 DT	1636 DT	1637 CS
1520 BT	1521 BT	1522 BT	1523 BT	1524 BT	1525 BT	1526 BT	1527 BT	1530 DT	1531 DT	1532 DT	1533 DT	1534 DT	1535 DT	1536 DT	1537 CS
1420 BT	1421 BT	1422 BT	1423 BT	1424 BT	1425 BT	1426 BT	1427 BT	1430 DT	1431 DT	1432 DT	1433 DT	1434 DT	1435 DT	1436 DT	1437 CS
HOLLYWOOD TWIN 40								ONDOL 14 ONDOL SUITE 1							
FAMILY TWIN 52								LOUNGE 8							

高層 E/V(5臺): 28層~43層, 低層 E/V(4臺): 14層~28層, 禁煙層: 28層, CONNECTING RM:19室, 障碍者用 客室: 1430號, 總 客室層: 27個層, 總 客室數: 806室 (UNIT 888室)

☺ The World Best Smile Hotel, Busan

VERTICAL SUMMARY CHART(GUEST ROOM MIX)

This chart illustrates the type of room by floor number.

FR	D-1	D-2	D-3	D-4	K-1	K-2	HK	K-3	SJ	SE	SP	SC	QTY
23											1	1	2
22	3				4				3	2			12
21	4	2		2	3	2			2	2			17
20	5	1	2		5	1			2	2			18
19	5	1	2		5	1			2	2			19
18	5	4	2	2	5	4		2					24
17	5	4	2	2	5	4		2					24
16	5	4	2	2	5	4		2					24
15	5	4	2	2	5	4		2					24
14	5	4	2	2	5	4		2					24
12	5	4	2	2	5	4		2					24
11	5	4	2	2	5	4		2					24
10	5	4	2	2	5	4		2					24
9	5	4	2	2	5	4		2					24
8	5	4	2	2	5	4		2					24
7	5	4	2	2	5	3	1	2					24
6	5	4	2	2	5	3	1	2					24
5	5	4	2		5	3	1	2					24
TT	82	56	30	28	82	53	3	26	9	8	1	1	379

Key : D-1 ▷ Typical double　K-1 ▷ Typical King　SJ ▷ Junior Suite
D-2 ▷ Connecting Double　K-2 ▷ Connecting King　SE ▷ Executive Suite
D-3 ▷ Persons with a Disability Double　K-3 ▷ Persons with a Disability King
SP ▷ Presidential Suite　D-4 ▷ Corner Double　K-4 ▷ Corner King
SC ▷ Chairman's Suite

객실 층별 개략

☺ The World Best Smile Hotel, Busan

SUITE LISTING AND ROOM TYPES

This chart illustrates the room and suite categories by percentage and number of rooms.

DISTRIBUTION OF KEYS/MODULES:

Room Types	% of Keys	No. of Type	Bedroom Modules			*Parlor Modules			Total Keys	Total Mods
King	61.9	270	1						270	270
Double/Double										
Queen/Queen	27.1	118	1						118	118
Other:										
Suite Types:										
Chairman	0.2	1			1			1	1	5
Presidential	0.2	1			1			1	1	5
Executive	0.5	2			1	1			2	5
Jr. Suite	3.7	16	1			1			16	32
Service Apartment	4.1	18	1			1			18	36
Service Apartment	2.3	10				1			10	30
World Best Royal Vacations Lounge		1				4				4
Hospitality Rooms										
Board Room										
TOTALS	100.0							TOTALS	436	506

*All parlos include $\frac{1}{2}$baths and are not counted as a key.

ADDITIONAL GUEST ROOM INFORMATION: (Included in Room Count Above)

Type of Room	% of Total Keys	# of Keys	
World Best Royal Vacations Rooms	10.1	44	(2 floors)
Persons with a Disability Rooms	0.9	4	(per code)
Connecting Rooms	4.6	20	

특실 종류별 현황

☺ The World Best Smile Hotel, Busan

HOTEL FACILITIES DESCRIPTION

Public Spaces-Food & Beverage Outlets

Description/Concept	Location	Kitchen		Meals			Seating Capacity
		Main	Outlet	B	L	D	
3-Meal Restaurant	Lobby Level	✔		✔	✔	✔	200
Specialty Restaurant	Roof top		✔		✔	✔	100
Lobby Lounge	Off Lobby facing front						50
Entertainment Lounge	Roof top						100

Public Spaces - Function Space

Meeting Rooms	Location	No.	Dimensions	Banquet Seating Capacity	Net Area Required	Prefunction Net Area Required
Sub total Meeting Rooms Overall Net Area :						

Board Rooms	Location	No.	Dimensions	Banquet Seating Capacity	Net Area Required	Prefunction Net Area Required
Subtotal Board Rooms Overall Net Area:						

식음료 영업장 및 연회장 시설 개요

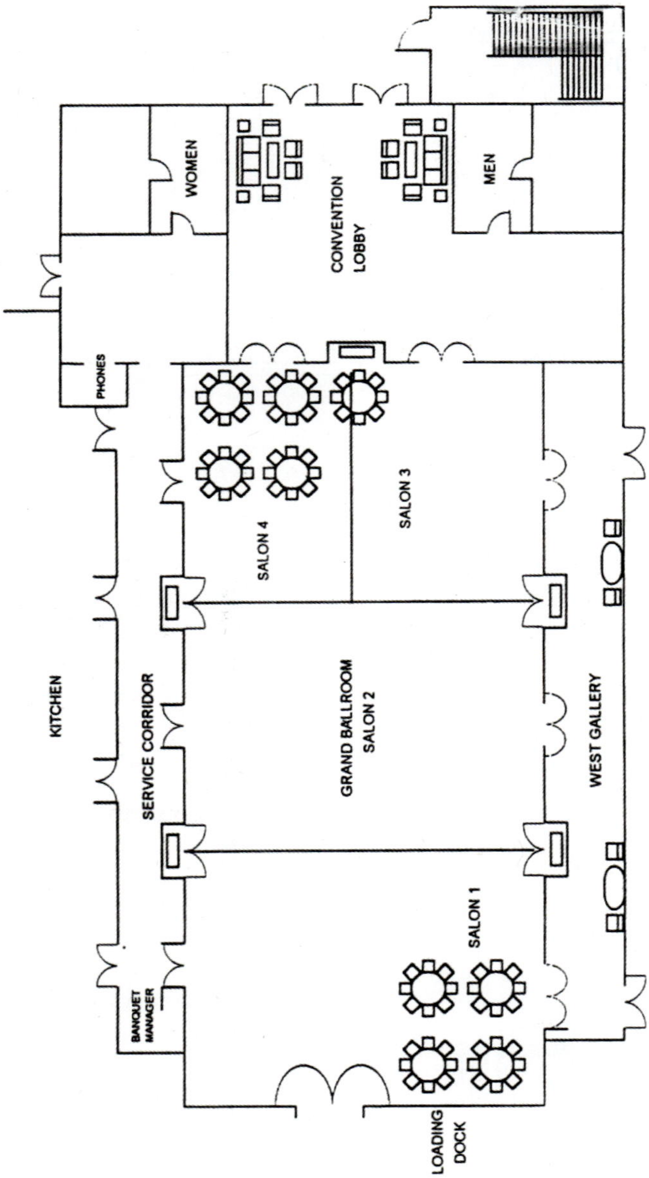
WOMEN
MEN
CONVENTION LOBBY
PHONES
SALON 4
SALON 3
KITCHEN
SERVICE CORRIDOR
GRAND BALLROOM SALON 2
WEST GALLERY
SALON 1
BANQUET MANAGER
LOADING DOCK

대연회장 배치도

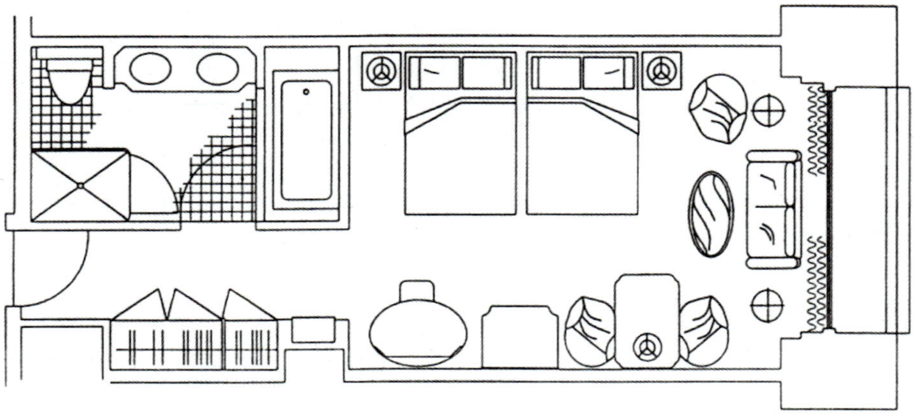

객실 가구 배치도

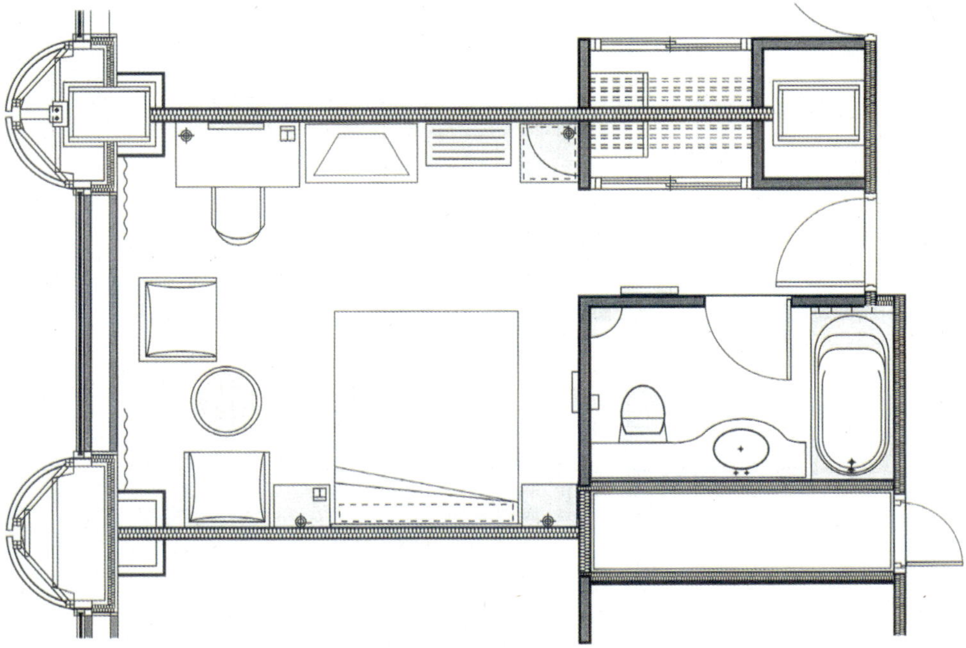

Layout for Superior Double(BD)
Executive Superior Double(ED)

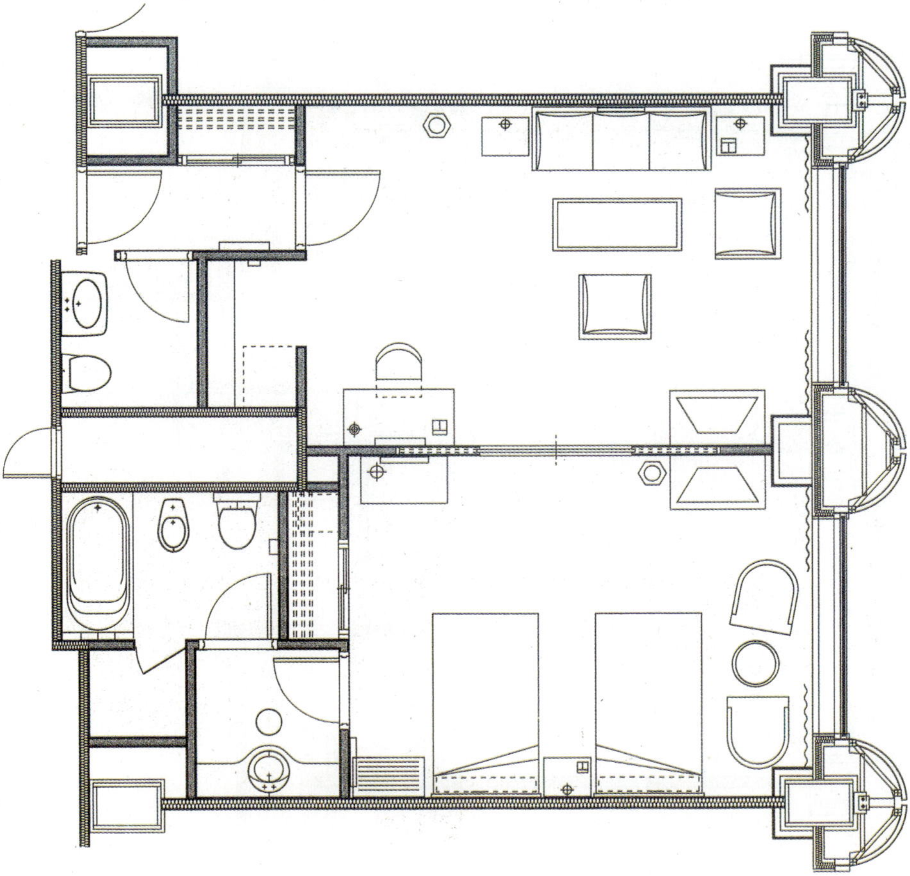

Layout for Deluxe Suite B(SB)

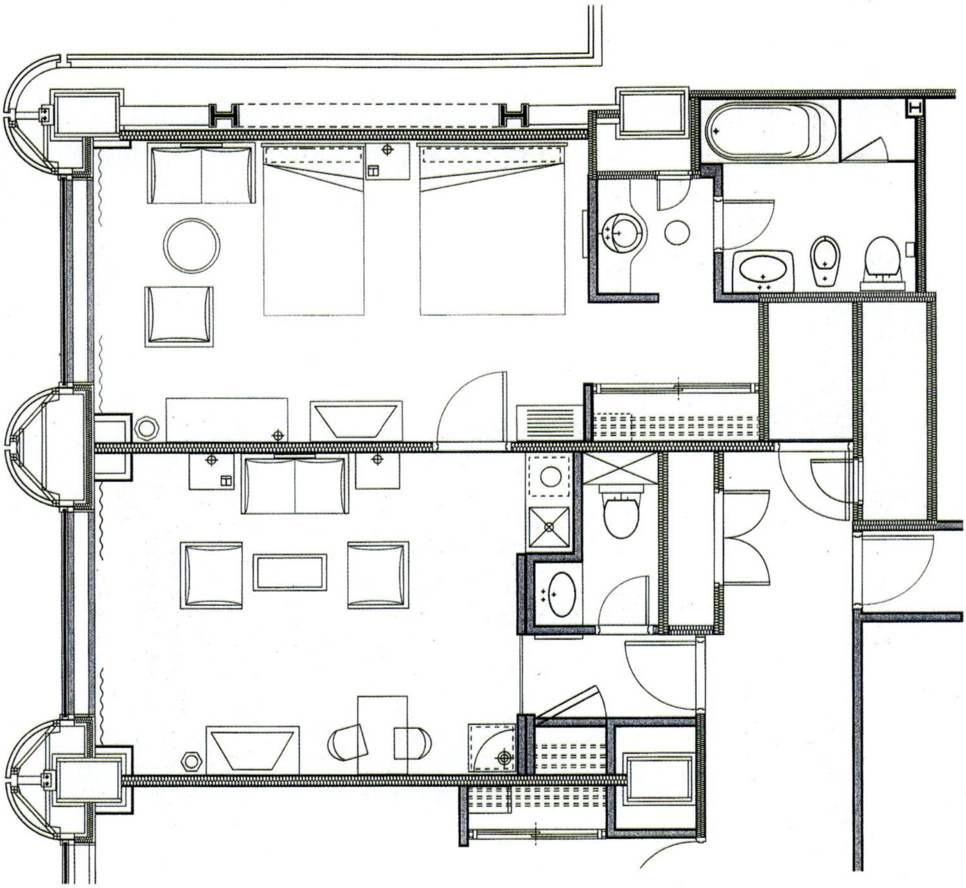

Layout for Residential Suite(LA)

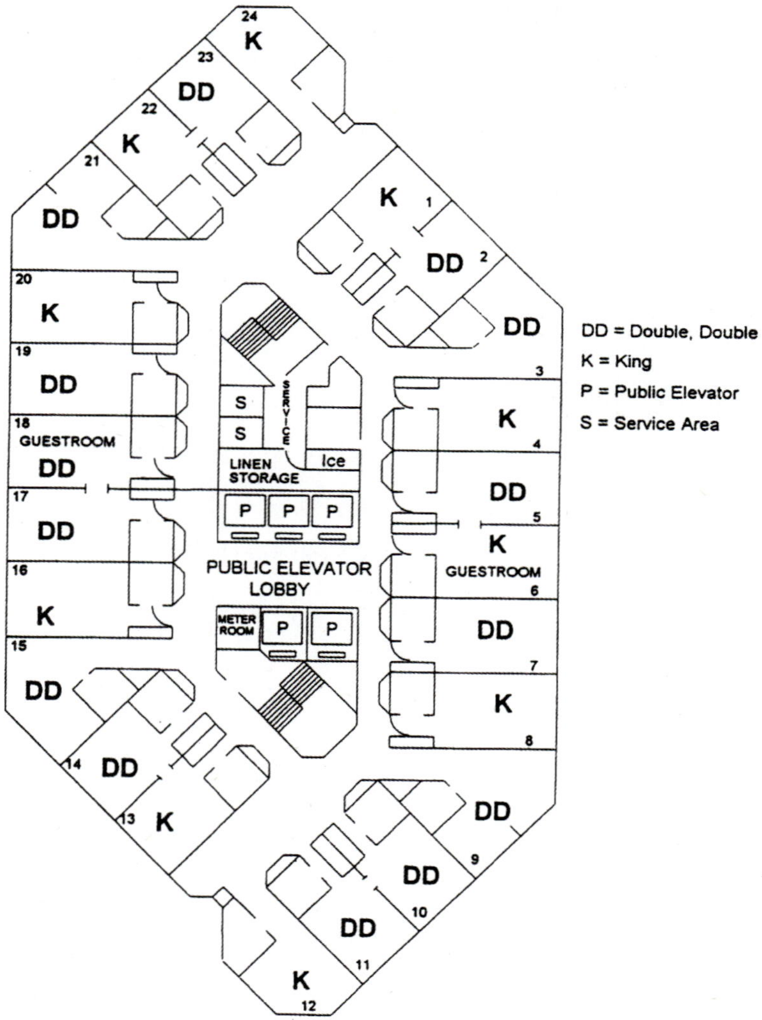
24 K
23 DD
22 K
21 DD
1 K
2 DD
DD
20 K
19 DD
18 GUESTROOM DD
17 DD
16 K
15 DD
14 DD
13 K
3 K
4 DD
5 K GUESTROOM
6 DD
7 K
8
DD 9
DD 10
DD 11
K 12
S
S
SERVICE
LINEN STORAGE
Ice
P P P
PUBLIC ELEVATOR LOBBY
METER ROOM
P P
DD = Double, Double
K = King
P = Public Elevator
S = Service Area

객실층 배치도

제3절 객실관리부문 비용관리와 예산수립

1. 비용관리와 예산수립의 의의

객실관리부서장은 그 호텔이 추구하는 조직의 가치, 경영목표와 일치하는 부서 운영의 기본계획을 장·단기별로 수립하고, 이를 추진하기 위해 예산을 편성한다. 객실관리부서는 매출을 창출하기보다 비용을 효율적으로 관리하므로 호텔기업에 기여하는 부서이다. 객실관리부서에서 지출하는 주된 비용은 인건비, 고객편의품, 객실소모품 등이며, 객실영업부서에서 지출하는 예약 또는 객실영업에 관련된 비용도 객실관리부서에서 함께 취합하고, 영업이익을 산출한다. 예산편성의 기본은 영업예측, 투자회수, 경쟁호텔 동향, 과거 예산집행결과 등을 참고로 작업을 진행한다. 이때 각 호텔은 제로베이스예산(zero based budget) 설정을 원칙으로 하여 효율경영을 추구한다.

1) 예산절차

객실부서 예산은 호텔의 당해 연도 재무적 목표에 의해 책정되며, 이는 객실의 매출에서 비롯된다. 연간 예산은 매월 세분화되어 집행되며, 각 부서는 이에 대한 지출계획을 세워서 진행하되, 호텔의 전반적인 지출계획과 균형을 이루어야 한다. 객실관리부서장은 객실부서의 예산을 세울 때 객실영업부서장과 함께 이 업무를 주관하게 되며, 이때 각 계정별 예산은 매출을 바탕으로 짜야 한다. 완성된 예산계획서는 객실담당임원, 총지배인 또는 총지배인에게 보고하고 조정을 받아야 한다. 예산은 객실매출이 매우 높거나 매우 저조할 때 그 상황에 따라 부득이 변경될 수 있다.

2) 예산의 형태

호텔기업이 세우는 예산에는 비용적 지출과 자본적 지출이 있다. 자본적 지출은 회사의 자산(토지, 건물, 비품 등)을 구입하는 것이고, 비품은 1년 이상 사용이 가능한 물품을 말하며, 주로 FF&E(furniture, fixture & equipment)를 일컫는다. 비용적 지출은 단기간에 소모하거나 사용하는 고객용 또는 업무용 물품들이다. 예를 들면, 리넨, 타월, 담요 또는 이불, 유니폼과 같은 비축용 물품과 객실, 욕실, 로비 화장실 등에 비치하는 소모품, 각종 인쇄물, 청소용품 등이 여기에 속한다. 이때 구입하는 기간 내에 소모하지 않을 수 있는 리넨류 등은 예약제 물품(reserved items)으로 분류하여 비용을 계상하여 일괄 구입하는 형태를 취하기도 한다.

3) 영업비용 계획

영업비용은 매 연도별로 작성하며 비용의 기준은 매출에 바탕을 두는 것이 경영의 일반적인 방법이다. 비용계획은 연말에 얼마나 많은 이익 또는 손실이 발생할 것인가를 예측하는 도구로 활용되며, 이는 계절별 매출과 비용을 함께 볼 수 있게 계획되어야 한다. 영업비용계획의 첫 번째 단계는 매출과 객실점유율의 예측에서 시작한다. 두 번째 단계는 이에 따른 인력의 수급계획과 소모품의 구입계획을 세운다. 판매객실당 비용이 얼마나 투입되는가를 가늠하는 것은 객실관리부서장이 비용관리를 잘 할 수 있는 기본적 도구가 된다. 인건비, 청소용 소모품, 고객용 소모품, 리넨세탁 등은 판매된 객실에 의해 산출된다. 다음 해의 객실점유율은 객실영업부서와 마케팅부서가 다양한 환경분석, 시장상황, 경쟁관계, 광고홍보, 해외마케팅력 등을 감안하여 제안하게 되며, 최종적으로 영업책임자인 총지배인에 의해 의사결정이 이뤄지므로 모든 비용계획도 이에 따라 세워진다고 볼 수 있겠다.

또한 호텔이 지향하는 영업목표는 객실당 비용의 높고 낮음을 결정하게 되는데, 고급 호텔은 중저가 호텔보다 객실당 비용이 더 많이 들어가고 서비스에 대한 고객의 높은 기대는 더 많은 비용을 지출하게 만든다.

4) 관리도구로서 영업비용

호텔기업이 특정기간 영업비용을 모니터링하면 비용의 쓰임새와 사용가치를 알아 볼 수 있다. 매월 말 관리부서는 지난 달 영업분석에 대한 자료를 경영진에 제출하며, 객실관리부장은 보고서를 통해 영업비용의 지출에 대해 판단한다. 객실관리부서의 비용관리는 예산과 실제로 지출된 것을 비교하고 영업의 규모와 지출, 또는 고급화의 방향과 지출된 내용을 분석하여 업무에 반영한다. 비교된 수치가 심각한 차이를 보일 때에는 실사에 들어가서 원인을 규명해야 한다.

2. 객실부문 연간 예산편성

객실원가는 인건비, 재료비, 기타 경비 등이 직접경비로 분류되며, 간접경비는 객실영업을 지원하는 각 부문의 비용을 배분받아 영업이익에서 차감하여 당기순이익을 구하게 된다. 객실영업부서장이 관리할 수 있는 부분은 영업이익까지이며, 일반관리비는 관리부문에서 조정할 수 있다. 최근 호텔들이 수익부문을 사업부제로 전환하여 간접비도 사업부장이 관장하도록 하는 방법도 장려되고 있다.

1) 직접비

객실부문의 직접비는 객실영업부서장의 매출계획과 함께 작성하여 이사회에 보고하고 승인을 받은 후 연간 집행하게 된다. 다음의 표는 TWBSH의 객실부문 2022년 경영계획과 2023년 경영계획을 위한 양식이며, 이에 기입되는 매출과 직접경비 항목은 다음과 같다.

(1) 수입부문

① **장기체재객**(permanent rooms) : 30일 이상 장기체재고객

② **단기체재객**(transient rooms) : 일반 고객으로 대개 한 달 이내 투숙객을 일컫는다.

☺ The World Best Smile Hotel

2022 PLAN
ROOMS Division

IN THOUSANDS

	JAN	FEB	MAR	APR	MAY	JUN	JUL	AUG	SEP	OCT	NOV	DEC	TOTAL	02FOREC	INC(DEC)%
GROSS ROOMS SALES															
1101-0100 PERMANENT ROOMS	94,500	90,000	99,000	94,500	97,650	99,750	95,700	104,400	91,350	91,350	87,000	104,400	1,149,600	533,326	115.6%
1101-0110 PERMANENT/CREW ROOMS															
1101-0200 TRANSIENT ROOMS	453,770	401,450	470,072	437,900	475,960	518,860	644,000	710,400	516,060	509,720	491,890	506,660	6,136,742	7,635,914	-19.6%
1101-0400 GROUP ROOMS	70,840	67,320	68,100	84,070	107,280	106,520	88,175	103,175	111,475	166,300	134,375	93,850	1,201,480		
1101-0310 OTHER ROOMS	2,200	2,300	2,300	2,300	2,300	2,300	2,200	2,100	2,300	2,200	2,100	2,200	26,800		
TOTAL GROSS ROOMS SALES	**621,310**	**561,070**	**639,472**	**618,770**	**683,190**	**727,430**	**830,075**	**920,075**	**721,185**	**769,570**	**715,365**	**707,110**	**8,514,622**	**8,169,240**	4.2%
DIRECT EXPENSES															
TOTAL LABOR COST	119,567	120,142	104,985	101,343	106,632	104,085	107,120	114,205	108,825	104,350	100,505	101,240	1,292,999	1,788,296	-27.7%
1124-0000 MUSIC & ENTERTAINMENT															
1125-0000 LAUNDRY AND DRY CLEANING	9,595	8,671	9,626	9,397	9,688	9,356	10,034	10,968	9,218	10,288	9,434	9,457	115,732	104,853	10.4%
1126-0000 UNIFORMS	4,866	4,520	4,906	4,540	4,708	4,730	5,717	6,020	4,760	4,826	4,630	4,709	58,932	6,828	763.1%
1127-0000 LINEN	4,200	4,200	4,200	4,200	4,200	4,200	4,200	4,200	4,200	4,200	4,200	4,200	50,400	44,520	13.2%
1128-0100 CLEANING & CLEANING SUPPLIES	1,442	1,459	1,404	1,480	1,516	1,541	1,612	1,589	1,404	1,419	1,331	1,353	17,550	18,109	-3.1%
1128-0200 GUEST ROOM SUPPLIES	5,642	5,548	6,852	6,946	6,817	7,159	7,362	8,001	5,505	7,038	6,700	6,646	80,216	75,971	5.6%
1128-0200/71 GUEST OFFICE SUPPLIES															
1129-0000 CONTRACT SERVICE															
1130-0000 PRINTING AND STATIONERY	3,184	2,017	2,802	2,610	2,052	2,780	3,228	2,498	2,842	2,583	1,896	2,492	30,984	36,495	-15.1%
1137-0000TELECOMMUNICATIONS	451	466	424	498	485	543	747	600	611	635	541	499	6,500	5,872	10.7%
1139-0000 TRAVEL AGENTS COMMISSIONS	200	300	200	400	500	500	300	300	300	300	200	200	3,700	4,064	-9.0%
1140-0000 RESERVATION FEES(WesNet)	1,600	1,150	1,400	1,450	1,450	2,550	1,450	1,450	1,400	1,550	1,550	1,500	18,500	19,159	-3.4%
1145-0000 LICENSES & PERMITS															

1148-0000 LOSSES & DAMAGES	100	100	100	100	100	100	100	100	100	100	100	100	1,200		
1154-0000 TRAVEL AND RELATED	300	300	200	300	250	200	200	250	350	550	350	350	3,600	2,779	29.5%
1155-0000 SERVICE EXPRESS															
1166-0000 GUEST TRANSPORTATION	340	300	350	300	350	400	450	480	500	400	350	380	4,600		
1167-0000 PROMOTION	3,840	3,450	3,880	4,150	4,700	4,260	4,500	4,670	4,130	4,250	3,850	3,900	49,580		
1191-0000 WESTIN PREMIER EXPENSE	750	820	895	880	950	980	750	780	950	970	860	850	10,435	7,964	31.0%
1195-0910 CABLE TELEVISION	850	850	850	850	850	850	850	850	850	850	850	850	10,200		
1199-0000 MISCELLANEOUS EXPENSE	550	540	650	660	620	750	770	680	620	690	660	640	7,830	135,580	-94.2%
1199-0100 TRAINING	1,315	850	2,994	1,979	2,720	2,992	781	781	3,786	1,741	1,354	2,458	23,751		
1199-0200 RECRUITING															
1199-0300 CONFIRMED RSV.EXPENSE															
1199-0400 LOCKS & KEYS			600			600			600			600	2,400		
1199-0500 DECORATIONS	600	700	660	1,000	800	1,000	860	925	854	743	710	780	9,632		
1199-0600 EQUIPMENT RENTAL/SHORT TERM															
1199-0700 EXECUTIVE CLUB	6,273	6,190	6,401	6,159	5,886	6,043	6,425	9,394	7,814	8,200	5,562	7,598	81,945		
TOTAL DIRECT EXPENSES	**165,665**	**162,573**	**154,379**	**149,242**	**155,274**	**155,619**	**157,456**	**168,741**	**159,619**	**155,683**	**145,633**	**150,802**	**1,880,686**	**2,250,490**	**-16.4%**
ROOMS DEPARTMENT PROFIT	**455,645**	**398,497**	**485,093**	**469,528**	**527,916**	**571,811**	**672,619**	**751,334**	**561,566**	**613,887**	**569,732**	**556,308**	**6,633,936**	**5,918,750**	**12.1%**
% OF PROFIT TO GROSS ROOMS SALES	73.3%	71.0%	75.9%	75.9%	77.3%	78.6%	81.0%	81.7%	77.9%	79.8%	79.6%	78.7%	77.9%	72.5%	5.5%

IN THOUSANDS

	JAN	FEB	MAR	APR	MAY	JUN	JUL	AUG	SEP	OCT	NOV	DEC	TOTAL	02FOREC	INC(DEC)%
STATISTICS															
9110-0000 NUMBER OF ROOMS	286	286	286	286	286	286	286	286	286	286	286	286	3,432	3,454	-0.6%
9120-1000 TRANSIENT-SINGLE	1,353	1,306	1,546	1,575	1,620	1,820	1,280	755	1,739	1,743	1,442	1,774	17,953	27,261	-34.1%
9120-2000 TRANSIENT-DOUBLE	4,257	3,576	4,292	3,830	4,010	3,645	4,695	5,720	3,596	4,287	4,033	3,546	49,487	48,393	2.3%
9120-5000 TOTAL TRANSIENT	5,610	4,882	5,838	5,405	5,630	5,465	5,975	6,475	5,335	6,030	5,475	5,320	67,440	75,654	-10.9%
9130-1000 COMPLIMENTARY	220	180	180	190	210	210	90	90	200	200	200	270	2,240	2,128	5.3%
9130-2000 PERMANENT	1,050	1,000	1,100	1,150	1,100	1,050	1,100	1,200	1,100	1,100	1,100	1,200	13,250	2,923	353.3%
9130-5000 TOTAL OCCUPIED	6,880	6,062	7,118	6,745	6,940	6,725	7,165	7,765	6,635	7,330	6,775	6,790	82,930	80,705	2.8%
9140-1000 VACANT	560	586	153	250	431	405	1,686	1,086	595	136	455	676	7,019	18,457	-62.0%
9140-2000 OUT-OF-ORDER	1,426	1,360	1,595	1,585	1,495	1,450	15	15	1,350	1,400	1,350	1,400	14,441	6,661	116.8%
9140-5000 TOTAL AVAILABLE	8,866	8,008	8,866	8,580	8,866	8,580	8,866	8,866	8,580	8,866	8,580	8,866	104,390	105,823	-1.4%
9150-1000 HOUSE USE	155	140	155	150	155	150	155	155	150	155	150	155	1,825	2,108	-13.4%
9150-5000 TOTAL UNITS	9,021	8,148	9,021	8,730	9,021	8,730	9,021	9,021	8,730	9,021	8,730	9,021	106,215	107,931	-1.6%
9160-1000 GROUP SINGLE ROOM NIGHTS	340	260	310	280	370	420	240	230	310	630	340	280	4,010	5,809	-31.0%
9160-2000 GROUP DOUBLE ROOM NIGHTS	680	680	700	965	890	825	665	825	925	1,100	1,035	720	10,010	13,280	-24.6%
9160-5000 TOTAL GROUP ROOM NIGHTS	1,020	940	1,010	1,245	1,260	1,245	905	1,055	1,235	1,730	1,375	1,000	14,020	19,089	-26.6%
9170-0000 GROUP ROOMS REVENUE															
OCCUPANCY(9130-5000/9140-5000)	**77.6%**	**75.7%**	**80.3%**	**78.6%**	**78.3%**	**78.4%**	**80.8%**	**87.6%**	**77.3%**	**82.7%**	**79.0%**	**76.6%**	**79.4%**	**76.3%**	**3.2%**
DOUBLE OCCUPANCY(9120-2000/9130-5000)	61.9%	59.0%	60.3%	56.8%	57.8%	54.2%	65.5%	73.7%	54.2%	58.5%	59.5%	52.2%	59.7%	60.0%	-0.3%
AVE. TRANSIENT RATE(1101-0200/9120-5000)	80,886	82,231	80,519	81,018	84,540	94,942	107,782	109,714	96,731	84,531	89,843	95,237	90,996	100,932	-9.8%
HOUSE RATE(T.G.R.S/9130-5000)	**90,307**	**92,555**	**89,839**	**91,738**	**98,442**	**108,168**	**115,851**	**118,490**	**108,694**	**104,989**	**105,589**	**104,140**	**102,672**	**101,223**	**1.4%**
PHYSICAL NUMBER OF ROOMS(e.g., 800)	286	286	286	286	286	286	286	286	286	286	286	286	3,432	3,454	-0.6%
FOLIO TO RACK RATE	1,210	1,066	1,252	1,186	1,221	1,183	1,260	1,366	1,167	1,289	1,192	1,194	14,586	12,380	
FOLIO TO RACK RATE %	51.3%	52.6%	51.1%	52.2%	56.0%	61.5%	65.9%	67.4%	61.8%	59.7%	60.0%	59.2%	58.4%	66.0%	

2022년 객실부문 예산서

☺ The World Best Smile Hotel

2023 PLAN
ROOMS Division

IN THOUSANDS

	JAN	FEB	MAR	APR	MAY	JUN	JUL	AUG	SEP	OCT	NOV	DEC	TOTAL	02FOREC	INC(DEC)%
GROSS ROOMS SALES															
1101-0100 PERMANENT ROOMS															
1101-0110 PERMANENT/CREW ROOMS															
1101-0200 TRANSIENT ROOMS															
1101-0400 GROUP ROOMS															
1101-0310 OTHER ROOMS															
TOTAL GROSS ROOMS SALES															
DIRECT EXPENSES															
TOTAL LABOR COST															
1124-0000 MUSIC & ENTERTAINMENT															
1125-0000 LAUNDRY AND DRY CLEANING															
1126-0000 UNIFORMS															
1127-0000 LINEN															
1128-0100 CLEANING & CLEANING SUPPLIES															
1128-0200 GUEST ROOM SUPPLIES															
1128-0200/71 GUEST OFFICE SUPPLIES															
1129-0000 CONTRACT SERVICE															
1130-0000 PRINTING AND STATIONERY															
1137-0000TELECOMMUNICATIONS															
1139-0000 TRAVEL AGENTS COMMISSIONS															
1140-0000 RESERVATION FEES(WesNet)															
1145-0000 LICENSES & PERMITS															

1148-0000 LOSSES & DAMAGES
1154-0000 TRAVEL AND RELATED
1155-0000 SERVICE EXPRESS
1166-0000 GUEST TRANSPORTATION
1167-0000 PROMOTION
1191-0000 WESTIN PREMIER EXPENSE
1195-0910 CABLE TELEVISION
1199-0000 MISCELLANEOUS EXPENSE
1199-0100 TRAINING
1199-0200 RECRUITING
1199-0300 CONFIRMED RSV.EXPENSE
1199-0400 LOCKS & KEYS
1199-0500 DECORATIONS
1199-0600 EQUIPMENT RENTAL/SHORT TERM
1199-0700 EXECUTIVE CLUB
TOTAL DIRECT EXPENSES
ROOMS DEPARTMENT PROFIT
% OF PROFIT TO GROSS ROOMS SALES

STATISTICS
9110-0000 NUMBER OF ROOMS
9120-1000 TRANSIENT-SINGLE
9120-2000 TRANSIENT-DOUBLE
9120-5000 TOTAL TRANSIENT
9130-1000 COMPLIMENTARY
9130-2000 PERMANENT
9130-5000 TOTAL OCCUPIED
9140-1000 VACANT
9140-2000 OUT-OF-ORDER
9140-5000 TOTAL AVAILABLE
9150-1000 HOUSE USE
9150-5000 TOTAL UNITS
9160-1000 GROUP SINGLE ROOM NIGHTS
9160-2000 GROUP DOUBLE ROOM NIGHTS
9160-5000 TOTAL GROUP ROOM NIGHTS
9170-0000 GROUP ROOMS REVENUE
OCCUPANCY(9130-5000/9140-5000)
DOUBLE OCCUPANCY(9120-2000/9130-5000)
AVE. TRANSIENT RATE(1101-0200/9120-5000)
HOUSE RATE(T.G.R.S/9130-5000)
PHYSICAL NUMBER OF ROOMS(e.g., 800)
FOLIO TO RACK RATE
FOLIO TO RACK RATE %

2023년 예산계획서 양식

③ **단체고객**(group rooms) : 여행사, 협회, 국제회의 등 단체고객

④ **기타 객실수입**(other rooms) : 객실내의 유료영화 수입, 각종 수수료, 셔틀 수입 등 객실부문에서 발생된 객실판매 외의 수입

(2) 지출부문

지출부문은 객실부서 내에서 발생되는 모든 영업비용을 계정별로 묶어 둔 것으로 일반적으로 인건비, 음악과 엔터테인먼트, 세탁비, 유니폼, 리넨과 침구류, 청소와 청소소모품, 객실소모품, 통신 및 우편료, 여행사 수수료, 예약과 지역판촉비, 여행 및 출장비, 고객파일관리비 등이 있으며, 앞에 나열된 계정에 들어가지 않는 내용은 잡비계정에 넣어 처리한다. 각 계정별 세부내용은 다음과 같다.

① **인건비**(total labor costs) : Salaries & wages, payroll taxes & employee relations

② **음악과 엔터테인먼트**(music & entertainment) : Background music, cablevision

③ **세탁비**(laundry & dry cleaning) : Cost of laundring bath mats, mattress pads, pillow cases, sheets, towels and blankets. Cost of dry cleaning curtains, draperies, hangings and shades. Cost of washing or cleaning awnings, carpets, rugs, window shades & furniture coverings.

④ **유니폼**(uniforms) : Uniforms purchased or rented for Rooms Department. Also repair, dry cleaning and laundering of uniforms are charged to this account.

⑤ **리넨과 침구류**(linen and blankets) : Cost of bath mats, blankets, mattress pads, pillow cases, sheets, shower curtains, face cloths, spreads and towels.

⑥ **청소와 청소소모품**(cleaning and cleaning supplies) : Brooms, carpet sweepers, cleaning compounds, disinfectants, dust cloths, mops, pails, pest control, soaps and vacuum cleaner accessories.

⑦ **객실소모품**(guest room supplies) : Facial tissues, guest soap, guest stationery, hangers, ash trays, matches, newspapers, pens, sewing kits, shoe cloths, toilet items, retractable colthes line, disposable ice bucket and laundry bags.

⑧ 객실소모품(printing & stationery) : Charge vouchers, envelopes, paper clips, pencils, pens, printed forms, rack slips, report forms, rubber bands, registeration cards, rubber stamps, stamp pads, stationery, staples and staplers, typewriter ribbons and guest informational literature.

⑨ 통신 및 우편료(telephone, telegram and Postage) : Costs from monthly bills relating to Rooms Department.

⑩ 여행사 수수료(travel agents commission) : Remuneration paid to authorized agents for room business secured.

⑪ 예약과 지역판촉비(reservations and regional sales) : 1/2 of the with Marketing Division Fee plus the Chain Reservation charge.

⑫ 여행, 출장비(travel & related expenses) : Cost of maintenance and traveling expenses for Rooms Department personnel while traveling on hotel related business.

⑬ 고객파일관리비(guest history) : This account includes the cost of a special department either direct or allocated, or the cost of regular analysis of registration cards and other guest history data by an outside agency.

⑭ 잡비(miscellaneous) : Items not expended under other captions : candles, decorations, guest transportation, help wanted ads for Rooms Department, licenses and permits, safe deposit box keys, postage for lobby and front desk, pledge relocates, background music, cablevision, rental of roll-away beds and workshop registration fees for personnel assigned to the Rooms Department.

2) 간접비

개별원가계산 또는 조별원가계산과 같이 2종 이상의 제품을 제조하거나 수익부문에 있어서 공동으로 발생하는 원가를 간접비(indirect cost)라 한다. 사업부 개념으로 운영되는 객실부문에서는 지원부문 즉 시설부문, 관리부문, 판촉부문에서 발생한 경비를 부담하며 이들의 경비를 간접비로 배부받는다. 일반적으로 객실을 지원하는 시설부서의 전체 경비는 객실, 공공장소, 식음업장, 부대시설의 평수에 따라 배부하고, 관리직의 일부 인건비 및 활동비, 판촉부문의 인건비 및 경비는 객실부문에서 지원한다.

(1) 간접비의 배부기준

① 공통부문비

- 임원인건비 – 급여액비율
- 상여금 – 급여액비율
- 교육비 – 인원비율
- 감가상각비 – 건물면적비율
- 제세공과금 – 수익금액의 비율
- 보험료 – 사용자산가액비율
- 지급임차료 – 사용시설면적비율
- 기타 비용 – 수익금액비율

② 사무관리부문비

- 인건비(임금, 급료) – 인건비 지급액 기준
- 복리후생비 – 재적인원비율
- 감가상각비 – 사용면적비율
- 도서인쇄비 – 수익비율
- 선전광고비 – 수익금액비율
- 접대비 – 수익금액비율
- 기타 일반관리비 – 수익금액비율

③ **보조부문비**

- 인건비 – 인건비 지급액 기준
- 전력비 – 계량기 등에 의해 측정된 전력사용량
- 용수비(수도요금) – 용수소비량
- 연료비(난방비) – 사용면적 및 공간기준비율
- 청소위생비 – 건물면적비율
- 노무비 – 노무비 지급액, 종사원수
- 감가상각비 – 건물면적비율
- 영선유지비 – 작업발생부문의 사용면적 비율
- 보수비 – 기계보수작업의 단가를 기초
- 시험연구비 – 각 원가부문의 종사원수, 수익발생금액, 작업시간 기준
- 기타 일반비용 – 수익금액 비율

(2) 간접비의 배부방법

원가계산의 간접비 배부는 총괄배부법과 개별배부법이 있고, 호텔원가배부에는 주로 개별배부법을 이용한다. 개별배부법에는 직접배부법 또는 상호배부법이 있으며, 호텔에서는 현실적으로 상호배부법보다 직접배부법이 더 많이 적용되고 있다.

① **직접배부법**(direct distribution method) : 간접비를 각 보조부문 사이에 주고받는 용역을 무시하고, 간접부문비를 수익부문인 원가부문에 직접 배부하는 방법이다.

② **상호배부법**(reciprocal distribution method) : 보조부문에서 상호 간에 수수부문을 측정하고 먼저 각 보조부문을 그 용역을 받는 다른 보조부문 및 제조부문에 용역을 받은 정도에 따라 1차 배부를 하고, 그다음에 각 보조부문으로부터 배부된 금액을 원가부문에 직접 배부한다.

제4절 객실관리부문의 자본적 투자계획 수립

객실관리부서는 객실상품관리가 주 업무이므로 해마다 계획에 따라 시설투자를 해야 한다. 또한 많은 장비를 동원하여 업무를 수행하므로 연도별 장비구입계획을 세워야 하며, 이를 호텔의 자본적 투자계획에 반영하여 원활한 시설유지와 장비지원에 만전을 기해야 한다. 자본적 투자는 주주총회의 승인을 받아서 다음 연도에 집행하므로 승인을 받기까지 서류와 증거를 정확히 제시하기 위해 많은 준비가 필요하다. 우선 모든 객실을 실사를 통해 등급을 정하여 현실화시키는 데 필요한 금액을 산출해야 한다. 예컨대, 벽면의 페인트나 벽지, 커튼, 침대, 매트리스, 침대덮개, 카펫, 각종 설치물, 가구, TV 세트, 이불, 베개, 등과 등갓, 그림 및 거울, 욕실상태, 욕실내부 벽과 천장, 배수구 파이프 등의 상태가 좋은 것은 'A'로 50% 이내의 하자는 'B', 50%의 하자는 'C'급으로 분류하여 'C'에 해당하는 객실과 그 대상물을 일일이 기록한다. 이 작업이 끝나면 구매부서의 협조하에 소요경비를 산출하고 총지배인, 부총지배인, 객실부장, 시설부장 등 관련 부서장 회의에 보고하여 회사 차원의 개보수 및 교체계획안을 확정한다.

☺ **The World Best Smile Hotel, Busan**

Guest Room Grading Form

Hotel	Room Number
Type	Overall Grade
Color Scheme	Year:

	GRADE	REMARKS
Guest Room Paint		
Guest Room Vinyl		
Guest Room Carpet/Pad		
Mattress/Box spring		
Headboard		
Bedspread/ Dust cover		
Drapery/Casements		
Lounge Chairs		
Desk Chair		
Love seat/sofa		
Sleeper Sofa		
Tables		
Desk		
Dresser		
Lamps		
Lamp shades		
Television		
T.V Cabinet/Pedestal		
Bathroom Paint		
Bathroom Vinyl		
Bathroom Light Fixture		
Guest Room Light Fixtures		
Mirrors/Pictures		

Comments :

Graded By　　　　Date

객실등급판정표

☺ **The World Best Smile Hotel, Busan**

Five-Year Guest Room Grading Record

Hotel	Type
Color Scheme	Room Number

	2018 Grade	2018 Remarks	2019 Grade	2019 Remarks	2020 Grade	2020 Remarks	2021 Grade	2021 Remarks	2022 Grade	2022 Remarks
Guest Room Paint										
Guest Room Vinyl										
Carpet/Pad										
Mattress/Box spring										
Headboard										
Bedspread/Dust cover										
Drapery/Casements										
Lounge Chairs										
Desk Chair										
Sleeper Sofa Lowe seat										
Tables										
Desk										
Dresser										
Lamps/Lampshades										
Nirrors/Pictures										
T.V.Cabint/Pedestal										
Bathroom Paint/Vinyl										
Bath/Guest Rm Lght Fixt										
Comments:	Overall Grade Date Graded by:		Overall Grade Date Graded by:		Overall Grade Date Graded by:		Overall Grade Date Graded by:		Overall Grade Date Graded by:	

최근 5년간 객실등급판정표

☺ The World Best Smile Hotel, Busan

2022 Grading Summary

Room Num ber	Overall Room Grade	Scheme	Paint	Cost	Drapes	Cost	Carpet	Cost	Case goods	Cost	Uphol stery	Cost	Misc	Cost	Total Cost Per Room grade 2000

2022년도 객실등급판정 집계표

☺ **The World Best Smile Hotel, Busan**

Mattress and Spring Test Card

Room Number ______________ Date of inspection ______________
Purchasing Date ______________ Inspected By ______________
Manufacturer ______________

MATTRESS		GOOD	FAIR	BAD
1. TICKING				
a. check for tears	a)			
b. Check for soil	b)			
2. SAGGING & GENERAL BREAKDOWN				
a. Center	a)			
b. Edges	b)			
3. FREE OF LUMPS	(3)			
4. HANDLES	(4)			

[Back]

BOX SPRING		GOOD	FAIR	BAD
1. TICKING (Check for tears)	(1)			
2. EDGES (Check for firmness)	(2)			
3. CORNERS (Look for frayed fabric)	(3)			
4. DUST RUFFLES (Check for torn fabric)	(4)			

BED FRAME			
1. QUEEN BED FRAME CROSS BAR SUPPORT		Yes	No
2. KING BED FRAME CROSS BAR SUPPORT		Yes	No
3. GENERAL CONDITION (3)			

침대 및 매트리스 상태 점검표

Hotel Housekeeping & Facility Management

제 10 장

세탁업무

제1절 세탁업무의 의의

흔히 호텔의 수익부문으로 객실, 식음료, 부대영업 등이 꼽힌다. 이런 맥락에서 보면 세탁실은 호텔고객과 외래객의 세탁서비스로 인한 매출을 발생시키므로 레저스포츠, 각종 엔터테인먼트, 미니바와 더불어 수익부문으로 구분된다. 그러나 객실, 식음료, 연회장, 부대영업부문에 리넨류를 세탁하여 공급함으로써 영업을 지원하게 되어 지원부문으로 구분되기도 한다.

최근 호텔들이 효율을 극대화하기 위해 세탁업무에도 외부자원을 활용하는 외주(out sourcing)에 의존하기도 하지만, 고객의 편의와 원활한 영업지원을 위해 내부에서 세탁실을 운영하면서 오히려 숙련된 세탁기술과 앞선 장비를 이용하여 매출 극대화를 꾀하는 호텔도 있다.

제2절 세탁실의 조직 및 업무분장

1. 세탁실의 조직

호텔의 세탁실은 객실관리부에 소속되어 객실관리부서장의 지휘와 지원을 받게 된다. 그 조직은 세탁부문을 총괄 지휘하는 세탁지배인(laundry manager), 세탁부지배인(assistant laundry manager), 고객세탁물의 출입(pick-up and delivery)을 담당하는 바렛주임(valet leader), 기름세탁을 관장하는 드라이 클리닝 주임(leader of dry cleaning), 물세탁을 담당하는 세탁주임(leader of laundry) 등이 있으며, 각 파트의 주임은 전문요원으로 보직되고, 실무자는 주로 기술을 가진 숙련공과 단순노동을 제공하는 일반직으로 구성되어 있다. 세기말 우리가 겪었던 사회적, 경제적 고통을 생각할 때, 호텔 내부에서 구조조정이 가장 먼저 찾아온 곳도 세탁실이라고 볼 수 있다. 왜냐하면 기계와 외부용역으로 대체할 수 있고 비고객접점 분야로서 대체적으로 단순한 업무라고 여겨져 왔기 때문이다.

2. 세탁실의 업무분장

1) 세탁지배인

(1) 업무개요

지배인은 세탁부를 대표하고, 회사방침과 시책에 적극 따라야 하며 세탁부의 청결 유지, 안전관리, 정비감독, 조직편성 계획, 연간 매출목표 설정, 연간 소요경비 설정, 상부와의 긴밀한 보고체제 유지, 직원들의 지속적인 업무교육, 직원과의 원활한 대화유지 및 매출액 증대 측면에서 외부 세탁고객 확보에 총력을 기하며, 타부서와도 원활한 대화 유지와 연계업무에 효율을 기한다.

(2) 세부업무

① 연간 매출목표 설정
② 연간 소요예산 편성
③ 적정인원 유지
④ 직원들의 교육평가 및 능력개발
⑤ 상부에 성실한 보고 및 전달
⑥ 직원들의 업무평가
⑦ 일일매출 및 생산집계
⑧ 월간 경영보고서 리포트 작성
⑨ 월간 예상 매출액 및 예산작성 제출

⑩ 전월 실적평가 보고

⑪ 매년 타 호텔의 세탁요금을 분석하여 적정가격 인상

⑫ 매월 정확한 재고조사(inventory)를 실시하여 보관되어 있는 물품수량과 금액을 정확히 파악하고 철저히 관리하여야 한다.

2) 세탁부지배인

(1) 업무개요

부지배인은 지배인이 부재 시 지배인업무를 대신하고, 행정업무를 수행관리하며, 회사의 방침에 적극 응해야 한다. 또한 정책 및 규칙을 준수하도록 소속원을 관리 감독한다. 필요시 부서회의를 주재하고 요소별로 적정인원을 배치하며, 업무의 효율을 극대화할 수 있도록 근무표를 작성하고 관리 감독한다. 또한 최상의 대고객 서비스를 위해 업장 내의 제반환경 및 시설과 장비들을 최상으로 유지관리하고 교육훈련을 실시하며 필요시 지배인에게 건의 및 긴밀한 보고체제를 유지한다.

(2) 세부업무내용

① 지배인이 부재시 지배인의 업무를 대신한다.

② 제반 행정업무를 수행한다.

③ 회사의 모든 정책 및 규칙을 준수시킨다.

④ 필요시 부서회의를 주재한다.

⑤ 인건비를 절약하는 한편 서비스의 최상의 효율을 올리도록 근무표를 작성하고 관리한다.

⑥ 각 요소에 적정인원을 배치하고 관리감독한다.

⑦ 업무기술서 및 이의 기준을 수시로 확인하여 개정 필요시 이를 지배인에게 건의한다.

⑧ 지배인이 정상업무 수행을 할 수 있도록 지배인을 보좌한다.

3) 배달 및 접수 부문의 업무

(1) 배달주임의 업무

모든 고객으로부터 접수되는 세탁물을 정확하게 받고 수량 및 세탁물의 이상 유무와 세탁의 재질과 성격을 파악하고 특수한 오점에 대해서는 무엇이 언제 묻은 것인지에 대해서 고객으로부터 정보를 얻어서 완벽한 오점처리를 하도록 하고 리스트를 정확하게 작성한다. 고객에게 항상 친절해야 하고 신속 정확한 서비스가 이루어져야 하며, 옷의 재질에 따라 세탁과정에 이상이 발생될 가능성이 있는 세탁물은 고객에게 자세히 설명해 드리고 용제를 이용하여 시험해 보고 고객에게 직접 확인시켜 드려야 한다. 고객의 세탁물에서 나온 현금이나 카드 및 기타 모든 습득물은 신속하게 본인은 연결하여 전해드려야 하며, 부착되어 있는 장식품 등은 떼어놓고 세탁 후 다시 달아 파손을 미리 방지한다. 세탁물에 부착되어 있는 세탁 취급요령을 100% 믿어서는 안 되며 육안으로 판별하고 반드시 용제를 사용하여 신중한 시험을 거쳐 안전하고 완벽한 세탁이 되도록 한다. 매월 말 재고조사를 실시하여 보관되어 있는 현품과 금액을 정확하게 파악하여 보고서를 작성하여 지배인에게 확인을 받는다. 업무현황을 항상 정확히 인수인계하여야 한다.

(2) 객실고객 접수요원

서비스 익스프레스로부터 전화가 접수되어 배달원이 수거해온 세탁물을 고객이 작성한 리스트와 일치하는가를 확인하고 수량 및 품목에 이상이 있을 때에는 즉시 객실에 전화하여 확인하여야 하며, 손님이 객실에 없을 때에는 필히 메모를 전달하고 확인된 다음에 세탁하여야 하며, 만약 고객이 아침 일찍 체크아웃 예정인 경우에는 메모만 객실에 넣고 세탁에 임한다. 세탁물을 분리하고 리스트를 작성하는데 의문점이 있을 때에는 감독자에게 보고 처리하고, 고객으로부터 받은 리스트는 번호를 기재하여 정리 보관한다. 세탁물을 접수하는 과정에서 정확히 검토하고 세탁이 불가능하거나 재질의 변형 및 문제발생 요소를 미리 발견하고 고객에게 통보하여 사고를 미리 방지할 책임이 있다. 고객이 특별 요구사항을 기재할 경우 위반하지 않도록 특별처리한다. 익스프레스로부터의 전화를 친절하고 예의바르게 받으며 요구사항을 정확히 기재하고 처리한다. 본인이 접수한 세탁물은 필히 자필서명하여 문제발생 시 해결에 도움이 될 수 있도록 할 책임이 있다.

(3) 정리 및 표식 요원

접수된 세탁물을 고객이 작성한 리스트를 보고 정확히 확인하여 고객으로부터 특별요구사항이 기재되어 있을 경우에는 이를 준수하여야 한다. 혹시 잊어버린 물건이 있나 주머니를 검사하고 습득물이 있을 경우에는 고객에게 즉시 전달하며 현금 및 수표, 카드 등은 리스트를 작성하여야 한다. 접수된 세탁물에 마킹(번호를 표시부착)을 하되, 옷의 색상, 옷의 유형, 무늬 등을 세밀히 기재하여 정리과정에서 찾기 용이하도록 한다. 세탁방법을 선택하기 위하여 필히 부착된 세탁취급 요령을 확인하되, 취급설명서와 재질이 일치하지 않는 경우 필히 용제 등을 사용하여 시험을 철저히 거쳐 세탁하도록 분류하여야 한다. 세탁물을 재질별, 색상농도로 정확히 세분하여야 하며, 부착된 장식품이나 주의를 요하는 단추는 떼어놓았다가 세탁이 완료된 다음, 정리과정에서 다시 부착하여 정리한다. 세탁이 완료된 세탁물은 작성된 리스트와 필히 대조 확인하고 오점검사를 철저히 재확인한 다음 이상이 없이 완벽한 세탁물이 되었을 때 리스트에 기재된 내용과 일치하는가 품목을 확인하고, 이상이 없을 때에 포장하고 계산서(bill)에 담당자의 서명을 하고 부착하여 정리한다. 본인이 정리한 리스트에 서명하고 업무현황을 정확히 인수인계하여야 한다.

(4) 배달담당

서비스 익스프레스로부터 접수된 세탁물을 수거해 오고, 세탁이 완성된 세탁물을 고객에게 배달해 주는 업무를 제공하며 세탁물을 제때에 수거해 오고 배달해 주는데 그 책임이 있다. 세탁물 배달업무 수행 중 본인의 부주위로 인하여 발생된 제반 사고는 담당요원 자신에게 그 책임이 있다. 객실 앞에 도착하면 먼저 객실번호를 확인하고 노크를 한 다음 잠시 기다리다가 반응이 없을 경우 문을 연다. 손님이 객실번호를 잘못 기재하였거나, 기재하지 않았을 경우 정정 또는 다시 기재한다. 특별취급이 요청되어 있는 세탁물은 틀림없이 제시간 내에 배달되어야 하며, 항시 용모 단정하고 미소 띤 얼굴로 고객을 대하는 것을 생활화한다. 세탁물은 지정된 장소에 정확하게 놓고, 배달시간과 손님 유무를 확실하게 기재하고 객실을 떠날 때에는 반드시 문이 잠긴 것을 확인하고 떠나야 한다. 업무현황은 항시 정확히 인수인계되어야 한다.

4) 드라이 클리닝 부문의 업무

(1) 드라이 클리닝 주임

드라이 클리닝 주임은 드라이 클리닝은 물론 정리요원과 드라이 다림질 요원을 관리감독한다. 접수 및 표식, 분리 완료된 세탁물의 천과 색상을 신중히 검토하고 세탁용제를 사용하여 변색 또는 원단의 파손 여부를 신중히 실험해 보고 세탁 불가능한 경우에는 본인에게 통보하고 고객의 의사대로 따라야 하며, 세탁 가능한 것은 정성껏 완벽하게 세탁해야 한다. 세탁 전후 오염제거를 완벽하게 하되, 원단이 파손되거나 변색되지 않게 하여야 하며, 장비 가동 전후 철저히 검사하고 장비에 이상이 발견되면 즉시 부지배인에게 또는 지배인에게 보고하여 조치하도록 하고 항상 장비를 청결히 유지관리하여야 한다. 세탁 전에 세탁물의 이상 유무를 확인하고 부착되어 있는 장식품이나 위험한 단추는 모두 제거하여 보관하였다가 세탁이 완료된 다음 다시 부착한다. 세탁은 색상의 농도별로 구분하여 밝은 색부터 시작하여 차차 어두운 색으로 진행하며 세탁한다. 본인 부주의로 인한 사고발생은 본인이 책임질 각오로 세탁에 임해야 한다.

(2) 드라이 클리닝 다림질 요원

드라이 클리닝이 완료된 세탁물을 정성을 다해 다려야 한다. 다림질 과정에 완전히 제거되지 않은 오점들을 찾아 드라이 클리너에게 재처리하도록 하여야 한다. 다림질이 완료된 세탁물을 옷걸이에 걸 때에는 배달해야 되는 곳을 쉽게 식별할 수 있도록 옷걸이 색상을 구분하는데 예를 들면 객실고객은 검은색 옷걸이, 외부고객은 흰색 등의 옷걸이를 사용한다. 옷감의 특성에 따라 다림질의 강도를 조절하여 다려야 하며, 니트류의 옷감은 다림질을 하지 않는다. 근무시간에는 근무지를 이탈하지 않는다. 다림질 기계를 매일 점검하고 이상이 있을 때에는 즉시 주임에게 보고하여 조치를 취하게 한다. 다림질 기계를 늘 청결히 유지하고 정확히 조작한다. 작업 시에는 방심하지 말고 항상 안전사고에 주의하여야 한다. 또한 근무조가 끝나서 퇴근할 때에는 다음 근무자에게 업무 인수인계를 정확히 한다.

(3) 드레스 셔츠(dress shirt, Y-shirt) 다림질 요원

물세탁된 셔츠를 다림질 기계를 이용하여 정성을 다해 정확히 다린다. 다림질 과정에 오점이나 세탁이 덜 된 것은 다시 세탁하고 그래도 오점이 남는 것은 특수처리하도록 조치한다. 기계를 정확히 조작하여야 하며, 매일 점검하여 이상이 있을 때에는 즉시 주임에게 보고하여 조치토록 한다. 옷걸이에 완성된 제품을 걸 때에는 객실고객의 세탁물과 외부고객 세탁물을 분류하기 쉽게 옷걸이 색상을 구분하여 사용한다. 다림질 기계를 항상 청결히 유지하고 작업시간에는 늘 방심하지 말고 안전사고에 주의해야 한다. 근무시간에는 근무지를 이탈하지 않는다. 근무교대시 업무 인수인계를 정확히 한다.

(4) 유니폼 다림질 요원(uniform pressing attendant)

드라이 클리닝 또는 물세탁된 유니폼을 정성껏 잘 다린다. 유니폼은 회사의 얼굴이요, 자존심이며 상품이다. 항상 소중히 생각하고 세탁이 덜 된 것이나 오점이 남은 것은 재처리하여 완벽한 세탁이 되도록 한다. 근무 시에는 근무지를 이탈하지 않는다. 다림질 기계를 매일 점검하고, 이상이 있을 때에는 즉시 주임에게 보고하여 조치토록 한다. 다림질 기계를 항상 청결히 유지하고 작업 시에는 늘 방심하지 말고 안전사고에 주의해야 한다.

5) 물세탁 부문의 업무

물세탁으로 접수 분리된 객실 및 외부고객의 세탁물을 정확한 표준방식에 따라 정성껏 깨끗이 완벽하게 세탁해야 한다. 세탁물의 재질, 색상 등을 신중히 검토하고 변색, 수축, 파손 등의 우려가 없는지 실제로 시험해보고 이상이 없을 때 세탁한다. 세탁 전에 반드시 주머니를 털어 먼지 및 불순물을 털어 내고 현금 및 습득물이 있으면 즉시 주인에게 보고한다. 세탁이 덜 된 것은 재처리하여 완벽하게 세탁한다. 세탁기를 정확히 조작하고 정확한 세탁공식을 사용한다. 세탁기를 작업 전후 매일 점검하고 이상이 발견되면 즉시 주임에게 보고하여 조치토록 한다. 세탁기를 항상 청결히 유지 관리하고 안전사고에 주의하여야 한다. 근무 교대 시 업무의 인수인계를 철저히 한다.

제3절 세탁장비와 세제류

1. 세탁실의 배치(layout)

호텔의 세탁실은 계속되는 인건비 부담, 장비에 대한 투자, 공간 확보, 유지관리비가 요구되므로 호텔의 규모에 알맞은 세탁실을 만드는 것이 관건이다. 물론 세탁실을 건설하기 위해서는 총생산량을 모두 커버할 것인지, 고객세탁만 생산할 것인지, 외부 고객 세탁도 고려하여 하나의 매출공간(revenue center)으로 활용할 것인지도 고려하여야 한다. 미국호텔숙박협회(AHLA)에 의하면 월간 외부용역에 의한 세탁비용이 미화 900달러 이상이면 호텔 내부세탁을 고려할 수 있다고 분석하였다.

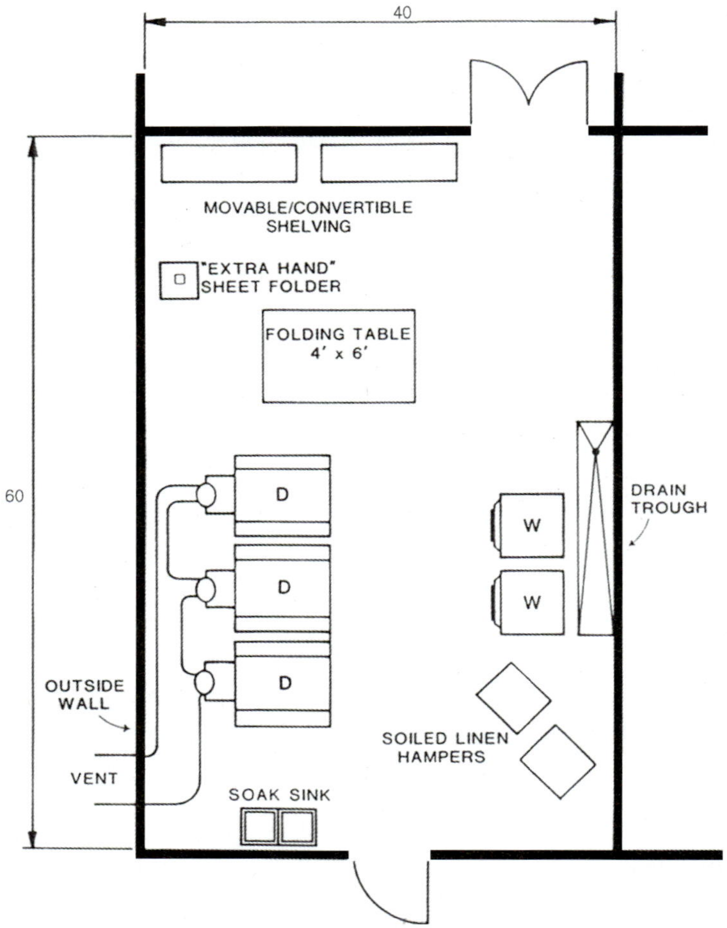

세탁실의 배치(layout)

120실 규모의 호텔에서 주당 필요한 리넨을 생산할 때 자체시설 및 장비에 의하면 미화 1,015달러, 외부 용역에 의하면 미화 1,782달러가 소요된다는 연구보고가 있다. 1996년 저자의 경험에 의하면 300실 규모 호텔에서 외부용역에 의한 순수 호텔세탁물(house linen)의 용역비용은 월간 1천6백만 원이였지만, 장비가 갖춰진

상태에서 자체 생산을 할 경우 9백만 원이 투입된다는 것을 실제 경험으로 알 수 있었다. 이는 적절한 규모 이상이면 외부 용역에 의한 생산보다 내부 생산이 더 효율적이라는 것을 알 수 있다. 따라서 아무리 전문성을 고려한다 하더라도 호텔 내부에서 세탁실을 운영하므로 고객편의와 호텔의 비용을 절감할 수 있다면 세탁실 운영을 직영체제로 고려하는 것이 타당하리라 본다. 세탁실을 설계하고자 할 때에는 첫째, 호텔세탁과 고객세탁의 필요한 범위를 결정, 둘째, 설치될 장비에 필요한 공간과 도입될 시스템의 구성에 대해 검토, 셋째, 인건비를 최소화할 수 있는 동선의 구성, 넷째, 최적의 장비 선택, 다섯째, 도면의 작성 등을 고려하여야 한다. 왼쪽 그림은 고려할 수 있는 레이아웃이며, 장비로는 물세탁기, 기름세탁기, 비누믹서기, 시트다리미, 셔츠다리미, 양복 상의 다리미, 바지 다리미, 시트다리미, 시트홀더(sheet holder), 시트 홀딩 테이블(sheet holding table), 타월 홀딩 테이블(towel holding table), 카트(moblie cart or hampers) 대기공간 등을 고려하여야 한다.

2. 세탁장비

호텔은 매일매일 영업의 규모에 따라 생산해야 하는 세탁작업량이 있으므로 세탁장비도 이런 영업의 규모에 따라 설비해야 한다. 일반적으로 객실점유율 80% 정도의 생산가능한 설비를 갖추고, 계속해서 객실점유율이 높거나 식음료, 부대시설의 영업이 호조를 띤다면 2개 조로 편성하여 생산을 늘려 나간다. 세탁장비에는 물세탁, 기름세탁, 건조, 다림질, 시트용 롤러 등을 호텔의 규모에 맞게 설치하게 된다. 위 그림은 500실 규모 특1등급호텔의 장비목록이며, 세탁실 내에 설치된 장비들을 한눈에 볼 수 있다.

순위	종류	용량	생산국/제품명	비고
1	드라이클리닝 기계	20kg	이탈리아 / Realstar	
2	드라이클리닝 기계	10kg	이탈리아 / Realstar	
3	물세탁 기계	50kg	일 본 / Inax	
4	물세탁 기계	20kg	일 본 / Inax	
5	회전식 건조기	20kg	미 국 / Wascator	
6	회전식 건조기	10kg	미 국 / American	
7	탈수기	10kg	일 본 / Asahi	
8	Y-Shirt 프레스		일 본 / Sankossha	
9	울 프레스		미 국 / Cissell	
10	울 프레스		미 국 / Ajax	
11	울 프레스		한 국 / 금성	
12	면 프레스		미 국 / Ajax	
13	바지 힙 프레스		일 본 / Inax	
14	부분 프레스		미 국 / Cissell	
15	인체 프레스		미 국 / Camptal	
16	Iron board Vacumm Motor		미 국 / Rema	
17	론드리 마킹 기계		미 국 / Thermopatch	
18	드라이 마킹 기계		미 국 / Tagolectric	
19	다리미 판 / 대		한 국 / 금성	
20	다리미 판 / 중		한 국 / 금성	
21	다리미 판 / 소		미 국 / Cissell	
22	Y-Shirt 접는 기계		일 본 / Fujicar	
23	스파트 기계		미 국 / Cissell	
24	비닐 커버 절단기		한 국	

세탁부서의 장비목록

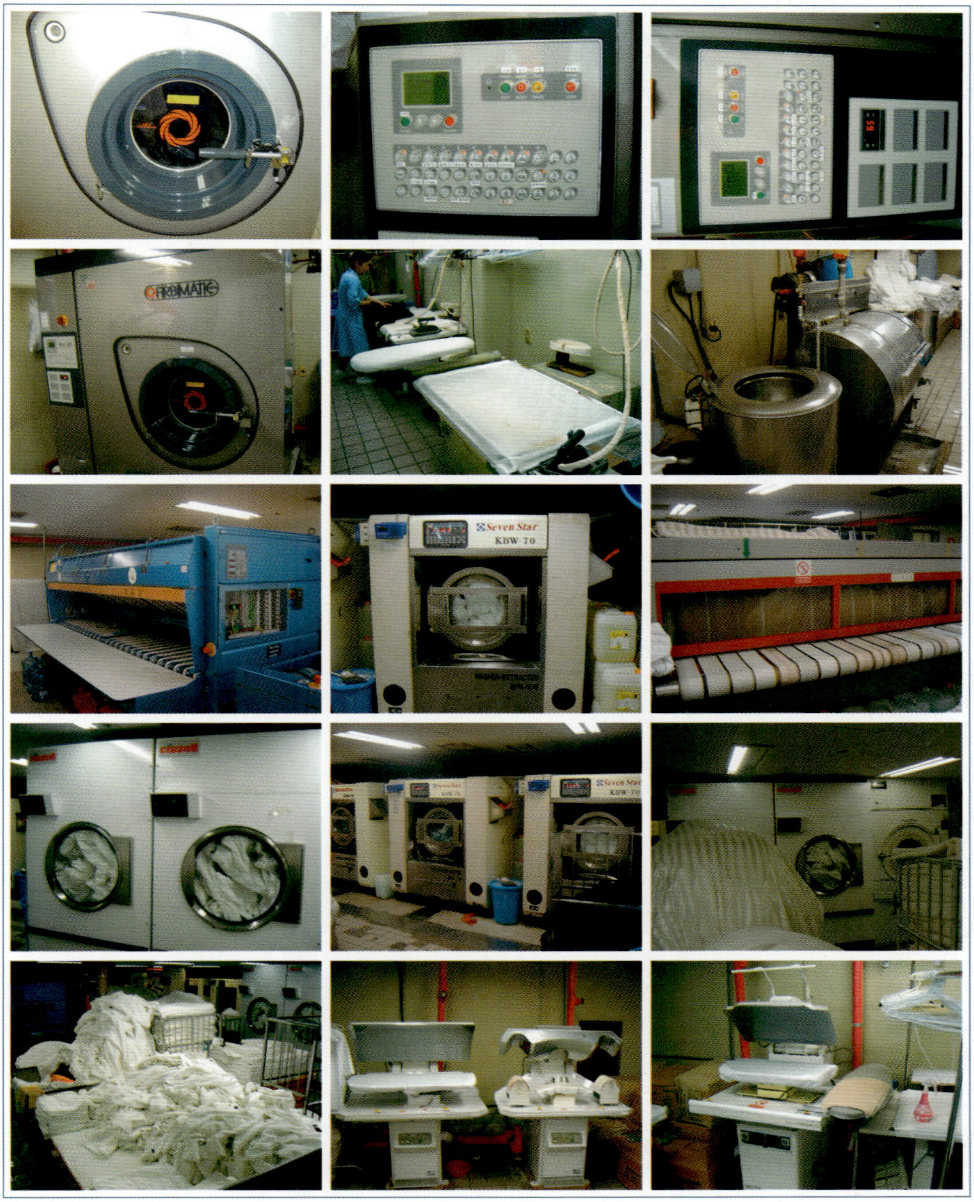

세탁실의 장비들

3. 세탁 세제류

호텔마다 사용하는 세제가 조금씩 다를 수도 있지만, 이는 거래하는 생산자의 상표의 차이로 보면 대부분 비슷한 것을 알 수 있을 것이다. 세탁물의 재질과 세탁 방법에 따라 세제를 선정하게 되므로 사용법은 실무편에서 설명하기로 하고, 우리나라 선두호텔들이 주로 사용하는 세제는 아래 표와 같다.

순위	품명	단위	용도	생산국/생산처	비고
1	Build-S	Pail	의류 세탁용 주 세제	한국/이콜랩(주)	
2	Detergent plus	Pail	의류 세탁용 주 세제	〃	
3	Soft	Pail	섬유 유연제(탈취제)	〃	
4	Oxy-Brite	Pail	산소계 표백제	〃	
5	StainBlaster A,B,C	Box	찌든 때(전처리 세제)	〃	
6	Clean Hof 슈퍼	Pkg	일반세탁용	한국/존슨	
7	Clean Hof Strong 1000	Pkg	염소계 표백제	한국/존슨	
8	Clean Hof White	Pkg	산소계 표백제	한국/존슨	
9	Bounce	Box	정전기 방지	미국	
10	Polysol/SL	Pail	찌든 때 전처리	미국	
11	Perchloethylene	Drm	드라이 클리닝 기름	미국/일본	
12	과망간산가리	Kg	곰팡이 제거	한국	
13	V-1(Spot 세제)	Pail	페인트, 잉크, 왁스 등	미국	
14	V-2	"	음식물, 우유 등	미국	
15	V-3	"	와인, 콜라, 주스 등	미국	
16	Rustgo	"	녹물제거용	미국	

호텔 세탁부서에서 사용하는 세제류

4. 세탁실에서 사용하는 전문용어

세탁부문은 전문성이 있는 부서이며, 이에 따른 전문용어가 사용되고 있다.

번호	용어	영문	기호 및 약자	용어의 정의
1	론드리	LAUNDRY	LDRY	물세탁
2	드라이 클리닝	DRYCLEANING	D/C	건성세탁(석유계 또는 화학용제를 사용하여 세탁하는 것)
3	리시빙	RECEIVING		세탁물을 접수받는 과정
4	마킹	MARKING		세탁물을 번호로서 표식을 하는 과정
5	정리	SORTING		세탁물을 분리 및 정리하는 과정
6	스파트	SPOTING		세탁물을 세탁 전후에 SPOTING GUN을 이용하여 오점을 제거하는 과정
7	프레스	PRESS		세탁물을 다리는 과정
8	울 프레스	WOOL PRESS		드라이 클리닝된 세탁물을 다리는 과정
9	섯 프레스	SHIRT PRESS		와이셧 종류를 다리는 과정
10	드라이 텀블러	DRY TUMBLER		건조기
11	드레스 포머	DRESS FORMER		옷을 입혀놓고 스팀을 불어 넣어 애벌 다림질을 하는 기계
12	머시룸 프레스	MUSHROOM PRESS		바지 허리부분을 스팀을 이용하여 애벌 다림질을 하는 기계
13	옷을 튀기다			드레스 포머나 머시룸 프레스 기계를 이용하여 구체적인 다림질을 수월하게 하기 위한 애벌 다림질
14	워싱 서비스	WASHING SERVICE		의류나 섬유제품의 소재를 청결히 하여 오점제거로 의복의 가치와 기능을 회복시키는 과정
15	탑파 프레스 머신	PANTS TOPPER		양복하의 앞줄과 허리전용 다림질 기계
16	패션 케어 서비스	FASHION CARE SERVICE		의류를 세정하지 않아도 고급품, 희귀품의 가치와 기능성을 좋은 상태로 유지관리시키는 서비스
17	수용성 오점			물에 씻으면 제거되는 오점. 얼룩이 생기면 빨리 제거해야 하는 오점(땀, 간장, 잉크, 과즙, 화장품, 음식물 등)
18	유용성 오점			물이나 세제로 완전제거가 어려운 오점(초, 구리스, 동물성 지방, 광물성 유분 등을 말함)
19	불용성 오점 (고체오점)			고체 얼룩은 계면활성제(비누물) 또는 화학적 방법 등으로 제거함을 말함(흙, 먼지, 철분, 모래)

세탁실에서 사용하는 전문용어

5. 세탁물 감별 기호

용어	영문	기호	정의
강풀	HEAVY STARCH	H	
중간풀	MEDIUM STATCH	M	
와이셔츠 접는 상태			
걸어서 준다.	HANGER	X	
접어서 준다.	FOLD	영수증 또는 방번호만 찍는다	
다림질만	PRESS ONLY	P/O	
드라이클리닝	DRYCLEANING	D/C	건성세탁
런드리	LAUNDRY	LDRY	물세탁

색상	표식	색상	표식
곤 색	곤	흰 색	회
기타, 녹	녹	여러 가지 색	색
흰 색	W	밤 색	밤
빨 강	R	파 랑	파
검 정	B	벽 돌	벽
분 홍	P	보 라	보
청 색	청	자 주	자
베이지색	베	주 홍	주
쥐 색	쥐	노 랑	노
초 록	초	국 방	국

무늬 식별	기호	무늬식별	기호
체크	#	다이아몬드	◇
잔체크	////	연결다이아몬드	◇
줄	||	엷줄 〃	═
잔줄	\\\	연결고리 〃	⌽
대각	≠	별표 〃	☆
엷사선	//	물방울 〃	○
세밀한	∨	꽃 〃	
곡사선	/∧	올챙이 〃	
네모	□	물결 〃	
세탁앞	⨳	점 〃	
갈매기	≪		

세탁물 감별 기호

제4절 세탁부서와 관련부서의 협력 및 운영체계

1. 세탁부서와 관련 부서의 협력체계

세탁부서는 객실관리부서장의 지원을 받아 업무를 추진하며, 최고경영층의 관심 아래 중·장기계획을 세워 승인을 받아 업무를 추진한다. 또한 기계의 원활한 운전을 위해 시설관리부서의 지원을 받으며, 각종 재료의 구입을 위해 구매부서의 도움을 받는다. 고객 세탁의 수령과 배달(pick-up and delivery)을 위해 객실영업부서와 당직지배인의 도움을 받기도 한다. 따라서 세탁부서는 독자적인 운영을 하면서도 여러 부서의 도움을 받아 운영하므로 쌍방향 커뮤니케이션을 원활히 하여 생동감 넘치는 직장이 되도록 구성원 모두가 노력해야 한다. 관련부서와의 협력체계를 도시하면 다음 표와 같다.

조직	구성	기능 및 업무
경영진		중장기 및 연간 방침 승인
주관 부서	세탁부	1. 중장기 세탁부운영 계획수립 2. 당해연도 세탁부운영 세부계획 3. 세탁업무 수행 4. 객실 및 외부고객 세탁업무 수행 5. 사내 리넨류 및 유니폼 기타 세탁업무 수행 6. 월별 영업실적 보고 7. 월별 리넨, 유니폼 총생산량 보고 8. 월별 소모품 총사용량 보고 9. 매월말 보관된 세탁물과 금액이 일치하는가를 확인하여 보고 10. 월별 소모품 재고파악과 소요분 구매 의뢰하여 매월 22일부터 24일 사이 11. 문제점 확인 및 대책수립 12. 세탁부 운영방침 수정건의
관련 부서	객실관리부	• 객실정비 및 관리, 리넨 및 유니폼 관리 및 수급 기타 객실용품 관리 및 수불
	시설관리부	• 세탁장비 예방정비 및 수리
	구매부	• 구매신청서에 따른 물품구입

세탁부서와 관련 부서의 협력관계

2. 세탁부서의 운영체계

세탁부서에서 고객세탁이나 내부세탁물을 취급하는 과정을 간략히 설명하면 세탁관리운영체계도와 같으며, 세탁부서의 주요 의사결정, 내부세탁은 물론 고객세탁의 주문에서부터 배달까지 또는 고객으로부터 세탁물 이상에 대한 하자보수 등 제반 사항의 과정을 도시한 것으로 전체의 흐름을 이해하는 데 도움이 된다.

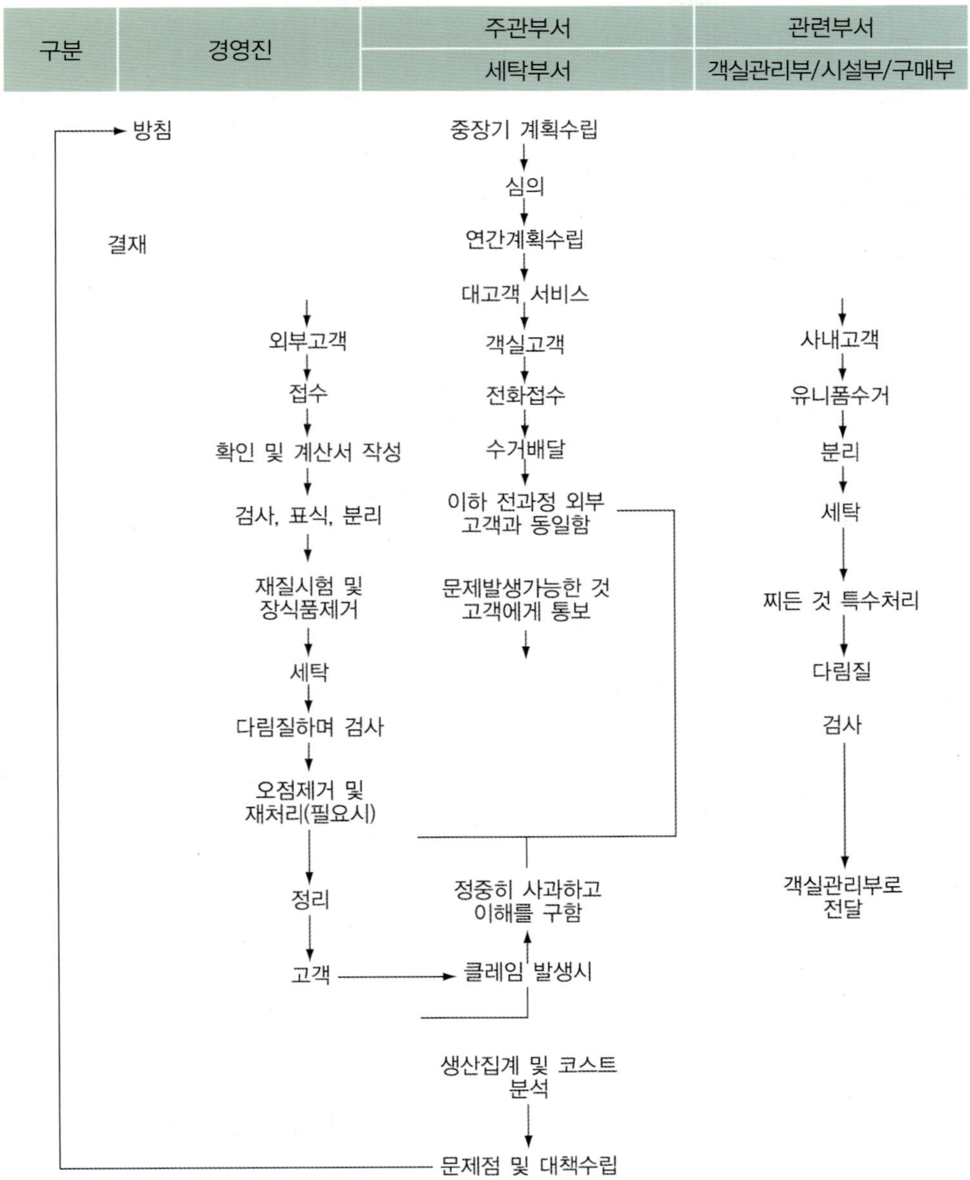
구분
경영진
주관부서
세탁부서
관련부서
객실관리부/시설부/구매부
방침
결재
중장기 계획수립
심의
연간계획수립
대고객 서비스
외부고객
접수
확인 및 계산서 작성
검사, 표식, 분리
재질시험 및
장식품제거
세탁
다리질하며 검사
오점제거 및
재처리(필요시)
정리
고객
객실고객
전화접수
수거배달
이하 전과정 외부
고객과 동일함
문제발생가능한 것
고객에게 통보
정중히 사과하고
이해를 구함
클레임 발생시
생산집계 및 코스트
분석
문제점 및 대책수립
사내고객
유니폼수거
분리
세탁
찌든 것 특수처리
다림질
검사
객실관리부로
전달

세탁관리운영 체계도

제5절 세탁물의 변상 또는 변제

1. 변상방법

세탁물의 분실 또는 파손 기타 발생되는 사고에 대하여는 고객의 편의를 최우선으로 하여 고객이 원하는 바에 따라 적절한 선에서 우선 변제 또는 변상한다. 비용조달은 우선 회계담당(general cashier)으로부터 차용하는 형식으로 하고 변상 및 변제 처리한 내용과 영수증 또는 고객이 변상 또는 변제받았다는 고객의 서명 날인이 된 확인서 등을 첨부하여 경영진에 보고하여 처리비용을 지급받는다. 신속한 업무처리의 효율을 기하기 위하여 보고체계와 양식은 간편한 것이 바람직하며 사고처리보고 및 비용결재도 객실관리부장 결재로 끝나는 것이 바람직하나, 금액의 정도에 따라 총지배인 또는 사장의 결재를 받아야 할 때도 있다. 서울 신라호텔은 사고발생 시 고객제일주의 차원에서 즉각 변상 또는 변제해주고 내용과 영수증을 첨부하여 기안서를 작성하며 리넨지배인의 결재로 100만 원 이하까지는 즉각 해결하여 고객지향적인 경영철학을 고객들에게 보여주고 있다.

2. 세탁물 변상에 이용되는 기준연수

모, 혼방, 추동복 상하는 4년, 폴리에스테르, 기타는 3년을 기준으로 양복상의는 한벌 가격의 65%, 양복하의는 한 벌 가격의 35%를 변상한다.

3. 세탁물 분실 및 파손의 경우 배상기준

1) 객실고객

객실고객이 외국인일 때 국내규정을 적용하기 어려우므로 고객이 원하는 대로 구입가의 전액변상 또는 같은 종류의 옷을 사주거나, 아니면 입은 기간을 참작하여 구입가의 몇십 퍼센트의 가격으로 절충하여 고객이 적합하다는 선에서 변상처리한다. 한국인일 때에는 소비자보호원의 판례에 따르는 것이 타당하며 이 경우 위의 기준에 의해 변상한다.

2) 외부고객

우선 고객과 절충하여 고객이 불쾌하지 않고 적당하다고 생각하는 선에서 해결점을 찾아야 하며, 만약 고객이 세탁물의 가치 이상으로 변상을 제시할 경우에는 소비자보호원에서 제시한 금액을 기준하여 변상한다.

"세탁소 정진남 씨 부부 "2년 괴롭힌 판사, 이미 용서했어요"

[동아일보]

양복바지를 세탁소가 잃어버렸다며 6500만 달러(약 600억원)를 물어내라는 희대의 '바지 소송'을 승리로 일단락 지은 정진남(60), 송수연(56) 씨 부부는 25일 홀가분한 표정이었다.

2년 넘도록 소송에 시달렸고, 변호사 비용으로 이미 지불한 돈만 8만 달러(약 7200만 원)에 이를 정도로 두 부부는 액운(厄運)에 휘말렸다. 그러나 용서의 의미도 되새기게 됐고, 힘내라는 글을 보내온 얼굴 모를 미국인의 격려에 외롭지 않게 버틸 수 있었던 시기였다.

정 씨 부부는 이날 아침 법원의 승소판결을 변호사에게 전화로 통보받았다. 곧이어 몰려드는 한국과 미국 기자들을 상대했고, 섭씨 30도를 넘는 날씨에 냉방장치 없는 가게에서 주문받고, 배달 일을 나서는 일상이 이들을 기다리고 있었다. 이들은 "어쨌건 오랜 소송이 끝나 후련하다"는 소감을 밝혔다.

공식 회견 직후인 이날 오후 정 씨 부부를 세탁소에서 만나 바지소송의 전말, 로이 피어슨(58) 변호사에 대한 감정, 15년 이민생활의 곽곽함을 들어봤다.

정 씨 부부는 "피어슨 씨를 이미 용서했다"고 말했다. 2005년 행정심판소 판사로 임명됐던 그는 무리한 소송 탓에 재임용 탈락 위기에 몰려 있다고 보도된 바 있다.

6500만 달러라는 소송가액이 한국 언론에 보도되면서 첫 재판이 끝난 5월, 두 부부는 서울에 계신 89세 노모의 전화를 받았다.

"시어머니는 불자(佛者)예요. 기도 열심히 하고, 끝에는 꼭 그 사람을 용서한다는 말을 잊지 말았으면 좋겠다고 하셨어요. 악연(惡緣)을 만들지 말라면서요."

그로부터 이틀 후 정 씨 부부는 피어슨 씨를 용서하겠다고 마음먹었다. 법정에 나타난 피어슨 씨는 이혼한 탓에 가족도 곁에 없었고, 나이 든 어머니만 어두운 표정으로 자리를 지켰다. 송수연 씨는 "그를 보면 솔직히 측은하다는 생각도 들었다"고 했다.

피어슨 씨는 평소에 10달러 50센트 세탁비를 신용카드로 긁다가 '한도 초과'가 나오는 바람에 돈을 못 낸 적도 있을 정도였다고 한다. 차도 없고, 집도 월세다. 그가 제기한 6500만 달러 청구액 가운데는 '향후 10년간 다른 세탁소를 주 1회 방문해야 하니 그때 타야 한다'며 렌터카 비용까지 포함돼 있었다. 송 씨는 "피어슨 씨가 법대를 졸업했다지만 변호사 활동을 거의 안 했다고 들었다"고 했다.

영어도 잘 안 통하는 미국 워싱턴에서 세탁소를 경영해 온 정 씨 부부는 피어슨 씨와 갈등이 시작되면서 힘겨운 생활을 해야 했다. 그러나 정작 무리한 거액소송에 휘말린 내용이 알려지면서 이웃과 다른 미국인의 존재감을 크게 느꼈다고 했다.

인터뷰가 진행되는 1시간 30분 동안 가게로 들어서는 고객들은 축하한다며 손을 맞잡아 주었다. 명소(名所)가 되어버린 탓에 지나가다가 들러서 "내가 다 행복하네요(I am happy for you)"라고 말하는 이웃도 있었다.

워싱턴 시내 교사인 레이몬드 폴스 씨는 "이 사람들 좋은 사람들이다. 참 잘됐다"면서 기자에게 명함까지 건넸다.

미국 곳곳에서 응원 편지가 날아들었다. 주소를 적지 않은 한 시민은 "이민생활이 어렵지 않았느냐. 불행한 그 사람 때문에 상처받지 마라"며 볼펜으로 '스마일 그림'을 그려넣었고, "당신을 위해 기도한다. 힘을 잃지 마라"는 편지도 날아왔다. "걱정 말아라. 기껏해야 1달러 물어주면 꼭 맞다"며 1달러 지폐를 편지 안에 넣어 보내온 이도 있었다. 7월 하순이면 새로 고용한 현재의 변호사에게 줄 수임료 마련을 위한 모금행사도 개최된다. 모두가 정 씨 부부에게 삶을 지탱할 힘이 되어준 선한 이웃들이었다.

어찌 보면 2005년의 상황은 피어슨 씨로서도 언짢을 수 있다. 판사로 발령받은 첫 출근일에 맞춰 입으려던 양복바지가 정 씨 부부 세탁소에서 없어졌으니까. 그러나 그의 대응은 '한몫 보겠다'는 심산이라고밖에 이해하기 힘들었다.

정 씨 부부는 한동안의 다툼 끝에 5000달러를 물어주기로 했다. 오랜 법정공방으로 변호사 비용을 들이느니 변호사의 1차례 법정출두 비용인 5000달러는 치러야겠다고 생각했다.

그러나 얼마 후 피어슨 씨에게서 최후통첩성 편지가 날아들었다. 5만 1000달러가 청구됐다. "어떻게 이렇게 큰돈을 쓰느냐"고 하소연해 봤지만, 그는 "가게와 집을 담보로 해서 은행에 대출받으면 되지 않느냐"는 황당한 말까지 했다.

정 씨가 피어슨 씨에게 1만 2000달러를 주겠다며 타협을 시도했다고 워싱턴포스트가 보도하면서 '정 씨 부부가 실제로 뭔가 큰 잘못을 하긴 했구나' 하는 의구심을 품는 이들이 생겼었다. 그러나 그 액수는 오보로 판명됐다.

처음에 한인 변호사에게 도움을 받다가 송 씨 사촌 여동생의 법대동기인 지금의 매닝 변호사를 소개받았다. 제대로 된 변호가 필요했다.

소송이 시작되면서 한인들이 많은 세탁업협회는 잔뜩 긴장했다. 이런 식으로 분실물에 피해 배상액이 높아지면, 사업에 지장이 큰 탓이다. 정 씨는 "그래서 다들 걱정해 주셨고, 다행히 1달러도 물어주지 않아도 된다는 판결에 감사한다"고 말했다.

이전에도 이런 논란이 전혀 없었던 바는 아니다. 하루에도 수백 벌의 옷이 맡겨지는데 간혹 분실이나 약품처리 잘못이 생길 수 있다.

수년 전에도 노란색 티셔츠가 탈색되는 문제가 생겼지만, 옷 입은 기간을 고려해 보상액을 10달러로 합의했다. 송 씨는 "이런 게 상식 아니냐"고 했다.

정 씨 부부는 92년 아내 송 씨가 버지니아 주의 봉제공장 종업원으로 취업 이민하는 형식으로 미국에 건너왔다. 정 씨는 세탁소 종업원으로 일했다. 94년부터 조그만 세탁소를 시작해 현재의 세탁소는 2000년 시작했다. '세탁소가 셋인 부자'라는 이야기는 세탁물 수거용 사무실을 두 곳 둔 것이 잘못 전달된 것이라고 했다.

서울 시내의 4성급 호텔의 종업원으로 오래 일했던 정 씨는 "입시지옥을 피하겠다"는 생각에 중고교생 두 아들을 데리고 팍팍한 이민생활을 시작했다. 정 씨는 "주 6일을 아침 5시 40분에 집을 나서고, 1시간 10분 동안 운전해 세탁소에 도착해 보일러를 켜는 것으로 하루가 시작된다"고 했다. 집에 도착하면 밤 10시.

이들 부부는 지난달 ABC 방송에 출연해 "너무 지쳤다. 이젠 한국으로 돌아가고 싶다"는 말을 했다. 한국 인터넷에 실린 댓글도 이들을 가슴 아프게 했다. 정 씨는 웃으면서 "한국 연예인들이 악플 때문에 자살한다는 말에 이제는 내가 공감한다"고 말했다. 아메리칸 드림을 안고 한국을 떠났던 이들이 희망을 놓아버리고 싶던 시점이었다.

소송이 잘 마무리된 지금은 생각이 좀 달라졌다고 했다. 송 씨는 "방송을 본 뒤에 돌아가지 말아라. 우리가 같이 기도해 준다는 전화를 받았다"고 했다. 역시 얼굴 모를 이웃의 격려가 고단한 삶을 지탱하는 힘이 되었다는 말이었다.

▼소송결과 = 미 워싱턴 DC 상급법원의 주디스 바트노프 판사는 "정진남 씨는 소비자보호법을 위반하지 않았다. 바지를 잃어버렸다는 원고인 피어슨 씨는 '1달러'도 보상받을 수 없으며, 변호사인 자신이 스스로 진행한 소송비용도 보상받지 못한다. 원고는 정 씨 부부가 (개인 변호사 비용이 아닌) 법정 출두 등에 쓴 비용(약 1000달러)도 떠안아야 한다"고 판시했다.

정 씨가 지금까지 지출한 변호사 비용 8만 달러 및 두 번째 변호사인 크리스토퍼 매닝 변호사 수임료도 원고인 피어슨 씨가 부담할지 여부 등은 앞으로 계속될 심리에서 결정된다.

워싱턴 = 김승련 특파원 srkim@donga.com

워싱턴 = 이기홍 특파원 sechepa@donga.com

〈세탁물변상소송 사례〉

3) 한국 소비자보호원 총연맹 보상기준

구입기간	배상률(%)	구입기간	배상률(%)
0~1.5개월 미만	85%	1.5~3개월	70%
3~4.5개월	60%	4.5~6개월	50%
6~7.5개월	45%	7.5~9개월	40%
9~10.5개월	35%	10.5~12개월	30%
12개월 이상	20%		

제6절 고객 세탁업무

고객 세탁업무는 호텔의 또 다른 수입원으로 고객접점에서 고객의 요구에 응하므로 고객서비스에 만전을 기해야 한다. 단순히 고객의 요청에 의해 세탁을 한다는 것과 고객의 멋을 책임진다는 사고는 결과가 크게 달라진다. 예를 들면 고객이면 셔츠의 끝부분과 칼라부분에 풀을 먹여 빳빳하게 하는 것을 좋아한다면 그렇게 손질할 수 있는 능력이 있어야 하고, 밍크 코트의 드라이 클리닝을 요청받았다면 그것을 할 수 있는 기술과 재료가 준비되어 있어야 한다. 따라서 호텔의 격에 맞는 세탁실 운영은 고객만족 서비스뿐만 아니라 호텔 매출증진에도 크게 기여한다. 호텔은 고객의 세탁물을 대개 야간이나 아침에 주문받은 당일 오후에 객실이나 관련 시설에 배달하게 되지만, 고객이 긴급을 요하는 요청(express laundry service)이 있으면 내용에 따라 짧게는 30분 이내, 길게는 4시간 이내에 다림질, 물세탁, 기름세탁 등의 서비스를 제공한다. 이때의 요금은 특별요금(special rate)으로 기본요금의 배를 받는다. 세탁물을 접수하는 방법이나 되돌려 드리는 방법도 품위있고 세련되게 포장하고, 정성을 담아 배달하므로 호텔의 품격을 높일 수 있다. 이와 같이 다양한 고객서비스에 전문성을 가진 고객접점요원이 체계적으로 운영할 수 있는 세탁서비스를 갖춰 나아가야 할 것이다.

1. 고객 세탁물의 접수와 배달

호텔마다 고객 세탁의 운영체계가 다를 수 있다. 어떤 호텔은 서비스익스프레스 커맨드 센터가 고객의 주문을 받고, 어떤 호텔은 론드리 카운터를 운영하여 외래객 위주의 영업을 하는 곳도 있으며, 어떤 호텔은 객실관리부서에서 고객에게 직접 주문을 받기도 하고, 또다른 호텔은 프런트 데스크나 컨시어지를 통해 주문을 받기도 한다. 호텔에 따라 운영체계는 달라도 고객이 필요로 할 때 즉시 대응한다는 서비스의 기본원칙은 같다고 하겠다. 호텔의 투숙고객은 주로 다음과 같은 절차에 따라 세탁물을 맡기고 돌려받게 된다.

1) 고객의 주문과 접수

고객이 전화나 종업원을 통해 세탁을 요청하면 서비스익스프레스 시스템을 갖춘 호텔은 커맨드 센터를 통해 연락받은 고객서비스부서의 벨맨이나 룸서비스 요원이 고객과 함께 세탁물 리스트(laundry & dry cleaning list)에 기록된 것을 확인하고 인수하며 그렇지 않을 때에는 세탁실의 배달담당(valet leader)이 고객과 확인 후 접수한다. 만약 고객이 세탁물 봉투(laundry bag)에 넣어 객실문 밖이나 문 안에 두고 외출했다면 객실정비원은 세탁실의 배달요원에게 연락하여 가져가도록 한다.

laundry list

THE ORIENTAL
BANGKOK

Name

Room number 1025 Date

Special instructions

For collection please press the service call button or dial 8.

Note: Please list the quantity of each article and sign the list. Unless an itemised list accompanies the laundry, our count will be accepted as correct.

All claims must be made to the Laundry Manager within 24 hours after the finished items are returned and must be accompanied by the original Oriental laundry list. The Hotel cannot be held responsible for loss of buttons, ornaments or anything left in pockets. However, The Oriental, Bangkok will accept liability for damage resulting from the laundry process not exceeding ten times the laundry charge.

Gentlemen's list

Hotel count	Guest count	Description	Baht Unit price	Baht Total cost
		Handkerchief	35	
		Underpants	50	
		Socks (pair)	45	
		Singlet/Undershirt	55	
		T-shirt	80	
		Shirt/sports shirt	120	
		☐ Starch ☐ No Starch ☐ Folded ☐ On Hanger		
		Long sleeved shirt	130	
		☐ Starch ☐ No Starch ☐ Folded ☐ On Hanger		
		Pullover/sweater	120	
		Jacket (cotton)	170	
		Swim trunks	75	
		Safari suit	270	
		Shorts	80	
		Trousers	160	
		Pyjamas	125	
		Jogging suit	335	
		Robe & belt	145	
		Hat	60	
		Towel (small)	60	
		Towel (large)	120	
		Jump suit	270	
		Gloves	50	
		Head band	25	
		Sweat band	20	
		Shoes	110	
		Total pieces		

Ladies' list

Hotel count	Guest count	Description	Baht Unit price	Baht Total cost
		Handkerchief	35	
		Scarf	75	
		Panties	55	
		Brassiere/undershirt	65	
		Girdle/stockings	75	
		Slip	75	
		Blouse	120	
		Skirt	160	
		Dress	205	
		Night dress/pyjamas	125	
		Slacks	160	
		Jacket (cotton)	170	
		Pullover/sweater	120	
		T-shirt	80	
		Shirt/sports shirt	105	
		Shorts	80	
		Swim suit	85	
		Jogging suit	335	
		Robe & belt	145	
		Hat	60	
		Towel (small)	60	
		Towel (large)	120	
		Jump suit	270	
		Gloves	50	
		Head band	25	
		Sweat band	20	
		Sarong	85	
		Shoes	110	
		Total pieces		

Service available seven days a week from 7 a.m. to 7 p.m.

Please indicate service required:

☐ **Regular service:**
Picked up before 9 a.m. returned the same day.
Picked up after 9 a.m. returned the following day.

☐ **Express service (100% surcharge):**
Picked up between 9 a.m. and 2 p.m.
will be returned the same day.

Guest signature

Sub-total

100% surcharge

Total

10% service charge

7 % tax

Grand total

Departure Date And Time

세탁물 리스트(laundry & dry cleaning list)

(1) 접수 및 수거요령

① 고객 세탁실은 호텔의 사정에 따라 영업하지만 주로 08 : 00~18 : 00를 영업시간으로 한다.

② 고객 또는 타 부서로부터 연락을 받으면 즉시 수거(pick up)에 응한다. 이때 물세탁(laundry), 기름세탁(dry cleaning), 다림질(pressing), 긴급세탁(express) 등으로 구분하여 접수하고, 분리수거한다.

③ 접수된 세탁물은 기록장(log book)에 기록하여 배달완료 시까지 이상 없이 관리한다.

④ 객실에 고객이 있을 때에는 정중한 예절을 갖추어 수거하며, 세탁방법과 소요시간 등에 대한 정보를 충분히 제공한다.

⑤ 고객이 부재중일 때에는 고객이 기재한 내용을 점검하여 수거하고 이상이 있는 물품은 당직지배인에게 연락하여 그를 입회시켜 확인하고 수거한다.

⑥ 고객이 배달시각을 요구할 경우에는 리스트에 기록하고 확인받도록 한다.

고객세탁물 접수 및 배달기록장

2022년 8월 30일

객실번호	시 각	접수자	물품명	물세탁	기름세탁	다림질	배달자	종료시각
634	9 : 30	D.H	TROUSERS		V		S.C	16 : 30

☺ 월드베스트스마일호텔, 부산

2) 접수된 세탁물의 분류

고객세탁물은 물세탁, 기름세탁, 다림질 등으로 분류하며, 이들은 각각 객실 옷장에 비치된 면포(綿褒)나 비닐 봉투에 넣어 세탁요청서(laundry list)와 함께 세탁실로 전달된다. 이들을 개봉할 때에는 고객이 작성한 리스트와 실물을 하나하나 점검하고 이상 여부를 확인하여 기록한 다음 서명한다.

세탁물의 분류는 세탁물의 재질에 따라 물세탁, 기름세탁으로 구분하고, 더러움의 정도에 따라 분류하여 세정공정에 투입된다. 물세탁용 의류는 면, 폴리에스테르, 비닐론, 혼방제품, 편물, 레이스 등이며, 기름세탁은 모직류, 피혁, 인조피혁, 모피, 인조모피 등이다. 또한 오염의 종류에 따라 유성오염, 고체오염, 땀, 특수오염, 곰팡이 등으로 구분한다.

3) 꼬리표(marking) 달기

꼬리표 작업은 표시기계(marking machine)를 사용하거나 스테이플러 등을 이용하게 된다. 표시기계는 고열에 의해 찍고, 스테이플러 방법은 다양한 색상의 변색이 되지 않는 특수 종이를 이용하며, 종이테이프에 적어 스테이플러로 붙인다.

두 가지 방법이 모두 활용되고 있으며, 보다 중요한 것은 고객의 세탁물이 안전하게 세탁되어 틀림없이 고객께 전달되는 것이므로 객실번호 또는 고객명을 잘 기록하여 차질이 나지 않도록 하는 것이다. 이때 동명이인이 있을 수 있고, 같은 상표의 세탁물이 있을 수 있으므로 사이즈나 특기사항도 적어 두는 것이 사후 안전에 도움이 된다.

표식은 상의는 상표가 있는 목 부분, 하의는 지퍼의 상단에 부착하고, 내의는 아랫부분, 손수건은 모서리에 붙여 쉽게 식별되도록 한다. 꼬리표 작업이 끝난 세탁물은 세탁접수기록장에 기록하고, 세탁담당자에게 인계한다.

4) 세탁투입

기록이 끝난 세탁물은 각각 다른 트롤리에 담아 물세탁, 기름세탁, 다림질, 긴급세탁 장소로 옮겨진다. 인계할 때에는 반드시 특별사항을 전달하며, 고객과 약속한 시각에 대한 정보도 함께 전달한다. 긴급세탁은 담당 책임자에게 직접 전달되도록 한다.

5) 세탁 완성물의 포장과 배달서비스

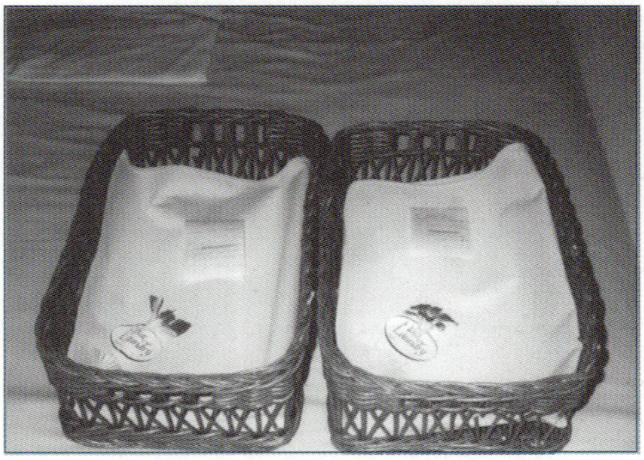

방콕 오리엔탈 호텔의 세탁물 배달 서비스

세탁이 완료된 물품은 고객과 약속된 시각에 돌려 드려야 하므로 호텔이 설정한 서비스 표준에 따라 정확히 준비해야 한다. 세탁물의 종류에 따라 정해진 포장방법에 따라 준비하게 된다. 세탁물을 실은 왜건은 객실별로 내리기 쉽게 진열하고 객실에 배달하기 바로 전에 하나하나 확인하고 배달한다. 양복과 양장은 고급스러운 옷걸이에 걸고 호텔의 로고가 찍힌 투명포장에 넣어 계산서와 함께 옷장 안에 진열해 둔다. 이때 옷장 문을 약 10~15cm 열어 둔다.

포장된 세탁물은 고객이 확인할 수 있도록 침대 위에 두고 리스트의 복사본은 절단하여 배달완료자 및 서명란에 기록하여 사무실에 제출하여 기록장을 정리하도록 도와준다. 위 사진은 비즈니스맨들이 가장 선호하는 방콕 오리엔탈 호텔의 세탁물 배달 서비스이다. 이 호텔은 드레스 셔츠를 배달할 때 등나무 바구니에 풀을 먹여 빳빳하게 다림질한 천을 깔고 그 위에 세탁물을 넣은 다음 자스민 꽃 한 송이와 계산서를 함께 얹어 객실에 배달하고 있다. 그다음 고객의 세탁물에 이상이 있으면 담당자를 찾아달라는 메시지를 남기고 돌아간다. 호텔은 단순히 세탁만 하는 일반 세탁소와 다른 점은 이런 서비스가 함께 한다는 것을 유념하여야 할 것이다.

6) 전표의 마감과 청구

배달완료 후 회수한 복사본은 세탁물 기록장에 기록하여 마감한다. 이때 미처리된 것은 세탁서비스실에 보관하고, 당직지배인에게 보고하여 고객과 연결이 되도록 한다. 사무실 근무시간 외에도 지급이 가능하도록 리스트를 잘 정리해 두어야 한다. 일일 전표는 1년 동안 보관하여야 하며, 전표의 마감순서는 다음과 같다.

THE WESTIN CHOSUN BEACH
PUSAN
LAUNDRY & DRY CLEANING GUEST CHECK
DATE 日字 | PERSONS 人員 | CHECK NO. 044452
Q'TY | ITEMS | DATE | NO. | AMOUNT | CODE | SERVER NO.
TOTAL 合計
ROOM NO. 客室番号 | PRINT NAME 姓名 | SIGNATURE 署名
NATIONALITY 国籍
PASSPORT NO. 旅券番号
10% TAX INCLUDED.
THE WESTIN CHOSUN BEACH | LAUNDRY & DRY CLEANING
ORIGINAL

세탁 계산서

① 고객의 세탁물에 대한 론드리 리스트를 정리한다.

② 리스트의 수량과 금액에 대해 계산서와 확인한다.

③ 계산서는 3부를 작성하여 1부는 객실, 1부는 프런트 데스크, 1부는 세탁실에 보관한다.

④ 계산서에 의해 일일매출 집계표를 2부 작성하여 1부는 보관하고 1부는 관리부서에 제출한다.

⑤ 일일매출 집계표에 따라 월말보고서를 작성한다.

7) 세탁 과정도

호텔의 세탁실에서 이뤄지는 세탁업무는 고객의 주문에서부터 영수처리까지 다음과 같은 과정을 거치게 된다.

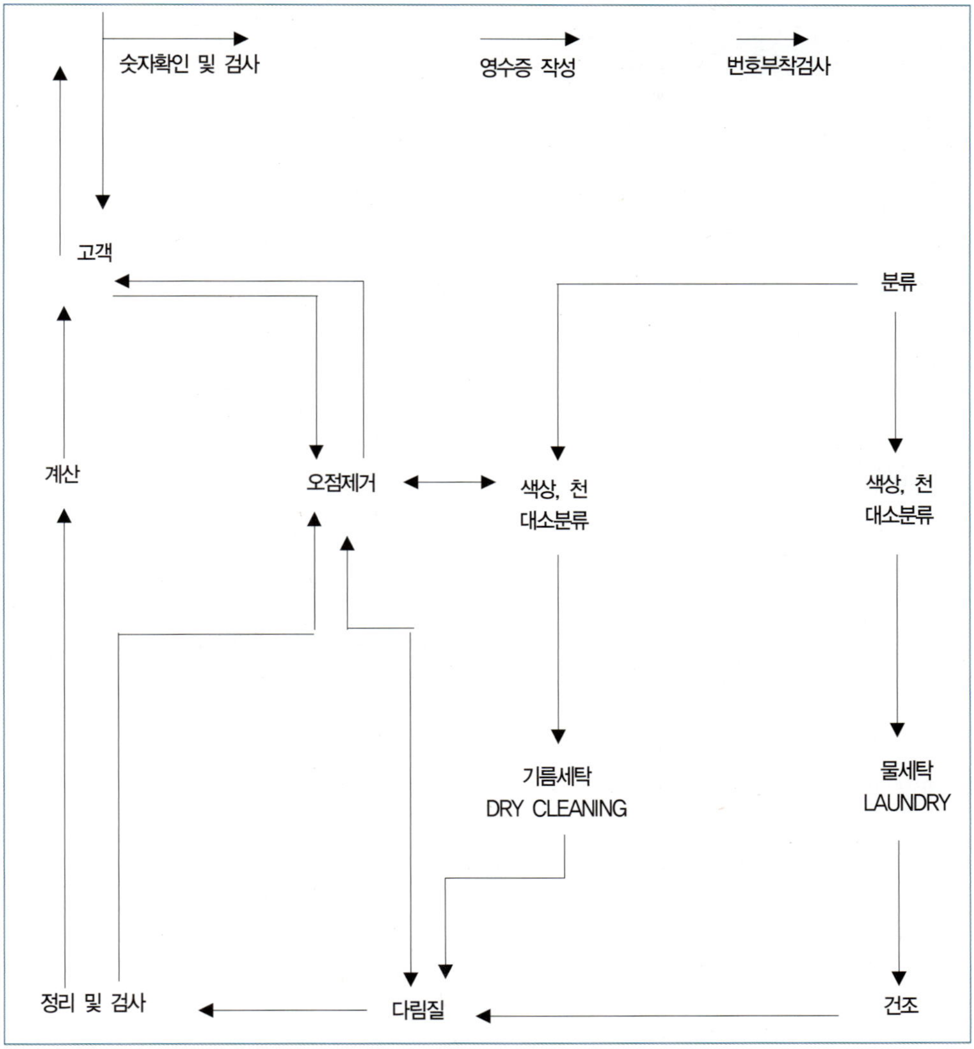
숫자확인 및 검사
영수증 작성
번호부착검사
고객
분류
계산
오점제거
색상, 천 대소분류
색상, 천 대소분류
기름세탁 DRY CLEANING
물세탁 LAUNDRY
정리 및 검사
다림질
건조

세탁 과정도

제7절 하우스 세탁업무

하우스 세탁업무는 호텔 내의 객실, 식음료, 부대시설 등에서 사용하는 시트, 타월, 테이블클로스, 냅킨 등과 유니폼을 세탁, 공급하여 영업을 지원하며 이를 생산원가로 계산하여 해당 부서에 비용을 배분하는 업무를 일컫는다.

1. 수거업무 및 공급업무

1) 객실부문

객실청소 후 객실정비원은 사용한 리넨을 각 층 리넨 슈터를 통해 세탁실로 보낸다. 세탁실 요원은 슈터에서 쏟아진 리넨을 종류별, 상태별로 구분하고 수량을 파악한 다음 리넨 어텐던트에게 통보한다. 리넨 어텐던트는 슈터로 배달된 세탁물이 세탁 완료되면 인수받아 리넨룸에서 모빌에 적재하여 다음날 객실정비원이 근무에 지장이 없도록 준비해 주며, 일일재고로 리넨의 상태를 잘 파악하고 있으므로 재구매 결정에 합당한 정보를 제공할 수 있다.

객실 리넨 세탁의뢰서

2022년 9월 일 담당자 :

Items	Grade A	Grade B	Grade C	Total
Sheet, King				
Sheet, Queen				
Sheet, Double				
Sheet, Single				
Pillow Case				
Bath Towel				
Hand Towel				
Face Cloth				
Bath Mat				
Bath Robe				
Yukata				
Foot Mat				
Bed Pad(size)				
Bed Spread				
Blanket(size)				
Drepory				
Shower Curtain				
Glass Towel				
Dish Towel				
Table Cloth				
Doily				
Room Sold				

☺ 월드베스트스마일호텔, 부산

2) 식음료 부문

호텔 내 식음료 영업장과 연회장에서 사용하는 리넨류 및 외부영업 출장 파티용 냅킨, 테이블클로스, 드레퍼리 등을 제때 공급한다. 이 경우도 객실부문의 리넨 공급과 같은 절차로 거래한다.

2. 장부정리 및 비용배분

객실, 식음료, 부대시설, 기타 부문에서 의뢰하는 세탁물은 각 부문에서 비용을 부담한다. 세탁부문에서 발생되는 인건비를 포함한 모든 비용은 고객용과 호텔용으로 구분되며, 고객부문에서는 이익을 발생시키지만 호텔부문에서는 모두가 비용이므로 수익자부담 원칙에 따라 비용을 매달 말에 일일 세탁의뢰서를 근거로 배분한다. 그 방법으로는 전체비용을 각 부문별 세탁수량으로 나누는데 품목별 세탁단가는 세탁실에서 설정하여 운영한다. 배분된 금액은 경리부서로 보내 각 부서의 비용란에 계상하여 그달 영업비용으로 처리한다.

제8절 기름세탁 실무

1. 드라이클리닝의 기본과 중요성

고객의 양복, 밍크, 가죽 옷, 직원 유니폼 등은 기름세탁을 하는 것이 일반적이다. 같은 기계에 같은 방법으로 세탁해도 세탁결과가 같을 수는 없는 것이다. 그것은 세탁의 종류나 더러움의 정도에 따라 작업의 조건이 달라지기 때문이다. 세탁시 아무리 물량이 많고 바쁘더라도 기계의 한정된 부하량은 반드시 지켜야 기계에

무리를 주지 않고 원하는 세탁의 정도를 얻을 수 있다. 부하량은 보통 kg으로 표시되지만 부피도 고려하여야 한다. 물량의 재료인 섬유가 다양화되어 가고 있기 때문에 부피가 매우 큰 것이 있기 마련이다. 또한 마른 상태에서 물량을 기계에 넣을 때 드럼의 중심에 차면 이것이 한계성을 띤다고 보면 큰 무리가 없을 것이다. 기계세탁을 시작하기 전에 세탁물이 심하게 오염되어 있거나 오점이 있으면 이것을 제거하고 세탁기에 투입하는 것도 꼭 필요하다. 비 오는 날이나 습도가 높은 날 접수된 세탁물은 전처리 과정에서 오점 빼기로 기름을 사용한 경우 작업 전에 50℃ 정도의 온도로 약 7분간 예비건조를 실시한다. 증기가 아깝다는 이유로 증기량을 줄이면 세탁이 깨끗이 되지 않으므로 매회 작업마다 증류를 하여 깨끗하게 세탁하도록 한다. 매일 작업이 끝났을 때 베스탱크(bath tank)의 용제를 시험관에 받아서 전날의 것과 비교하여 이상이 있을 때에는 증류하여 깨끗한 기름을 다음 날 쓸 수 있도록 준비한다. 이 모든 과정은 곧 프로 근성을 요구하며 이런 과정은 품질관리와 고객만족 경영과 연결되는 것이다. 세탁실의 질 관리는 바로 드라이 클리닝 기술에 있게 되므로 부단한 노력으로 품질향상에 앞서야 할 것이다.

2. 기름세탁 방법

기름세탁을 할 때에는 자동화된 드라이클리닝 기계를 사용한다. 이런 기계에는 제어에 필요한 장치들이 있는데, 보편적으로 공정을 제어하는 카드를 쓰고 있다. 이 카드는 세탁물의 오염 정도에 따라 1회욕(No.1)에서 4회욕(No.4)까지 과정을 구분하여 공정관리를 하게 된다.

1) 카드작성 요령

① 1회욕의 세제유입의 액위는 3이 되도록 조정한다. 드럼 속에 세탁물을 정해진 양만큼 넣고 세제유입을 개시하고 외등에 달려 있는 액면계에 나타난 계기가 정상위치에 오도록 조정한다.

② 4회욕의 세탁을 제외하면 드럼의 회전은 용제가 정해진 액위에 도달할 때 개시하도록 한다. 이것은 세탁물의 역오염을 방지하기 위해 취해진 처리이므로 반드시 지켜야 한다. 이 시간을 단축하려고 용제를 넣은 것과 동시에 회전을 시작하면 역오염률이 높아진다.

③ 1회욕 후에 탈액공정이 있을 경우에는 그 액을 반드시 스텔탱크에 떨어뜨려야 하며, 이것은 순환용제의 더러움을 누를 수 있다. 더욱이 색이 번지는 경우가 발생하면 역오염 방지에도 유익하다.

④ 바이패스 배관이 되어 있는 기계에는 2회욕의 바이패스 순환(트랙19)이 새겨질 경우 바이패스 순환개시에 의한 드럼의 액위가 저하되는 일이 있으므로 새김을 짧게 해 두고 뒤에 조정한다.

⑤ 용제 회수장치를 연결할 경우 팬(fan, 트랙14)의 접선부분은 새김을 않고 흡착(트랙17)과 탈착(트랙18)의 일점쇄선 부분을 새겨준다. 트랙17에서는 활성탄의 건조와 흡착을 그리고 트랙18에서는 생증기의 흡입과 탈착을 작업에 연동해서 행한다.

2) 1회욕 방법(NO.1)

이 방법은 바이패스 순환을 이용하면서 매우 짧은 시간에 처리하려는 것으로 특히 재세탁물이나 급한 세탁물의 경우에 사용한다. 이때는 역오염을 일으키기 쉬우므로 기계부하량의 50% 이하에서 사용하도록 한다. 세탁시간이 짧으므로 더러움이 심한 세탁물에 사용해서는 안 된다. 급한 세탁물을 처리할 때에는 반드시 전처리하여 오염 등을 처리해 둔다. 용제의 증류가 행해지지 않으므로 계속 이 방법을 이용하면 순환용제의 더러움이 높아진다. 따라서 이 방법은 반복하여 이용하는 것을 피해야 한다.

① 펌프를 시동하여 1분간 필터의 프리코트를 실행한다.

용제의 순환은 베스탱크(NO.1) – 펌프 – 필터 – 베스탱크로 흐른다.

② 드럼에 액위 3이 될 때까지 용제를 넣는 경우 용제의 순환은 베스 탱크－펌프－필터－베스탱크－펌프－드럼 순으로 흐른다.

③ 드럼의 회전을 시작한다.

④ 드럼의 회전개시와 동시에 세제를 투입한다. 드럼 내의 용제에 세제가 들어있으나 세제농도를 조금 올리는 것이 좋은 세탁이 되게 한다.

⑤ 이어 바이패스 순환세탁을 약 4분간 계속한다. 용제의 순환은 드럼－보턴트랩－바이패스배관－펌프－필터－드럼 순으로 이뤄진다.

⑥ 다시 회전을 계속하면서 1분간 드럼 속의 용제를 베스탱크에 떨군다.

⑦ 이어 최종 고속 탈액을 2분 30초간 실시한다. 이때의 용제도 베스탱크에 떨군 다음 30초간 감속한다.

⑧ 그 후 건조 시간을 12분 30초로 하며, 그 사이에 필터를 펌핑시켜 다음 작업에 대비한다.

3) 2회욕 방법(NO.2)

이 방법은 비교적 짧은 시간에 세탁을 처리하려고 하는 것이므로 대체적으로 때가 덜 탄 양복, 유니폼, 담요 등을 처리하게 된다. 이때는 2회욕 때문에 때가 덜 빠진 경우가 있을 수 있으므로 세탁물을 구분하여 실시하여야 한다.

① 펌프를 시동하여 1분간 필터의 프리코트를 실행한다.
용제의 순환은 베스탱크(NO.1)－펌프－필터－베스탱크로 흐른다.

② 드럼에 액위 3이 될 때까지 용제를 넣는 경우 용제의 순환은 베스탱크－펌프－필터－베스탱크－펌프－드럼 순으로 흐른다.

③ 드럼내의 용제 액위가 3 정도까지 들어갔을 때 드럼의 회전을 시작한다.

④ 드럼의 회전을 그대로 1분 30초 계속한 후에 용제를 스텔탱크(NO.2)에 자연낙하 시키면서 두들겨 씻기를 1분간 한다.

⑤ 다음에 탈액을 개시하고 이것을 1분 30초간 계속한다. 이 경우 용제도 보턴

트랩을 거쳐 스틸탱크(NO.2)에 떨군다.

⑥ 이어 감속을 30초간 한다.

⑦ 다음 신액탱크에서 신액을 3이 되도록 보낸다.

⑧ 세제를 투입한다. 투입량은 드럼 내의 액량 0.5%에 상당하는 양으로 한다.

⑨ 드럼회전을 시작해서 바이패스 순환세척을 3분 30초 하고, 그 후 용제를 베스탱크(NO.1)에 떨군다.

⑩ 이어 최종 고속탈액을 2분 30초간 한다. 이때의 용제도 베스탱크에 떨군다.

⑪ 30초 감속한다.

⑫ 다음 건조 시간을 14~15분으로 한다. 그 사이 필터를 펌핑하여 다음 작업에 대비한다.

⑬ 최후에 2~3분간 탈취한다. 활성탄 회수장치를 부착할 경우는 탈취 배기를 회수장치에 보낸다.

4) 3회욕 방법(NO.3)

이 방법은 세탁물을 깨끗이 씻는 데 사용된다. 대부분의 세탁물은 이 방법으로 처리할 수 있고, 일반적인 사용법이라고 할 수 있다. 특히 형태가 흐트러지거나 줄어들기 쉬운 세탁물은 이 방법이 좋다. 모든 세탁물이 그러하듯이 흰색과 검은색은 구분하여 별도로 세탁하는 것이 탈색을 방지한다.

① 펌프를 시동하여 1분간 필터의 프리코트를 실행한다.
용제의 순환은 베스탱크(NO.1)－펌프－필터－베스탱크로 흐른다.

② 드럼에 액위 3이 될 때까지 용제를 넣는 경우 용제의 순환은 베스탱크－펌프－필터－베스탱크－펌프－드럼 순으로 흐른다.

③ 드럼 내의 용제 액위가 3 정도까지 들어갔을 때 드럼의 회전을 시작한다.

④ 드럼의 회전을 그대로 1분 30초 계속한 후에 용제를 스틸탱크(NO.2)에 자연낙하 시키면서 두들겨 씻기를 1분간 한다.

⑤ 다음에 탈액을 개시하고 이것을 1분 30초간 계속한다. 이 경우 용제도 보턴 트랩을 거쳐 스틸탱크(NO.2)에 떨군다.

⑥ 이어 감속을 30초간 한다.

⑦ 다음 신액탱크에서 용제가 액위 3이 되도록 보낸다. 액량과 용제의 순환은 스텝 2와 같다.

⑧ 드럼 내의 액위가 정해진 곳에 도달할 때 드럼의 회전을 시키면서 바이패스 순환세탁을 3분 30초간 한다.

⑨ 용제를 베스탱크(NO.1)에 떨어뜨리면서 샤워 세탁을 1분간 한다.

⑩ 이어 신액탱크에 액위 3위까지 신액을 드럼에 넣어 드럼의 회전을 시작한다. 0.5%에 상당하는 세제를 더 투입해서 2분간 헹군다.

⑪ 다시 회전을 계속하면서 1분간 드럼 속의 용제를 베스탱크에 떨어뜨린다.

⑫ 이어 최종 고속탈액을 2분 30초간 한다. 이때의 용제도 베스탱크에 떨군다.

⑬ 30초 감속한다.

⑭ 다음 건조 시간을 14~15분으로 한다. 그 사이 필터를 펌핑하여 다음 작업에 대비한다.

⑮ 최후에 2~3분간 탈취한다. 활성탄 회수장치를 부착할 경우는 탈취 배기를 회수장치에 보낸다.

5) 4회욕 방법(NO.4)

이 방법은 드럼 속에 담긴 용제 속에서 장시간 세탁한 후 탈액건조를 하는 것으로 기름때 묻은 작업복, 색이 번지는 잠옷, 이불 등의 세탁에 사용하는 것이 좋다. 이 방법은 심하게 더러운 세탁물을 처리했을 때 베스탱크를 더럽히지 않고 처리하는 데 유효한 세탁방법이다. 그러나 이불 등의 천이 찢어지거나 건조온도가 높을 때 줄어드는 일이 발생할 수 있으므로 주의하여야 한다. 또한 역오염이 많아지기 쉬우므로 세탁물에 따라 조심히 사용해야 한다.

① 펌프를 시동하여 1분간 필터의 프리코트를 실행한다.
용제의 순환은 베스탱크(NO.1)－펌프－필터－베스탱크로 흐른다.

② 드럼에 액위 3이 될 때까지 용제를 넣는 경우 용제의 순환은 베스탱크－펌프－필터－베스탱크－펌프－드럼 순으로 흐른다.

③ 2의 스텝과 동시에 드럼의 회전이 시작된다.

④ 그대로 특수세탁을 5분간 계속한다.

⑤ 4의 스텝이 끝난 후 다시 회전을 계속하며 1분간 드럼 속의 용제를 스틸탱크(NO.1)에 떨군다.

⑥ 이어 고속 탈액을 1분간 한다. 이 경우 용제도 베스탱크에 떨어뜨린다.

⑦ 이어 감속을 30초간 한다.

⑧ 다음 건조 시간을 14~15분으로 한다. 그 사이 필터를 펌핑하여 다음 작업에 대비한다.

⑨ 최후에 3분간 탈취한다. 활성탄 회수장치를 부착할 경우는 탈취 배기를 회수장치에 보낸다.

제9절 물세탁 실무

1. 물세탁 준비작업

물세탁이란 물과 물세탁용 세제를 사용하여 오염을 제거하는 방법을 말한다. 이 경우 물세탁기로 강한 분리작용을 하며 오염의 정도에 따라 알칼리성 세제 등을 첨가하게 된다. 일반적으로 물세탁을 할 수 있는 의류는 면, 폴리에스테르, 혼방제 등 물세탁에 견딜 수 있는 재질이 그 대상이 된다.

물세탁은 호텔에서 사용하는 냅킨, 테이블클로스, 시트, 타월류, 욕실 가운, 유니폼 등 일일영업에 필요한 리넨류와 고객세탁물을 처리하게 되므로 영업규모에 따라 매일매일 쏟아지는 업무량이 매우 많다고 하겠다. 이를 위한 인력과 장비의 사전 점검은 그날의 생산성을 가름하게 된다. 따라서 세탁담당 주임은 조직원관리에 만전을 기하고, 전체 공정관리에도 능력을 발휘해야 할 것이다.

1) 스케줄 관리

호텔의 영업부서와 영업지원부서는 영업규모(business volume)에 따라 스케줄을 연동하여 고객서비스와 생산성 향상에 기여한다. 세탁실도 전날의 영업상황에 따라 근무인원을 변동할 수 있는 유연성을 확립해야 할 뿐만 아니라 전문인력을 확보하고 유사시 대체인력의 확보계획을 수립해 두어야 필요할 때 바로 업무에 투입할 수 있어 영업에 지장을 초래하지 않는다.

2) 장비가동 준비

호텔 시설관리부서와 유기적인 정보교환으로 전기, 보일러, 급수 등의 공급에 만전을 기한다. 기계운전은 아래와 같은 순서로 작동한다.

① 동력, 스팀, 급배기 연결
② 배전판의 기계전원을 켠다.
③ 압축기의 전원을 연결시킨다.
④ 에어압력을 확인한다.
⑤ 기계를 시험 가동한다.
⑥ 온수, 냉수의 급배수를 확인한다.
⑦ 스팀을 올려 배관 속의 응축수를 제거한다.
⑧ 기계를 정지하고 내동 및 외동문을 맞춰 열어 놓는다.

3) 세탁 전 주의사항

① 양말, 브래지어, 나일론 제품 등은 세탁용 자루에 넣어 세탁한다.
② 긴급 세탁물은 별도 분리하여 세탁한다.
③ 탈색우려가 있는 세탁물은 손세탁으로 처리한다.
④ 섬유가 늘어지거나 줄어들 염려가 있는 것은 기름세탁에 의뢰한다.
⑤ 오점이 있는 세탁물은 세탁 전 간단한 오점제거 작업을 거친다.
⑥ 드레스 셔츠의 칼라와 커프스는 연한 솔로 사전 오염제거 작업 후 세탁에 넣는다.

2. 세정

1) 유색의류 세탁

면 종류의 청바지 등 산성염료나 염기성염료로 염색 가공된 의류 중에서 탈색의 위험이 많은 의류는 별도로 구분하여 처리한다.

2) 고온세탁

내의, 팬티, 런닝, 드레스 셔츠 등 백색 면 종류는 고온으로 열을 가해도 의류에 손상을 입히지 않으므로 고온세탁을 한다. 대형 워셔를 이용하여 세탁할 때에는 일회전을 40~60분으로 마칠 수 있으며, 그 과정은 세탁물 투입 1분, 예비세탁 3분, 본세탁 15분, 헹굼 4회에 각 3분씩, 배출 및 탈수에 약 10분이면 가능하고, 이때 물 온도는 30℃에서 본세탁 70℃, 헹굼 50℃, 마지막 헹굼 30℃로 유지하고, 세제는 본세탁 시 비누 1리터, 소다수 0.5kg, 가성소다 0.7kg을 투입한다.

3) 일반세탁

폴리에스텔, 아세테이트, 아크릴, 비스코스, 나일론 등의 합성섬유는 보통 일반세탁을 하게 된다. 이때 탈색의 위험이 있거나 오염도가 심한 것은 피해야 한다.

대형 워셔를 이용하여 세탁할 때 일회전에 약 45분 정도가 소요되며, 그 과정을 보면 세탁물 투입 1분, 예비세탁 3분, 헹굼 3분, 본세탁 10분, 헹굼 3분씩 4회 배출 및 탈수 10분 정도로 진행된다. 이때 물 온도는 예비세탁 30℃에서 본세탁 50℃, 헹굼 50℃, 마지막 헹굼 30℃로 유지하고, 세제는 예비세탁 시 중성세제 1리터, 본세탁 시 비누 1리터, 소다수 0.5㎏을 투입한다.

4) 한복세탁

한복세탁은 오염의 상태를 파악한 후 손세탁 및 기계세탁으로 구분하고, 나염의 상태 및 부착물의 상태에 따라 주의가 요망된다. 한복의 탈수는 최소한 짧게 처리하고, 탈색으로 인한 역오염 방지에 주의한다. 한복류는 탈수 후 손으로 만져 주름을 편 다음 자연건조를 원칙으로 한다. 한복을 기계에 넣어 세탁할 때에는 세탁용 자루에 넣어 바느질이 미어져 나오는 것을 방지하고, 짧은 시간 안에 세탁을 끝내도록 한다. 한복을 세탁할 때 주의점은 첫째, 모시류는 풀가공을 원칙으로 한다. 둘째, 자연건조 후 분무기로 물을 뿌려가며 전기 다림질로 마무리한다. 셋째, 양단류는 탈수 후 젖어 있는 상태로 안쪽에서 다림질 작업을 한다. 넷째, 양단이나 갑사 종류는 풀가공 처리하여 전기 다림질을 한다. 다섯째, 한복안감은 망사로 되어 있어 자연건조 후 저온 다림질을 한다.

5) 리넨세탁

리넨슈터(linen shooter)로 전달된 객실 리넨류와 각 영업장에서 사용된 리넨류 품목별로 구분하여 세탁한다. 이때 리넨류의 재질과 색상에 따라 구분하여 세탁준비를 하며 세탁방법은 다음과 같다.

① 호텔에서 사용하는 침대 시트(bed sheet)는 질 좋은 면으로 제작되어 줄어들 염려가 있으므로 고온세탁보다 일반세탁이 보편적이다.

② 열은 백색을 오래 보존하기 위해 Ph 8~10 중성세제를 사용하고, 사용횟수가 200여 회를 넘겨 형광백도가 떨어지면 NAOH의 중성세제를 혼합하여 사용한다.

③ 표백작업 중 표백액, 유산, 수산의 처리는 형광백도의 증대가 요구되는 것만을 사용한다.

④ 산화성 표백은 적정온도에서 처리하는 것이 안전하며, 약품투입 순서는 표백액, 유산, 수산, 중성세제, 형광염료의 순으로 투입한다.

⑤ 환원표백작업은 각종 섬유의 색상이 오염되었을 때 그 부분만 제거 세탁하기 위해 사용한다.

⑥ 정전기를 줄이기 위해 대전방지제를 세탁 후 헹굼공정에 투여한다.

(1) 시트(sheet)

세탁 순서	작업과정	작업내용	사용약품	용수	물 온도	소요 시간
1	세탁물 투입	기계용량에 80% 정도를 상하 골고루 투입				7분
2	예비세탁	내동을 회전시키면서 냉·온수로 1차 헹굼		높게	30℃	3분
3	본세탁	온수 급수 후 약품 투입	세제 1.5ℓ 가성소다 0.9ℓ 형광염료 0.03kg	낮게	60℃	10분
4	중간 탈수	배수 후 즉시 탈수		높게	30℃	3분
5	1차 헹굼	온·냉수로 급수, 헹군 후 배수	대전방지제	높게	20℃	4분
6	2차 헹굼	냉수로 헹굼				4분
7	최종 탈수	배수 후 탈수				7분
8	세탁물 배출	세탁물 배출				8분
	총 소요시간					46분

※ 세탁 소요시간 및 공정은 품목별로 다를 수 있으며, 상기 사항은 개략치임

(2) 타월

세탁 순서	작업과정	작업내용	사용약품	용수	물 온도	소요 시간
1	세탁물 투입	기계용량에 80% 정도를 상하 골고루 투입				7분
2	본세탁 1	온수 급수 후 약품 투입, 스팀 주입	세제 1.6ℓ 가성소다 0.5kg 소다회 0.5kg	낮게	80℃	10분
3	1차 헹굼	냉 · 온수로 헹굼		높게	40℃	3분
4	본세탁 2	온수 급수 후 약품 투입, 스팀 주입	수산 1kg	낮게	60℃	6분
5	2차 헹굼	온 · 냉수로 헹군 후 배수		높게	40℃	3분
6	3차 헹굼	온 · 냉수 급수 후 헹군 다음 배수		높게	40℃	3분
7	본세탁 3	온 · 냉수 급수 후 약품 투입	세제 1.0ℓ 형광염료 0.03kg	높게	40℃	5분
8	중간 탈수	배수 후 즉시 탈수				4분
9	4차 헹굼	온 · 냉수로 급수, 헹군 후 배수		높게	30℃	3분
10	5차 헹굼	냉수로 헹굼		높게	30℃	3분
11	최종 탈수	배수 후 탈수				7분
12	세탁물 배출	기계 정지 후 세탁물 배출				8분
	총 소요시간					62분

(3) 테이블클로스

세탁 순서	작업과정	작업내용	사용약품	용수	물 온도	소요 시간
1	세탁물 투입	기계용량에 80% 정도를 상하 골고루 투입				7분
2	예비세탁	내동을 회전시키면서 온수로 1차 헹굼		높게	80℃	3분
3	본세탁	온수 급수 후 약품 투입, 스팀 투입	세제 2ℓ 소다회 2kg 표백제 4kg	높게	80℃	15분
4	중간 탈수	배수 후 즉시 탈수				3분
5	1차 약품 처리	냉수 급수 후 유산 투입			20℃	3분
6	중간 탈수	배수 후 즉시 탈수				3분
7	1차 헹굼	냉수로 헹군 후 탈수		높게	20℃	3분
8	2차 약품 처리	온수 급수 후 수산 투입, 스팀 투입		높게	80℃	15분
9	중간 탈수	배수 후 즉시 탈수				3분
10	2차 헹굼	온수로 헹군 후 재탈수		높게	50℃	5분
11	정리 세탁	온수 공급 후 약품 투입		높게	50℃	5분
12	중간 탈수	배수 후 즉시 탈수				4분
13	3차 헹굼	냉 · 온수 헹굼 작업		높게	40℃	4분
14	4차 헹굼	냉 · 온수 헹굼 작업		높게	30℃	4분
15	5차 헹굼	냉수로만 헹굼 작업		높게	20℃	4분
16	최종 탈수	배수 후 탈수				10분
17	배출	기계 정지 후 세탁물 배출				8분
	총 소요시간					100분

3. 탈수 및 건조

탈수는 탈색의 위험이 있으므로 가능한 짧은 시간 내에 탈수 처리해야 한다. 비닐계통이나 방수 코팅된 의류는 탈수 시에 원심력으로 인하여 팽창되거나 올이 파손되는 경우도 있고, 단추나 장식품은 깨어지는 경우도 있으므로 모터를 약하게 설정하여 짧은 시간 내에 탈수한다. 탈색의 위험이 있는 세탁은 주위 세탁물에 역오염이 되지 않도록 수건 등으로 싸서 탈수한다. 보통 리넨류는 탈수와 동시에 롤러에 넣어 건조하지만, 고객세탁이나 유니폼은 자연건조를 해야 할 경우도 있다. 자연건조는 탈수 후 손으로 주름을 편 다음 의류의 원형을 살려서 건조한다. 모직류, 실크류, 유지섬유, 아크릴계, 염화비닐계와 브래지어 등은 자연건조를 원칙으로 한다. 테이블클로스와 냅킨은 세탁, 탈수 후 다림질 공정작업을 실시하기 직전에 건조작업을 거치는데, 탈수하면서 발생한 주름을 펴 주고 수분함유량을 반분한 후 다림질 공정으로 연결한다.

4. 다림질

1) 준비작업

건조작업이 끝난 세탁물은 다림질을 하여 상품의 가치를 부여한다. 다림질을 시작하기 전에 다음과 같은 준비작업을 거친다.

① 스팀 밸브를 연다.
② 공기의 압력을 확인한다.
③ 모터의 전원을 넣는다.
④ 전원의 부하량을 확인한다.
⑤ 다림질판을 올린다.
⑥ 속도계를 0에 맞춘다.
⑦ 시작 스위치를 넣는다.

⑧ 속도계를 0-1-2-3으로 올리고 가동상태를 점검한다.

⑨ 파라핀 왁스를 칠한 천을 넣어 롤러에 묻어 있는 불순물을 제거한다.

2) 세탁물 종류별 다림질 방법

(1) 시트류 다림질

① 작업을 시작하기 전 기계 뒤편에 정리대를 놓고 시트를 기계에 투입할 수 있도록 정리하여 둔다.

② 작업자의 위치를 선정한다.

- 5명 작업 시 : 투입 2명, 정리완성 3명
- 6명 작업 시 : 투입 2명, 투입보조 1명, 정리완성 3명
- 9명 작업 시 : 투입 2명, 투입보조 2명, 정리완성 5명

③ 작업방법

- **투입조** : 2명 1개조로 양쪽에 간격을 두고 마주 서서 시트의 같은 면을 들어 기계벨트에 맞춰 올려 놓은 후 벨트가 시트를 물고 들어가 정상적으로 다려지는지 확인한다.
- **투입보조** : 1~2명이 작업하며 투입조가 시트의 양쪽을 쉽게 찾을 수 있도록 작업 시 계속 도와준다.
- **정리 완성조** : 평면다리미 뒤에서 정리대를 사이에 두고 양쪽으로 2명씩 2열로 마주 보고 나머지 1명은 제일 끝에 위치한 시트가 나오는 끝부분을 잡아 서서히 나오는 속도에 맞춰 당겨 주고, 끝까지 나오면 양 끝을 다시 잡아 양쪽 끝을 한 손에 모아 쥐고 한 손으로 중앙 부분을 잡고 다시 한 손으로 옮겨 잡으면서 뒤쪽 사람에게 넘겨준다. 뒤쪽 2명은 두 번 접어서 시트를 양손으로 받아 평평하게 당겨 구김을 방지하면서 한 사람이 끝을 맞은편 사람에게 포개준 뒤 중앙 부분을 잡아서 다시 평평하게 당겨 작업대에 가지런히 놓는다. 나머지 1명은 작업대에 놓인 시트의 중앙 부분을 양손으로 잡

아 높이 들어 구김을 펴면서 작업대에 놓고 다시 중앙 부분을 잡아 반으로 접어 정리대에 놓는다. 정리 완성조가 3명일 경우에는 평면다리미 뒤에서 정리대를 사이에 두고 2명이 마주 보고 나머지 1명은 뒤쪽에 위치한다. 마주선 2명은 5명인 경우의 2명씩 마주 선 앞, 뒤쪽의 일을 연결 작업한다. 나머지 1명은 5명 작업일 경우와 같다.

(2) 테이블클로스류

① 테이블클로스는 순면으로 직조가 조밀하여 세탁 후 다시 중간 건조의 공정을 거쳐 다림질에 들어간다. 알맞게 건조된 테이블클로스를 기계 앞 작업대에 올려놓는다.

② 테이블클로스 작업은 시트보다 크기가 작으므로 2명이 마주보고 서서 양 끝을 잡고 한 손으로 벨트에 올려놓으면 한 손으로 뒤쪽을 흔들어 바로 펴져 들어가도록 한다.

③ 기계 뒤에 2명이 마주 서서 다려져 나오는 테이블클로스를 한 손에 쥐고 서서히 나오는 천을 기계 속도에 맞춰 당기면서 끝이 나올 때 다른 한 손으로 끝을 잡는다.

④ 두 사람이 함께 뒤로 물러서서 평평하게 당기면서 포개어 접는다.

⑤ 뒤편에 있는 사람은 포개어 접은 테이블클로스를 다시 정리하여 규격별로 정리한다.

(3) 냅킨과 베갯잇

① 냅킨은 직조가 순면이고 조밀하므로 테이블클로스와 같은 방법으로 중간 건조공정을 거쳐 다림질을 한다.

② 알맞게 건조된 냅킨을 기계 앞 작업대 위에 정리하여 올려놓는다.

③ 냅킨의 네 귀 중 한쪽 양 끝을 잡고 옆으로 당겨 편다. 냅킨을 벨트 위에 올려 투입한다.

④ 베갯잇은 양쪽을 잡고 한 번 털어 준 다음 평면다리미 위에 반듯하게 올려놓는다.
⑤ 투입 직후 뒷부분이 말리지 않도록 양 끝을 잡아 펴준다.
⑥ 기계 뒤쪽에 있는 사람은 세탁물이 나오는 대로 한 장씩 받아 포개면서 수량을 세어 50장씩 묶거나 접어서 정리한다.

(4) 드레스 셔츠

① 겉쪽 어깨부분 등판을 다림질 앞판 뒤에 펴놓고 평평하게 다린다.
② 우측 소매를 잘 펴서 앞면과 뒷면 순으로 돌리면서 잘 다리고, 그다음 커프스를 겉쪽에서 안쪽 순으로 뒤집어 가며 다린다.
③ 좌측도 우측과 같은 순서로 다린다.
④ 우측 앞판 안쪽을 잘 펴놓고 평평하게 다린다. 좌측도 같이한다.
⑤ 칼라는 겉쪽을 먼저 다리고, 그다음 안쪽 순으로 다린다. 드레스 셔츠는 칼라, 커프스 쪽이 외부에 노출되므로 세심한 주의를 요구한다.
⑥ 등판 앞쪽을 밑판 위에 두고 잘 펴서 다린 다음 다시 양쪽 앞판을 그 위에 걸쳐 펴놓고 구김이 없게 다린다. 다린 후 단추를 끼워야 하는데, 순서는 칼라 부분, 첫 번째 단추, 세 번째 단추, 마지막 단추를 끼운다.

드레스 셔츠의 포장

⑦ 이 작업이 마지막 단계이므로 다림질 상태를 확인한 후 뒤집는다.

⑧ 좌측 팔소매를 접은 다음 우측 팔소매를 접는다. 그다음 칼라로부터 손가락 두 개 넓이를 기준으로 양쪽을 접으면 된다.

⑨ 길이로 접을 때 앞단추 위에서 아래로 4번째 단추를 기준으로 접는다. 드레스 셔츠의 다림질이 완료되면 포장하여 객실에 배달한다.

(5) 블라우스

① 블라우스는 천이 얇으므로 다리미에 힘을 너무 가하지 않도록 주의하여 다려야 한다.

② 겉쪽 등판 상단을 다림질 밑판에 잘 펴놓고 다린다.

③ 우측 팔은 안쪽 재봉선을 기준으로 하여 돌리면서 다린다.

④ 소매 끝은 겉에서 안쪽으로 뒤집으며 다리고, 다림질 틀을 대고 다리는 것이 효과적이다.

⑤ 아래쪽도 우측과 같은 순서로 다린다.

⑥ 팔 상단, 어깨 부분을 다림질 틀을 대고 좌측부터 돌리면서 다린다.

⑦ 우측 팔, 어깨 상단도 좌측과 동일 순서로 다린다.

⑧ 우측 앞판을 잘 펴놓고 안쪽을 다린다.

⑨ 좌측도 같은 순서로 다린다.

⑩ 등판은 안쪽이 다림질 틀 위로 올라오게 펴놓고 안쪽을 다린다.

⑪ 칼라는 겉쪽을 잘 다린 다음 뒤쪽을 다린다.

⑫ 천이 얇은 관계로 구겨지기 쉬우므로 완성된 세탁물은 다시 한번 검사한 후 여성용 블라우스 옷걸이에 건다.

(6) 양복상의

① 양복상의를 완전히 뒤집은 상태에서 등판을 먼저 다린다.

② 소매 안감은 좌측 팔 밑부터 다린다. 먼저 소매 밑쪽 재봉선을 중심으로 밑판

앞쪽에 구김이 없도록 손을 넣어 잘 편 다음 뒤를 돌리면서 다린다.

③ 우측 소매도 좌측과 같은 방법으로 다린다.

④ 안감 어깨 부분은 다림질대를 넣고 앞뒤를 돌리면서 다린다.

⑤ 상의를 바른 상태로 뒤집는다.

⑥ 우측 소매를 안쪽 재봉선을 중심으로 다림질판 앞쪽 끝부분에 잘 펴놓고 밑쪽에 주름이 가지 않게 손을 소매 안에 집어넣어 수시로 확인한 다음 앞뒤로 돌리면서 다린다. 좌측도 우측과 동일한 방법으로 다린다.

⑦ 우측 소매와 어깨 상단 부분을 다림질대에 올려놓고 돌리면서 다린다. 좌측 어깨 상단 부분도 같은 방법으로 다린다.

⑧ 좌측 앞판은 옆모양으로 펴 놓고 다리되, 이때 안쪽 호주머니 부분에 단추가 달려 있으므로 자국이 나지 않도록 조심한다.

⑨ 우측 앞판도 밑판 앞쪽으로 돌려 펴 놓고 다리되, 돌려서 다릴 때에는 먼저 다린 곳에 구김을 방지하기 위해 최대한 넓게 펴 놓고 다려야 한다.

⑩ 칼라를 먼저 앞면으로 펴 놓고 좌측에서 우측, 그리고 뒷면 순으로 다리되, 칼라의 원형을 살리기 위해 최대한 습기를 제거해 가며 앞면을 잘 살려 준다.

(7) 양복하의

① 양복하의를 완전히 뒤집은 상태에서 앞 지퍼의 우측 안쪽과 겉쪽을 다린다.

② 좌측과 우측 호주머니를 다리고 뒷주머니는 두 개를 동시에 펴 놓고 다린다.

③ 우측 가랑이 사이 안쪽 재봉선을 밑판 앞부분에 펴놓고 다린다. 이때 재봉선 솔기 부분을 잘 펴주어야 바지의 원형을 살릴 수 있다. 그다음 겉쪽 재봉선 앞쪽 안감 순으로 다린다. 좌측도 우측과 같은 방법으로 다린다.

④ 허리 부분 안쪽을 좌측에서 우측으로 나가면서 다려주고 그 상태에서 겉쪽 허리 부분도 우측에서 좌측으로 나가면서 다리는데 다리미 중심은 뒷주머니 재봉선까지 다려주면 된다. 이때 바지 위에 천을 덮고 다린다.

⑤ 다시 겉으로 뒤집어서 우측 옆 주머니 부분 재봉선을 밑판 앞쪽에 잘 펴서 다린 다음 호주머니 앞쪽을 다리고, 이때에도 안쪽 호주머니가 구겨지지 않도록 손을 넣어 펴준 다음 다시 뒤쪽으로 뒤집어 뒤쪽 호주머니 부분을 다려준다.

⑥ 우측과 좌측 허리 부분을 모아 쥔 다음 다시 한 손으로 뒤쪽 허리 부분을 잡아서 양쪽 가랑이가 합쳐지도록 하여 밑판 위에 좌측이 밑으로 되게 펴놓고 좌측 가랑이 주름을 안쪽에서부터 다린 다음 돌려서 겉쪽을 다린다.

⑦ 바지는 주름이 생명이므로 재봉선 안쪽과 뒤쪽을 동일하게 맞추어 준 뒤 주름을 잡아 주어야 똑바로 맞게 된다.

⑧ 앞쪽 상단 주름을 좌측과 우측순으로 잡아 주고 뒤쪽 상단 주름도 똑같이 잡아 준다.

(8) 여성 드레스

① 안쪽으로 뒤집어서 안감 하단 부분은 앞쪽 재봉선을 기준으로 돌리면서 다린다.

② 허리 안감은 다림질 틀을 대고 좌측부터 돌리면서 다린다.

③ 상단 부분 안감도 다림질 틀을 대고 좌측부터 돌리면서 다린다.

④ 원형으로 뒤집은 다음 우측판을 안쪽 재봉선을 기준으로 돌리면서 둥글게 다리고, 커프스는 다림질 틀을 대고 다린다.

⑤ 어깨 상단 부분은 다림질 틀을 대고 좌측부터 돌리면서 다린다.

⑥ 우측 상단 부분도 같은 순서로 다린다.

⑦ 허리 상단 부분을 다림질 틀을 대고 다린다. 이때 액세서리가 부착된 것은 세심한 주의를 해야 한다.

⑧ 하단 부분을 앞쪽 재봉선을 중심으로 앞쪽으로 돌리면서 다린다.

(9) 한복

① 한복저고리는 안쪽 깃과 섶 부분을 먼저 다린 다음, 겉쪽 깃과 섶을 다린다.

② 우측 옷고름을 밑판 위에 올려놓고 옆선을 살리면서 다린다. 좌측도 같은 방법으로 다린다.

③ 우측 앞판 끝을 살리면서 다리고, 이때 깃과 섶 부분도 살린다.

④ 좌측 앞판도 우측과 같은 방법으로 다리며, 앞면 하단 부분을 살려 주어야 한다.

⑤ 우측 팔 상단을 살려 준 뒤 양쪽 옆을 살리면서 다린다. 좌측도 우측과 같다.

⑥ 등판은 끝을 살려 잘 펴서 다린다.

⑦ 치마의 말기를 좌측부터 다리면서 주름이 눌리지 않도록 조심한다.

⑧ 치마 하단을 우측에서 좌측으로 나아가면서 다리고, 이때도 하단의 원형을 살리면서 다린다.

⑨ 말기 주름을 좌측에서 우측으로 나아가면서 잘 펴 다린다.

⑩ 치마 중간을 우측에서 좌측으로 다린다.

Hotel Housekeeping & Facility Management

제 11 장

호텔의 시설관리

제1절 호텔시설관리의 의의

호텔시설은 고액의 고정자산이다. 호텔의 건물과 시설은 건축할 때부터 많은 물적 · 인적 자원의 투자로 이루어져 특정 호텔의 이미지를 형상화한 결정체이므로 전사적으로 이의 관리에 만전을 기해야 한다. 호텔은 시설 그 자체가 호텔의 규모, 등급, 가격 등을 예상할 수 있는 가장 중요한 서비스상품이다. 따라서 이를 잘 유지 관리하는 것은 호텔상품의 가치를 극대화하는 것이 되며, 이는 고객만족의 바로미터이므로 최상의 상태에서 유지 관리되어야 한다. 각종 시설물의 안전관리에도 만전을 기해 방문하는 고객에게 쾌적하고 안락한 체류가 되도록 하여 재방문의 동기를 부여해야 된다. 또한 호텔의 최고경영자는 항상 오래되고 시대감각이 떨어지는 시설물에 대한 문제의식과 과감한 개선의지가 있어야 하며, 환경여건과 시대변화에 맞는 설비의 도입으로 시설관리에 힘써 앞서가는 호텔을 경영하게 되면, 계속 성장할 수 있는 호텔기업으로 존속하리라 본다.

제2절 호텔시설관리의 중요성

호텔은 건물 및 시설에 대해 깨끗하고, 안전하게 유지 관리하는 것이 필수적이다. 내부와 외부의 벽체 · 타일 · 창문 · 유리 등을 수시로 세척하여 미화하고, 기계 · 기구 · 비품 · 집기 등 유형고정자산의 수명연장을 위해 일상관리에 힘써야 한다. 또한 전기설비, 난방설비, 에어컨디셔너 설비, 냉장고, 보일러, 주방설비, 각종 운동기구 등도 계획에 따라 관리하므로 고객 서비스에 차질이 없도록 하여야 한다. 호텔시설관리는 고객측면과 경영자 측면에서 유지관리의 중요성을 찾아볼 수 있다. 첫째, 고객의 입장에서는 고객이 지불한 금액에 대한 정당한 가치를 제공받아야 한다. 고른 전압의 공급, 언제나 사용할 수 있는 냉·온수, 계절을 잊고 활용할 수 있는 냉·난방 시설, 항상 신선하고 쾌적한 공기의 공급, 객실내부에 비치된 TV, PC, FAX, 냉장고, 모발건조기, 각종 자동화 시스템은 물론이고 고객에게 필요한 기자재를 활용할 수 있는 지원시설 등은 정확히 작동되어야 한다. 고객의 입장에서는 이런 것이 잘 구비되어 있을 때 별다른 반응이 없으나, 이런 것들이 잘 작동되지 않아 불편을 느낄 때에는 정당한 가치를 제공받지 못한 것에 대한 불만으로 이어져 호텔의 이미지와 고객서비스에 차질을 빚게 된다. 둘째, 경영자의 입장에서 보면 높은 매출이익보다 당장 지불해야 하는 제반 비용을 줄이는 효율경영을 추구하게 된다. 매달 지급해야 하는 수도세, 전기세, 제반 시설이용료 등 각종 사용료(utility expense)와 건물과 시설, 설비의 보수, 유지를 위한 유지관리비(maintenance expense)를 줄이려는 노력을 해야 한다. 호텔시설관리는 앞에서 언급된 고객만족과 비용절감이라는 두 마리 토끼를 한꺼번에 잡을 수 있는 방법을 연구·개발하고, 이를 현장에 적용함으로써 앞서가는 호텔기업을 만들어 나갈 수 있다.

제3절 시설관리부서의 조직 및 업무분장

1. 시설관리부서의 조직

호텔의 경영조직은 그 호텔의 규모, 위치, 영업형태, 추구하는 경영방향 등에 의해서 결정된다. 부대사업이나 식음료사업의 규모가 크다면 시설관리부서의 조직은 이에 따라 크게 마련이지만, 최근의 추세로는 시설관리는 내부에서 맡고, 설비관리는 외부자원(out sourcing)을 활용하는 경우도 있다. 조직은 실무형 또는 기능형으로 구성하고 있으며, 시설관리부서의 책임자는 시설관리부장 또는 차장(director of engineering, building superintendent, director of maintenance, chief engineer)으로 보직하며, 업무지시와 보고는 부총지배인(executive assistant manager), 객실부장(director of rooms)과 연결되어 있다. 교재에 제시된 조직도는 우리나라 500실 규모 호텔이 택하고 있는 실례를 바탕으로 설계된 것이다. 시설관리부서장이 관장하는 조직내부에는 영선담당, 전기담당, 설비담당, 방제담당 등이 있으며, 세부적인 업무는 열관리, 전기, 기계, 통신, 냉동, 목공 및 도장, 방송, 비상기획 등이 있다.

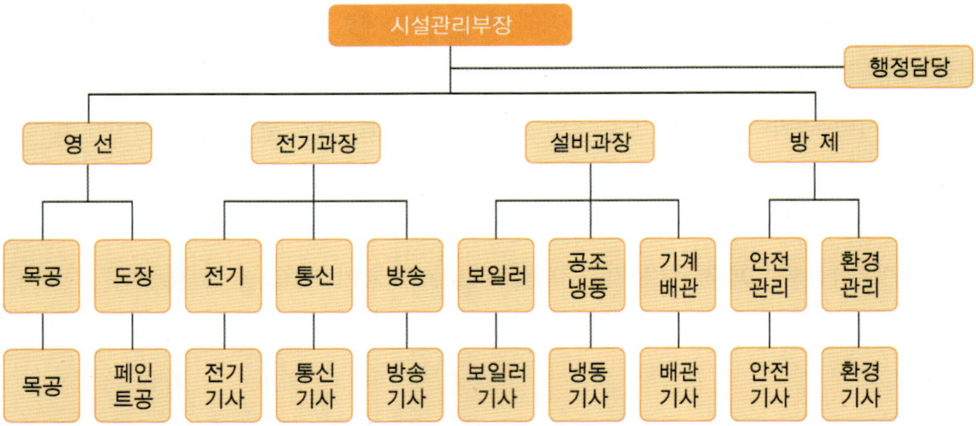

시설관리부서의 조직도

1) 시설부서장(director of engineering)

시설부서장은 호텔건물과 제반시설, 설비의 유지보수를 책임지며 비용절감 차원에서 효율적인 에너지관리에 힘쓰고, 조직 내의 인력을 지휘 · 감독하여 호텔의 영업을 지원한다.

2) 영선담당(building & repairs section)

영선담당은 목공, 도장공, 미장공, 도배공 등으로 구성되며, 호텔의 주요 시설인 객실, 식음료 영업장, 부대시설 등의 가구, 침대, 식탁, 의자 등의 수선업무와 호텔 건물 내의 도장, 객실도배, 시설의 미화, 정비업무를 수행한다. 또한 호텔 내 기물 제작 및 수리, 행사 시 필요물품 제작을 주업무로 한다.

3) 전기담당(electricity section)

호텔의 전기실은 전기기사 1 · 2급, 전기안전관리책임자, 전기기계공으로 구성되며, 이들은 변전실, 발전실, 전기배선, 조명시설, 전기기계, 통신기계의 유지 및 보수업무를 관장한다. 세부적인 업무로는 객실조명 보수, 콘센트 보수, TV전원 보수, 스탠드전구 보수, 냉장고 전기선 보수, 팬코일(fan coil) 전기보수, 영업장 전체조명 보수, 각 냉장고 전기기기 수리, 주차장 조명 보수, 기계실 모터운전반 수리, 각 사무실 콘센트 보수, 수전실 유지보수, 엘리베이터 유지보수, 빙축열 설비보수, 옥상 광고탑 조명 보수, 외곽조명 보수 및 공사, 발전기 전기공사 등이 있다. 또한 이 파트에 소속된 음향담당은 행사 시 행사관련 음향시설 조정과 음향장비 유지 관리를 주업무로 하고 있으며, 통신분야는 객실이나 각 영업장에서 요청한 작업을 처리하고, 자동전화기계장치(PABX SYSTEM)를 관리한다.

4) 설비담당(heat & plumbers section)

설비담당은 열관리사, 보일러기사, 냉동기사, 배관공 등으로 구성되며, 이들은 보일러, 원동기, 냉동기, 급수관리, 욕조시설, 배관시설, 저장시설, 환경관리, 연료 저장탱크 등의 안전운영 및 유지관리를 책임진다.

공조 및 냉동담당은 객실 냉 · 난방 정비 점검, 주방의 냉동 · 냉장고 정비 점검, 냉 · 온수기, 스크류, 터보 정기점검, 사무실 에어컨 점검, 각 공조기 관리, 급수 펌프 정비점검, 스팀 관리, 전체 시스템 정비 및 점검을 주요 업무로 한다. 배관파트에서는 기물관리 및 보수유지, 급수관 관리유지, 수영장 수질관리 및 유지보수, 사우나실 기계운전 등의 업무를 추진한다.

5) 방제담당(fire & emergency section)

방제담당은 호텔을 재해로부터 사전예방과 긴급사고 발생시 응급처치를 추진한다. 호텔 화재안전을 위해 방화관리자를 두며, 방화물 관련 정기점검 및 보완, 자동화재경보기, 전기누전탐지기, 비상방송기기, 건물 내에 설치된 소화설비, 비상탈출용 기계 및 기구 등의 유지관리와 소방훈련업무를 담당한다.

방제담당의 업무는 재해로부터 호텔을 보호하는 것이지만, 환경분야도 함께 관리하는 호텔들이 있으므로 호텔 내 정화조 관리 및 법정 기준치 수시 확인 등의 업무도 소관에 두고 있다.

제4절 객실관리부서와 시설관리부서의 업무연계

호텔 내에는 건물을 비롯하여 많은 시설물이 산재해 있다. 객실관리부서는 이들의 청소, 정비를 책임지는 업무를 수행하지만 이들이 고장나거나 작동에 문제가 있다면 시설관리부서의 도움을 받아 고장수리를 하게 된다. 따라서 객실관리부서와 시설관리부서가 서로 힘을 합해 시설분야를 유지관리하고 있다. 호텔의 대표상품인 객실이 고장난다면 당장 매출에 영향을 미치므로 고장난 방은 즉시 서면으로 시설관리부서에 보고되며, 객실관리부서장과 시설관리부서장은 원상복구를 위한 일정을 논의하게 된다. 그뿐만 아니라 공공장소, 식음료영업장, 부대시설영업장 등에 필요한 작업이 발생하면 두 부서가 힘을 모아 함께 일을 처리하게 된다.

이때 쌍방의 원활한 업무를 위해 요청서에 따라 작업을 추진하고 결과를 통보한다.

☺ The World Best Smile Hotel, Busan

Engineering Work Order

Requestor's Name	Requestor's Dept.	Contact Phone No.	Work Order No.
Specific Location of Work	Equip I.D. No.	Request Date	Req. Completion Date

Chief Description of Problem/Work

Equip. Under Guarantee/Warranty ☐Yes ☐No ☐Unknown ☐NA	Cost Cntr./Capital Auth. No.	Authorized Request Signature

Request Receipt Time Date	Request Type ☐Guest/Emergency ☐Req Deparimental ☐Preventive Medicine ☐Project
Estimated Cost Information	Special Comments/Instructions

Labor	Hours	Cost	
Officials			
Est. Total Cost			

Request Approval Status ◻ Approved ◻ Denied	Est. Work Completion Date	Authorized Engineering Signature

Assignment Date Time	Began	Com-pleted	Eng.'s Intials	Hours Worked		Brief Description of Work Performed
				Reg.	Over.	
Eng. 1						
Eng. 2						
Eng. 3						
Eng. 4						
Total Hours						Completion Date Time / Dispatcher's Initials

White – Work Copy/P File　　Canary – Locator/Engineer's Files　　Pink –Progress
File/Return Copy (Orig.)　　Goldenrod – Originator

시설관리 작업요청서

호텔은 객실 내의 마감상태나 가구류, 기구류들은 고객의 시각에서 볼 때 금방 눈에 띄는 것이기 때문에 이들에 대한 유지관리 상태에 따라 고객들에게 좋은 인상 혹은 나쁜 인상을 주게 된다. 따라서 객실의 유지관리는 예방적 유지관리(preventive maintenance) 차원에서 이루어져야 하며, 체크 리스트에 따라 점검하고 이를 시설관리부서에 통보하여 보수계획을 수립하도록 협조한다. 호텔들에 의하면 객실 유지관리 비용 중 가구류에 대한 보수비용은 전체 유지관리 예산의 2~3% 정도이고, 페인트 작업이나 장식비용으로 전체 유지관리 예산의 3~5% 정도 쓰이고 있는 것으로 나타나고 있어 시설관리부서는 객실관리에 필요한 예산도 확보하여야 한다. 또한 시설관리부서는 객실관리부서뿐만 아니라 호텔의 모든 부서와 연계를 맺고 있으며 모든 구성원은 전사적 측면에서 에너지 절약을 생활화하여야 한다. 에너지는 세계적인 관심사이며 호텔경영의 중요한 업무이기도 하다. 우리나라 특급호텔의 전기세, 상·하수도비, 연료비 등 에너지 비용은 호텔 총경비의 약 5.5~6%를 차지하는 것으로 조사되고 있다. 따라서 호텔의 모든 부서와 경영자는 에너지 절약 계획수립과 집행에 함께 책임을 져야 한다.

제5절 호텔시설관리의 방향

1. 환경친화적 시설관리

1970년대 이후 우리나라도 급격한 산업사회의 발달과 도시화로 인하여 환경은 날로 심각하게 오염되어 생활환경마저도 현격히 악화되어가고 있으며, 탄산가스에 의한 온실효과, 오존층 파괴, 산성비, 매연, 소음, 각종 산업폐수 문제 및 생활용수의 오염과 각종 폐기물 등으로 인한 환경문제는 날로 심각해지고 있다. 구체적으로 말하면 밤낮으로 쏟아져 나오는 객실 및 식음료 쓰레기, 냉동 · 냉장기에서 발생되는 프레온 가스로 의한 오존층 파괴문제, 생활하수 · 세탁하수 · 조리하수 등의 수질오염 문제, 열공급시설에 의한 연소 공해물질의 증가는 호텔 주변의 주민과 관광객의 건강을 위협하고 있어 이의 개선이 곧바로 환경친화적 경영의 시발이다. 호텔은 다른 서비스 업종에 비하여 환경오염 물질의 종류가 다양하고 배출량도 많기 때문에 무엇보다도 환경친화적인 경영과 투자가 요구되며, 이러한 경영철학이 관철되기 위해서는 전 직원에 대한 지속적인 교육과 홍보가 필요하다. 더불어 고객에게 호텔이 실천하고 있는 환경친화 프로그램을 전파할 수 있는 기회로 삼는 것도 좋은 아이디어가 되리라 본다. 예를 들면 총지배인이 보일러실에 장기투숙객을 초청하여 파티를 여는 사례가 있다.

2. 수질 환경관리

아시아에서 유일하게 우리나라가 '물 부족 국가'로 분류되었다. 강우량은 다른 나라에 비해 평균 1.3배가 많지만 전 국민이 하루 평균 395리터의 물을 사용하므로 수자원을 고갈시키고 있다는 것이다. 오 · 폐수는 물 사용량에 비례하므로 물 사용이 많은 만큼 오염된 폐수의 배출도 많다. 호텔에서 배출되는 폐수는 크게 일반 생활오수와 세탁실에서 배출되는 산업폐수로 나눌 수 있다. 생활오수는 주로 화장실 배수, 목욕물, 주방배수 등으로 이루어지며, 모두 오수 정화조로 보내져 처리한 뒤 하수구로 방출된다. 일반적으로 생활오수의 오염도는 생물화학적 산소요구량(BOD) 기준으로 200~300ppm 정도이나 주방지역으로부터 기름기(grease)나 폐식용유 등이 그대로 배출되면 BOD가 400~500ppm까지 상승하여 처리가 어려워지므로 각 주방마다 설치되어 있는 그리스 트랩을 매일 청소하여 환경보존에 힘써야 한다. 세탁 폐수에는 드라이클리닝 세제로 사용하고 있는 퍼크로 에틸렌 등과 같은 특정 유해물질과 이러한 유기 염소 화합물을 함유한 드라이클리닝 찌꺼기, 폐유액 등이 배출되므로 별도의 폐수처리 설비에서 처리한 후 시하수구로 방류하여야 한다. 처리수의 수질기준은 각 지역마다 다르나, 부산광역시의 경우 생활오수는 BOD 300ppm(2002년부터는 30ppm), 세탁폐수는 COD(화학적 산소 요구량)기준으로 130ppm으로 규정되어 있으며, 이를 위반할 때에는 과태료 등의 행정적 제재를 받게 된다.

3. 쓰레기 환경관리

호텔은 고객이 가정과 같이 기거하는 공간이다. 하루하루 배출되는 쓰레기는 전담요원이 관리해야 할 만큼 많다. 호텔에서 배출되는 쓰레기는 크게 음식물 쓰레기와 일반 쓰레기로 나눌 수 있는데, 일반 쓰레기는 객실관리부서에서 취급하고 음식물 쓰레기는 식음료부의 기물관리과에서 처리하도록 하고 있다. 특히 음식물 쓰레기는 호텔마다 식음료부문의 매출에 따라 대량의 쓰레기를 발생시키며 물자낭비와 환경문제로 대두되고 있다. 음식물 쓰레기는 수분 함량이 높고 쉽게 부패하여 매립 및 소각처리에 어려움이 있다. 따라서 분리수거를 철저히 하여 순수 음식물 쓰레기를 사료용으로 농장에 반출하는 것이 호텔 내 쓰레기 처리를 용이하게 해 준다. 환경부는 최근에 음식물 쓰레기를 감량하기 위해 1997년 7월 1일부터 100인 이상의 집단급식소와 30평 규모 이상의 식품접객업소 그리고 시장, 호텔, 백화점에 대하여 음식물 쓰레기 감량화를 의무화하도록 하였다. 현재까지 알려진 감량화 기술로는 발효방식, 건조방식, 소멸방식 등이 있으며, 대부분 호텔들은 건조분쇄시켜 비료로 활용하는 공법을 택하고 있다. 발효실에서 나오는 악취가 또 다른 환경문제가 되지 않도록 설치 시 기종, 장소, 용량 등을 면밀히 검토할 필요가 있으며, 시설관리부서의 기계관리 능력과 지원체계도 확립되어야 한다.

4. 소음 환경관리

호텔은 많은 사람들이 공식 · 비공식적으로 찾아오는 만남의 장소이다. 따라서 고객에게 필요한 적절한 공간을 마련하고, 이를 쾌적한 조건에서 이용할 수 있도록 배려하여야 한다. 고객은 어떠한 소음으로부터 보호되어야 하며, 이를 어기면 좋은 호텔의 명성은 유지될 수 없다. 고객은 안락한 휴식과 재충전을 위한 공간을 이용하기 위해 많은 금액을 지불하기 때문이다. 호텔은 위치에 따라 도로교통 소음, 항공기 소음, 공장 소음, 건설공사장 소음, 시장 소음, 기계설비 소음, 엘리베이터 소음 등 내 · 외부의 많은 소음으로 둘러싸여 있다. 이런 소음은 고객이나 종사원의 성격, 건강 등을 해칠 수도 있다. 따라서 호텔은 객실은 물론 각 영업장, 부대시설을 건축하거나 개축할 때에는 과학적인 방법으로 연구 검토된 방음시설을 갖춤으로써 고객의 쾌적한 체류가 되도록 하며, 내부고객인 종사원에게 좋은 작업환경을 제공하여 고객서비스에 충실하도록 하여야 한다.

5. 대기 환경관리

세계적인 환경문제가 대두되고 있는 것으로 온실효과와 관련한 기상이변, 산성비, 오존층 파괴, 스모그 현상 등을 꼽을 수 있다. 이러한 환경문제들은 화석연료(석탄, 벙커C유, 경유 등)를 사용할 때 발생하는 탄소화합물(CO_2)과 각종 산화물질(SO_2, NOx) 등에 기인하는 것으로 국내 호텔의 경우에는 1991년부터 시행하고 있는 정부의 청정연료(LNG) 공급정책에 따라 대부분이 보일러 연료로 도시가스를 사용하고 있으며, 이에 따라 보일러를 교체할 경우 장기 저리의 금융혜택도 받게 된다. 오존층 파괴는 냉동기나 냉장 · 냉동고, 에어컨 등에 냉매체로 쓰이는 프레온가스(CFCS)나 하론 가스에 의한 것으로서 호텔은 이러한 장비를 많이 사용하기 때문에 장기적으로 대책을 마련하여야 한다. 우리나라는 1992년 몬트리올 의정서에 가입하면서 개발도상국으로 재분류되어 선진국 규제조치를 10년간 유예 받고 2005년까지는 일정량 범위 내에서 이들의 생산 및 사용이 가능해졌다. 그러나 2005년 3월 교토 의정서에는 38개 선진국은 1990년을 기준으로 2008~2012년까지 온실가스 배출을 평균 5.2% 감축하도록 하는 의무 부담을 결정하였다. 유엔환경계획(UNEP : United Nation Environment Plan)은 배출권거래제도(Emission Trading), 공동이행제도(Joint Implementation) 및 청정개발체제(CDM : Clean Development Mechanism) 등 교토 메커니즘을 도입하였다.

배출권거래제도는 각 국가는 CO_2의 배출권을 가지게 되며, CO_2 축소를 초과달성하는 국가는 타 국가에 배출권을 매각할 수 있고, 미달성 국가는 배출권의 매입이 가능하도록 하였다. 주요 국가들의 감축목표는 유럽연합, 스위스, 동유럽 국가들이 각각 8%, 미국이 7%, 캐나다, 헝가리, 일본, 폴란드가 각각 6%, 뉴질랜드, 러시아, 우크라이나가 각각 0% 등으로 38개국이 평균 5.2%를 줄이도록 한 제도이다.

공동이행은 본격적인 배출권거래의 전단계로 갑국이 을국의 온실가스 배출저감에 대한 노력을 지원한 후 저감된 을국의 배출량 일부를 갑국의 배출저감량으로 인정받는 제도이다. 청정개발체제는 개도국의 지속 가능한 개발지원과 선진국의 감축의무 이행을 용이하게 하기 위해 당사국들은 총회의 관장하에 청정개발체제의 설치에 합의할 수 있으며, 선진국과 개도국이 당사자의 이익을 위해 공동사업을 할 수 있도록 허용하고, 이에 따른 수익금의 일부를 개도국 지원에 사용하도록 하였다.

위와 같이 대기환경관리는 세계적인 추세이며, 특히 호텔은 고객의 안전과 편안함을 전제로 서비스를 제공하므로 환경친화적인 경영마인드로 건물 및 시설 관리에 초점을 두어야 한다. 호텔시설관리부서장은 대기오염 방지 기술과 제반지식을 정확히 숙지하고, 이를 잘 이행하며, 법적 자격을 갖춘 배출시설 관리인으로 하여금 규정에 의해 운영하도록 하는 제도적 장치를 만들어야 할 것이다.

제6절 예방점검과 유지관리

호텔 건물은 그 자체가 호텔의 상품으로 구성되어 있기 때문에 예방점검과 유지관리에 만전을 기해야 한다. 호텔건물은 장기간 외부에 노출되고, 이용자가 사용함으로써 부분별 손상이 가기 마련이다. 이런 손상을 초기에 발견하여 조치를 취하므로 내용연한을 연장시켜 주면서 깔끔하게 유지하는 데 있다. 예방점검은 호텔건물은 계속적인 관심 없이는 효율적으로 운전되지 않으며, 건물 내 설치된 시스템과 장비들은 기본적인 유지관리, 보수, 부품교체, 자동화 시스템의 정확한 작동, 이에 따른 안전사고 방지에 대한 꾸준한 관심을 기울여야 한다. 만약 이러한 요구에 적절한 대응을 하지 못하면 시설 유지관리가 원활히 이뤄지지 않으며, 이것은 곧바로 서비스 질에 대한 고객들의 불만과 직원들의 업무능률 저하로 나타나며 궁극적으로 영업이익 감소로 이어진다. 호텔의 시설은 부단한 예방점검과 스케줄에 따른 유지관리가 필요하다.

1. 예방점검

호텔의 시설과 장비는 호텔영업의 특성상 연중무휴로 가동한다. 시의적절한 예방점검은 최악의 상태를 미연에 방지하는 중요한 역할을 한다. 시설은 객실관리부서와 합동으로 체크하여 필요부분을 계획에 따라 보완하는데 그 내용으로는 옥상, 지하비트, 외벽, 현관지역, 배수로 등 외부점검과 객실내부, 창문 및 문틀, 내벽, 철재 부착물, 배기덕트 등 내부점검이 있다. 장비는 제작사의 점검 지침서에 따라 기술과 경험이 있는 직원이 수행하게 된다. 예방점검은 장비의 수명을 연장하고 고장을 최소화할 수 있기 때문에 이 예방점검을 얼마만큼 잘 수행하느냐에 따라 유지관리가 수행되었는가, 그렇지 못한가가 판가름나게 된다. 예방점검은 점검, 경미한 수리, 작업계획의 3가지 절차를 밟는다. 점검은 체크리스트(Check List)를 이용하여 예방점검 대상의 장비나 그 주위를 주의 깊게 살펴보면서 누수 여부, 이상음이나 이상진동 여부, 압력계나 유량계 등의 지시 눈금의 정상 여부, 각 부분의 작동상태 등을 꼼꼼히 체크하는 것이다. 경미한 수리는 점검 시의 간단한 수리나 교환·조정 등을 말하는 것으로 유지관리 담당자는 공구를 지참하고 다니면서 이러한 일들을 즉시 수행한다.

만약에 베어링이나 기타 부품을 교체하기 위해서 장시간 장비의 가동을 중지해야 될 경우에는 작업계획을 짜서 실시한다.

2. 유지관리

1) 일상적 유지관리

일상적인 유지관리는 호텔 내 시설물 전반을 현재의 상태로 계속 유지하고 그 기능이 저하되지 않도록 매일매일 점검하는 것이다. 이러한 유지관리는 단순한 작업들로서 기술이 크게 필요하지 않으며 기록에 남길 필요도 없다. 예를 들면, 고장난 전등기구의 교체, 잔디깎기, 카펫청소, 바닥세척, 유리창 청소, 객실정돈 등이 해당되며, 호텔 대부분은 이러한 일상점검을 객실관리부에서 수행한다. 기술적인 일상점검은 주로 시설부 업무 중의 하나로서 각 기계실이나 전기실에 있는 장비의 운전상태를 시각적·청각적으로 매일매일 점검하는 것이다.

2) 계획적 유지관리

계획적 유지관리는 이미 알려진 문제점들이나 정기적으로 수행해야 될 유지관리 업무를 계획하에 작업하는 것을 말한다. 계획적 유지관리를 넓게 보면 예방점검의 한 부분이라고 할 수 있다. 그러나 작업범위가 크고 작업시간이 많이 필요하다는 특징이 있으므로 작업 전에 관련부서와 충분한 협의를 거친 후 고객과 직원에게 사전에 인지시켜 불편을 최소화한 다음 작업이 진행되어야 한다.

3) 사후 유지관리

고장이나 결함이 발생한 후 수리를 행하는 것이 사후 유지관리이다. 이러한 사후 유지관리는 예방점검을 제대로 수행하지 않았기 때문에 발생한다. 이 경우에는 긴급상황이 발생하고 수리비용도 늘어나며 긴급 인원 투입에 따라 계획된 작업에 영향을 주게 되고 고객의 불평도 감당해야 한다. 따라서 호텔의 시설부서장은 필요한 시설과 장비에 대해 교체계획과 연중 유지관리 계획을 철저히 세워 영업부문에서 안심하고 서비스를 제공할 수 있도록 하는 것이 기본임무이다.

객실예방 점검표

점검일시 :
장　　소 :

점검항목	점검사항	이상유무	조치
욕실 청결상태			
세면대, 수도꼭지, 샤워기 누수/누설상태			
벽지상태			
조도상태			
조명상태			
소음여부 파악			
객실 청결상태			
냉난방 조절상태			
기 타			

점검자 확인 :____________________

주방예방 점검표

점검일시 :
장　　소 :

점검항목	점검사항	이상유무	조치
누수사항 점검			
배수상태			
누수점검			
누설점검			
가스기구 점화상태			
스팀 공급상태			
냉동기 사항			
장비별 이상유무 파악			
기타			

점검자 확인 :______________________

영업장 예방 점검표

점검일시 :
장　　소 :

점검항목	점검사항	이상유무	조치
커튼 점검			
냉난방 상태 파악			
조명점검			
장비 현황			
기물파손 파악			
기타			

점검자 확인 :____________________

제7절 에너지 통제 및 관리

1. 호텔에너지 관리의 특성

1) 전력의 과소비

호텔은 고객 투숙에 관계없이 많은 전기설비와 에너지를 소모하고 있다. 모든 전기설비는 언제라도 작동할 수 있는 상태를 유지해야 하며, 평상시의 전력원이 고장날 경우를 대비하여 비상발전시설을 갖춰야 한다. 또한 호텔의 연회장, 결혼식장, 회의실 등의 공공장소(public area)는 부하 밀도가 높아 조명, 인체 등의 내부부하와 외부 부하가 대부분을 차지하며 사용상황에 따른 부하의 변동폭이 크다. 따라서 에너지 소비량이 큰 폭으로 변화한다.

2) 풍부하고 깨끗한 물 공급

호텔과 레스토랑은 깨끗하고 풍부한 물이 공급되어야 한다. 급탕량이 많아 물 사용료와 가열에 소요되는 에너지 소비가 크다.

따라서 호텔은 자가시설에서 공급하는 물은 물론 공공기관에서 공급하는 물도 활용하고, 다른 대체기술의 도입을 적극 고려하여 급수비용과 하수처리 비용을 크게 절약하고 자원의 낭비를 막아야 한다.

3) 쾌적한 냉 · 난방 공급

호텔은 연중 안락하고 쾌적한 실내온도 유지에 많은 기술적 관리가 필요하다. 자연바람이 가장 좋지만 계절과 상황에 따라 냉 · 온방이 필수적이며, 창밖의 외부기온이 높을 때, 내부 혹은 외부습도가 높을 때, 좁은 장소에 많은 군중이 모였을 때, 집회 시 동시에 많은 양의 냉 · 난방이 필요하다. 또한 환절기에는 냉방과 난방이 동시에 필요하기 때문에 운전과정에서 에너지 손실이 발생할 수 있어 관리에 만전을 기해야 한다.

4) 대형 냉동·냉장 시설 완비

식음료 관리에서 냉장시스템은 빼놓을 수 없는 중요한 설비로서 호텔 내의 대소형 냉장, 냉동기는 하루 24시간 가동되어 필요한 식자재의 신선도를 유지 관리해 준다. 따라서 이런 시설은 호텔의 에너지 비용을 높이는 주요 원인이 된다.

2. 호텔의 에너지 요금분석

호텔의 에너지 비용이 차지하는 비중은 우리나라 호텔의 경우 총매출액의 약 3.5~5.5%, 일본의 경우에는 약 7.5% 이상 차지하는 것으로 알려져 있다. 우리나라도 LPG, LNG 값이 두 배 이상 인상된다는 보도가 있어 앞으로 에너지 단가가 큰 폭으로 인상될 것이 예상되므로 총매출액에 대한 비율이 올라갈 것으로 판단된다. 따라서 호텔산업에서 에너지 비용을 보다 효율적으로 관리하는 것이 호텔경영상 매우 중요하며, 그러기 위해서는 합리적인 시스템을 도입하여 운영할 필요성이 대두되고 있다. 오른쪽 그림은 부산 시내에 있는 특급호텔들이 지급하는 에너지 요금 비율이다. 그러나 물값의 비율이 계속 증가하고 있어 조만간 전기세를 앞지를 것으로 예측된다.

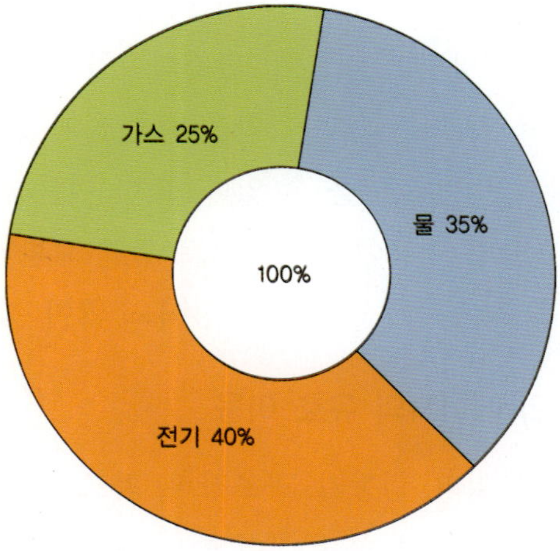

호텔의 에너지 요금비율

3. 호텔의 에너지관리

호텔건물에서의 에너지 절약은 다른 건물과 별 차이가 없지만, 최근에 와서 중수도 설비나 열병합 발전설비 등이 많이 적용되고 있다.

열병합 설비는 급탕 부하, 난방 부하가 큰 호텔에 도입될 경우 발전 폐열을 효율 좋게 이용할 수 있다. 중수도 설비는 최근 잦은 기상변화와 많은 물소비 습관에 의해 우리나라에도 물 부족 국가로 분류됨에 따라 대형 건물에 설치하도록 의무화되고 있으며, 생산단가도 시수에 비하여 톤당 50% 이상 차이가 나므로 매우 경제적이라 할 수 있다. 호텔에서의 에너지 절약을 위한 방안은 다음과 같은 것이 있을 수 있다.

1) 최소 부하 가동

빙축열 시스템을 설치하여 상대적으로 싼값에 공급받을 수 있는 심야 전력을 이용하여 물을 냉각시키고 이것을 주간에 객실, 공공장소, 식음료 영업장 등에 공급하는 방법이 있으며, 탄소화합물(CO_2) 농도에 의한 외기 도입량을 제어한다든지, 부하가 되는 외기 침입을 적게 하기 위해서 출입구에 회전문이나 방풍실을 설치하는 것 등도 있을 수 있다. 또한 여름철이나 겨울철에 외기를 직접 도입하게 되면, 냉난방 비용이 증가하므로 전열 교환기를 설치하여 배기되는 실내공기로부터 열을 회수하여 급기하는 방식도 많이 적용되고 있다.

2) 에너지의 유효 이용

보일러, 냉동기, 공조장비, 펌프 등의 운전효율을 높이기 위해서는 고효율기기의 적용, 부분부하 특성이 좋은 기기 및 제어방식, 대수 분할에 의한 고효율 운전, 빙축열 시스템 등의 적용을 고려할 수 있다. 호텔의 연회장, 회의실 등 공공장소(public area)는 사용상황에 따라 피크 풍량보다 적은 풍량으로도 운전되는 시간이

길기 때문에 변풍량 방식(VAV System)도 많이 채용되고 있다. 또한 이러한 지역은 봄, 가을철의 냉방이 필요할 때 냉동기를 가동하지 않고, 비교적 온도가 낮은 외기를 이용하여 냉방하는 외기 냉방도 가능하다. 조명 에너지는 건물 전체 전기 사용량의 약 30%나 차지하고 있으므로 절감효과가 큰 절전형 전등기구의 사용이 점점 확산되고 있다.

3) 운전시간의 단축

객실의 경우 고객이 외출하거나 체크아웃을 할 경우 자동적으로 전원이 차단되는 카드 키 시스템(card key system)이 많이 도입되고 있다. 그리고 각 영업장은 영업시간에 맞추어 최대로 운전시간을 단축시킬 수 있는 타임 스위치(time switch)에 따라 공조기를 가동한다. 사용시간대가 불규칙한 연회장이나 회의실은 직원 교육을 통하여 사용하지 않을 경우 조명등을 끄도록 관리한다.

4) 폐열의 회수

공조설비의 폐열 회수는 전열 교환기를 이용하며, 에너지 절약대책 중에서 적용예가 가장 많다. 호텔의 경우 인원 밀도가 높은 연회장이나 회의실 계통과 전체 외기 공조를 하는 객실 계통에 자주 적용되고 있다. 호텔은 5~7kg/cm^{2}의 고압 증기를 사용하기 때문에 이들로부터 배출되는 응축수로부터 재증발 증기를 회수하는 플래시 베셀(flash vessel)을 설치하는 것도 폐열을 회수하는 좋은 방법 중의 하나이다. 세탁실의 경우 세탁물을 린스(rinse)한 물은 수온이 70℃ 이상이고, 어느 정도 세제를 포함하고 있으므로 재사용(reuse)하게 되면 에너지 비용뿐만 아니라 세제비도 절감할 수 있다. 폐열을 회수하여 재사용하는 시스템은 1996년 속초의 삼성콘도에서 가장 먼저 시도하여 매스컴에 소개되었던 방법이며, 그 후 많은 신축호텔과 콘도미니엄에서 채택하여 에너지 재활용과 환경보존에 앞장서고 있다.

제8절 호텔시설의 개·보수관리

1. 시설 개·보수작업

호텔은 영업환경에 따라 변화를 반복할 수 있는 시설이 필요하다. 영업에 따른 공간 확장 내지는 변경을 하거나, 또는 영업장 분위기를 쇄신하기 위하여 내부 인테리어를 새롭게 하는 등의 이유로 개·보수작업을 하는 것은 흔한 일이다. 물론 시설물들을 오래 사용하여 노후화가 되어 개·보수작업이 필요한 경우도 있다. 대개 체인 호텔들은 새로운 호텔에 투자하는 금액보다 개·보수에 투자하는 비용을 일종의 자본적 투자공사(capital projects)로서 주기적으로 계획에 따라 진행한다. 일반적으로 개·보수나 증축공사는 다음과 같은 이유에서 추진된다고 볼 수 있다.

① 시장경쟁력을 계속 유지하기 위한 투자
② 시장경쟁력을 개선하기 위한 투자
③ 호텔 시설물을 확장하기 위한 투자
④ 호텔 시설물의 효율적인 운전을 위한 투자
⑤ 호텔 시설물의 안전을 유지하고 개선하기 위한 투자
⑥ 노후화된 장비를 교체하기 위한 투자
⑦ 세금을 줄이기 위한 투자

시장경쟁력을 계속 유지하기 위해서 투자하는 대표적인 예로는 객실의 정기적인 개·보수 작업과 기타 영업장에 대한 개·보수 작업 등을 들 수 있다. 이 부분에 대한 투자는 호텔 재무상태의 분석에 영향을 받기보다는 일정 기간마다 투자하는 경향이 있다. 호텔 개·보수의 경우 대개 신설 후 5년 단위로 카펫, 벽지, 페인트, 의자나 소파의 천갈이, 주요 가구 등을 교체한다. 또한 10년 후에는 각종 시스템과 주방장비, 배관 덕트 등을 교체하며 식당장비, 전화교환설비, 자동제어장치, 방재설비, 컴퓨터 등도 교체한다.

시장경쟁력을 개선하기 위한 투자로는 각 영업장의 내부 인테리어를 변경하거나 내부 가구들을 모두 교체하는 것 등을 생각할 수 있는데, 투자액에 대한 회수기간을 사전에 충분히 검토하여야 한다. 호텔시설물을 확장하기 위한 투자는 호텔을 처음 지을 때의 개념과 마찬가지로 타당성 조사를 통하여 투자대비 이윤을 면밀히 분석해야 한다.

호텔 시설물의 효율적인 운전을 위한 투자는 시설부와 관련된 사항으로서 주로 에너지 비용절감을 위한 투자로 볼 수 있다. 객실에 관련된 개·보수 공사는 객실관리부문 경영계획에서 보았던 체크리스트에 따라 5년 단위로 관리하며 보통은 투자액 대비 회수기간이 3~4년 이내이면 경제성이 있다고 볼 수 있으며 이런 경우 비교적 다른 분야보다 투자의 우선권을 쥐게 된다. 호텔 시설물의 안전을 개선하기 위한 투자와 노후화된 장비를 교체하기 위한 투자는 경우에 따라서 우선순위가 지연될 수 있으나, 꼭 필요한 투자라고 볼 수 있다. 세금을 줄이기 위한 투자는 여러 가지가 있을 수 있으나, 초기 호텔설계 당시에 검토하는 것이 바람직하다. 예컨대 심야 전기사용에 따른 전기료 인하, 중수도 설비를 설치할 경우 수도료 감면 등의 혜택을 받을 수 있게 된다.

2. 공사 관리

개·보수 공사나 증축공사는 공사규모나 호텔조직에 따라 차이는 있겠지만, 대부분의 경우 시설관리부서의 책임하에 프로젝트 팀을 구성하여 시행한다. 이러한 공사들은 호텔영업을 하면서 동시에 진행해야 하기 때문에 호텔영업에 지장을 주지 않도록 사전에 기술검토를 철저히 하여 공정 스케줄에 차질이 없도록 해야 한다. 특히, 공사기간 동안의 소음, 분진, 페인트 냄새 등의 문제와 함께 용접작업에 의한 화재, 작업자들의 안전사고 발생, 기존 시스템과의 연결문제 등이 모두 시설관리부서에서 관리·감독해야 할 사항들이다.

기존 시스템과 연결작업 때에는 대부분의 경우 단수나 정전상황이 발생하기 때문에 주로 심야 시간대에 작업해야 하며, 객실관리부서와 협조하여 투숙객과 호텔이용객에게 사전에 안내하여 불편함이 없도록 세심한 배려가 필요하다.

또한 외부업체 작업자들의 경우, 호텔 내부사정을 잘 알지 못하므로 이들에게 동선을 정해주어 영업장에 출입을 금하며 도난사고가 발생되지 않도록 사전 교육이 필요하여 매일매일 작업일지를 제출토록 하여 작업 진행상황을 파악하도록 한다.

제9절 호텔안전 및 방화관리

1. 호텔의 안전관리

호텔에서 훌륭한 안전관리는 고객의 안전과 자산의 보호는 물론 효율적인 호텔경영과 유지개선에 크게 영향을 준다. 따라서 적합하게 고안된 안전관리 프로그램과 최상의 안전을 도모하기 위해서는 안전설비관리, 종사원훈련, 보안관리 등에 관심을 두어야 한다. 호텔의 안전관리를 위한 가장 최선의 방법은 각종 사고를 방지할 수 있는 예방조치가 매우 중요하며, 이 업무는 전문요원이 수행해야 한다. 호텔에서 안전관리를 위해서는 전문가가 꼭 필요하다. 따라서 호텔은 전문요원을 고용하거나 일부 전문가는 외부자원을 활용할 수도 있다.

필요분야	전문인력	관련법규	비고
위험물 및 유류 설비	위험물취급기능사	소방법	기사
방화관리	방화관리자, 소방설비기사	소방법	
냉동기 및 가스설비	고압가스기능사	고압가스안전관리법	기사
전기설비	전기기사	전기안전관리법	
종업원의 안전관리	산업안전기사	산업안전보건법	
종업원의 보건관리	산업보건의사, 간호사	산업안정보건법	
엘리베이터 설비	승강기 안전기사	승강기안전관리법	
공중위생설비	환경기사, 공조기사	공중위생관리법	
수영장 안전관리	인명구조원	공중위생관리법	
보일러 및 압력설비	열관리, 보일러기능사	에너지이용합리화법	기사
환경 및 폐수설비	환경기사, 폐기물기사	환경보전법, 폐기물관리법	
통신설비	유무선 통신기사	전파관리법	

1) 안전설비관리

안전설비관리는 건물, 대지 및 내부 시설물에 대한 보호관리를 의미한다. 호텔의 안전관리에는 외부안전관리와 내부안전관리가 있는데, 외부안전관리는 무단침입자, 각종 도난사고로부터 호텔의 모든 생명과 재산의 보호를 말하며, 내부안전관리로는 안전한 영업장의 설비관리, 경보기설치, 폐쇄회로 TV 및 카메라 작동, 보관시설물 보호 등을 뜻한다.

2) 종사원의 안전관리교육

사전에 충분한 안전관련 직무교육을 받은 종사원들은 각종 안전사고나 실수로부터 신속히 대처하여 고객과 호텔의 자산손실을 최대한으로 줄일 수 있다. 객실

열쇠 관리를 철저히 하고, 소지품의 분실 및 도난 방지, 호텔의 리넨류 및 비품 분실 방지, 식음료업장의 현금출납관리의 체계화 등에 대한 교육을 정규적으로 실시하여 안전사고에 의한 손실을 최소화하는 데 힘을 모아야 호텔의 이미지를 높일 수 있다.

3) 보안관리

보안관리는 투숙객의 생명 및 재산과 호텔종사원의 생명, 호텔의 재산을 보호하기 위한 예방활동이라고 할 수 있다. 보안관리요원은 항상 고객에게 친절하며 문제해결사로서의 활동력을 길러야 한다. 평소 체력과 정신력을 길러 비상시에는 행동요령에 따라 능숙하게 대처해야 한다. 보안관리책임자의 업무는 다음과 같으며, 냉철한 두뇌와 따뜻한 마음씨를 바탕으로 고객에게 서비스를 제공할 수 있는 사람이 적임자이다.

(1) 보안관리자의 책무

① 총지배인 또는 부총지배인이 지시하는 사항을 이행하고, 총지배인/부총지배인에게 안전관리사항에 대해 자문한다.

② 적절한 안전관리요원을 선발하여 교육한다. 전 직원을 대상으로 안전교육을 실시하며 호신술, 소방 및 구조기술, 기본적인 소방훈련, 긴급구조, 인명구조, 수영장 안전관리 등에 대한 교육을 실시한다.

③ 사건이 발생하면 현장을 보존하고 증거를 확보하며 범죄가 발생한 곳에서의 행동이나 의무사항을 신속하게 처리한다.

④ 위기에서의 행동, 보고서 작성, 대인관계, 민 · 형사상의 책임소재 등에 대한 내용을 습득한다.

⑤ 호텔의 경영전략과 부서 간 협동심을 고취하기 위해 각 안전관리담당자를 관리한다.

⑥ 경찰기관과 기타 유관 기관들과 안전에 대한 연락망을 구축한다.

⑦ 담당부서의 모든 활동에 대한 적절한 기록을 유지 · 관리한다.

⑧ 최상의 능률을 유지하고, 최고의 안전을 확보하기 위해 일상적인 업무의 지시사항을 담당부서원에게 정확히 숙지시키며, 안전을 저해할 위험요인을 배제한다.

⑨ 호텔의 일반적인 규정과 규칙을 준수하고, 문제발생에 대한 사례연구 등을 통해 호텔 내의 인명과 재산의 안전보장에 힘쓴다.

(2) 안전관리실의 주요업무

① 호텔의 후문관리는 규정에 따라 진행한다.

② 용무에 의한 방문자에게 출입증을 발급하고 회수한다.

③ 제한구역의 출입을 안전관리규정에 의해 통제한다.

④ 출입자의 소지품 점검은 프라이버시(privacy)를 최대한 존중하여 이행한다.

⑤ 쓰레기 처리 시에는 회사의 재산을 감시하는 기능을 가진다.

⑥ 아웃소싱 계약에 의한 협력업체 직원은 호텔의 규정에 따라 출입시킨다.

⑦ 종업원의 방문객은 예의를 갖춰 맞이하고, 절차에 따라 안내한다.

⑧ 비상사태가 발생한 경우 절차에 따라 보고하고, 업무를 이행한다.

2. 호텔의 방화관리

1) 호텔 방화관리의 의의

호텔에는 많은 고객이 내왕하므로 호텔은 이들의 생명과 재산보호는 물론 호텔 종업원의 생명과 호텔 재산의 보호도 확실하게 책임져야 한다. 따라서 호텔 방화관리는 각종 방화, 소방시설 및 장비를 갖추고 교육훈련을 실행하고 예방인식을 고취시킴으로써 대형 사고를 방지할 수 있다. 호텔의 소방설비로는 각종 소화기, 자동 화재경보기, 자동 전기누전탐지기, 구조대, 구조사다리, 연결송수관, 방화벽, 스프링클러 등이 있다. 다양한 장비가 많이 있어도 이를 운전할 전문요원이 없다면 무용지물이므로 각종 위험물 취급관리자를 임명하고 유자격자를 확보하여 24시간 감시체제를 유지해야 한다.

2) 호텔의 화재 예방대책

호텔건물은 소방법상 특수 건축물로 분류되며, 내화구조로 설계·시공된다. 또한 건축방재 계획에 기본적인 사항으로 건축물의 공간적 대응과 건축물의 설비적 대응이 고려되어 있기 때문에 근본적으로 건축물의 방화대책은 마련되어 있다고 볼 수 있다. 그러나 인간생활의 주변에서 화기나 가연물을 완전히 제거한다는 것은 불가능하기 때문에 다음과 같이 화재발생의 가능성에 대한 예방대책이 필요하다.

① 화재예방 측면에서 내장재의 불연화와 내열 및 규격 전선사용을 철저히 한다.
② 화재 확산방지 측면에서 법규에 따른 방화구획 설정, 호텔주변의 소방차 등의 통로 확보, 소화용수의 확보를 확실히 한다.
③ 화재 조기 발견 조치 측면에서 감도가 우수한 연기 감지기 및 가스 감지기의 설치 관리대책이 필요하다.
④ 호텔 직원에 대한 지속적인 소방안전교육을 실시하다.

3) 연소재의 제거

화재는 연소재가 상호작용하여 발화되기 때문에 이러한 요소를 한자리에 두지 않는 것이 화재예방의 관건이다. 즉 가연물(연료), 조연물(산소), 점화원(불씨)을 격리하는 작업을 평소에 습관화하는 것이다. 화재의 근원인 연소재로 첫째, 산화하기 쉬운 가연물로는 목재, 섬유, 종이류, 고무, 플라스틱 제품 등의 고체 가연물과 등유, 휘발유, 벙커C유, 석유, 경유 등의 액체 가연물, 그리고 LPG, LNG, 부탄가스 등의 기체 가연물이 있다. 둘째, 연소의 조연물로 공기 중에 21%의 산소가 존재하며 가연물이 연소되기 위해서는 액체의 경우 공기 중의 산소량이 약 16% 정도, 고체의 경우 약 6% 정도가 있으면 연소가 진행된다. 셋째, 점화원으로 전기불꽃, 정전기, 전기스파크, 마찰 및 충격의 불꽃, 고열물체, 산화열 등이 있다. 불이 발화되어 타더라도 아래 그림에서 언급된 발화조건 중 한 가지만 제거하면 소화가 되므로 평소 교육훈련에 만전을 기해야 한다.

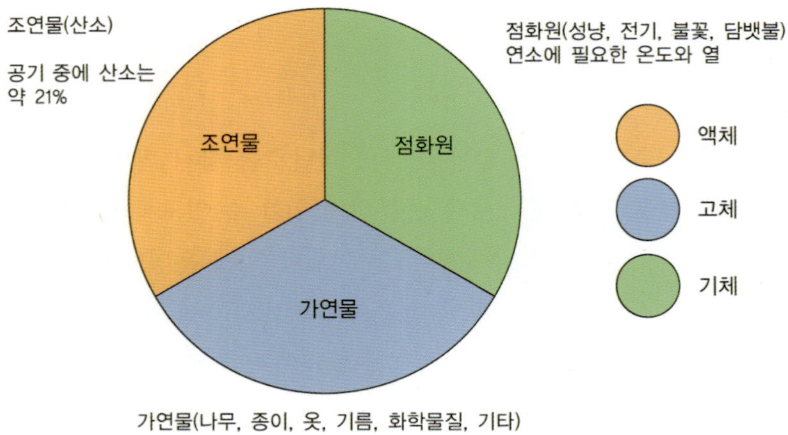

화재를 발생시키는 연소의 3요소

4) 호텔의 화재진압

어떤 연유이든 호텔에 화재나 긴급사태가 발생할 경우에는 신속히 출동하여 초기에 진압하는 것이 가장 바람직하다. 그러기 위해서는 각 부서의 직원들로 구성된 비상 대기조의 운영이 필요하며, 인원구성은 호텔의 규모나 특성에 따라 달라질 수 있지만, 4명씩 4개 분대로 구성하는 것이 효과적이다. 비상사태가 발생하면 가장 먼저 연락되어야 하는 곳은 호텔의 전화교환실이며, 다음은 당직지배인, 시설관리부서장, 총지배인/부총지배인 등이다. 평상시에는 각자 근무장소에서 정상 근무를 하다가 비상 관재실로부터 화재발생에 대한 암호방송이 나가면 즉각 출동하도록 평소에 훈련을 한다. 암호방송은 화재와 훈련상황을 구분하여 방송하도록 사전 교육이 필요하다. 예를 들면,

실제로 화재가 발생한 상황에서는

"업무 연락입니다. 객실부장께서는 당직지배인께 연락해 주십시오."

훈련 상황에서는

"업무 연락입니다. 시설관리부장께서는 교환실로 연락해 주십시오."라고 할 수 있다.

5) 호텔의 화재피난

인명 안전 대피 측면에서 두 방향 이상의 피난로를 항시 확보해 두고 방·배연시설, 피난기구, 유도 등은 제 기능을 충분히 발휘할 수 있도록 정기적으로 점검한다. 각 부서별 자위조직은 시설관리부서의 지휘에 의해 운영되며 고객 대피 유도 방법은 통로, 피난구, 유도 등의 유도 방향으로 안내하여 피난층으로 대피한다. 특히 혼란으로 인한 2차적인 안전사고 발생을 방지하기 위해서는 건물구조, 용도, 영업장의 위치에 따라 층별로 적합한 대피 유도반을 운영하는 것이 바람직하다.

6) 방재센터의 관리

방재센터에서는 건축물 내의 화재정보를 일관 집중 감시하는 기능이 있으며, 화재의 진전상황을 파악할 수 있다. 따라서 화재상황에 따라 적합한 정보를 제공하고 피난할 필요가 있는 경우에는 그 뜻을 지시할 수 있다. 방재센터의 감시·제어 기능은 화재의 탐지, 화재의 확인·판단·지령·통보, 초기 소화, 연소방지, 피난

유도, 본격 소화, 방범 관리, 기타 관련사항 등이 있다.

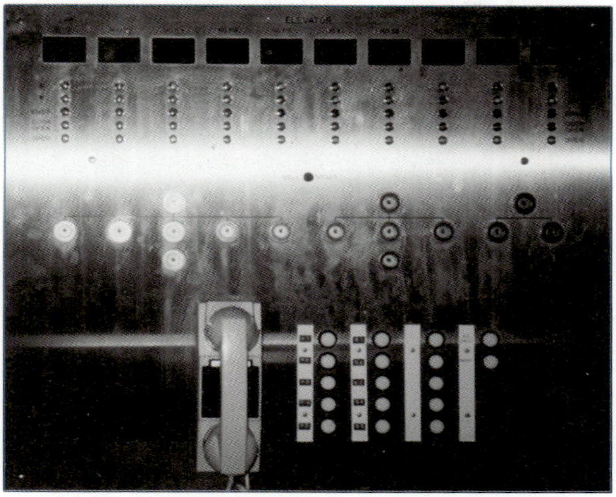

화재방제센터 패널

Hotel Housekeeping &
Facility Management

제 12 장

호텔의 설비관리

제1절 호텔 설비관리의 의의

호텔 건물은 여러 가지 시설과 설비로 이루어져 있다. 앞장에서 언급한 것처럼 이미 건축된 부문을 고객이 깨끗하고 편리하게 이용할 수 있도록 하는 것이 유지관리라고 한다면, 호텔건물이 고객에게 쾌적성·안락성을 제공하여 체류나 이용을 원활하게 할 수 있는 다양한 설치물 즉 보일러, 급수, 위생시설, 공기조화, 냉·난방, 냉동·냉장시설, 전기, 조명, 음향, 통신, 에너지관리 시스템, 방재시스템 등의 장비를 원활하게 관리하는 것을 설비관리라고 한다.

시설관리와 설비관리를 비교한다면 전자는 건물 자체를 관리하는 것이고, 후자는 거기에 장착되어 있는 장비들을 관리하는 것으로 이해할 수 있겠다. 예컨대, 인체에 비하면 호텔의 시설은 몸체이고, 설비는 두뇌·장기 등으로 간주할 수 있다.

따라서 호텔건물에 장착된 설비를 잘 관리하기 위해서는 건축물의 설계단계에서부터 효율적인 에너지관리가 되도록 시스템을 구축하고 전문가를 적절히 배치하여 관리함으로써 호텔의 안전과 효율적인 비용관리에 만전을 기하게 된다.

제2절 호텔의 설비관리시스템

1. 시스템의 도입단계

호텔건물도 일반 사무실 건물이나 병원, 백화점 등의 건물과 마찬가지로 인간이 생활하기 위한 건물로서 국내 건축법, 소방법 및 관련 법규에 근거하여 건축하기 때문에 여기에 설치되는 각종 시스템 역시 다른 건물과 비교하여 비슷하다고 볼 수 있다.

다만, 호텔의 특성으로 식품 냉장, 냉동설비라든지, 세탁 폐수 설비, 연회행사를 위한 음향설비 등이 추가로 필요한 설비들이며, 경우에 따라서는 에너지 절감차원에서 열병합 발전설비나 중수도 설비 등이 도입되기도 한다.

이러한 설비들은 호텔의 규모나 특성에 맞게 설계가 되어야 하며, 과잉설계가 될 경우에는 에너지 낭비적인 요소와 함께 초기 투자비가 높게 되고 반대로 과소설계가 될 경우에는 고객들이나 직원들에게 만족할 만한 서비스의 제공이 불가능하게 된다. 일반적으로 건물 시스템을 설계하기 위해서는 다음과 같은 절차를 밟게 된다.

첫째, 시스템의 부하 계산, 둘째, 시스템의 개략 설계 및 장비 선정, 셋째, 연간 에너지 사용량 추정, 넷째, 라이프사이클 비용 추정, 다섯째, 장비 배치 검토, 여섯째, 최종 설계 등이며, 이때 과거의 기후 조건이나 설계 데이터가 참조가 되기도 한다. 일단 부하 계산이 끝나면 개략적인 시스템 설계와 장비 선정을 하게 되는데, 이때 어떤 시스템이나 장비를 선정하는 것이 나중에 운전하는 경우에 더욱 경제적인지 장비의 수명, 투자비 등을 고려하여 최상의 조건을 선정한다. 이러한 의사결정이 이뤄지면 장비 배치 검토와 함께 최종 설계가 진행된다.

2. 건물 자동화 시스템

1) 건물 자동화의 방향

자동화란 인간의 수동적 조작에 의하던 것을 기계의 힘을 빌려 자동적으로 조절하고 제어할 수 있도록 하는 것을 말한다.

자동화에는 그 대상에 따라 사무자동화, 공장자동화, 건물자동화 등 여러 가지가 있을 수 있다. 건물자동화란 건물에 관련된 설비를 조절하고 제어 관리하는 것으로서 원래는 공조, 열원, 위생, 수변전 등의 전통적인 건물설비를 대상으로 하였으나, 점차 그 대상이 조명설비와 엘리베이터 설비 그리고 방재설비나 출입관리 등의 방범설비까지 확대되고 있다.

최근에는 건물에 관련된 모든 설비를 통합하여 운용하므로 통합화 · 건물자동화 시스템(BAS : building automation system) 또는 빌딩 매니지먼트 시스템(BMS : building management system)이라고도 한다.

호텔건물과 같이 에너지를 많이 사용하고 24시간 가동하는 건물에 있어서는 이러한 건물자동화 설비는 필수적이라고도 볼 수 있으며, 기능 면에서 볼 때 크게 3가지로 구분할 수 있다.

① 설비기기의 운전상태, 감시제어, 계측을 하는 빌딩관리 시스템
② 인명, 건물을 지켜주는 방재, 방범기능을 갖춘 안전시스템
③ 에너지를 절약하고 유지관리를 효율적으로 수행하는 경제적인 시스템

2) 건물자동화의 목적 및 효과

(1) 쾌적한 환경의 제공

실내의 온도나 습도 등의 온열환경을 비롯하여 탄소화합물(CO_2), 먼지 등의 실내공기환경 그리고 조명에 의한 광 환경에 이르기까지 연속적인 감시와 제어를 통하여 건물 내의 고객들에게 최적의 상태로 유지할 수 있다.

(2) 건물 이용자의 편리성 향상

각 설비의 통합화에 의하여 각 건물 이용자의 서비스, 편리성의 향상을 도모할 수 있다. 또한 설비제어관리 측면에서 외기 온도, 강우상태와 건물관리 정보를 실내에서 파악할 수 있다.

(3) 다양한 안전의 확보

사고, 정전, 화재 등의 비상시에 적절한 대응을 할 수 있으며, 또한 방범 시스템을 통하여 건물이용자의 안전확보 및 기밀유지를 실현할 수 있다.

(4) 에너지 및 자원의 절약

공조 및 전기설비를 대상으로 기기의 고효율 운전, 운전시간의 단축화, 공조 부하의 경감, 외기 에너지 활용, 폐열 회수, 심야전력 이용, 전력수요 제어, 최적 기동정지 제어 등을 함으로써 건물 전체의 냉난방 에너지 사용량의 약 15~20%까지 절감할 수 있다.

(5) 인력의 절감 및 관리의 효율화

시스템의 통합화에 의하여 대량의 정보를 집중시켜 종합적으로 관리할 수 있기 때문에 적은 인원으로 건물설비를 운영할 수 있다. 일상업무, 비상시 대응 및 시스템의 종합화로 상당량의 인력절감을 꾀할 수 있다.

3) 건물자동화의 구성요소

자동제어장치에는 실내 온도 또는 습도와 같은 제어량을 검출하고 이것을 목표치와 비교하여 그 편차에 알맞은 조절신호를 출력하고 조작부를 작동시켜서 정정동작을 행하는 피드백 제어가 일반적으로 사용되고 있다.

① **검출부** : 흔히 센서라고 부르며, 제어대상이 되는 실내온도나 습도를 검출한다.

② **조절부** : 설정온도(습도)와 검출온도(습도)를 비교하여 제어 편차를 적게 하도록 조작부에 신호를 보낸다. 여기에는 로컬 처리장치와 퍼스널 컴퓨터나 미니 컴퓨터와 같은 중앙 처리장치가 있다.

③ **조작부** : 조절부(중앙 처리장치)로부터 신호를 받아 조작량을 변환하여 제어대상에 작동시키는 장치를 말한다. 전자 개폐기(릴레이), 전자 밸브, 전동 모터, 액추에이트와 같이 제어대상에 구체적인 조작량을 주는 구동기기를 말한다.

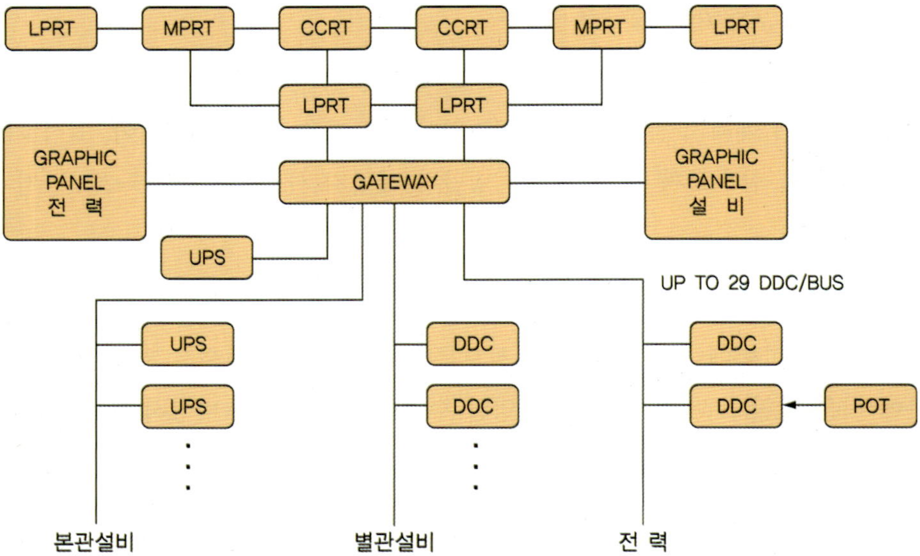

건물자동화 시스템

3. 부하설비

부하설비는 전기를 공급받아서 전기에너지를 소비하는 전기기계와 기구를 말하며, 전동기기를 사용하는 동력설비, 콘센트설비, 조명설비 등이 있다. 여기에서 동력설비는 호텔건물에서 공조, 급·배수, 환기, 수송설비 등 전동기가 필요한 설비를 일컫는다. 호텔에서 사용하는 동력설비의 종류로는 냉동기, 냉각수 펌프, 냉수펌프, 쿨링타워 팬, 공기조화기 팬, 급·배기 팬, 배열 팬 등이 있는데, 이를 공기조화용 동력이라고 한다. 또한 양수 펌프, 오수 펌프, 급수 펌프 등의 급·배수 위생용 동력이 있으며, 엘리베이터, 에스컬레이터, 덤웨이터, 리프트, 차량용 리프트, 셔터, 턴테이블 등의 승강기용 동력이 있다. 그 외에 사무기기용 동력, 통신기기용 동력, 주방용 동력, 방재용 동력 등도 있다. 호텔에는 보일러, 급수, 위생시설, 공기조화, 냉·난방, 냉동·냉장 시설, 전기, 조명, 음향, 통신, 에너지관리시스템, 방제시스템 등 다양한 장비가 설치되어 있다.

이들을 개개의 시스템이라고 하며, 시스템의 부하라는 것은 그 시스템이 요구하는 용량을 말하여 대개의 경우 시간당 필요한 용량으로 표시된다. 부하계산은 보통 최고로 나쁜 조건이나 최대로 부하가 걸리는 경우를 예상하여 산정하는 것으로, 예를 들면 호텔을 이용하는 많은 고객들이나 직원들이 물을 사용하는 경우에 언제든지 원활하게 물을 공급할 수 있도록 펌프 용량을 산정한다든지 또는 최고로 더운 날씨에도 냉방이 잘될 수 있는 적정한 에어컨 용량을 계산하는 것을 말한다.

4. 설비관리 계획수립

시설관리부의 업무 중에는 국내법규에 의하여 정기적으로 시설물을 점검하여 그 결과를 국가기관에 제출해야 하는 것이 있다.

이러한 업무는 주로 안전과 위생에 관련한 것으로서 면허를 가진 등록업체에 용역을 주어 처리하게 된다. 또한 업무의 성격상 전문성을 요구하거나 시설관리부서에서 직접 관리하는 것이 오히려 비용이 많이 드는 경우에도 외부의 전문업체와 용역계약을 맺어 관리를 하게 된다.

아래 표는 주요 설비에 대한 외부 전문업체의 유지관리계획이다. 이러한 이유 외에도 최근의 노사문제라든지, 전체적인 인건비를 줄이려는 차원에서 외부 전문업체에 의한 유지관리가 확산되고 있는 추세이다. 시설관리부서는 호텔시설과 설비를 원활하게 운영하기 위해서 적절한 예산을 확보해야 한다. 연중계획에 포함된 품목을 합당하게 진행하는 것은 곧 고객만족 경영에 크게 이바지하므로 시설관리 부서장의 소신 있는 업무추진이 기대된다.

	1	2	3	4	5	6	7	8	9	10	11	12	비 고
1. 보일러 세관작업						■							법규 연 1회
2. 냉동기 연간점검			■										
3. 정화조 탱크 청소				■						■			
4. 가스설비점검(가스안전공사)								■					법규 2년 1회
5. 사우나 욕조수 수질검사					■						■		법규 연 2회
6. 주방용 냉각탑 화학세관			■										
7. 시수 탱크 청소					■						■		법규 연 2회
8. 수처리설비 필터 교체작업 • 지하수 처리 설비 • 세탁폐수 설비 • 중수도 설비						■							
9. 지하수 수질검사							■						법규 연 1회
10. 오 · 폐 · 중수 수질검사	■	■	■	■	■	■	■	■	■	■	■	■	1~5종으로 구분 종마다 규제가 다름
11. 전기시설 안전점검(전기안전공사)									■				법규 2년 1회
12. 건축물 안전점검 • 일상점검 • 정기점검 • 정밀 안전진단 및 점검													• 법규 연 2회 • 법규 3년 1회 • 법규 10년 1회
13. 소방시설 정밀점검				■					■				법규 연 2회
14. 주방, 세탁실 배기덕트 청소						■							
15. 워키토키 검사							■						법규 2년 1회
16. 엘리베이터 유지관리계약												■	법규 연 1회
17. 발전기 정기검사				■									법규 2년 1회
18. 실내공기 환경검사						■					■		법규 연 2회
19. 엘리베이터 유지관리계약											■		
20. 곤도라 유지관리계약									■				
21. 조경 유지관리계약			■										
22. 전화교환설비 유지관리계약						■							
23. 커피머신 유지관리계약					■								
24. 방역작업 연간계약								■					

TWBSH의 주요설비 유지관리 계획

한편, 시설관리부서는 호텔의 건물과 그 내부에 있는 모든 장비를 기술 면에서 지원하고, 이를 통해 내 · 외부 고객을 만족시키는 역할을 하므로 항시 보유장비의 상태를 최상으로 유지 관리하여야 하며, 이를 위해 일일점검을 실시한다. 아래 표는 보유설비 및 장비의 자체 점검표이다. 호텔마다 보유시설과 장비는 다르지만 확인작업은 꼭 이행하여야 한다.

보유설비 및 장비 일일 안전점검표

2022. 12. .

구 분	점검사항	양 호	불 량	조 치
보일러	1. 관계자 외의 인원은 통제하고 있는가?			
	2. 기름 새는 곳이나 새는 기름을 방치하고 있지 않은가?			
	3. 누수개소는 없는가?			
	4. 예열기의 제어온도는 적당한가?			
	5. 배수펌프의 작동은 정상인가?			
	6. 댐퍼 및 송풍기의 작동은 정상인가?			
	7. 압력계는 정상지침으로 유지되는가?			
	8. 안전밸브의 작동은 정상인가?			
	9. 수위검출장치의 작동은 정상인가?			
	10. 착화 및 점화장치는 이상이 없는가?			
	11. 버스노즐에 불순물 부식은 없는가?			
	12. 점화 전후 통풍은 충분히 실시하는가?			
	13. 공구와 안전용구는 정위치에 비치 정돈되어 있는가?			
자동제어	1. 컨트롤 밸브의 작동상태는 양호한가?			
	2. 조작반의 전압은 정상적으로 변압되는가?			
	3. 각종 온도조절기의 동작상태는 양호한가?			
	4. 각종 온도감지기는 이상이 없는가?			
	5. 각종 변환기의 변환상태는 양호한가?			
	6. 각종 기록계기의 동작상태는 양호한가?			
	7. 에어 컴프레서의 작동은 정상인가?			
	8. 질소가입장치의 누기 등 이상은 없는가?			
저수조	1. 저수위 고수위계 또는 체크밸브의 작동상태는 완전한가?			
	2. 퇴수밸브의 작동상태는 양호한가?			
	3. 누수 및 오버 드레인은 되고 있지 않은가?			
	4. 탱크에 산화 부식된 곳은 없는가?			
	5. 탱크의 보온상태는 양호한가?			
기계실	1. 온도계, 압력계의 지침은 정상인가?			
	2. 펌프회전부에 열 발생은 없는가?			
	3. 펌프마그넷트 스위치 작동은 정상인가?			
	4. 저탕조 온도조절밸브의 작동은 정상인가?			
	5. 펌프의 축진동은 없는가?			
	6. 펌프의 회전상태는 정상인가?			

펌프실	1. 모터펌프의 작동은 정상인가?			
	2. 축진동 및 이상음 발생은 없는가?			
	3. 각종 계기 및 스위치는 정상인가?			
	4. 환기시설은 정상 작동하는가?			
	5. 배수펌프 작동은 정상인가?			
	6. 너트조임은 양호한가?			
	7. 배관의 누수개소는 없는가?			
	8. 펌프실의 누수현상은 없는가?			
	9. 분전반에 습기 또는 누수로 인한 위험개소는 없는가?			
	10. 출입구 및 저수조 뚜껑의 시건장치는 되었는가?			
	11. 볼탑의 작동은 정상인가?			
전기일반	1. 퓨즈는 규격품을 사용하고 있는가?			
	2. 누전되고 있는 곳은 없는가?			
	3. 과열 변색되는 곳은 없는가?			
	4. 변전실, 전기실 내에 인화성 물질 및 장애물을 방치하고 있지 않은가?			
변전설비	1. 관계자 외 사람이 출입하지 않는가?			
	2. 안전수칙은 숙지하고 이행하는가?			
	3. 제반 운전상태는 양호한가?			
	4. 광원 및 소음을 발생시키지는 않는가?			
	5. 각종 기기 부착용 볼트, 너트는 풀린 곳이 없는가?			
	6. 스파크를 발생시키는 것은 없는가?			
	7. 변전실 내 배수펌프는 정상 운전되는가?			
	8. 정전작업 개시 전 방전을 시켰는가?			
	9. 변전실 내 소화기는 적정배치 및 정상 작동되는가?			
가스 배출기	1. 모터의 회전은 정상인가?			
	2. 팬의 손상은 없는가?			
	3. 표시 램프의 작동은 정상인가?			
	4. 굴뚝의 고정상태는 양호한가?			
	5. 옥상노출 가스 PVC 파이프는 파손은 없는가?			
	6. 굴뚝의 파손 및 균열된 것은 없는가?			

TWBSH의 보유 시설 및 장비 일일 안전 점검표

제3절 냉·난방 시스템 관리

1. 공기 조화설비

호텔의 실내는 항상 쾌적한 온도가 유지되어야 하므로 여름에는 에어컨디셔너(air conditioner)가 가동되고, 겨울에는 난방시설(heating system)이 가동된다.

냉·난방 및 환기설비는 일반적으로 공기 조화설비(cooling and heating system)라고 불리며 줄여서 공조설비라고도 한다. 공조방식은 중앙공급식과 개별식으로 나누며, 중앙식 공조방식은 중앙 공기조회기로부터 조정된 공기를 하나의 덕트를 통해 각 지역과 객실로 보내어 알맞은 온도, 습도를 유지하는 방식이다. 개별식은 패키지식이라고도 하며 각 공간 단위별로 설치하고 설치된 실내만 한정적으로 냉방을 공급한다. 실내에 공급되는 온도, 습도, 기류는 유효온도(effective temperature)를 감안하여 공급되며, 상쾌함을 느끼는 범위는 객실에는 유효온도 20~22℃, 상대습도 50~60℃, 복도에는 유효온도 23~24℃, 상대습도 50~60℃, 공공장소 및 식당에는 유효온도 23~24℃, 상대습도 50~60℃가 적당하다. 호텔건물의 공기조화 설비는 손님들의 만족도에 영향을 주는 가장 큰 요소 중의 하나이다. 특히 우리나라처럼 사계절이 뚜렷한 곳에서는 환절기에 일교차가 심하여 낮에는 냉방을 해야 하고 밤에는 난방이 필요하기 때문에 객실의 온도관리에 어려움이 따르며, 손님들의 제일 큰 불만의 대상이 되기도 한다. 또한 이 공기조화 설비는 호텔운영 자체에도 큰 영향을 주게 되는데, 이는 호텔 직원들의 작업환경과 관련된 사항으로 실내온도가 너무 높거나 환기가 불충분하면 생산성이 떨어지거나 안전사고 발생의 위험이 생겨 궁극적으로 서비스의 질이 떨어지게 된다. 또 이 설비는 건설비용도 높을 뿐만 아니라 유지관리비용도 전체 유지관리비의 약 12%나 차지하고 있어 관리가 잘못될 경우 에너지 비용의 낭비를 초래하게 된다.

2. 공조설비의 구성

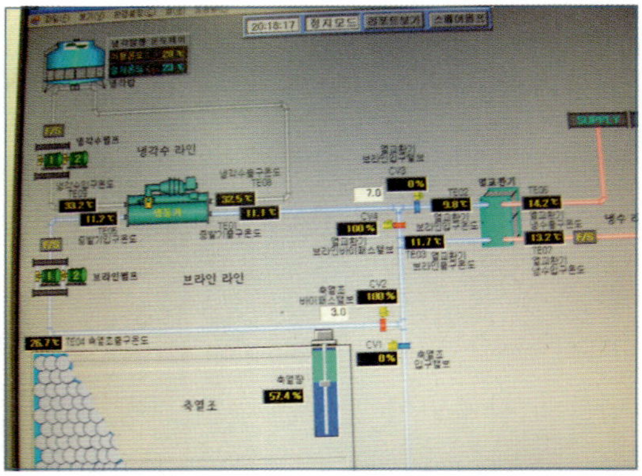

공조설비는 공조의 정의에 나타난 4가지 요소인 온도, 습도, 청정도 및 기류분포 등을 제어하기 위해서 기본적으로 구성하게 되는 시스템이다. 첫째, 열원 설비는 공조설비에서 전체의 열부하를 처리하기 위한 설비로 냉동기, 보일러가 주체이고, 부속설비로는 냉각탑, 냉각수 펌프, 급수설비, 부속배관 등이 있다. 둘째, 공조기 설비는 공조대상 공간에 보내는 조화공기를 만드는 설비로 공기냉각의 제습기, 가열기, 가습기, 공기 여과기 및 송풍기를 일체의 케이스에 넣은 것을 말한다. 호텔객실의 경우에는 일반적으로 팬 코일 유니트(fan coil unit)라고 불리는 작은 용량의 공조기를 객실 입구 천장 속이나 창가 쪽에 설치하여 개별 운전이 가능하도록 하고 있다. 셋째, 열 수송설비는 공조기와 공조대상 공간 사이에서 공기를 순환시키거나 외기를 도입하기 위한 송풍기 덕트 계통과 열원설비 및 공조기 사이에서 냉·온수를 순환시키는 냉·온수 펌프배관 계통 등을 포함한다. 넷째, 자동제어설비는 전체 시스템을 자동적으로 유지하고 운전하기 위한 제어설비로 공조설비 전체의 운전·감시 등의 중앙관제 설비도 포함한다. 다섯째, 냉각탑은 실내에서 가열된 공기를 끌어내어 차고 신선하게 정화하여 재공급하는 기능을 하며, 보일러·냉동기와 더불어 가장 중요한 부분이므로 성능을 충분히 발휘하게 하려면 통풍이 잘되는 청결한 곳에 설치하고, 굴뚝이나 다른 열원으로부터 복사열을 받지 않는 곳을 택해 설치하여야 한다. 냉각탑은 규모가 커서 많은 공간이 필요하므로 주로 옥상에 설치한다.

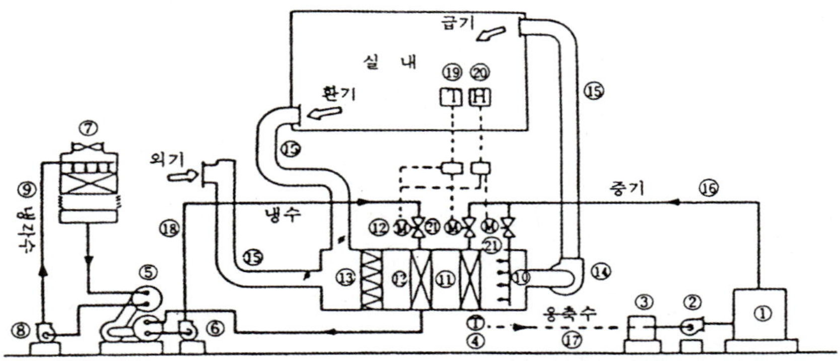

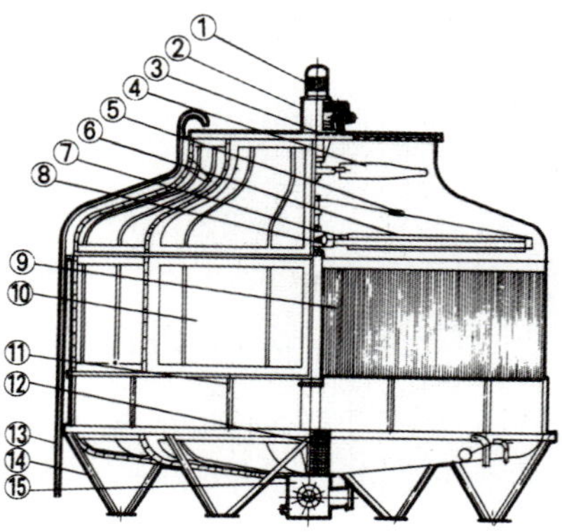

순 서	항 목	재 질	ITEM
①	전동기	FC25	MOTOR
②	감속기	FC25	SPEED REDUCER
③	전동기 지지대	SS41	MOTOR BASE
④	송풍기	AL-ALLOY	FAN
⑤	턴버클	FC15	TURN-BUCKLE
⑥	비산 방지판	FRP	ELIMINATOR
⑦	산수관	PVC	SPRINKLER PIPE
⑧	산수기	AL-ALLOY	SPRINKLER HEAD
⑨	충진재	P.P	FILLER
⑩	본 체	FRP	BODY
⑪	중간 지지대	SGP	MIDDLE SUPPORT
⑫	여과망	SS41	STRAINER
⑬	사다리	SGP	LADDER
⑭	다 리	SGP	LEG
⑮	집수구	SS41	SUCTION TANK

열원설비 : ① 보일러 ② 급수펌프 ③ 환수탱크 ④ 증기트랩
⑤ 냉동기 ⑦ 냉각탑 ⑧ 냉각수 펌프 ⑨ 냉각수 배관
공기조설비 : ⑩ 가습기 ⑪ 가열기 ⑫ 냉각제습기 ⑬ 에어필터
열반송설비 : ⑥ 냉수펌프 ⑭ 송풍기 ⑮ 덕트 ⑯ 증기배관
⑰ 환수배관 ⑱ 냉수배관
자동제어설비 : ⑲ 서모스텟 ⑳ 습도조절기 ㉑자동밸브

공조설비의 구성

3. 난방설비

호텔의 실내는 항온과 항습이 잘 유지되므로 고객이 편안한 공간으로 인식한다. 난방은 외부로부터 실내공간으로 열량을 공급하여 실내의 온도를 적당하게 유지하는 것을 말한다. 이렇게 공급되는 열량, 즉 난방부하는 실내환경, 벽체구조 등에 따라 다르다. 난방의 목적은 고객이 원하는 온도의 유지이므로 보일러로 온수 또는 온풍을 만들어 공급한다. 대형 보일러실에서 열량을 발생시켜 배관이나 덕트를 통해 각 객실, 식음료 영업장, 부대시설, 공공장소에 공급하는 것을 중앙난방(central heating system)이라 하며, 각 공간마다 별도의 스토브, 화로, 전열기를 두어 열량을 공급하는 것을 개별난방(unit heating)이라고 한다. 중앙난방설비를 갖추기 위해서는 보일러의 설치장소와 기계가 있어야 하며, 그 구성은 기관본체, 연소장치, 부속설비 등을 필요로 한다. 기관본체는 보일러를 형성하는 중요한 몸체로 원통형으로 만들어져 있으며, 내부는 본체의 2/3~4/5 정도의 물을 넣고 연소율을 흡수하여 증기나 온수를 발생시키는 용기이다. 본체 내부는 증기부와 수부로 구성되어 있다. 연소장치는 본체에 연료를 공급하여 연소시켜 열을 발생시키는 장치이며, 연료의 종류에 따라 여러 가지가 있다. 보일러 운전을 용이하게 하고 안전하고 경제적으로 운전하며 보다 효율적으로 사용하기 위한 장치로 부속설비가 있다. 첫째, 안전장치로서 안전밸브, 폭발구, 가용마개, 저수위 및 고수위 경보기, 화염검측기, 전자밸브 등이 있다. 둘째, 측정장치로 압력계, 수면계, 유면계, 온도계, 통풍계, 급수량계, 급유량계, 가스분석기 등이 있다, 셋째, 급수장치로서 급수탱크, 급수정지밸브, 역지정밸브, 급수배관, 급수관, 급수펌프, 응결수탱크, 청관제 주입장치, 넷째, 급유장치로 기름저장탱크, 화염검출기, 급유량계, 수증기관 등이 있으며, 다섯째, 증기 이송장치로서 기수분리기, 수증기밸브, 감압밸브, 스팀헤드 등이 있고, 여섯째, 분출장치로 분출관, 분출콕, 분출밸브가 있다.

보일러의 종류로는 주로 중소규모 건물의 난방용으로 사용되는 주철제 보일러, 고압증기를 대량으로 발생시키는 수관보일러, 중·대규모 건물 난방용 증기 및 온수, 지역난방용으로 이용되는 노통연관 보일러, 마지막으로 가스보일러 등이 있는데, 최근에 설치되는 것은 유지관리비가 상대적으로 저렴한 가스보일러가 주류를 이루고 있다. 가스보일러는 타 기종에 비해 화재 위험이 높으므로 설치와 관리에 주의해야 한다. 오른쪽 그림은 최근에 개발된 연료절약형 가스보일러로서 열효율 94% 이상 가능한 스팀, 온수 보일러이다.

연료절약형 가스보일러

4. 환기설비

환기설비란 자연 또는 기계적 수단으로 실내에 급기와 배기를 함으로써 실내에 있는 고객에게 쾌적한 환경을 제공하는 것으로서 자연환기와 기계환기가 있다. 자연환기는 자연의 풍향, 풍속 및 건물 내외의 온도차에 의한 공기의 밀도차를 이용하는 환기이며, 기계환기는 송풍기나 배풍기 등을 이용하여 실내공기를 교체하는 것을 말한다. 환기를 결정할 때에는 공간의 사용목적과 그 공간의 상황에 따라 달라지며 내부의 산소, 탄산가스, 일산화탄소, 담배연기 등을 고려하여 시행한다. 환기시간은 기준을 정해놓고 상황에 따라 가감하면 무리가 없으리라 판단된다.

구분	최소시간	시간당 횟수	구분	최소시간	시간당 횟수
객실	10분	2~6회	면세점	15분	2~3회
욕실	10분	2~3회	이·미용실	10분	1~2회
연회장	15분	1~4회	사우나휴게실	10분	2~3회
식음료업장	8분	2~3회	주방	15분	1~4회
라운지/바	12분	2~5회	사무실	10분	2~6회

호텔의 공간별 환기 소요시간

5. 공조의 공급

1) 객실

객실은 일년 내내 매일 24시간 운전되어야 하며, 겨울철의 정전기 발생을 방지하기 위해서는 상대습도를 50% 이상으로 유지하여야 한다. 실온제어를 각 객실 개별로 하는 것이 기본이지만, 자동제어를 적용하더라도 설정온도는 객실고객이 자유롭게 바꿀 수 있는 방식이 좋다. 객실의 공조시스템에서 고려해야 할 점은 첫째, 침대 부분에 불쾌한 드래프트(draft)가 일어나지 않도록 유닛을 배치한다. 둘째, 기기의 점검, 교환을 쉽게 할 수 있도록 배치한다. 셋째, 소음 수준은 NC-35 이하가 되도록 설치한다. 넷째, 가능하면 창가 바닥 설치형을 사용한다.

2) 공공장소

현관입구, 공공장소, 식음료 영업장 등은 고객의 출입이 많으므로 실내를 정압으로 유지해서 외기 침입을 막고, 회전문을 설치하는 것이 에너지 손실이 적다. 식음료 영업장 지역은 특히 실내 압력 밸런스에 유의하고, 이러한 부분의 냄새가 다른 부문으로 흐르지 않게 배출구와 흡입구의 상호 배치를 잘 검토한다. 대연회장, 중 · 소연회장, 회의실에는 흡연에 의한 실내 공기 오염이 되기 쉬우므로 환기횟수는 시간당 1~4회가 되도록 한다. 또 연회행사 시에는 촛불을 켜는 일이 많으므로 촛불의 불꽃이 흔들리거나 꺼지지 않도록 기류를 0.25m/s 이하가 되도록 공기 배출구, 흡입구의 배치에 유의한다.

3) 기타 지역

지하는 주차장이나 쓰레기 처리장과 같은 시설로 연결되기 때문에 실내공기가 오염될 수 있으므로 신선한 외기의 공급과 환기량을 충분히 고려해야 한다. 주방지역은 다른 부분과 달리 대량의 환기가 필요하며 배출구 및 흡입구의 배치에 특히 유의해야 한다. 특히 주방 천장이 낮을 경우는 배출구로부터의 풍속을 낮추어 직원들에게 불쾌한 드래프트(draft)를 주지 않도록 한다. 주방지역의 실내는 부압을 유지해서 요리시의 냄새가 주변으로 퍼지지 않도록 해야 하며, 주변의 오염된 공기가 침입하지 않도록 설비되어야 한다.

제4절 냉장·냉동설비관리

호텔마다 수입 식자재인 쇠고기, 양고기, 칠면조 등 육류와 연어, 다랑어 등 어류, 건식자재, 과즙원액, 양념류 등은 물론 채소, 과일 등 일일식자재, 포도주 등 수많은 종류의 식음료 자재들이 나날이 주문되고 입고된다. 따라서 호텔들은 이들을 보관하기 위해 물건이 반입되는 장소인 리시빙 독(receiving dock)이나 식자재 준비실(commissary) 주변에는 식품류를 보관하기 위한 냉장고(refrigerator), 냉동고(freezer)가 있고, 또한 각 주방에도 별도의 냉장고, 냉동고를 두고 있다. 필요에 따라서 제빙기(ice machine)도 설치되어 있어 얼음을 만들기도 한다. 일반적으로 호텔 객실 층에는 고객이 직접 얼음을 사용할 수 있도록 복도에 제빙기를 두고 있으며, 각 업장에는 아이스크림 기계, 쇼케이스(show case), 음료수 냉각기(drink refrigerator), 콜드 테이블(cold table) 등이 설치되어 있다. 이러한 설비들은 모두가 냉장·냉동설비에 포함된다.

냉동설비의 주된 목적은 어떤 공간의 설정 온도를 유지하기 위하여 외부로부터 침입하는 열을 막고, 자체 발생되는 열은 계속적으로 외부로 배출시키는 것이다. 만약 내부의 설정 온도가 0℃ 이하로 유지되면 냉동고(freezer)라고 부르고 0℃ 이상으로 유지되면 냉장고(refrigerator)라고 한다. 냉동시스템의 작동원리인데, 그림에서 보듯이 냉동시스템은 크게 증발기, 압축기, 응축기, 팽창밸브 4요소로 구성되어 있으며, 증발기는 냉장고나 냉동고의 내부에 위치하면서 내부의 열을 흡수하여 외부에 있는 응축기를 통하여 방열한다. 시스템 내부에는 프레온가스라고 하는 냉매가 순환하면서 열 운반역할을 하는데 증발기 입구에서는 액체상태인 냉매가 증발기 부분에서 기체상태로 기화하면서 주위의 열을 흡수하게 된다. 증발기를 지난 냉매는 기체상태이며, 압축기에서 고온, 고압상태로 압축된 냉매가스는 응축기 부분에서 열을 방출하면서 고압상태의 액체로 변하며 팽창밸브를 통하면서 압력이 낮아지고 냉매 유량이 조정되면서 사이클(cycle)을 계속 형성하게 된다. 응축기 부분에서 열을 방출할 때 공기 중에 그대로 방출할 경우 공냉식이라고 하며, 순환하는 냉각수를 통해서 방출할 경우에는 수냉식이라고 한다. 일반적으로 수냉식이 공냉식에 비하여 소음이 적고, 효율이 높은 편이나 설치비가 많이 든다. 식품냉동의 목적은 수산식품, 축산식품 및 농산식품은 생물을 자원으로 하기 때문에 신선한 상태라도 상온에 오랫동안 방치하면 급속하게 변질해서 부패한다. 저온으로 보존함으로써 식품의 변질을 늦추어 품질 유지기간의 연장을 도모하는 것이 저온 저장의 목적이다. 저온 저장을 목적으로 해서 식품은 그 동결점을 경계로 냉각식품과 동결식품으로 나누어지는데, 일반적으로 그 이용 온도 범위는 15℃~-60℃이다. 냉동식품의 저장온도에 대해서는 미생물의 증식을 억제하는 것을 주안으로 하는 시대에서 식품의 물성, 색조, 맛 등의 물리적 · 화학적 제반 변질을 가능한 한 억제하여 자연 그대로의 품질을 유지하는 것이 중요시되고 있어 그 기준 온도도 차츰 낮아지고 있는 경향이다. 냉각식품의 저장온도에 대해서 최근 동결하지 않는 범위에서 될 수 있는 한 저온을 유지하려고 하는 추세이며, 보관온도를 5℃ 이하로 표시하는 냉각식품이 증가하고 있다. 또한 0℃로부터 그 식품의 동결점까지 좁은 온도 내의 빙온냉장이 시도되고 있고 -3℃ 부근에서의 반동결 저장도 연구되고 있다. 냉동실은 호텔이 사용목적에 따라 온도를 달리하는데, C3급은 0℃, C2급은 -6℃, C급은 -15℃, 그리고 F급은 -25℃로 구분한다.

□ UWA(L)C 5F

※ 실외기는 P-A/C실외기 참조.

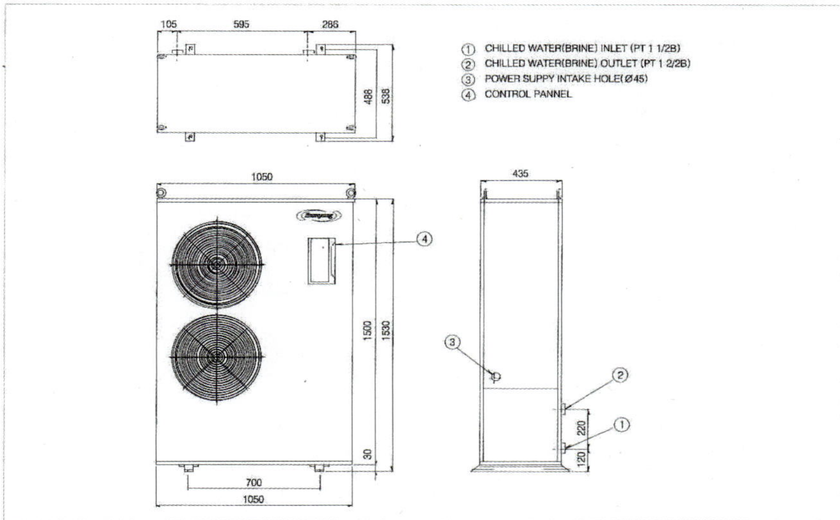

□ UWA(L)C 8, 10F

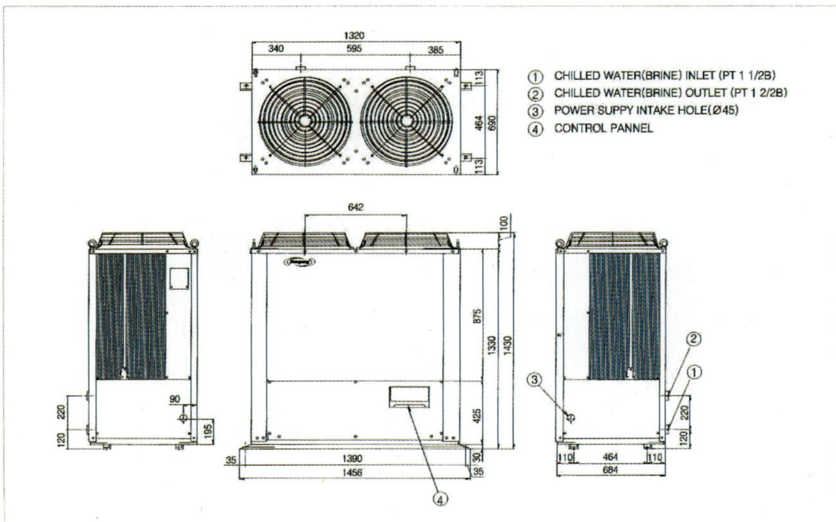

Screw Water Chiller-94

소형냉동기 공랭식 표준형 표준사양 및 외형도

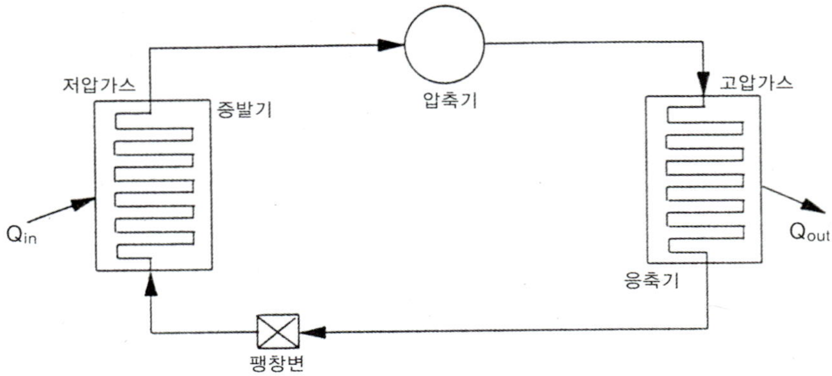

냉동 시스템의 원리

제5절 전기설비관리

1. 전기설비의 중요성

호텔은 그 지역의 종합적인 만남의 장소로 활용되어 국제회의, 연회, 결혼, 회의, 각종 식음료 영업장, 각종 부대시설 등 다양한 시설이 복합적으로 설치된 장소이다. 일반적으로 건축 전기설비는 건축물을 주체로 실내 조명설비, 동력설비, 공조설비, 배선설비, 위생설비, 소방설비, 수송설비, 방재설비 등과 전산, 통신, 방송설비 등의 약전설비 등 전력이 필요한 모든 전기공작물에 전기를 공급해주는 주된 설비원이다. 특히 호텔 전기설비는 일반 오피스 빌딩과는 다르게 낮과 밤의 구분이 없고 연중무휴로 운영되고 있다는 점이 특징이다. 이런 이유로 유지관리에 어려움이 있기 때문에 호텔 전기설비는 설계에서부터 시공에 이르기까지 빈틈없이 시설되어야 한다. 호텔 전기설비 공사비용은 전체 공사비용의 약 16~20% 정도 차지하고 있으며, 이 비율은 점차 늘어나고 있는 추세이다. 호텔 전기설비 투자비용이 늘어나는 이유로는 시스템 첨단화와 자동화를 들 수가 있으며, 또한 투자비용은 다소 높더라도 실질적으로 에너지 절약 측면을 고려하기 때문이라고 볼 수 있다. 전기설비는 입인으로부터 전등에 이르기까지 전기설비 이외에도 다양한 안전설비나 법정설비가 있다.

2. 콘센트 및 스위치 설비

1) 콘센트 설비

콘센트 설비는 일반용과 비상용이 있다. 콘센트는 가능하면 많이 설치하면 유용하게 쓰이지만 설치비를 간과할 수 없다. 설치된 콘센트를 사용하는 비율은 일반사무실이 10~15%인 데 반해 호텔이나 병원건물은 25% 이상을 활용하고 있다. 콘센트는 1구용, 2구용, 3구용, 방수용 등이 있으며, 설치형태로는 매립형, 걸림형, 가구형, 방수용, 접지형, 타이머, 노출형 등이 있다. 이들은 건물 내의 벽면, 천장, 바닥, 이동가구 내에 그 사용목적에 따라 여러 장소에 설치된다. 그중에서도 보통 벽기둥의 하부나 바닥에 시설되는 것이 많다. 욕실, 주방, 실내 수영장 주변은 물청소를 하기 때문에 방수형 콘센트가 설치된다. 호텔에는 세계 각국 고객이 투숙하는데 서로 다른 콘센트형을 사용하는 경우도 있으므로 이에 대비하여 별도의 조치를 취해야 한다. 특히 유럽형 플러그(plug)는 국내 규격의 콘센트와 맞지 않기 때문에 어댑터(adaptor)를 준비하여 고객들이 사용하는 데 불편이 없도록 해야 한다.

2) 스위치 설비

조명 제어에는 점멸과 조광의 두 가지 방법이 있다. 조명시설을 조정(control)한다는 것은 시설을 효율적으로 또는 적절하게 쓰는 것을 뜻한다. 단순히 스위치로 불을 켜고 끈다는 것 자체도 사실은 주간, 야간 등 주위환경에 따른 제어의 목적을 달성하고 있는 것이다. 호텔의 각 영업장 및 공공지역에는 직원이 일일이 필요한 조도를 조절할 수가 없으므로 조명제어장치를 설치하여 프로그램으로 조도를 조절하는 방법이 많이 사용되고 있다. 또한 창고나 직원용 복도와 화장실 등에는 여러 회로로 나누어 필요 용도만큼 스위치를 켜기도 하며 적외선 스위치를 설치하여 사람이 없으면 자동으로 꺼지는 방식을 도입하기도 한다. 최근에는 객실 내에도 센서를 동원한 절전형 스위치를 설치하여 에너지 절약에 힘쓰고 있다.

3. 수 · 배전 설비

1) 수변전 설비

수배전 패널

수변전 설비란 송배전소(전력회사)에서 공급하는 고압, 특고압 전력을 부하에 적합한 전압으로 변환하고, 이를 필요한 분야에 배분, 공급하는 설비집합체이며, 변압기, 차단기, 진상용 콘덴서, 계기류, 배전반 등이 있다. 또한 비상용 발전설비, 축전지설비 등도 주요 수변전설비에 속한다. 인입은 전력회사로부터 전기가 건축물에 들어오는 것을 말한다. 건축물의 수전설비에서 가장 중요한 것은 건축물이 건립될 지역의 전력공급회사로부터 공급 가능한 전력(전압, 용량 및 안정성)을 충분히 검토하는 것이다. 결정된 전력을 기초로 수전 설비규모를 설계하고 변전실의 공간을 확보하는데, 변전실은 전압강하, 전력손실, 시설비용, 유지관리와 에너지 절약 등을 감안하여 실부하 중심 가까운 곳에 위치한 장소로 안정성과 비상시 운영 등을 포함하여 결정해야 한다. 수변전 설비에는 가장 중요한 부분이 변압기(transformer)이며, 변압기는 수전전압 또는 배전전압을 구내 배전전압 또는 부하에 적합한 전압으로 변환하여 공급한다. 변압기의 구조는 철심과 권선으로 동일철심에 1차, 2차, 2조의 코일을 감고, 1차측의 교류전압을 인가함에 따라 변화하는 2차측의 전압을 사용하는 기기이다. 변압기의 종류는 유입변압기, 건식변압기, 몰드변압기가 있는데, 유입변압기는 A종 절연(허용 최고 온도 105℃)변압기로 도로상에 설치하거나 일반건물에 가장 많이 사용되는 변압기이며, 건식변압기는 내열성이 높은 내열 니스 처리한 H종 절연(허용 최고 온도 180℃)변압기이다. 마지막으로 몰드변압기는 코일 주위에 전기적 절연특성이 우수한 에폭시 수지를 고진공으로 침투시키고 다시 그 주위를 기계적 강도가 높은 에폭시 수지로 몰딩한 변압기이다. 유입식 변압기에 비해 크기가 아주 작고 가벼워서 호텔, 병원 등 대형건물에 많이 사용된다. 호텔건물 내에 사용되는 부하에는 변압기를 통해서 110V, 220V, 380V 등으로 감압하여 공급한다. 호텔건물이나 대형건물에 설치된 몰드변압기의 내부구조는 대부분 위의 그림과 같다. 그 외의 설비로는 차단기, 단로기, 변성기, 배전반, 예비 전원설비 등이 있으며, 차단기(circuit breaker)는 사고발생 시에 신속히 회로를 차단하므로 전기기기나 전선류를 보호하는 기능을 하며, 이는 특고압용, 6KV용, 600V용으로 분류한다. 단로기(disconnecting switch)는 개폐기의 일종으로 수용가의 인입구 근처에 설치하여 수리, 점검 시 회로를 차단한다. 변성기는 고전압, 대전류를 가동 중에 직접 측정할 수 없으므로 변류기나 변압기를 이용하

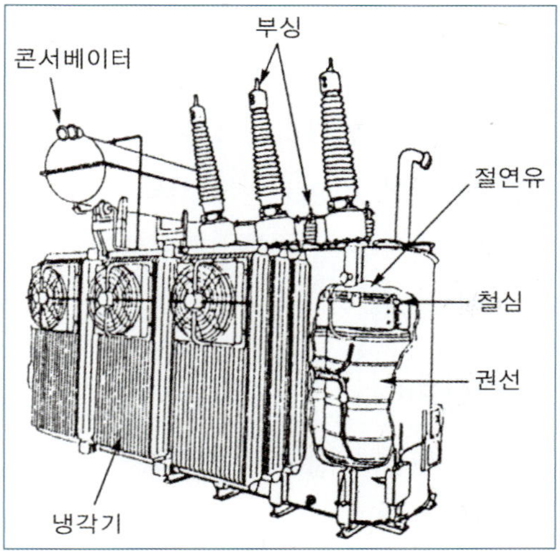

호텔건물 내에 설치된 몰드변압기 구조

여 전류를 측정하는 기기이다. 배전판(switch board)은 전력계통 및 기기의 상태를 감시할 수 있을 뿐만 아니라 제어 스위치로 기계를 원격조작하는 장치이다. 마지막으로 예비전원설비는 상용전원이 정전될 경우에 대비하여 설치된 축전지나 자가발전시설이다. 이는 비상사태 발생 후 20분 이상을 안정적으로 전력을 공급하여야 하며, 비상용 엘리베이터나 배연설비는 2시간 이상 전원을 공급할 수 있는 설비라야 한다.

2) 배전설비

배전설비는 변압기에서 변환된 전압을 호텔 내의 층별, 용도별로 구분하여 각 변압기마다 적정 부하로 배분된다. 배전방식으로는 상수, 중성선 이용 유무, 중성점 접지 유무 등에 따라 단상 2선식, 단상 3선식, 3상 3선식, 3상 4선식으로 구분한다. 종류별 주요 사용처는 다음 표와 같다.

전기방식	대지전압	주요 사용처
단상 2선식 110V	110V	백열등, 형광등(40W 미만), 가정용 전기기구
단상 2선식 220V	220V	형광등(40W 이상), 대형 사무기기, 단상 전동기, 공업용 전열기
단상 3선식 110/220V	110V	대형주택, 상점, 공업용 전열기, 빌딩, 공장의 간선회로
3상 3선식 220V	220V	전동기(37KW까지), 공업용 전열기, 빌딩, 공장의 동력회로
3상 4선식 220/380V	380V	대형빌딩, 공장 등의 간선회로

전력 종류별 주요 사용처

① **단상 2선식 110V** : 사용처에 따라 110V의 전압이 필요할 경우 극히 드물게 사용되며, 강압용 소형 변압기를 이용한다.

② **단상 2선식 220V** : 전열기기, 단상전동기, 형광등과 같은 30kw 이하의 소용량 부하에 사용하며 전압은 주로 220V에 많이 이용된다.

③ **단상 3선식** : 30~50kw 정도의 부하에 이용되며, 110V와 220V의 전압을 얻을 수 있는 장점이 있다.

④ **3상 3선식** : 공장이나 빌딩에 시설되는 동력 전동기에 많이 사용되며, 3상 200V, 3상 380V 정격으로 사용된다.

⑤ **3상 4선식** : 120/208V, 220/380V, 254/440V의 세 종류가 있으며, 호텔과 같은 대형빌딩, 공장 등의 간선회로로 사용되는 방식이다.

4. 호텔의 공간별 전기설비 구성

1) 객실 지역

객실은 주로 220V 단상 전기가 공급되나, 외국 손님들이 휴대하고 다니는 면도기나 소형 컴퓨터 등을 사용할 수 있도록 110V의 전원 공급도 필요하다. 각 객실마다 독립된 분전반으로부터 전동, 전열, 냉장고, TV 및 화장실 내 헤어드라이어(hair dryer)에 전기를 공급하며, 안전을 위해서 회로별로 누전 차단기를 설치하여야 한다. 객실지역의 에너지 사용량을 분석하기 위해서는 객실지역을 구분하여 적산전력계를 설치하는 것도 바람직하다.

2) 공공장소

호텔 공공장소는 업장과 복도, 로비, 연회장 등으로 구분되어 지역별, 용도별 전원 공급이 각각 이루어진다. 각 회로별로 정격 용량의 차단기가 설치된 전동, 전열, 분전반이 각각 구성되며 일반 부하와 비상 부하로 구분된다. 공공장소의 전기설비는 지역별로 전기실이 구성되어 집단으로 관리한다. 이들 공공지역 역시 에너지 사용분석을 위해 정확히 구분 설치된 전기 배전반에 적산 전력계를 설치하여 전력 사용량 산출이 용이하도록 해야 한다.

3) 주방지역

주방지역의 전기설비는 다른 지역보다 안전성이 더 요구되며, 감전사고에 대비하여 누전 차단기를 설치하여야 한다. 또한 모든 기기는 접지가 잘되어 있어야 하며, 사용기기 보수에도 용이하도록 구성되어야 한다. 주방지역의 전동, 전열 등의 회로 및 주방장비는 일반부하와 비상부하가 적절히 분배되어야 하며 적산 전력계를 부착하는 것이 바람직하다.

4) 전산 및 통신실 지역

일반 전등, 전열 및 동력 설비 회로와 구분된 변압기로부터 공급받아 별개 운전이 되도록 구성되어야 하며, 접지 또한 일반전기와 별개의 접지로 구성되어야 한다. 모든 전산·통신장비들은 무정전 전원공급장치(UPS)로부터 전원을 공급받을 수 있도록 설치되어야 한다.

5) 비상발전설비

일반 건축물은 화재 발생이나 정전 시를 대비하여 비상발전설비, 무정전 전원공급장치, 충전기(battery) 전원 공급장치들을 설치해 놓는다. 화재가 발생하고 정전까지 되는 큰 재난이 발생했을 때를 대비하여 호텔은 소방 부하라는 그룹을 별도 구성하여, 화재 시 공급되어야 하는 최소 기기에 전원이 공급될 수 있는 용량의 발전기를 비상용으로 구성하게 된다. 이 발전기 용량을 결정하는 것은 최소한 소방 비상 부하이지만, 정전 시 호텔이 최소한의 운영을 하기 위해서 소방 비상 부하 ≤ 정전 시 비상 부하 ≤ 최소 운영 부하 용량이 비상 발전기 용량을 결정하는 기준이 될 것이다. 정전 시에 비상전원이 공급되어야 하는 대상물은 소화 펌프 및 자탑설비 전원, 배연 관련 급·배기 팬, 오·배수 펌프, 양수 펌프, 엘리베이터는 물론이고 모든 비상계단, 복도, 비상구 등의 보안 등, 지하 및 창이 없는 장소로 필요한 개소, 변전실, 자가 발전실, 전산실, 통신실, 전화 교환실 등의 전동 및 콘센트의 필요 개소, 일반 사무실 설치전등 수의 10~20%, 객실에 1개 이상의 비상등, 기타 보안상 필요한 최소 부하 등을 고려할 수 있다.

제6절 조명설비관리

1. 호텔과 조명

조명은 실내공간의 기능성, 쾌적성 등 실내환경과 분위기를 연출하는 데 없어서는 안 될 중요한 설비이다. 특히 호텔의 현관과 같은 공간에서 조명의 역할은 단순히 공간을 밝혀준다는 가장 기본적인 기능 외에 인테리어 분위기와의 조화를 통하여 고객들에게 편안함과 호감을 줄 수 있는 분위기를 연출할 수 있고, 그 분위기가 호텔의 이미지를 더욱 돋보이게 한다. 호텔은 조명의 설치장소에 따른 적절한 조명기구 선정으로 빛의 양과 질을 잘 조화시켜야 하며 시간이나 계절에 맞추어 빛을 조절하는 조광기(dimmer switch)를 사용하면 더욱 효과적이다. 또한 눈부심을 줄이고 오래 사용할 수 있는 보조기구를 사용해야 하며 유지 보수의 편리성도 고려해야 한다. 보다 효과적인 인테리어 분위기와 잘 조화하도록 장식조명과 아울러 벽면의 그림을 강조할 수 있는 다운 스포트(down spot)나 그림 벽 등의 부분 조명은 아름다움과 품위를 더해 고객의 눈길을 끌 수 있다. 각 장소에 맞는 소품들과 스탠드류는 호텔의 분위기를 한층 고급화하는 중요한 역할을 한다.

2. 조명기구

조명기구를 분류하면 직접조명형, 반직접조명형, 전반확산조명형, 반간접조명형, 간접조명형이 있다. 직접조명형은 광원에서 발산하는 빛을 90~100%가 아래 방향으로 향하는 것으로 직접 눈에 들어오는 것을 막기 위해 20~25%의 차광막이 필요하다. 공장이나 사무실의 천장등이 여기에 속한다. 반직접 조명기구는 광원이 발산하는 빛의 60~90%가 아래로 향하고 10~40%가 위로 향하도록 설치된 조명이다.

호텔의 복도벽에 부착된 등이 여기에 속한다. 전반확산 조명기구는 빛의 방향이 모든 방향으로 골고루 확산되며 주택, 사무실, 공장 등에서 사용한다. 반간접 조명기구는 발산광원의 60~90%가 위로 향하며, 천장이나 등갓에 의해서 반사되고 나머지는 빛이 아래로 향한다. 호텔에서는 천장 굽두리에 활용한다. 간접 조명기구 발산광속의 90~100%가 위 방향으로 향하며 천장, 벽의 윗부분에서 반사되어 실내공간의 아래 각 부분으로 확산된다. 호텔의 현관, 회의실, 연회실, 엘리베이터 앞 등에 설치하여 눈부심을 막고 은은한 분위기를 연출한다.

3. 호텔의 조명계획

1) 현관 앞부분 조명

현관은 호텔 고객에게 첫인상을 주는 중요한 장소이므로 지나치게 개성이 강한 조명을 설치하면 로비 내부 및 기타 장소의 조명이 뒤져 보이게 되므로 다운 라이트(down light) 등의 건축화 조명을 이용하도록 한다.

2) 로비 지역 조명

호텔 로비는 이용도가 가장 높은 장소이다. 조명은 아늑한 분위기를 연출해야 하고 천장, 벽면이 너무 어두워지지 않도록 한다. 조명은 백열전구를 사용한 다운라이트(down light)를 많이 배치하고 낮은 조도의 형광등이나 백열등을 간접조명으로 병용하여 빛의 부드러움을 살리고 호화스러운 분위기를 내기 위해서는 샹들리에를 시설한다. 전체적인 조도를 낮추고 독서를 위하여 곳곳에 200룩스 이상의 조도를 내는 플로어 스탠드(floor stand)를 설치하여 국부 조명을 할 수 있도록 한다.

3) 식음료 영업장 조명

조명의 중요성이 강조되는 장소로서 실내의 벽, 천장 및 가구의 색조 등과 조명이 조화되어 분위기를 살릴 수 있도록 한다. 간접 조명으로 포근한 분위기를 조성하고 국부적으로 브라켓 다운 라이트(bracket down light) 등으로 강조하거나 방 전체를 어둡게 하고 객석만 핀라이트(pin light) 또는 플로어 스탠드(floor stand) 등으로 조명을 연출한다. 광원은 연색성이 좋은 광원으로 선택하고 조도는 200~500룩스가 되도록 한다.

4) 객실 조명

백열전구에 의한 다운 라이트(down light)나 플로어 스탠드(floor stand)에 의해 차분한 분위기를 연출할 수 있도록 한다. 형광등은 벽면의 밸런스 등이나 천장 간접 조명으로 사용하는 것이 효과적이다. 테이블 또는 데스크에는 스탠드를 설치하고 화장대는 벽등이나 다운 라이트(down light)로 조명한다. 조명은 각각의 전용등으로 설치하고 점멸은 입구나 침실에서 모두 가능하도록 시설한다.

(1) 양실의 객실 전등

① **천장등** : 백열전구에 의한 100룩스 정도의 전반 조명용으로 하고 점멸은 입구와 침대에서 절환점멸이 가능하도록 한다.

② **플로어 스탠드** : 백열전구 100W을 사용하고 조광 스위치로 조도를 조절하도록 한다.

③ **데스크 스탠드** : 개인 사무작업 또는 독서용으로 200룩스 이상 유지하도록 한다.

④ **침실등** : 누워서 독서면에 대한 조도를 100~200룩스를 유지할 수 있게 하고 옆으로 빛을 내지 않도록 한다

(2) 한실 객실의 전등

객실 내에서 독서 또는 식사도 할 수 있도록 조도와 분위기가 조화되어야 하며, 대체로 펜던트(pendant) 기구로 200룩스 정도의 조도면 알맞다.

5) 욕실 조명

조명은 밝고 차분한 분위기를 낼 수 있도록 형광등과 다운 라이트(down light)를 함께 사용하고 조도는 200룩스 정도로 유지한다.

6) 연회장 조명

연회장은 행사 종류에 따라 조명을 연출해야 하므로 화려하면서도 기능성에 비중을 두어야 한다. 조명기구는 다운 라이트(down light), 크리스탈 샹들리에, 특수 무대조명 등을 설비하여 행사에 맞게 조명을 연출할 수 있도록 한다.

7) 회의실 조명

회의실 조명은 연색성이 좋은 등을 사용하고 조도는 200~500룩스가 되도록 한다. 천장은 너무 어둡지 않도록 트랙라이트(track light)와 다운라이트(down light)를 사용하고 무대에는 특수조명 설비를 한다.

8) 라운지와 바 조명

식당의 분위기는 중후감이 있어야 하지만, 라운지나 바는 오히려 자유로운 분위기에서 대화와 음료, 칵테일을 즐기도록 분위기를 연출한다. 따라서 매우 아늑한 분위기를 연출하기 위해서는 조도 조정이 가능한 디머 스위치를 설치하며, 테이블은 너무 밝지 않도록 천장이나 공간의 조도를 낮출 수 있도록 한다.

9) 주방 조명

주방은 청결감이 필요하고 음식을 조리하고 만드는 데 불편함이 없도록 조명을 설치해야 한다. 조명기구는 매입 형광등의 조명이 유리하고 조도는 500룩스 이상으로 한다.

10) 조경 조명

호텔에서는 고객이 한정된 시간에만 이용하는 것이 아니므로 낮에는 조용하고 평화로운 분위기를 연출할 수 있도록 하고, 밤에는 조명 빛이 자연스럽게 아름다운 분위기를 연출할 수 있도록 배치해야 한다. 이러한 분위기를 연출하기 위해서는 조명대상에 따라 명암의 구분을 확실히 해주어야 한다. 조명기구는 정원등(pole spot light)을 사용한다.

제7절 승강기설비관리

1. 승강기의 필요성

호텔건물이 고층화 대형화되어 가고, 많은 사람들과 화물이 동시다발적으로 이동하므로 이에 따른 수송수단도 발전해 가고 있다. 일반적으로 호텔건물 내에서 상층부 운송수단으로 엘리베이터(elevator), 에스컬레이터(escalator), 덤 웨이터(dumb-weighter), 주차설비(parking equipment)가 있으며, 평면부 이동수단으로 모노레일(mono-rail), 보도 컨베이어(road conveyer) 등이 있다. 승강설비는 다음 표와 같이 용도와 장소에 따라 선택할 수 있으며, 어떤 기종이 가장 적당한가는 운반 높이, 운반 넓이, 운반 물량, 사람이 승차하느냐에 따라 결정된다. 동남아에서 호텔 건물로는 가장 높은 74층 싱가포르 웨스틴 프라자/스템포드는 38층을 중심으로 좌우 갈아타는 승강기를 설치해 두고 초고속으로 운행하여 고객의 불편을 덜어 주기도 한다.

승강기 종류	승객용	음식용	화물용	차량용	설치장소
엘리베이터	×				건물 높이에 준하여
에스컬레이터	×				2개층 사이
덤웨이터		×	×		2개층 사이
주차 리프트				×	주차빌딩에 준하여
모노레일	×				호텔과 리조트 지역 연결
보도 컨베이어	×		×		로비지역

호텔 승강기의 종류

2. 호텔의 승강기의 종류

1) 엘리베이터(elevator)

엘리베이터는 운전방식에 따라 케이블식과 유압식이 있다. 케이블식은 속도도 빠르고, 건물 층수에 관계없이 가장 많이 사용되는 방식이다. 유압식은 가격이 비교적 싼 편이고 안전하나 속도가 느리며, 6층 이하의 높이에만 사용할 수 있다. 호텔 내에 설치되는 엘리베이터는 용도별로 볼 때 다음과 같이 분류할 수 있다.

(1) 승객용 엘리베이터(guest elevator)

일반적으로 1층 로비에서 객실층을 왕복하며, 이그제큐티브 클럽(executive club)과 같이 VIP층을 운영할 경우에는 일반 손님들의 접근을 방지하기 위하여 별도의 키 시스템을 설치하는 경우도 있다. 호텔에서 필요한 승객용 엘리베이터의 숫자나 크기, 속도 등은 피크 시간대에 손님이 기다리는 시간이 30초 전후가 되도록 설계가 되어야 하며, 5분 동안에 투숙객의 15%(7.5%↑, 7.5%↓) 정도를 운반할 수 있도록 설계되면 무난하다.

(2) 서비스 엘리베이터(service elevator)

직원 전용 엘리베이터로서 객실 관리부 직원이나 룸서비스 직원, 세탁물 운반, 기타 물건들을 객실층으로 운반하기 위해서 설치된다. 서비스 엘리베이터는 객실 200개까지는 2대 이상, 600개까지는 3대 이상이 되어야 하며 일반적으로 승객용 엘리베이터 숫자의 약 50~60%를 책정한다.

(3) 셔틀 엘리베이터(shuttle elevator)

지하 주차장을 이용하는 손님들을 위한 엘리베이터로서 지하 주차장에서 1층 로비나 영업장이 위치한 층까지 왕복한다. 이런 경우 주로 유압식을 설치 운행한다.

(4) 주방용 엘리베이터(culinary elevator)

지하층에 위치한 식품창고나 메인주방으로부터의 식품을 상층부에 위치한 주방지역으로 운송하기 위한 주방전용 엘리베이터이다. 규모가 큰 호텔의 경우 업장에 따라 필요한 장소마다 설치하고 있다.

(5) 비상용 엘리베이터(emergency elevator)

호텔 내에 화재가 발생했을 때에는 모든 엘리베이터가 주된 피난층인 1층 로비지역으로 복귀되도록 하는 것이 원칙이다. 이때 객실층의 모든 손님들은 비상계단을 통해서 대피하게 된다. 비상용 엘리베이터는 화재가 발생했을 때 소방관이 소방활동을 하기 위한 통로로 주로 사용되며, 건축법규에 의거 필요한 대수를 설치해야 한다. 비상용 엘리베이터는 별도로 설치하는 것이 아니라 승객용이나 서비스 엘리베이터 중에서 비상시에 사용할 수 있도록 법규에 맞게 충분한 설비를 하여 보통 때는 일반용도의 엘리베이터로 사용하고 비상시에는 비상용 엘리베이터로 사용하게 된다.

2) 에스컬레이터(escalator)

에스컬레이터는 설치비가 엘리베이터에 비해서 훨씬 비싸다. 그러나 21인승 승강기가 시간당 400~500명 수송하는 데 비해 에스컬레이터는 4,000~8,000명을 수송할 수 있는 이점이 있다. 에스컬레이터는 보통 많은 사람이 동시에 한두 개 층을 올라가거나 내려오는 데 사용되며, 가장 많이 설치되는 곳이 1층 로비지역에서 2층이나 3층의 각 행사장 지역 사이이다.

3) 덤 웨이터(dumb-weighter)

덤 웨이터는 편리하고 경제적인 운송방식 중의 하나이다. 이것은 사람이 타서는 안 되며, 물건만을 운송하도록 하는 목적으로 한두 개 층 사이에 설치된다. 보통 누름단추(push button)만으로 조작되며 속도가 느린 편이다.

4) 주차 리프트(parking lift)

호텔에서 날로 심해져 가는 주차공간을 확보하기 위해 고층 주차빌딩에 설치하여 운행하며, 주로 수직 순환식으로 설치되어 컴퓨터 제어방식이 필수적이다.

5) 보도 컨베이어(road conveyer)

이동보도는 수평으로부터 10° 이내 경사로 되어 있으며, 사람 또는 화물을 수평방향으로 이동하는 승강설비이다. 많은 고객이나 물건을 기다리지 않고 일정한 방향으로 이동시켜 줄 수 있는 장점이 있으며, 속도는 30~50m/min이다.

제8절 상·하수도관리

1. 상수도관리

호텔은 가정생활과 다름없지만 물 사용은 비교가 되지 않을 만큼 많은 양이 소비된다. 투숙객이나 식음료 이용객에게 맑고 깨끗한 물을 제공하는 것은 고객만족 경영차원에서 다루어야 할 과제이다. 급수설비에는 저수조 및 옥상수조가 있으며, 이들을 항상 깨끗하게 관리하여 고객의 건강과 종업원의 건강을 지켜야 한다. 저수탱크(water tank)에는 이물질이나 해충이 들어가지 못하도록 잘 관리하여야 한다.

1) 수질

호텔 내에서 사용되는 물의 용도를 음료수용과 기타 잡용수용으로 나누어 생각할 때 대부분의 경우 수돗물을 사용하고 있으나, 몇몇 호텔의 경우 잡용수 계통에는 경제적인 이유로 지하수를 사용하는 경우가 있다. 그러나 최근 지하수 양수에 의한 지반 침하 문제화 함께 지하수의 오염문제로 지하수 개발이 규제되고 있으며, 이에 따라 건물 내 잡용수용으로 중수도 설비의 설치를 적극 권장하고 있다. 음료수의 수질기준은 보건복지부령 수도법 45개 항목에 대해 규정되어 있다. 수돗물의 경우 모두 이 기준치 이내로 공급되고 있으나, 대부분의 건물에서는 수돗물을 일단 시수 탱크에 받아서 사용하고 있으므로 이 과정에서 수돗물이 오염되는 경우도 있다. 이러한 수질오염을 방지하기 위하여 공중위생 관련 법규에서는 연 2회 시수 탱크의 청소를 의무화하고 있으며, 일반 사람들이 접근하지 못하도록 시건장치를 설치하도록 하고 있다. 호텔의 경우에는 월 1회 정도 수질검사를 실시하여 오염 여부를 확인하는 것이 바람직하다. 수영장의 경우는 대장균의 발생을 억제하기 위해서 법정 염소 농도인 0.4~1.0PPM을 유지해야 한다.

2) 급수방식

건물 내의 급수방식에는 수도직결방식, 고가수조방식, 압력수조방식, 부스터 펌프 방식 등 네 가지 방식이 있고 이들 방식이 병용되는 경우도 있다. 첫째, 수도직결방식은 수도 본관에서 수도관을 인입하여 건물 내의 필요 개수에 직접 급수하는 방식이며 일반적으로 2층 이하의 소규모 건물이나 주택에 적용한다. 둘째, 고가수조방식은 우리나라에서 가장 일반적으로 쓰이고 있는 방식으로 수돗물을 저수하고 펌프를 이용하여 건물의 최고 높은 곳에 설치된 고가 수조에 양수하여 고가 수조로부터 중력에 의해 건물 내 필요처에 급수하는 방식이다. 수질에 대한 오염의 기회가 타 방식에 비해 많으며, 수조 내 청소 등 정기적인 보수관리가 필요하다. 셋째, 압력수조방식은 수조 내의 물을 펌프를 이용하여 압력 수조에 보내고 압축된 공기로 가압하여 그 압력으로 건물의 필요처에 급수하는 방식이다. 이 방식은 고가 수조와 같이 중하중물을 건물 위에 올려놓을 수 없을 때 유리해진다. 넷째, 부스터 펌프 방식(booster pumping method)은 수돗물을 일단 수수조에 받아 가압 펌프로 필요처에 급수하는 방식이다. 급수량의 변화에 관계없이 일정 수압으로 급수할 수 있도록 펌프측에서 조절한다. 부스터 펌프 방식은 가변속 펌프에 의한 회전수 제어방식이 많이 사용된다.

3) 급탕설비

급탕설비는 호텔 내에서 사용되는 온수를 공급하는 설비로서 보일러에서 직접 온수를 만들거나 혹은 보일러 스팀을 이용하여 온수를 만들어 공급한다. 온수설비에서 가장 중요한 것은 적당한 온도를 유지하는 일이다. 심야의 전력을 이용하는 전기온수에서는 85℃까지 온도를 높여 사용하지만, 일반 온수계통에서는 객실, 사우나와 같이 사람 몸에 직접 사용하는 곳은 화상 방지를 위하여 49℃ 이하가 되도록 공급하는 것이 바람직하며, 기타 주방이나 세탁실 지역은 60℃ 정도로 공급한다. 급탕방식으로는 열 교환기를 통하여 온수를 만들어 곧바로 공급하는 순간 급탕 방식과 온수탱크에 온수를 저장하여 놓고 공급하는 저탕식 방식이 있으며, 저탕식 방식의 경우에는 저탕조 내에 레지오넬라균이 서식할 염려가 있으므로 주기적인 청소와 함께 약품소독이 필요하다. 급탕배관은 배관 내 정체된 온수가 식는 것을 방지하기 위하여 계속 순환시켜 주는 환탕배관이 추가로 설치된다.

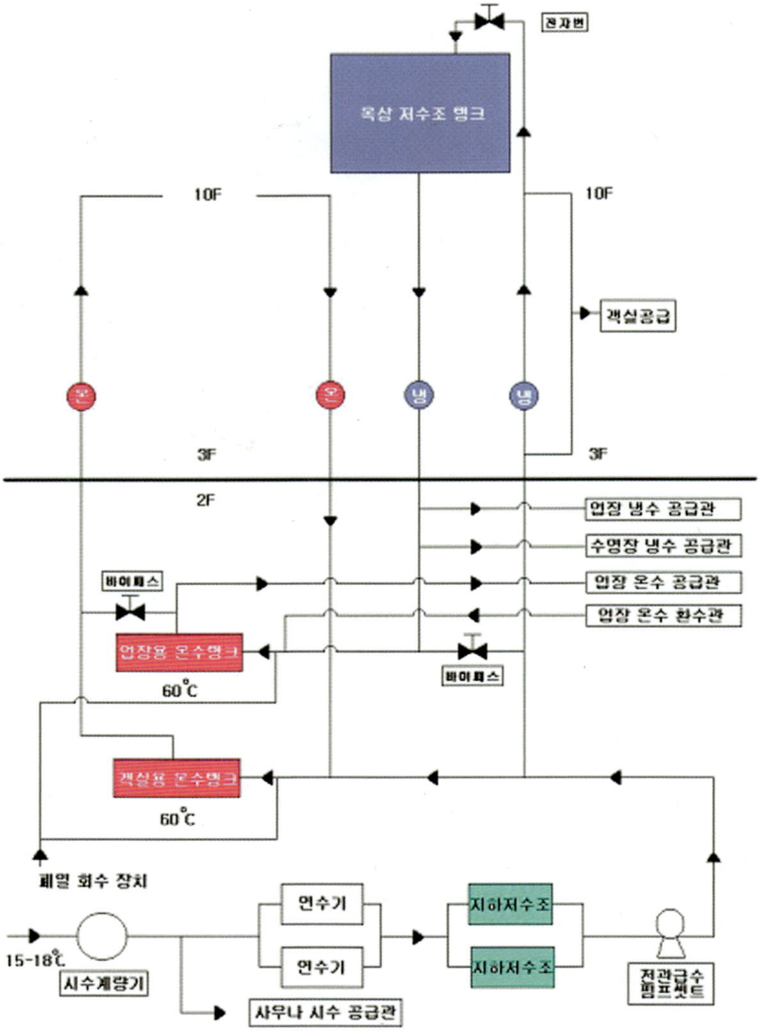

전자변
옥상 저수조 탱크
10F
10F
객실공급
온
온
냉
냉
3F
3F
2F
업장 냉수 공급관
수영장 냉수 공급관
바이패스
업장 온수 공급관
업장 온수 환수관
업장용 온수탱크
60°C
바이패스
객실용 온수탱크
60°C
폐열 회수 장치
연수기
지하저수조
15-18°C
연수기
지하저수조
시수계량기
전관급수 펌프셋트
사우나 시수 공급관

W호텔 급수라인 계통도

2. 하수관리

하수는 호텔에 유입되었던 물이 사용되어진 잔여부분이 다른 이물질과 함께 강과 바다로 방류되는 과정에서 호텔이 취하여야 하는 제반 정화관리과정을 말한다.

1) 하수의 종류

하수의 종류에는 오수, 잡배수, 우수, 특수배수 등이 있다. 이들의 취급은 첫째, 오수는 화장실 내의 대소변기, 비데, 싱크 등에서 배출되는 물을 말하며 배관을 통하여 오수 정화조시설로 보내 처리한 후 시하수구로 방류한다. 둘째, 잡배수는 세면기, 욕실, 주방 등에서의 배수를 말하며, 우리나라의 경우 오수와 잡배수를 합쳐서 배수하는 합류식이 많이 사용되고 있다. 주방의 경우, 배수 중에 함유된 지방분이 배관을 막히게 하거나 수질 오염도를 증가시키므로 이것을 처리하기 위하여 주방마다 그리스 트랩을 설치하고 있다. 주방 배수도 오수배관과 함께 묶여서 오수정화시설로 보내져 처리한 후 시하수구로 방류한다.

셋째, 우수는 건물지붕 및 옥외 주차장 빗물을 말하며 별도의 배수관으로 시하수구로 방류된다. 넷째, 특수배수로서 세탁실로부터 배출되는 세탁폐수가 이에 해당되며, 우리나라의 경우 산업폐수로 분류되어 별도의 처리시설이 필요하다.

2) 트랩(trap)의 역할

배수관에 연결되어 있는 모든 위생기구에는 배관 내의 냄새가 역류하는 것을 방지하기 위하여 트랩이 설치된다. 트랩의 종류는 모양에 따라 P형, S형, U형, 드럼형 등이 있으며 굴곡진 부분에 물이 고여서 냄새의 통과를 방지하는 역할을 한다.

3) 통기관의 목적

트랩 속의 물은 배수관 내의 압력 변동으로 인해 없어져 버리는 일이 있다. 이것을 방지하기 위해 배수관 내의 압력이 가능한 한 실내의 압력에 가깝게 되도록 배수관 내로 공기를 출입시키는 것이 통기관의 설치목적이다.

3. 수영장 물 관리

호텔의 수영장은 부대사업의 일종으로 주요한 수익의 원천이며, 규모에 따라 호텔의 이미지에 큰 영향을 준다. 수영장과 사우나 등은 청결, 위생 및 안전이 운영면에서 가장 중요한 기저를 이루므로 수영장 물은 여과기와 화학적 처리로 양질의 물을 충분히 공급하여 일정 수준 이상을 유지해야 한다. 이를 위해서는 시설은 환경위생법에 적합하도록 기획하고 관리되어야 한다.

1) 수영장의 수질오염원

수영장의 수질은 항상 음료수 상태를 유지하고, 수영을 하면서 물을 마시는 경우에도 인체에 전혀 해를 끼치지 않는 청결한 상태여야 한다. 그러나 많은 사람이 동시에 수영을 하는 경우가 대부분인 관계로 오염도가 매우 빠르며, 오염원 또한 다양하다. 특히 전염병이나 피부병 등 질병을 전염시킬 수 있는 가능성이 매우 높기 때문에 수질에 대한 규정이 엄격하여야 함은 물론 기계적 · 화학적으로 완벽한 수처리 시스템을 설치하여 철저한 수질관리를 수행해야 한다. 수영장의 주요 수질오염원은 인체에 의한 오염과 환경에 의한 오염을 생각할 수 있다.

(1) 인체에 의한 오염

① 인체의 모든 부위가 오염원이 될 수 있으며 계절에 따라 큰 차이가 있다.

② 땀은 주로 암모니아와 유기질소 화합물을 포함하고 있으며 개인에 따라 차이는 있으나, 보통 25℃의 물속에서 1회 목욕 시 흘리는 땀의 양은 1리터 정도이다.

③ 자연적인 생리현상으로 수영장 내에서 배뇨를 하는 경우가 대부분이며, 소변 중의 염소화에 의하여 처리가 불가능한 유기질소 화합물이다.

④ 타액과 함께 배출되는 전염성 질병이다.

(2) 환경에 의한 오염

① 공기나 주변의 흙 속에 포함되어 있는 박테리아, 포자 등

② 지하수나 천연수에서 유입되는 오염물질

③ 타일, 시멘트, 도료 등으로부터 녹아 나오는 화학물질

2) 수질개선을 위한 여과시스템(filter system)

수영장의 수질관리는 물속의 오염물질의 제거와 박테리아 등을 살균하기 위한 소독작업으로 이루어진다. 오염물질에 의한 많은 부유물질을 제거하기 위해서는 오염물질들은 계속적으로 물을 순환시켜 여과기를 통하여 제거시켜 주어야 하며 탁도가 5도 이하가 되도록 관리해야 한다. 경험적으로 1.2~1.5m 깊이의 수영장에 동전을 떨어뜨리고 수영장 밖에서 동전의 앞뒤를 구분할 수 있을 정도의 투명도를 유지해야 한다. 호텔에서는 주로 보일러와 함께 여과시설을 설치하여 수영장의 온수를 자동적으로 순환여과, 멸균시키고 머리카락을 제거시켜 항상 깨끗한 상태의 수질을 관리한다.

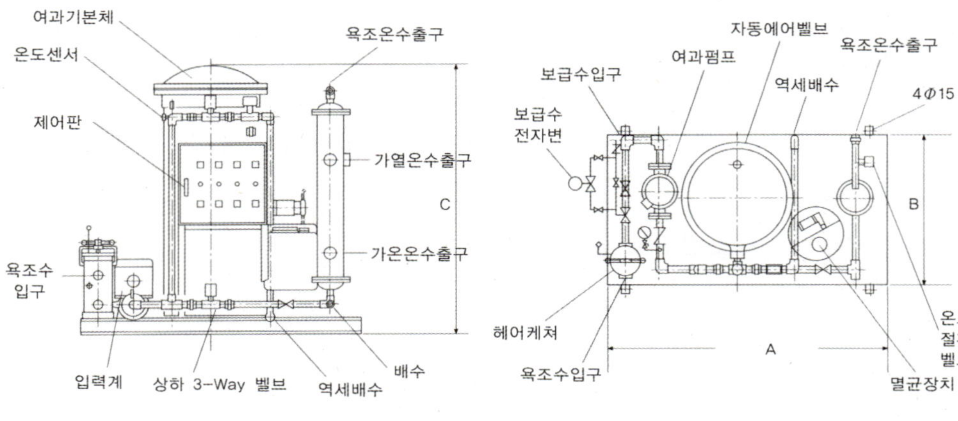

온수 순환 여과장치 계통도

제9절 소방설비관리

1. 소방설비관리의 의의

건축물에 있어서 소방설비란 소방용으로 제공하는 설비인 소화설비, 경보설비, 피난설비, 소방용수 설비 및 소화활동 설비를 총칭한 것으로서 국내 소방법 및 관련 규칙에 규정되어 있다. 호텔건물은 무엇보다도 인명 안전(life safety)이 최우선이 되는 만큼, 위험이 예상되는 곳은 비록 소방법에 명시되어 있지 않더라도 화재보험협회나 외국의 기준을 참조하여 설계 시 반영하는 것이 바람직하다. 특히 최근에 대형 호텔이 생겨나면서 건축물의 대형화, 고층화, 심층화, 복잡화에 따라 이들 대상물에서 화재나 가스 폭발 등의 위험성이 높아지고 있다. 따라서 재해가 발생한 경우에 적절히 대응하기 위한 고도의 방재, 소방시스템이 요구되고 있다. 이 때문에 컴퓨터 등 전자기술을 구사하여 건축물 전체적으로 종합적이며 유기적으로 기능할 수 있도록, 소위 인텔리전트화 되어가고 있는 추세이다.

2. 소화설비

소화설비는 물 외에 소화약제를 사용하여 소화를 행하는 기계, 기구 및 설비를 말하며, 소화성능이 있는 것은 소화기, 간이소화장구, 옥외소화전설비, 스프링클러, 물분무소화설비, 동력소방펌프설비 등이 있다.

1) 소화기

소화기는 화재의 가장 초기에 사용하는 소화설비로, 용기에 저장된 소화재를 한 번 동작으로 한 번에 방사하게 된다. 배치원칙은 각 층마다 보행거리 20m 이내마다 설치한다.

2) 옥내 소화전 설비

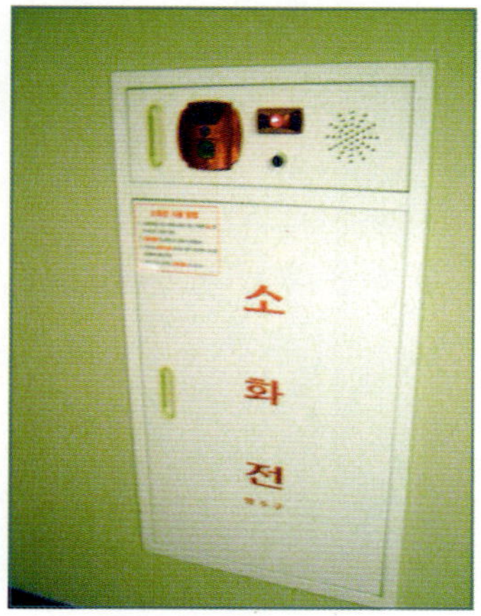

객실복도의 소화기

옥내 소화전 설비는 화재가 소화기로는 불가능한 단계에 사용하는 소화설비로서 건물 각 층의 벽면 등에 호스, 노즐, 소화전 개폐 벨브를 격납한 상자를 설치하고 화재 시에는 호스를 끌어내서 화점에 물을 뿌려 소화시키는 설비이다.

옥내 소화전의 경우 유효수량의 1/3을 옥상에 설치하여야 한다.

3) 옥외 소화전 설비

옥외 소화전의 설비 내용은 옥내 소화전 설비와 거의 같지만, 건물 외부에 설치하여 건물 아래층의 초기 화재나 인접 건물로의 연소 방지를 위한 소화설비이다.

4) 스프링클러 설비

스프링클러는 고정식 자동소화설비로, 천장부에 스프링클러 헤드를 배치한다. 화재가 났을 때 온도가 상승하면 스프링클러 헤드가 감열 개방되어 자동적으로 방수하여 소화하는 설비이다. 통계에 의하면 스프링클러 설비에 의한 초기 소화의 성공률은 96%가 넘는 것으로 알려져 있으며, 소화설비 중에서 가장 효율이 좋은 설비라고 할 수 있다. 스프링클러에는 개방형과 폐쇄형이 있는데, 개방형은 화재감지기와 연동되어 일제살수형 밸브(deluge valve)가 열려 일제히 살수되는 것이다. 폐쇄형은 배관 내에 있는 가압된 물이 분출함에 따라 압력의 변동으로 유수감지장치가 작동하여 경보와 동시에 수원의 물이 헤드를 통해 살수된다.

5) 하론과 CO_2 설비

하론 설비는 전기실, 발전기실, 컴퓨터실, 앨리베이터 기계실 등 물에 의해 피해를 받을 수 있는 장소에 설치하며, CO_2 설비방식은 하론 설비와 동일하며 기름 탱크실에 주로 설치한다.

3. 경보 설비

1) 자동화재 탐지설비

화재 시의 열 또는 연기나 불꽃을 감지기가 감지하고 자동적으로 경보를 발함으로써 화재를 조기에 발견하여 조기 통보, 초기 소화, 조기 피난을 가능하게 하기 위하여 설치하는 경보설비이다. 숙박시설의 경우 연면적 600㎡ 이상의 경우에는 설치하여야 한다.

2) 가스 누설 경보 설비

가스를 사용하는 주방 지역이나 보일러실에 가스 감지기를 설치하여 가스의 누설을 사전에 감지하기 위한 설비로서, 시스템과 설비는 자동 화재탐지 설비와 똑같다.

3) 비상방송 설비

화재 발생 시에 스피커를 통한 음성에 의해 건물 내의 사람들에 대해 정확한 통보, 피난 유도를 하기 위한 설비이다.

4) 자동 화재 속보 설비

소방 대상물과 소방기관과의 사이를 전용 선으로 연결하여 화재 발생 시에 누름 버튼 스위치만 누르면 소방기관이 즉시 상대방을 알도록 한 설비이다.

4. 피난 설비

1) 피난기구

피난기구는 화재가 발생하였을 때 옥내 계단 등의 보통의 피난수단을 사용할 수 없게 되었을 때 사용하는 것으로 어디까지나 피난의 보조수단이다. 법령상 피난기구로는 피난 로프, 공기 안전매트, 미끄럼대, 피난사다리, 피난 트랩, 구조대, 완강기, 피난 다리의 8종류가 규정되어 있으며, 피난층 및 11층 이상의 층에 대해서는 설치할 필요가 없다. 따라서 호텔객실의 경우 2층에서 10층까지는 설치를 하여야 하며, 주로 간이 완강기가 사용된다. 아래 표는 호텔이 설치하여야 하는 피난기구들이다.

층 별 대상물	지하층	2층	3층	4-5층	6-10층
호텔건물	피난사다리 피난용트랩	미끄럼대 피난사다리구 조대 완강기 피난교 피난용트랩 피난밧줄 간이완강기	미끄럼대 피난사다리 구조대 완강기 피난교 피난용트랩 피난밧줄 간이완강기	피난사다리 구조대 완강기 피난교 피난밧줄 간이완강기	피난사다리 구조대 완강기 피난교 간이완강기

호텔이 설치하여야 하는 피난기구들

2) 유도등, 유도 표지

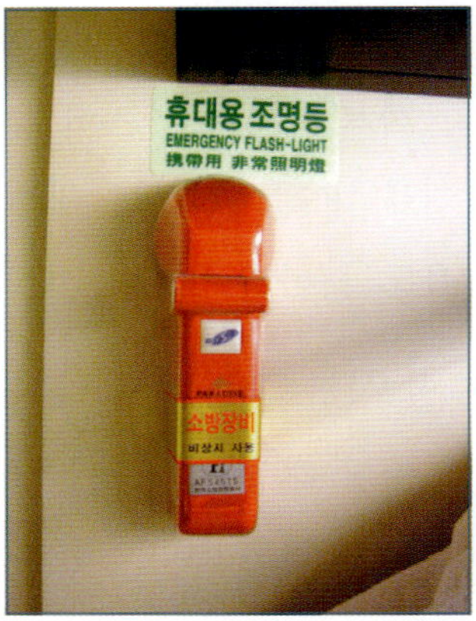

화재 등이 발생하면 안전한 피난장소로 피난할 때 방향표시가 되는 조명기구를 유도등이라고 말하고 같은 형태로 표지판을 유도표지라고 한다.

5. 소화활동 설비

1) 연결송수관 설비

연결송수관설비는 송수관이라고 하는 배관설비를 설치한 건축물에 외부로부터 소방펌프 자동차에 의해 물을 가압 송수하여 소방대원이 내부화재 현장에서의 소화활동을 용이하고 유효적으로 실시할 수 있도록 하기 위한 설비이다.

2) 비상 콘센트 설비

화재 현장에서 소방대가 소화활동상 필요한 조명기구나 공구류를 항상 접속하여 사용할 수 있도록 소방대 전용의 전원을 공급하는 설비를 비상콘센트 설비라고 한다. 1층 이상의 층과 지하층 3층 이상일 때 지하층에 설치한다.

3) 무선통신 보조 설비

지하층의 화재 현장에서 활동하는 소방대와 지상의 소방대와 원활하게 무선교신을 할 수 있도록 지하층에 안테나를 설치하는데, 이러한 설비를 무선통신 보조 설비라고 한다.

4) 제연 설비

화재에 의한 대량의 연기를 전부 배출하기 위한 것이 아니라 연기의 확산을 막아 피난로를 확보하기 위한 설비로서 고객과 종업원을 안전하게 피난토록 함과 동시에 소화활동을 유리하게 하는 데 목적이 있다.

6. 소화용수 설비

화재의 연소 확대 방지를 위해 공설 소방대가 사용할 수 있도록 설치하는 소방용 수리를 말한다. 소화용수설비에는 공공의 목적으로 설치된 공설 소화전 및 저수조가 있다.

제10절 통신설비관리

1. 전화설비

1) 전화교환 설비

일반적으로 전화교환기라고 하면 공중통신용의 전화국의 교환시설이 아니라, 사설 구내교환 장치(PABX/private automatic branch exchanger)를 말한다. 이 사설 교환설비는 일정 지역에 밀집된 가입자가 있을 경우 공공시설의 교환시설로는 전부를 감당할 수 없거나 일정 지역의 특성을 전화국에서 담당할 수 없을 때 독립된 교환설비로 운영을 하게 된다. 따라서 호텔의 경우 각 객실마다 고객이 투숙하고 퇴실한 후의 요금정산과 고객에 대한 서비스를 별도의 교환기를 설치하여 운영하게 되는 것이다. 이러한 교환기들은 기계/수동식 전화교환설비에서부터 지금의 전 전자방식의 디지털 교환설비까지 발전하여 최근의 호텔들은 이러한 디지털 교환설비를 도입하여 운영하고 있다.

2) 호텔 통신장비와 주변 기기

호텔의 전화교환설비는 그 자체가 독립적으로 운영되는 것이 아니라 호텔의 객실시스템과 인터페이스로 연결되어 있으며, 음성사서함(voice mail), 전화요금계산기(call accounting system), 성명확인기(CND : calling name display) 등 주변에 많은 기기들과 접속되어 있다. 최근의 정보통신분야의 발달과 함께 고객의 요구도 다양해져서 단순 음성통화에서부터 데이터 통신까지 동시에 접속운영을 하고 있고, 나아가 화상 통화까지도 보편화될 것으로 예측된다.

전산 인터페이스는 전산장비와 통신장비가 서로 다른 언어를 사용하기 때문에 호환성을 맞추어 주며 통신요금을 정리하고, 단가를 삽입하여 금액을 산출하는 기능이다. 요금정산장치는 교환기 자체가 출력하는 기능으로 모든 통화요금을 기록관리한다. 내선은 호텔 내에서 사용하는 전화기까지의 선로를 말하고, 국선은 전화국에서 호텔 단자반까지의 통신선로를 말하는데, 일반적으로 호텔의 내선과 국선의 비율은 100:15선의 비율이면 큰 문제가 없다. 근거리 통신망은 LAN(local area network)을 말하는 것으로 호텔 전산망을 이용하여 각 부서의 사무기기를 연결하여 사용한다.

3) 객실 전화기

호텔의 전화기는 전 세계 어느 나라 사람이라도 호텔의 전화기를 보고 쉽고 편리하게 사용하도록 그림과 문자로 표현되어야 한다. 또한 첨단화하여 각종 사무기기를 이용토록 아래와 같은 기능이 내장되어야 한다.

① **2회선 전화기**(two line phone) : 한 전화기에 두 개의 다른 전화번호를 가지며 각각 사용가능함

② **음성사서함**(voice mail) : 음성사서함과 연결 메시지가 있을 경우 램프가 켜짐

③ **단축기능전화기**(one touch function) : 프런트데스크, 객실관리부, 안내데스크

(bell desk), 룸서비스(room service) 등을 버튼 하나로 연결하는 기능

④ **비상전화**(emergency call) : 비상시 버튼만 누르면 안전관리실 또는 전화교환실로 연결하는 기능

⑤ **데이터잭**(data jack) : 컴퓨터나 각종 사무기기를 연결하여 외부와 통신하는 국제규격의 연결단자

⑥ **스피커폰**(hand free/speaker phone) : 손을 사용하지 못하는 상황에 버튼만 누르면 통화되는 기능

⑦ **점자전화** : 맹인을 위해 5번에 점자를 표시

2. 데이터 통신(data communication)

정보사회의 도래와 함께 통신수단이 점차 다양해지고 있다. 팩스, PC 통신, 인터넷 등 데이터 통신도 빠른 속도로 우리 사회에 뿌리내렸다. 이러한 데이터 통신을 위해서 호텔은 광케이블이나 멀티 케이블(multi cable)이 포설되어 있어야 하며, 연회장까지도 스크린 케이블(screen cable)이 설비되어야 한다. 그리고 데이터 통신에 있어서 가장 기본적이고 중요한 것이 모뎀인데, 이 모뎀도 초고속으로 처리 가능한 장비로 구성하는 것이 필요하다. 인터넷 접속은 단말기와 다이얼 모뎀으로는 접속에 어려움이 있으므로 호텔은 최소한의 서버(server)를 준비하고 그 서버로부터 필요한 장소에 케이블을 포설하여 사용하는 것이 바람직하다. 호텔에서 화상회의는 흔히 있는 일이므로 여기에 알맞은 장비를 갖추어 두는 것은 호텔경영의 기본이다.

참고문헌

고상동 외, 호텔서비스매너와실무, 백산출판사, 2020.

구태회, 호텔레비뉴매니지먼트, 백산출판사, 2021.

권봉헌, 호텔경영론, 백산출판사, 2011.

김경환, 호텔프랜차이즈와위탁경영, 백산출판사, 2019.

김권식 외, 호텔객실실무, 한올출판사, 2012.

김성혁, 호텔관광경영론, 백산출판사, 2016.

김영진 외, 최신호텔시설관리, 백산출판사, 2011.

남영택 외, 프런트&객실실무론, 새로미, 2012.

남영택, 호텔서비스경영, 새로미, 2009.

미래서비스아카데미, 서비스매너, 새로미, 2012.

박대환 외, 호텔객실관리론, 백산출판사, 2010.

박대환 외, 호텔객실관리와시설관리, 백산출판사, 2013.

박대환 외, 호텔객실영업론, 백산출판사, 2022.

박대환 외, 호텔경영론, 백산출판사, 2017.

박대환 외, 호텔서비스이론과실제, 백산출판사, 2014.

박혜정, 서비스맨의이미지메이킹, 백산출판사, 2005.

부산웨스틴조선호텔객실관리매뉴얼, 2022.

부산파라다이스호텔객실관리매뉴얼, 2011.

부산웨스틴조선호텔시설관리매뉴얼, 2011.

송대근 외, 호텔객실서비스실무, 대왕사, 2011.

송성인 외, 새로운호텔경영학, 새로미, 2012.

신강헌 외, 호텔객실운영관리론, 석학당, 2012.

안대희 외, 호텔경영의이해, 대왕사, 2016.

원융희, 호텔프로젝트, 백산출판사, 2012.

원철식 외, 호텔시설관리론, 백산출판사, 2020.
유도재, 호텔경영론, 백산출판사, 2020.
이승연, 호텔객실프런트오피스, 백산출판사, 2010.
이승연, 호텔객실하우스키핑, 백산출판사, 2018.
이준혁 외, 호텔경영론, 백산출판사, 2021.
정종훈 외, 호텔프런트&객실관리론, 학현사, 2011.
정호권, 최신호텔경영론, 한올출판사, 2008.
채신석 외, 호텔경영론, 백산출판사, 2020.
최복수 외, 호텔객실및하우스키핑실무, 대왕사, 2011.
최정길, 호텔경영학, 백산출판사, 2011.

저 자 소 개

박대환

세종대학교 경영대학원 호텔경영학과 졸업(경영학 석사)
경남대학교 대학원 경영학과 졸업(경영학 박사)
미국 플로리다국제대학교(FIU) 호텔관광학부 교환교수
호텔경영사(관광호텔총지배인) 자격증 취득
미국 국제호텔총지배인자격증 취득(AHLA CHA)
부산웨스틴조선호텔 영업총괄 부총지배인
부산광역시 관광호텔등급심사위원
경남발전연구원 비상임연구원
경상남도의회 관광분야 자문위원
한국관광호텔업협회 관광호텔등급 심사위원
한국관광공사 관광호텔등급 현장평가요원
부산광역시 관광자문위원
영산대학교 호텔관광대학 교수, 호텔관광학부장, 평생교육원장,
행정처장, 입학처장, 사무처장, 호텔관광대학장,
호텔관광대학원장
영산대학교 호텔관광대학 호텔경영학과 명예교수
한국호텔관광학회 회장
한국관광학회 부회장
한국관광학회 자원분과학회 부회장
한국호텔외식학회 부회장
한국프랜차이즈학회 부회장
호텔기업의 서비스지향성에 관한 연구 외 논문 60편
호텔객실영업론 외 저서 62권

유동윤

보스턴대학교 호텔경영학과 졸업(호텔경영학사)
보스턴대학교 대학원 졸업(관광경영학 석사)
카이스트(KAIST) 대학원 졸업(경영학 석사)
경희대학교 대학원 졸업(관광학 박사)
판교 코트야드 바이 메리어트 호텔 슈퍼바이저
반포 JW 메리어트 재경부 슈퍼바이저
경희대학교 산학협력단 연구원
경희사이버대학교 항공관광레저경영학과 강사
경희대학교 호텔경영학과 겸임교수
현) 영산대학교 호텔관광대학 호텔경영학과 조교수
영산대학교 호텔관광대학 호텔경영학과 학과장
영산대학교 대학원 호텔관광경영학과 석사과정 책임교수
한국호텔관광학회 이사
한국호텔관광학회 편집위원
한국관광연구학회 이사
국민여가관광진흥회 총괄기획이사

조보경

영산대학교 호텔경영학과 졸업(경영학사)
영산대학교 경영대학원 호텔관광학 전공(경영학석사)
파라다이스호텔 부산 객실팀 객실영업과장
파라디이스호텔 부산 객실팀 객실관리과장
파라다이스호텔 부산 레저팀장
파라다이스호텔 부산 객실영업 세션장/차장
파라다이스호텔 부산 교육팀장/차장
부산코모도호텔 총지배인
영산대학교 호텔관광대학 강사(객실영업론, 객실관리론 강의)

김영화

대구대학교 관광경영학과 졸업(경영학 학사)
세종대학교 경영대학원 호텔경영학과 졸업(경영학 석사)
대구대학교 대학원 관광경영학과 박사과정 졸업(관광경영학 박사)
부산경상대학 관광경영과 강사
경남정보대학 호텔경영과 강사
동명정보대학교 호텔경영학과 강사
경성대학교 호텔경영학과 강사
부산 웨스틴조선호텔 객실영업부 근무
현) 부산 웨스틴조선호텔 객실관리부 근무

〈논문〉
프론트데스크 에이전트시스템이 리조트호텔 객실운영에 미치는 영향에 관한 연구(석사학위논문)
호텔 CRS의 품질이 시스템적합과 만족도에 미치는 영향에 관한 연구 (박사학위논문)
비자발적으로 채택된 항공예약시스템의 수용만족도에 대한 연구 (2009년 대한경영학회 김영화 · 김광근 · 이용기 · 정남호 공저)

호텔객실관리와 시설관리

2008년 8월 30일 초　　판 1쇄 발행
2022년 8월 25일 개정2판 1쇄 발행

지은이 박대환 · 유동윤 · 조보경 · 김영화
펴낸이 진욱상
펴낸곳 백산출판사
교　정 박시내
본문디자인 오행복
표지디자인 오정은

등　록 1974년 1월 9일 제406-1974-000001호
주　소 경기도 파주시 회동길 370(백산빌딩 3층)
전　화 02-914-1621(代)
팩　스 031-955-9911
이메일 edit@ibaeksan.kr
홈페이지 www.ibaeksan.kr

ISBN 979-11-6639-255-9　93980
값 33,000원